中央党校（国家行政学院）
离退休人员科研成果资助出版项目

厂洼跬步

方克定 著

人民东方出版传媒
People's Oriental Publishing & Media
東方出版社
The Oriental Press

图书在版编目（CIP）数据

厂洼跬步 / 方克定著 . -- 北京 ： 东方出版社，
2022.3
ISBN 978-7-5207-2549-1

Ⅰ.①厂… Ⅱ.①方… Ⅲ.①教育学－文集 Ⅳ.
① G40-53

中国版本图书馆 CIP 数据核字（2022）第 005847 号

厂洼跬步
CHANGWA KUIBU

责任编辑：张晓雪　李小娜
出　　版：东方出版社
发　　行：人民东方出版传媒有限公司
地　　址：北京市西城区北三环中路 6 号
邮　　编：100120
印　　刷：北京汇林印务有限公司
版　　次：2022 年 3 月第 1 版
印　　次：2022 年 3 月第 1 次印刷
开　　本：787 毫米 ×1092 毫米　1/16
印　　张：36.25
字　　数：575 千字
书　　号：ISBN 978-7-5207-2549-1
定　　价：128.00 元
发行电话：（010）85924738

目录
Contents

发展设计篇

| 教学管理篇 |

交流借鉴篇

| 其他资料 |

代前言

引言：我院筹建与开学 7 年培训纪实

1992 年末，我以“耳顺”之年接受人事部赵东宛部长的一次调任谈话，把我从中央编委办公室调入国家行政学院筹备组。他说：这个年龄在党政机关就该退了，现在为创立国家公务员制度，筹建行政学院缺人，如果转到事业单位可以多干几年。尽管我对公务员培训工作一无所知，但事情当即就定下来了。

1993 年初我向国家行政学院筹备组报到，在赵东宛、张镜源同志领导下任教育长。1994 年学院正式开学，院领导班子重新配齐（赵东宛卸任），桂世镛副院长通知年内即退。后无音信，我在朦胧中连续工作到 1997 年“半退”（在职工作，免教育长职务），做了 3 年述职报告。1999 年张志坚副院长通知“全退”。前后参与筹建、开学之交共 7 年的公务员培训，对我来说是组织培训与接受培训的双重学习，负担很重。筹建与初创期人手少，组织不健全，前期借址（中国企业管理协会、空军指挥学院、中央社会主义学院）办班，困难较多，仍坚持边筹建、边培训，试走出开放办学的第一步。在经济转型期学习市场经济发达国家的经验势所必然，也有所收获，但从 2008 年世界金融危机、2016 年英国脱欧、美国大选，回头看 20 世纪七八十年代撒切尔、里根推行新自由主义经济政策和新公共管理，虽有一定成效，但并不完善，需要进一步深化认识。

这本文集汇编了1993—1999年的设想、规划等和其后10多年的实际材料，有的包括参训学员的反馈意见，或可折射出我院初期培训的片段场景。其中如能留下一点有用的东西，就不负个人“站好最后一班岗”的初衷了。

发展设计篇

20世纪90年代中期我院教学工作目标的初步设想①

1993年2月22日，方克定同志在教学调研组全体会上布置了深化调研工作的具体要求（从略），并对筹备教学工作的近期目标提出了初步看法。要点如下：

我院将在1995年末或1996年春完成第1期工程。预计当时大的背景是：国家“八五”计划完成或提前完成，“九五”计划开始实施；党政机构改革在全国范围内基本完成；公务员制度框架全面推行，公务员培训有了初步的法制框架；对外开放在深度、广度上都有新的发展。在有利条件下，全院第1期工程的硬、软件大体上配套，各方面骨干人员到位，在较高起点上正式开学。根据“凡事预则立，不预则废”的精神，这一轮教学调研工作要以张镜源同志提出的课程、师资、教材、教学组织和规章制度5项课题为中心，向纵深展开，分步勾画出两三年后我院教学工作的一套蓝图。

一、按照新的教学工作方案开办各类公务员培训班。1988—1992年，我院已办过17期培训班。“八五”后3年，能不能再办30期培训班？争取到1995年至1996年之交，除省、部级公务员和留学生外，我院所应承担的各种类型的培训班都举办或试办过，力求贯彻改革精神，在教学内容、教学方法和培训效果上都有新的提高。通过办班实践，不断总结经验教训，也及时检验滚动式教学调研的成果，从而加深对培训工作内在规律和我院办学特色的认识。

二、初步建立起较为科学、合理的公务员培训系列和相应的学制。对公务员的初任培训、资格培训、专业培训和知识更新培训这4种基本类型，要

① 本文由王重高整理。

找准我院的侧重点，特别要弄清我院是否承办高、中级公务员后备力量的长期培训及其性质和地位。此外，行政学院师资培训，一部分大型企、事业单位领导干部培训等，也都要理出头绪。总体要在明确培训系列的前提下，定学制、定规模、定班次、定教学计划。

三、准备、编排好30—50门课程（含公共科目、专业科目以及选修科目），初具开课能力。注意吸收部颁《公共行政管理》《宏观经济管理》等教学大纲和《中央国家机关干部培训科目设置及教学方式研究》课题的有关成果。每门课程都有经过论证的教学大纲，教学质量有基本保证。在主干课程中，要有几台针对性和吸引力强、深入浅出、“叫得响”的“重头戏”。

四、初步形成一支专、兼职结合的教师队伍。面向全国，按照高水准、主干学科配套、年龄结构合理的要求，调进30—40名专职教师，作为全院小而精的相对稳定的教学骨干力量。同时，“本着京区为主、京外为辅”的原则，与50—60个教育、科研、行政单位建立固定联系，聘任100多名兼职教师，入选保持一定的流动性。同人事部专家司、流动调配司留学人员管理处、国家教委研究生司、留学生司等有关方面密切联系，以师资为主的人才信息库初步建立起来。

五、准备20—30种可读性尚好的参阅教材。学员到校，一定要有书可读。收取资料费的培训班，一定要印发足够的教学资料。鉴于教材建设的复杂性和艰巨性，近期内不戴帽子、不成系列，在做法上先选后编，在品种上先教学参考书、后正规教科书。作为建院初期的行政学参考书，要出5—6册国外名著选读本，同时，尽力启动《比较行政学》和《中国行政史》等几本国内专著的编撰工作。经济学、法学等教学参考书，各选一些国外名著选读本和国内著作选读本。以我院现有美国哈佛大学肯尼迪政府学院、法国国立行政学院、日本人事院研修审议室等单位编制的案例为基础，从中筛选、翻译出20—30个国外精选案例。借鉴国内外案例制作经验，组织编写5—10个有典型意义的国内行政案例。承印院内教学资料的轻印刷系统建成并投入试运行。

六、选定若干个有针对性的实习点或基地。在认真总结以往实践经验的基础上，围绕深化改革、扩大开放、推进现代化管理，选择、安排几处比较对路、对公务员培训有一定实效的企业、开发区、改革实验区或其他适宜的单位，作为我院近期的实习或观摩基地。短期培训班的实习点只限于京、津及周边地区。长期培训班的实习基地可选在另外的特区、经济技术开发区、机构改革试点市（县）、公务员制度改革的试点单位等，在地区选择上要向沿海开放地区倾斜，也照顾到贫困落后地区。

七、学员需求评估和学员管理步入正轨。从学员需求的动态性调查、招生、在校期间的组织管理、考核考试、结业发证以及已结业学员的回访反馈，初步形成制度和管理体系。通过滚动式的学员需求评估，建立需求分析模型（含组织分析、任务分析、人员分析等），进而筹建学员信息库。贯彻《国家公务员暂行条例》精神，积极探索学用结合的有效途径。

八、教学和教学管理组织形成建制。经上级机关批准的教学管理机构“三定”方案付诸实施，主要职能和骨干人员基本到位。教学、科研相结合的基本教学组织形成系列并投入运行。若干必要的非常设性业务组织，如学术委员会、考核委员会、专业人员职称评定组织、教材评审组织等也都相继建立。

九、做好申报行政学硕士点、博士点的准备工作。根据国务院学位委员会《关于做好第四批新增博士、硕士学位授予单位申报工作的通知》，积极创造条件，适时与对口大学联合申报以行政学为中心各有关学科群的硕士点、博士点。同时，筹建行政学研究所，承担行政科学研究、咨询任务。《国家行政学院院报》（或《学报》）创刊或试刊。

十、图书馆完成首批开放项目。向学员开放 1 个全方位开架的图书阅览室和 1 个报刊阅览室，这至少要有 5 万册藏书、微机和分布式图书馆通用软件的支持。向本院教师、管理人员、研究班学员开放 1 个内部资料阅览室。同步规划、设计行政案例库的建设。“九五”期间，争取尽快建成以小型机系统为核心的多媒体工作站，初步开通纵向上连接北京图书馆的大型机系统和国务院办公厅的办公自动化管理系统，横向上连接中国人民大学、北京大学等高校图书馆的区域网。

与图书馆结成一体的行政学信息资料中心着手建立。筹建管理信息系统（MIS），准备发行面向全国行政学科研、教学等单位的《行政学信息简讯》。

十一、电化教育馆（或中心）完成第1期工程。电磁媒体的硬件系统初具规模，软件资料有一定基础。建院初期，要在播放重要会议（或报告）音像、时事教育、语言教学、模拟教学及同声传译等方面发挥应有作用。如有条件，再向自制、自办节目、卫星接收和台际交换发展，逐步实现同传统教学的最优组合。

计算机中心完成第1期工程。作为校园网的中心机，其硬件体系、系统软件和院内有关部门的应用软件初步配套，并具有实施多用户联机处理能力。在初期，首先保证管理和业务部门的办公自动化系统运行和学员的办公自动化演练。从长远看，要同电化教育馆为开创仿真教学的新领域而携手努力。

十二、组建国内交流合作网络。一是在京区建立起同北京大学、中国人民大学等单位的双边或多边合作关系，如互相聘任教师兼课、互相开放某些课程和讲座、联合培养研究生、开展教学经验以及信息资料交换等。二是为地方行政学院、有关部委的管理干部学院（培训中心）培训师资、组织教学方法研讨、提供信息和咨询，在全国行政院校教育研讨会中发挥主导作用。三是积极参与全国行政管理学教学研究会、全国行政案例研究会的活动，密切同各地行政管理科学研究所、大专院校的行政管理系（专业）的联系。

十三、对外交流合作登上新台阶。有选择地同美洲、欧洲、亚洲4—5所对口的行政学院（文官学院、高级培训中心）打交道，已有接触的要把双边关系稳定下来，没有接触的要打通联系渠道。积极参与国际行政学协会以及东部地区公共行政组织的学术活动，争取成为国际行政院校联合会的正式会员。正式开学后，争取做到凡3个月、半年以上的各类培训班，每期都有机会听到外国教师讲课（含讲座）。1996年，由我院牵头举办1次以行政管理或公务员培训为主要议题的有相当影响的国际学术活动。招收留学生问题另议。

十四、教学规章制度形成系列。按照培训系列、学制、班次设置及教学计划的制订，业务组织机构的职能、职位和日常管理，教师的聘任、考核和管理，学员的招收、考核和管理，教材的选编、评审和出版等类别，分别完成大约40种实施规则的改章建制工作。人事部草拟的培训登记制度、晋升前培训制度、院校设置审批制度、公务员培训师资资格审定制度可望在今年底告成，我院有关制度建设要与之衔接。

以上考虑得还不成熟，大环境中对国内培训市场的发展前景尚难预料。这些粗线条的构想，符不符合1988年国务院总理办公会议纪要（第17期）精神，有量化指标的提得高了还是低了，没有量化指标的能不能补上必要的参数，各项工作是同步推进好还是有重点地突破好？都需要深入研讨，集思广益，才能获得比较符合实际的认识，作为部署今后工作的依据。

附件一　广东中山大学夏书章教授同年3月16日复信

克定同志：

3月9日手书暨附件于16日午收到，长喜。

你去行院早有耳闻。亦行院得人。既承推心置腹，自当掬诚直言。但所述浅见，仅供阁下个人参考，实不足以登大雅之堂。

所读初步设想，很有气派。从深入调研入手，并持之以恒，颇为得当。虽然多言无补，但须力行有据。“没有调查研究，没有发言权”，实乃至理名言。

认清环境和形式，确定目标，作为预测、统筹、规划等，皆管理要素。阁下所提“预则立”的精神，要得！对头！

一、已办17期培训班：经验，确须认真总结。善于总结是大本领、基本功。“例行公事”没意思或意义，价值不大，能总结到点子上，将受益匪浅，大大有利于继续前进。此为阁下所深知，不赘。

二、培训的4种基本类型可行，但不知与人事部“高级公务员培训中心”如何分工。至于招收研究生和外国留学生，与学院性质和学制有关。据了解，若一般不办学历教育，则这方面应考虑周详。

三、课程的开设有具体针对性，若不分专业，至少得捉对分门别类。若知识更新内容比较灵活，除基本课程，必无可避免地要体现灵活性。吸引很重要，“深入浅出、‘叫得响’的‘重头戏’”，太好了！理论结合实际的要求很高。没有实践经验的书生极难胜任。“梅兰芳”“马连良”“侯宝林”等不可多得乎！得认真物色。

四、师资队伍与第三条有联系。愚意无论专兼职，均应慎重挑选，不必急于满额。特别是专职，“请客容易送客难”，弄得不好，背上包袱，占了名额，滥竽充数，进退两难，被动得很。固定联系单位亦然，谋定后动，不光重牌子，还要（或更要）重底子。

五、教材编审委应重新转动。此事与鄙人有关，开头“热”过一阵，后来怎么停顿的，不甚了了。仅闻与多家出版社有联系，学院已付一些费用，许多完稿教材长期积压未出云云。顺便说说，关于“京内为主、京外为辅”的原则，可以理解和操作，但建议最好不公开这样提。因系“国家”机构，非“北京”单位。已有人对中央机关报考人员限北京户口有不同意见。曰：中央乃全国之中央。且学术不同于党政工作，“精美”未必尽集于京。那样提，易生错觉或误解。

六、案例教学很重要。去年人事部高培中心曾在合肥办班，专读此项内容。哈佛大学肯尼迪政府学院有专人从事案例教学研究，前年访问时曾有接触，并曾听过他们的案例课。因我有校友关系，如有需要可代联系（该院前身为 Littauer School of Public Administration，20 世纪 30 年代即已建立，肯尼迪总统被刺后，60 年代建立学院时并入该院），我于1980—1981 年担任过该校教育研究院客座教授。顺告。

七、关于实习点，建议在条件许可或具备时安排海外实习、观察机会。这是法国国立行政学院计划内的常规做法，美国“白宫学者”也有此项活动。这有利于中、高级人员开阔眼界、胸襟，对大国尤有必要。附带说说，课程安排中，亦宜有国际关系之类的内容。

八、目前我国行政学尚无博士点，由行院自建较合建为好，可吸收分校学者参加导师梯队。所述两校，合建未尝不可，但须明确牵头，为主。否则难办，甚至扯皮。这里不揣冒昧，鄙人久有此意，但惜未成梯队。虽已年逾古稀，可尚未退休，仍服“现役”，身体甚好。黄达强教授生前曾有酝酿。如承合建方案，建议增加敝校，则南北呼应，又是改开先走一步地区，或可有较好配合。

九、学员信息库很有必要。跟（追）踪调查，形成制度，有利于办好学院。与学员保持联系，有重要意义。国外名牌大学（如哈佛）相当重视校友会工作。校友亦引以为荣，引以为豪。

十、学术委员会等很重要，亦可考虑咨询、顾问性质的组织。

十一、“至少 5 万册书”还可以再提高些。

十二、信息资料中心（包括案例库）应当仁不让。我们已有全国行政学教学研究会，秘书处现设在人大，可研究如何合作、配合。

十三、学报不办则已，要办就要办好，应在全国和国际都有影响。

十四、电化教育馆落成后，主要是充实内容，使其发挥作用。

十五、计算机中心亦然。

十六、国内交流合作网似可扩大。与第 17 条有关的是国际交流合作网。

十七、补充信息：（也许你们已知）国际行政学协会今年在墨西哥开年会（7 月间），我国是国家会员，人事部有人代表参加。在西班牙开 60 周年大会时我去过，但因经费困难，后来哥本哈根、维也纳等会我均接到邀请，未能前往。今年我也接到邀请，但同样因无外汇未办。另美国行政学会今年 7 月在旧金山开全国大会，如你们有兴趣可去参加。在对外交流合作方面，如有需要，可尽微力。

十八、本身为行政学校，管理方面应有所体现，否则将来为大讽刺。

至于研究所、出版社等，可逐步配套，同步推进未必适宜，还是要分轻重缓急为好。“培训市场”也可以注意培育。市场经济重货色，培训如有效果，学到东西，确有提高，不是简单地混资格、走过场，便会趋于繁荣。所以教学是最核心、最本质、最事关声誉与实惠的事。以为然否？

承下问，有啥说啥，倘有乱弹琴处，信能见谅。

即复，并问近好！

夏书章[①]

1993年3月16日灯下

附件二　上海中国纺织大学周世逑（1913—1997）教授同年4月8日复信

克定司长：

3月12日惠示暨《学院教学工作设想》，被我校耽误了一个月，方于昨日转到我处，以致没有及时寄复，歉之！

祝贺您调国家行政学院，主持有关全局的教学工作。去秋八月，我曾在北京一次会上，见过张镜源主任一面，得知学院已在筹建中，不度时隔数月，学院进展如此之快，国内行政学界同深庆慰。更有您亲出教学大计，学院必能如虎插翅，大展宏图。

拜读来信，建院事关重大，牵涉方面又广，您提的设想十分全面，也颇有借鉴国外经验之处，甚佩高见！

承荷垂讯，姑抒浅见，另纸附奉，请予指正！我对美国行政学界，过去曾略有联系，近知彼方人才凋零，人事更迭频繁，当道者都是年轻人，也有今不如昔之慨。

14年来，我国行政学渐上正轨，亟盼在您大力支持下，使之更加发扬光大，相信学科中兴对现代化建设，必能作出其应有的贡献，幸甚！

耑复，顺颂

教绥

周世逑

4月8日

① 笔者注：行政学百岁尊师，大家风范，教益终身。

一、有意识地培养一种务实、创新、严谨的学风是办学的根本。北大博采兼收，清华多科渗透，倘能把两者结合起来，取精去芜，必能为行政学院创一新学风，学风要一建院就动手抓，持之以恒，便成传统。

二、师资、课程、教材是办学的三大支柱，既要有长远规划，又要有短期措施，其中尤以师资为首要条件，名人未必都有真才实学，对饱学经世之士，要慎选、重聘坚留，俾其安心教学，才能发挥光热。

三、教师队伍以中青骨干为主，也要留些年长的做带头羊，鼓励年轻教师闯一线，从多方面加以培养，一专二能。须知行政学已向“大学科”发展，不再是第二次世界大战前的“小学科”时代。不前进就被学科大潮湮没，学文的懂些理工，西蒙即是一例。

四、集中力量开好3—5门重点课，其中1—2门成为名牌课，努力闯入国际。课程设置中，经济学、法学、社会学不可少，不要忽视应用课：汉语写作，上机操作，普及两种基本语言（Basic，Fortran）。研究生更要通过外语六级考，掌握较深管理数学。实习是重要环节，要分认识、专业、带职3个阶段。

五、教材建设要另创路子，不要采取过去那种吃力不讨好的“统一教材”模式，要认真探索和体现中国特色，不断引进有益的国外教材，特别要吸收技法应用于行政管理，注意防止食洋不化，害己害人。花力气搞一部“中国行政史”，一部“比较行政学”。

六、案例教学不能单靠移译，要根据国情改写，花3年时间搞一本中国案例，反复试教修改，成为国内权威性的教材。

七、搞好图书情报一体化，办图书馆易，办情报室难。一体化有利于减少历来两者矛盾，有利于撙节人、财、物资源。要求图书情报为社会服务，可以搞些有偿服务，但不提倡“创收养馆”。试办一个“行政模型模拟室”很有必要。

八、建立小型信息资料中心，引进Dialogue及其他软件，中心工作是搞“管理信息系统”（MIS），作行政操作电脑化实验，是实现行政管理现代化的始阶，为向行政机关推广应用先走一步，这一步迟早要走，早点更好。

九、电化教育费用大，视听设备先搞录像，录像资料对内发售，对外交流，也可作教学档案。中国政法大学在这方面有经验。

十、开创对国外交流合作，在对等、互惠基础上搞，耗资不大，美国波金斯研究院（Brookings Institution）、美国行政学会（ASPA）等，过去曾表示对中国合作有兴趣，中外合资先搞资料交换，课题合作，人员互访，要排除国内阻力，争取政府支持。

十一、联合国行政发展司（UN Administration Development Division）过去在北京开过地域研讨会，可利用这一渠道搞国际合作，搞成则项目经费不愁，该司原为巴基斯坦主持，现闻已改为印度主持，可通过毕季龙牵线一试。

致外交部专家薛谋洪[①]同志的信

谋洪学长：

上周造访，深受教益。所谈对外交流合作事项，回来请示镜源同志后，有以下初步意见：

一、美国普林斯顿大学威尔逊学院院长 Henry Billie 今年 8 月来华开会，如能提前数日到京，我们欢迎他到我院作两天顺访。届时可抽半天时间互通情况，由我院领导向他介绍学院筹建情况和发展前景，请他介绍威尔逊学院概况，包括规模、学制、课程、教材、师资、教学方法、研究特色等；另抽半天时间由我院召开一次小型报告会，请 Henry Billie 院长向在京的行政学专家介绍美国公共行政学的发展和研究动向；再抽半天时间共同商讨两院今后开展双边合作的意向，剩下的时间可安排在京观光游览。顺访期间由我院安排食宿。这样安排妥否，请先同 Henry Billie 院长沟通一下，并征询：（一）他来我院希望侧重了解哪些方面的情况；（二）Henry Billie 院长的个人简历；（三）威尔逊学院的电传号，以便及时联系。

二、争取福特基金会、亚洲基金会提供软件、硬件或其他形式的援助，这对我院筹建工作将是一种重要的支持。请您适时向他们提出建议，我们可作必要的配合。感谢您对我院的关心和支持。

此致

敬礼

方克定

1993 年 3 月 1 日

---

① 薛谋洪（1928—）是外交部国际问题研究专家，曾任我国驻肯尼亚大使。此信为我院与美国普林斯顿大学威尔逊学院合作事宜，后未成，只是建院早期对外合作中的一个小插曲。

有关我院办学方向的几个问题探讨①

1988年国务院总理办公会议纪要（第17期）要求，我院创办新型的符合公务员制度要求的学校，在办学方针、教学目的和教学内容、职责任务等方面都作出了明确规定，对任职培训或“资格”培训的学用结合也有一个原则的表述。这同有中国特色的社会主义建设理论和党的十四大精神是吻合的。在筹建过程中贯彻落实该文件的精神，需要分层次、分步骤地作具体化的探索，还要弄清楚实施的前提条件。下面就其中一部分问题提出初步看法，供院内讨论。

一、为行政管理和公务员管理的科学化、法制化服务

国家行政学院是面向公务员队伍的培训型高等学府，又是集教育、培训、科研、信息咨询、对内对外交流等功能于一身的综合性的新型学校。在诸多功能中，国家公务员培训是第一位的。这种培训不同于其他种类的教育和培训，我们的办学方向应当放在以下几个基点上：

适应公务员制度要求。建立和实施国家公务员制度需要加强对公务员的培训，公务员管理科学化、法制化要求公务员培训科学化、法制化。对国家公务员不仅“进口要把紧，管理要从严，出口要打通”，而且素质要提高。按照公务员制度的要求进行培训，就要坚持理论联系实际、学用一致、按需施教、讲求实效。做到这一点，不仅要吃透公务员队伍的实际，了解公务员的使用情况，摸清公务员对培训的需求，还必须把握公务员制度改革的精神实质，才能真正提高培训的人才效益。这要从认识上、体制上、业务建设上理顺和落实。

① 成文于1993年3月30日。

服务政府。国家行政学院直属政府，所培训的绝大部分学员从政府中来，到政府中去。学员素质的提高程度直接关系到政府的行政行为和效能。直接为政府服务是我院的基本职责。因此，我们的全盘教学活动要以政府意向和行政体制改革走向为依归，特别要同改革试点部门、地方、单位保持紧密的联系。要围绕政府面临的现实问题安排课程和教学内容，教学方法要适应机关工作人员的特点。从政府及其直属单位中聘任的教师要占到整个师资队伍的1/2以上。

面向社会。行政组织的社会性、服务性决定了面向社会、服务社会是国家公务员的本色，也是对公务员培训的基本要求。我院的教学内容要反映社会改革和社会发展的新动向，教学方法要以社会实践为重要环节。还要看到，“面向现代化、面向世界、面向未来”的教育发展趋势之一，是“教育社会化、社会教育化”。外国有些文官学院的社会化已经迈出了很大步子。我们在筹建过程中坚持师资队伍建设以兼职教师为主，建立图书、情报工作的局域网，在“社区调查”基础上有条件地扩大教学服务社会化等，都是“采取新型的社会化的办学方针”的具体体现。当然，社会化程度是生产力发展水平决定的，我们在现阶段，一是要推进社会化，二是化而有度，不可能过于超前。

走向世界。起源于英国的文官制度在国外已有二三百年的发展历史，第二次世界大战后已普及到大多数国家。从20世纪20年代美国出现第一所私立行政管理学院开始，到第二次世界大战后许多国家相继建立国立行政学院，目前，国际行政院校联合会已有70多个国家的200多所院校和科研单位参加。在公务员制度建设和行政学院的建设上，我国是后起的国家，知识和经验都不完备。只有立足于国情，坚持开放式办学，瞄准世界前沿，在逐步跟进中认真吸收、消化和创新，才能走出一条国际规则与本国化相结合的新路子。

二、三个培育系列、多种学制

《国家公务员暂行条例》第52条规定了国家公务员培训的4种类型，即：对新录用人员的培训，晋升领导职务的任职培训，根据专项工作需要进行的专门业务培训，在职国家公务员更新知识的培训。我院按有关规定承担国家公务员培训任务，同时还要承担一部分大型企、事业单位主要领导干部岗位培训，培养研究生，招收国外留学生和进修生，提供师资培训。

我院从事以对国家公务员的实用性培训（或人力资源开发）为主的大学后教育。综合有关院校的办学经验，从学员对象、培训目标、周期和方式着眼，可以把各类培训形式归纳为 3 种基本的培育系列：

（一）对现职公务员的短期培训（6 个月以内），其中，以晋升领导职务的任职培训为重点；

（二）对高、中级公务员后备力量的长期培训（1—2 年制），有的属于公务员制度的系列培训，有的纳入第二学位的学历教育序列；

（三）以行政学为主要科目的研究生教育（2—3 年制），纳入学历教育序列。

以上（二）（三）两个系列的学制相对稳定，着眼于培养跨世纪的行政管理人才。其中，以（二）为全盘培训的依托，也是衡量全院人才效益的主要窗口。它类似于中央党校的培训部、国防大学的基本系、中国高级法官培训中心的资格培训班，但在国家公务员制度和学院初建时期，长期培训的规模和学制要掌握得当，避免过于超前。（一）的周期短，节奏快，量大面广，形式多样，学制的变化也多。这类培训人数占全院生源总数的大头，培训内容是（二）的分支和简编。（三）与科研紧密结合，是（二）的提高，生源数量控制在 5% 以内，在步骤上可能滞后一些。除此以外的函授教育（或远距离教育）同样依附于（二），也可以放慢一步计议。这 3 条主线明晰了，延伸性的企事业领导干部培训、师资培训，以至外国留学生、进修生培训也都可以在统一安排下各就各位。3 条主线的相互关系，以长期（系统性）培训为基础，以短期（适应性）培训为重点，以同科研紧密结合的研究生教育为导向，可以说是无长不稳、无短不活、无研不高。这从国内外培训型院校的办学实践中可以得到验证。从长远看，随着培训工作制度化、科学化的进程，三者优化组合的互补效益将愈来愈明显。

由此可见，在教学组织管理的软件设计中，培育系列不仅决定规模和学制（从而决定班次和课时），也决定教学内容和方法。教学准备工作要从上游抓起，才能提纲挈领，带动全局。

三、以高层次、高标准培训为己任

国家公务员培训是以提高学员任职能力为要旨的一种教育、训练和养成，是全员（对总体而言）、全过程（对个人而言）培训。

国家行政学院作为公务员培训网络的主体和中心之一，不可能面向全员，也不可能涵盖终身教育的全过程。它选择培训对象的依据，一是 1988 年国务院总理办公会议纪要（第 17 期）所提出的：学院的职责任务应主要是培养高、中级国家公务员。公务员在担任高、中级职务之前，必须经过行政学院一定时期的任职培训，补充学习所需要的知识，提高担任较高领导职务应具备的素质。二是我国各级政府机关的公务员制度将从上到下地逐步推行，其中一个重要目标是首先在中央和省、自治区、直辖市两级政府的相当一部分机关中建立国家公务员制度，并基本完成这些机关现有工作人员向国家公务员的过渡工作。这就是说，公务员培训的当前重点应当放在中央和省这两级。三是从近年来的国际发展趋势看，不少国家都把培训重点放在高级公务员（或政府主管人员）上，如美国的“管理发展训练”、英国和日本的“管理培训”等，加拿大把“发展”作为公务员培训体系的新开项目，也是这样。

在我国，中央和省、自治区、直辖市两级政府现有机关工作人员 76 万多人（约占各级政府机关工作人员总数的 15%），其中，高、中级干部约 12 万人（占两级政府机关工作人员总数的 15% 强）。这 12 万人理应成为我院培训对象的重中之重。在公务员制度改革中，怎样使他们过渡为德才兼备，全面发展，具备现代行政管理知识、技能、能力，能胜任公务决策、领导、管理的高、中级国家公务员，是摆在我们面前的重大课题。

同时，党校是培养党的领导干部的阵地。实际上，这 12 万人的培训任务已经落在中央党校和省委党校身上。在 12 万人中，高级干部约 1000 人，每届任期内到中央党校进修一次，党校每年接收 200 人，“八五”期间可以轮完；中级干部接近 12 万人，其中的 1.5 万多名地厅司局级干部，按中央党校和省委党校每年培训人数，5年也可以基本轮完。按照中组部《1991—1995年全国干部培训规划要点》的部署，我院很难在这1.6万（或1.9万）名高职等干部中重复招生，1988年国务院总理办公会议纪要（第17期）的规定也得不到落实。解决矛盾的可能出路：一是从提高行政能力的主旨出发，设计出符合政府机关工作需要的课程系列，从而明确与党校的分工；二是在干部培训长远规划中补充规定：高级干部和地厅司局级干部连任一届的，下一届任期内到国家行政学院进修一次，以此类推。行政学院每年接收人数，视连任人数而定；三是着眼于未来，把我院形成的培训能力更多地集中到培养高级和地厅司局级后备干部上。当然，这并不排斥其他可行的分工形式。

高职等干部肩负着国家的重任。国家和人民对他们寄予很高的期望，他们自身对培训的要求也高。水涨船高，对高层次的培训必须高标准、严要求。这应当是我院办学的铁的法则，是不能含糊的。

四、从国家的经济和社会发展、政府机关的职位和学员的需求出发安排教学

我国的公务员制度以职位分类为基础。这从改革方向看，是可取的。《国家公务员暂行条例》第51条规定：国家行政机关根据经济、社会发展的需要，按照职位的要求，有计划地对国家公务员进行培训。它反映了社会主义现代化建设对公务员整体素质的要求。我们要按照这样的要求对公务员进行培训，把职位必需的专业知识与行政管理知识、公务员规范知识一起列为重要的培训内容。

在公务员制度推行过程中，反映每个职位的工作内容、职责、工作准则及有关事项的“职位说明书”可望在今年内形成。但是，单项“职位说明书”的规定同有些个别访谈资料一样只限于个体需求。作为培训的依据，我们更要掌握大跨度的分层级的共性的需求。在职级规范、职等标准一类部门规章暂难出台的条件下，一要到国家统计局、海关总署等公务员制度试点部门去征询他们试行职位分类的实践经验及其对岗位培训的总体要求。深圳、哈尔滨等公务员制度试点城市也应当是我们寻访培训需求的重要信息

源。二要多方搜集有关单位已进行的调查成果，如福建省人事局制发、回收了“政府机关工作人员公共必备知识培训情况调查表”；辽宁省人事厅通过对政府机关干部的调查，初步掌握了不同层次人员对培训需求情况的底数；河南省人才所已完成“全省领导干部（县以上干部）管理行为及心理素质调查”“拔尖人才（6000人，其中包括领导层）环境的实证性调查”等。中国国情调查研究中心等单位正对我国党政机关中层干部即国家中级公务员的现状，包括年龄结构、知识结构等方面进行系统调查研究，其重要性更不待言。三要有重点地布置问卷调查，扩大教学调研的覆盖面。四要把刚刚起步的个别采访工作坚持下去，据已交谈近50人次的印象，是有收获的。经过一段时间的积累、总结，有可能集中概括出一些导向性的意见来。

从共性需求和个性需求双管齐下，有助于我们把握总体的需求概念，在对政府机关的人力资源开发中，实现组织发展与个人发展相结合。这是我们贯彻理论联系实际、学用一致、按需施教、讲求实效原则的出发点。

五、以行政（管理）学为主要专业课，以行政案例教学为重要内容和方法

国家公务员是国家机关行政工作人员，是行政主体的“细胞”。他们应当是行政（管理）学专才。李鹏总理指出：政府行政管理必须讲科学，求效率，守法制，重廉洁。这对行政管理人员提出了行政学知识、技能和行为规范的要求。缺少这些必备要素的公务员，犹如没有法学知识的“法官”、没有医学知识的“医生”，是难以胜任本职工作的。日本一级国家公务员考试包括27个专业，二级国家公务员考试包括12个专业，其中都把行政管理列在第一位。我国行政（管理）学研究落后于发达国家和一些发展中国家。国家行政工作人员大都对行政管理要素和原理缺乏系统了解，行政（管理）学理论与行政（管理）实践之间的反差巨大，有中国特色的行政（管理）学科体系尚未建立起来。从行政（管理）期望和学员需求出发，围绕建设有中国特色的社会主义这个主题，我院是否把以“大行政”为内涵的行政（管理）学列为第一专业课（实际上是一门行政系统工程），用以统率全院的主干课程体系，

这是我院教学建设中的一大课题，需要审慎研究。

行政案例分析是对特定的行政事件和现象的不同层面、过程及其整体关系进行研究、推导的一种策略和方法。在行政学这门应用科目中运用案例教学可以带来较好的效果：一是汇编大量实况资料，模拟逼真的实际工作场景，可以弥补学员实践不足的缺陷；二是通过对个案的分析揭示事物的过程性与普遍性，符合学员的思维规律；三是可以使学员经常处于“决策者”的地位，提高分析问题和解决问题的能力。经过半个世纪的积累，国外有些行政学院已制成数以万计的行政案例。

我国行政案例资源丰富。在全国行政案例研究会中，我院承担着全国性典型案例的研究以及国外行政案例的翻译介绍任务。我们在引进、消化国外行政案例精品的同时，要着手选编一批高质量的国内行政案例。对于历史案例，可以考虑从薄老《若干重大决策与事件的回顾》中开发一批行政决策案例，从《当代中国》丛书中开发一批政策分析案例，从国家计委、财政部、人民银行的调查报告中开发一批宏观调控案例，从监察部《中国监察年鉴》和全国人大法工委《法制参考资料》中开发一批行政监察案例。此外，还可以从《周恩来传》《邓小平传》等行政英才人物传记中开发行政领导、组织、协调等多方位的案例。前者已有中央文献研究室在《中国行政管理》杂志上的连载文章，后者也有“邓小平行政管理思想研究课题组”的工作成果。对于现实热点问题，可以围绕一国两制、追赶亚洲“四小龙”、股票和证券等专题选辑系列资料。

要在“八五”期间制订规划和设计，“九五”期间把我院的行政案例库和政策案例库初步建设起来。

六、同步实现知、行、态互补并进的三维目标

与行政管理科学化、法制化的要求相适应，从国情、民情、“官情”和我院的现有能力出发，我们在教学方法和教学管理方法上要继承行之有效的传统教学的合理成分，大胆地有针对性地引进、吸收现代培训原理和方法，并注意在实践中寻求两者的有效结合点。

现代培训已从培养智力和培养创造能力进入培养创造性素质的新阶段。

其中一个重要原则就是树立知（认知能力）—行（运作能力）—态（意志、情感）三位一体的培训目标。我们按照这样的目标来组织全盘教学活动，既有适应性的一面，也有“跳跃式”的一面。我院的培训对象大都是受过高等教育、又有一段从政经历的政府机关现职人员，除新录用人员的入门培训外，都有相当的文化知识和实践经验。通过短期培训，使学员的实践经验与少而精的现代行政学、宏观经济学等理论相结合，把这些分散的、浅层的、相对狭隘的实际经验调动、开发出来，使之条理化，从而提高行政能力，包括独立分析行政问题的能力、独立判断行政问题的能力、独立解决行政问题的能力，这是我们的基本着眼点，又是历来的薄弱环节。怎样“跃”上这个新台阶？要下大力气去解决。另一方面，我国现有 500 多万政府机关工作人员的文化层次，高、中、初级的大致比例是 4∶4∶2，总体偏低。高、中级干部虽以高文化层次居多，但知识结构不完整的现象还很普遍，封闭性也很突出，因此，在公务员培训中传授适量知识仍属必要。另外，以行政道德与行政法制并重，端正行政态度，也不应受到忽视。知、行、态三结合之所以必要，从我院法学课程以树立、增强法制观念为主旨上可以得到说明，只有三者并用，才能解决观念转换问题。还要看到，在参与式教学中，学员不仅是教学过程的主体，而且是宝贵的资源。对学员智力、能力的挖掘，不仅学员自身受益，而且惠及教师和学校，成为充实教学、科研内容的“原材料”和“能源”。只要认清方向，坚持不懈，就必有长进。

培训方法科学化、实用化，要抓好几个基本环节。一是尚质量、有新意的讲课，课间穿插一定量的提问和讨论；二是目的性明确的自学、精读，当然也可以有一点触类旁通的泛读；三是围绕案例教学或设问教学布置的研讨班，要有竞争性、生动性，由浅入深，举一反三；四是有针对性的实习，天津保税区的功能分析、河北无极县的行政决策评估、山西隰县和山东几个县（市）的机构改革评估等，或许可以作为就近选点的线索。

在教学管理方法上，对长期培训和研究生教育实行学分制，同时加大实习和社会调查的分量；对量大面广的短期培训，可以借鉴英国文官学院的经验，探索模块教学管理的可行性。

七、教学、科研、咨询一体化，图书、情报（信息）一体化

教学、科研相结合是发达国家行政（管理）学院的常规办法，也是教学质量保证和学科发展的源泉。处于行政学发展前沿的美国，开创行政学传统理论阶段的威尔逊、古德诺、怀特，开创行政学行为科学阶段的梅奥、马斯洛、麦克雷戈，开创行政学系统理论阶段的西蒙、马奇等代表人物都以大学为研究基地。在国内的培训型学校中，中央党校提出以教学为中心，以科研为基础、为先导；国防大学根据高层次教学的需要，把科研提高到与教学同等重要的地位，大力开展学术研究，努力为教学服务，为部队建设服务，为军委、总部决策起咨询作用，也都要求教学、科研并重。

我院的教学活动以实现师生双向交流为目标，与教学紧密联系的科研、咨询活动也应当是内外双向交流的。从全国来说，无论是对行政管理和行政体制改革中现实问题的研究，还是跟踪国外行政生态学、发展行政学、新公共行政学、新韦伯主义等新的研究动向，或是开展中外比较行政研究，都是行政管理和改革所需要的，也是教学所需要的。我们一要组织全院的专职教师和研究人员投身到这些研究中来；二要吸引众多兼职教师把他们的最新研究成果注入我院的教学（和科研）内容；三要敞开院门，广泛吸收院外一切有价值的科研成果，这既有赖于专、兼职教师的共同努力，更取决于具体政策的开明和改革、开放的力度。

按预计建筑面积和藏书量，我院图书馆是一个小型馆。它的现代化建设应向广度、深度发展。在致力于服务现代化、设施现代化、管理现代化的同时，要把功能现代化放到重要位置上来。要看到一次文献与二次文献相结合已成为世界性潮流。美国 R.J. 斯蒂尔曼编著的《公共行政学》一书所附的 17 个著名案例，有 9 个取自报刊、6 个摘自专著，可以说明这种结合的效用和意义。我国受旧体制的牵制，两者合流的步子缓慢，而我院凭借新建的有利条件，应当立足于合，一步到位。这样做的好处：（一）实现资源互补，既节省人、财、物力，又发挥教学媒体的多功能；（二）突出我院图书馆的专业特色；（三）把信息加工、传递、使用提到更高层次，更好地为教学、科研、咨询工作服务。与图书、情报（信息）一体化的管理体

制相适应，图书馆（行政学资料信息中心）要配备小批量行政学和计算机专业人员；对涉密资料的管理归属问题，也要区别不同情况，妥善处置。

八、兼收并蓄国外行之有效的办学经验，不套用一种模式

外国的后备公务员大多以国民教育为主渠道分散选拔和培养，其中，少数名牌大学的行政管理和法律院（系）育成了一大批杰出行政人才。现职公务员培训任务主要由国家行政学院（文官学院）承担，有些也分散到普通大学接受短期培训。

发达国家的国立行政学院（文官学院）先后建立于20世纪40年代到70年代，它们办学的共同点是：（一）有法制保障；（二）受政府直接领导；（三）以提高学员能力为主的应用性培训；（四）以兼职教师为主，管理人员精干；（五）对学员的选、训、用结合；（六）接收一定比例的外国生源。在培训对象、培训目标、学制和办学条件上又各具特色。

这些独立的或附属于大学的行政学院大体上可以分3种类型：

（一）较长学制的前期培训型。其中，以法国国立行政学院为代表。该院本部招收2年制学员，通过预科准备—考试录取—系统培训（包括1年实习）—考试任用的一套严格程序，培养高级行政官员。这是一种高度竞争性的精英教育，40多年向法国政坛输送了5000名毕业生，人才效益显著。学院分部也搞一些现职公务员短期培训，在全院不占重要位置。

按照法国模式办学的有：德国斯佩耶尔行政管理学院（大学）、巴西和越南的国立行政学院。

（二）短学制的后期培训型。按培训对象又分两个亚类：一类以高级公务员为主要培训对象。如英国文官学院负责培训现职高级文官，每年还招100人的“尖子班”。每期从几天到几个月不等。美国联邦政府高级官员学院，负责对即将晋升到16—15等官员的资格培训，每期4周，每年培训600人。

按照这种模式办学的有：印度德里行政学院、巴基斯坦高级公务员学院、泰国文官培训学院、香港高级公务员培训中心等。

另一类学院的培训对象和类型多样化。如日本人事院研修所（以培训

中、初级公务员为主）等。日本国家公务员进修中心的情况不详。

（三）长、短学制兼备的综合培训型，培训对象和类型多样化。如德国联邦行政管理学院，其培训对象兼顾高、中、初级公务员，既有新录用人员的入门培训，也有现职官员的资格培训和知识更新；培训周期既有灵活的短期培训，也有3年制的长期培训。再如美国一批私立大学和州立大学的行政学院或管理学院所接受的官员培训，著名的有：锡拉丘兹大学马克斯维尔公民与公共事务学院（以下简称“马克斯维尔学院”）、哈佛大学肯尼迪政府学院、印第安纳大学公共环境管理学院、普林斯顿大学威尔逊学院、南加州大学公共行政学院等。英国牛津大学坦普森公共管理学院的情况待查。

我国与印度同属公务员队伍极庞大的国家，培训的任务极为繁重，又缺乏经验。国家公务员制度在今年正式出台后将进入初创时期，走上科学化、法制化轨道还有相当长的历程；对有中国特色的公务员制度的探索也将经历一个较长的过程；随着公务员制度改革的深化，对培训的要求将愈来愈高。筹建国家行政学院必须从本国的实际出发，广泛吸收各国公务员培训的长处，为我所用。照搬一个国家或一所学校培训模式的简单做法，是不切实际的，也是行不通的。

围绕国家公务员培训的科学化、制度化以及网络化，还有一些值得重视的观念问题和实际问题，另行讨论。

方克定

1993年3月30日

附件　周世逑教授同年5月20日复信（《有关我院办学方向的几个问题探讨》的浅见）

克定司长：

5月7日大札暨两份教学资料均收，谢谢。

从《有关我院办学方向的几个问题探讨》中，获悉您对学院办学问题提出重大深远的设想，特别是对学院性质、办学方针、目标、内容，考虑十分周密，深佩高见卓识。

过去虽对美国行政学界有所接触，最近谂知已被卷入不景气中。现就知之不深的国外教学情况，结合我国当前的一些教学实践，略抒所见，掇录几点，聊奉参酌，不知是否可行，并乞指正。

随着我国行政改革大潮来临，估计行政学科应当有一高潮。我们深切企盼您和国内贤达，能登高一呼，振聋发聩，引起政府高度重视，促使社会改变看法，在行政界和行政学界掀起一次能风靡一时、影响久远的学术高潮，幸甚。

学院发展佳音，亟望继续赐示。

耑上，即颂

教绥

周世逑

5 月 20 日

一、为了体现有中国特色的社会主义建设理论和党的十四大精神，提出的学院性质、办学方针、目的、职责、任务、内容做法，都是十分重要的，对保证办学方向的 8 个重大问题的论述，也是切合实际的。

二、把学院建成一个具有多种功能的，以培训公务员为第一位功能的综合性、现代化、中国式的新型高等（文官）学校，这一提法是符合目前需要和近期发展的。当前，把教学科研和对社会对政府的咨询结合起来，具有重大的现实意义。问题在于如何做好扎实的咨询工作。

三、对学院办学目标有了明确规定，但对学员培养目标提法似不完整，只提培养高、中层公务员是不够的，要包含具备何种素质，担任何种工作，是否可提，德才兼备，全面发展，具备现代行政管理知识、技能、能力，能胜任公务决策、领导、管理的高、中级国家公务员。

四、培养专才或通才，国内外历来有争论：如英国到目前还一贯偏重通才，“富尔顿法案”未贯彻的主要原因在此；美国早自“管理革命”时代就提专才，至今形成专门化、职业化、技术化的牢固传统。我意按中国国情是否可提在通才基础上实现专才，即日本学者通称的 T 型人才。

五、我国长期以来不重视实践能力培养，以致高校毕业生中出现“高分低能”。为此，学员要特别强调3种实践能力，即独立分析行政问题能力、独立判断行政问题能力、独立解决行政问题能力。这点要在教学大纲中明确写出。

六、课程设置不搞一刀切的单一模式，可仿国外近年来行之有效的“学生自提，导师批准”学分制度。学院每学年初公布包括必修、选修、必选各门的总课程单，由学生按个人自定的学习目标，在导师指导下自选课程、自成体系。这种制度有利于针对个人就业需要，发挥学习兴趣，开展学业竞争（此制不适用于短训班学员）。

七、教学上反对“一本书”主义、“一言堂”方式。按国外大学惯例，上课不采用一教到底的教科书，由教师自印分量较重的参考书单，本科生每听1学时课须自学120—150页，研究生每听1学时课须自学180—200页，图书馆配合学生自学，开通通宵阅览室。上课应不采用满堂灌的教书方式，一般只讲观点、要点，大部分时间花在提问质疑。讨论有助教上的讨论课。因此能保证上课效果显著。

八、案例教学是现代教育改革的重要成果。我国案例教学尚在摸索阶段，目前情况是教案资源丰富，但缺乏完善的成套典型案例，尤其缺少编写案例的娴熟技术，写成案例可一眼看到底，不假思索即能对答自如。如此意义不大。

九、教学实习主要在于锻炼实践能力。行政管理实习可分为3个阶段进行：第1阶段为认识实习，旨在对行政管理有综合认识，并对机关事务有初步历练；第2阶段为专业实习，旨在掌握专门的行政知识和技能，并对一般决策、领导、管理业务取得锻炼；第3阶段为带职称实习，以部分领导身份接受具体业务及人际关系方面的锻炼。

十、科研课题每年1次，通过实地调查、理论研究，写成论文。可独立选题，也可与行政机关、研究所协作选题。

十一、毕业论文及答辩在四年级毕业前进行。在此之前，要安排国家统一命题的外语过关考试及国家授权学院办理的模拟资格考试。国外大学对研究生普遍实行资格考试。按照我国本科生程度，可否在本科班试办模拟资格考试。

对我院办学特色的初步分析①

1988年国务院总理办公会议纪要（第17期）要求我院“在办学方针、教学目的和教学内容等方面，应不同于我们现有的各类高等学校，与党校也应有所区别，更不能混同于一些地区、部门和单位举办的各种类型的培训班”。这就提出了一个怎样形成自己的个性即办学特色的问题。中组部《1991—1995年全国干部培训规划要点》提出，“国家行政学院，按照其职能与分工，负责国家行政机关一定层次的工作人员的理论业务培训”。职能与分工，既源于特色，又体现特色。在今年开展的教学调研活动中，《教学调研资料》（3）（5）（10）（12）（13）（14）（16）（20）（23）（24）（25）（28）（29）（30）（36）（40）（41）（43）（46）（47）（49）（51）（52）等也都要求我院认清和发挥特色。能不能在办学实践中逐步形成自己的特色，可以说是我院能不能独立存在下去的基本依据。

一、与普通高等学校相比，不同点是主要的

共同点：

（一）属于非基础教育。

（二）以科研为基础。

（三）在学历教育上的共性比较多。

不同点：

（一）普通高校担负大学和大学后学历教育，是非义务教育；我院从事大学后教育，其中主要是培训性的回归教育或继续教育，对国家公务员有一

① 成文于1993年4月18日。

定的强制性或义务性，同时也有少量的学历（学位）教育。

（二）普通高校主要从应届高中毕业生中选录生源，其毕业生输往全社会，我院招收国家机关的在职工作人员，其中以高、中级为主，培训期满到政府机关工作，是直接为政府服务的。

（三）普通高校以系统地传授知识为主，按学科组织教学、科研，教材相对稳定；我院以能力开发为主，按政府机关和学员需求组织教学，教材不稳定，科研以应用研究为主。

（四）普通高校的师资力量以专职教师为主，我院实行专、兼职结合，在数量上以兼职教师为主。

二、与党校有共性，也有区别

共同点：

（一）注重用建设有中国特色的社会主义理论培训高、中级干部。

（二）同属培训型学校，第二教育过程，非基础教育。

（三）以在职干部为主要培训对象。

（四）以科研为基础。

不同点：

（一）党校是学习马克思主义的阵地、培养党的领导干部的阵地、宣传马克思主义的阵地，是党性锻炼的大熔炉，重在提高学员全面贯彻执行党的基本路线的自觉性，总体属于理论教育型，或理论与实际并重的综合培训型；我院作为国家公务员制度的一个组成部分，属于实用培训型。

（二）在课程设置上，党校正突破哲学、政治经济学、科学社会主义、党史、党建“老五门”学科界限，围绕建设有中国特色社会主义理论这个专题，选读30本书；我院拟设当代政治、行政管理、经济管理、法制建设等主干课程，还有针对公务员所需的应用课程系列。

（三）党校拥有300人的专职教师队伍，教学、科研实力雄厚，教师较好的理论基础和学员较丰富的实践经验相结合，有“教学相长”的优势，在贯彻“双百”方针上也有一套具体办法；我院按照社会化的办学方针，实行专、兼职教师结合，在数量上以兼职教师为主，无论实力和经验都赶不上党校。

（四）在教学方法上，党校实行“读书、思考、研讨、交流”相结合的教学方法，并开设“形势、国情、政策”的报告和讲座，是适应干部培训特点的。我院在遵循这一共同规律的同时，还要进一步明确和解决好能力开发的问题。

（五）中央党校面向全国招生，生源范围广，除在职干部培训和研究生教育外，还办起了大专学历教育；我院学员主要来自国家公务员系统，结合公务员培训也办一点大学后学历教育，不搞大专学历教育。在开放式办学中，我院还将招收一定数量的外国留学生、进修生。

三、与各类培训班的共性较多，培训范围和层次明显不同

共同点：

（一）以实用性培训为主的成人教育，属于第二教育过程。

（二）按照“学用结合、按需施教、注重实效”的成人教育原则办学。

（三）学制以短为主，长短兼有。

（四）师资以兼职教师为主。如果美英等国把“企业精神”引入政府之风吹到我国，行政院校和经济管理（企业管理）干部院校之间的共同点有可能增多。

不同点：

（一）地区、部门和单位举办的各种类型的管理干部学院或培训中心，各自面向本地区、本部门、本行业，培训对象多样化，以岗位培训和专业培训为主；我院面向全国的公务员，培训对象以高、中级公务员为主，培训种类以担任高、中级职务前的任职培训为主，层次高于一般的管理干部学院或培训中心。

（二）地区、部门的管理干部学院和培训中心有的兼办大专学历教育，除个别学院外，基本上不招收研究生和外国留学生；我院反之。

（三）我院处于国家公务员培训网络中心地位；承担一部分公务员培训职能的地区、部门的管理干部学院或培训中心只是培训网络成员。这也反映出层次性的差别。

综合以上 3 点，列表对照如下：

各类院校办学框架比较表

	普通高校	中央党校	各类培训班（中心）	国家行政学院
性质	第一教育过程	第二教育过程		
服务对象	面向全社会	面向党政机关建成三个阵地一个熔炉	面向本地区、本行业	适应公务员制度要求，直接为政府服务
培养目标	系统性的学科教育，着眼于人的全面发展	以理论教育为主，或理论与实践并重	以实用培训为主，注重需求导向	以实用培训为主，注重政府机关和学员的需求导向
教育系列	国民教育系列学历教育（大学和大学后教育） 纳入国家教委系列	以培训为主的成人教育 兼办大学后教育和大专学历教育 不纳入国家教委系列	以培训为主的成人教育，具体形式多样化	以培训为主的成人教育 以大学后教育为主，不搞大专学历教育 部分纳入国家教委系列
培训类型	不以培训为主要职能	培训类型多样化	以岗位培训和专业培训为主	以公务员晋升职务的任职培训为主
学制	本科四年制、专科两年制	分设进修部、培训部、理论部，长、短学制兼有	以短期培训为主，有的有长期培训班	长、短学制兼有
生源	应届高中毕业生或同等学历者 重点大学招收外国留学生	不同文化层次、较高级别的党政干部	不同文化层次、不同级别的党、政、企干部	不同文化层次的国家公务员，以中、高级公务员为主 准备招收外国留学生
主干课程	按学科设系，按系排课	以建设有中国特色社会主义理论为主题，突破“老五门”学科界限，内容更新快	课程体系多样化	当代政治、经济管理、行政管理、法制建设等，相对稳定中有更新
教材	形成系列，相对稳定	形成系列，不稳定	多元化系列或不成系列，有的相对稳定，有的不稳定	暂不成系列，相对稳定中有更新
师资	以专职教师为主	以专职教师为主	以兼职教师为主，有的不设专职教师	专、兼职结合，以兼职教师为主

四、于个性中见特色

通过与以上 3 类学校（培训中心）的比较，可以初步分离出我院办学特色的若干线索：

（一）直接为政府服务，为公务员队伍建设服务。我院作为国家公务员制度的重要组成部分，要同政府特别是中央和省（区、市）政府发生最紧密的联系，从现实需求出发，又适度超前，努力培养跨世纪的第一流的行政管理人才。

（二）高层次、高职等培训。这是以中、高级公务员为主要培训对象和以大学后教育为发展方向所决定的。

高标准培训要求教学内容高、新、深、实，教学方法灵活、有效，贴近培训对象，充分发挥其能动性。

（三）以实用性培训和人力资源开发（注重能力培养）为主，以大学后学历教育（保持一定的学科系统性）为辅，两者相辅相成。

（四）在建设有中国特色社会主义理论指导下，以当代政治、经济管理、行政管理、法制建设等为主干课程，把学院建成国家公务员培训和深造的最高学府，又是全国行政学研究、信息和咨询中心。

（五）实行社会化办学方针，建设专、兼职结合的师资队伍，在数量上以兼职教师为主，在不同时期，围绕某些项目组织联合办学；由近及远，逐步推进办学网络化。

（六）建立管理信息系统，促进有条件的院内管理机构与教学组织某些职能的交叉融合，争取把我院建成快节奏、紧运行、高效率的一个“窗口”。

（七）实行开放式办学。依托我院的有利地位，多方位吸取国外资金和智力资源为我所用。到 21 世纪初，要在世界公务员培训领域占一席之地。

五、对以上特色的认识有待于深化

对办学特色有一个实践—认识—再实践—再认识的较长时期的循环往复过程，是不可能一次完成的。这个复合过程的基础在于培训的实践，首先是我们已办过 17 期培训班的实践，这里面蕴含着可贵的第一性资料；同时，也要注意从各地方行政学院已完成 5 万多人次的培训实践中汲取营养，这对丰富我们的直接认识大有好处。对办学特色的间接认识，一方面来自本行业，即公务员培训的全球性共同规律，这是我院区别于普通高校、党校以及各类培训中心的根本所在，对各国公务员培训的不同特色，如法国 ENA 集中、强化的精英教育，日本公务员的国内和驻外研修制度，加拿大公务员培训体系中的培训与发展制度，英国文官学院的市场化、社会化等也要进行比较研究；另一方面来自国情，其中包括我国公务员制度的 5 个特点，从这些实际出发，使行业性的固有规律中国化，从而形成我们区别于国外公务员培训的中国特色。要在办学实践中倾全力于全球性共同规律和国情特色的相互结合，做到适时适度，又要着眼于这两方面的最新变革和发展，首先站到国家的前沿，继而站到世界的前沿上来。

六、在形成办学特色的过程中取长补短

办学特色是培训工作客观规律的体现，就必然渗透着基本的经验、长处和优势，这是需要继承和发扬的。但已被认识的经验、长处和优势只能是相对的，其中不可避免地伴生着某种副作用或局限性。如把按需施教原则落到实处，很有利于提高培训效益，保证办学宗旨，更好地服务于政府，却使教学组织管理复杂化，势必加重教务和教师准备工作量。师资队伍以兼职教师为主，将显示出广开师路、博采众长、机动灵活等优越性，但同时存在着科研基础被削弱的缺陷。因此，发挥特色不仅要扬长抑短，还必须扬长补短，这就要有针对性地采取综合措施。

七、靠软件建设创办学特色

学院的服务方向、培养目标、办学方向、课程设置、师资建设、对内对外开放等，都是软件建设的重要内容。不下力气抓软件建设，不可能有办学特色。把软件建设摆到筹建工作的重要位置上来，不仅必要，而且是紧迫的。

八、靠改革、开放促软件建设

在软件建设上创建学校办学特色的立足点在于坚持党的基本路线，加大改革、开放的力度。无论在筹建时期还是正式开学后，愈深化改革、扩大开放，就愈会有软件建设的创新，愈显示出我院的办学特色同其他院校的区别。如果把四项基本原则看作建院之本，改革、开放则是兴院之路。

关于党校兼办行政学院等问题的谈话①

现在地方行政学院有 3 种模式：一种是独立建的，一种是在各种管理干部学院基础上建的，还有一种是党校兼办的。党校兼办的又分为两种模式：一种是北京、上海、江苏、浙江，实行行政后勤合一、业务上有明确分工的办学模式；另一种是云南省，是全部合一，但是云南省后来又表示，现在先合一，将来业务这块也得分。武汉市党校认为，关键在领导指导思想清楚，领导指导思想是两种特色，业务不分工也有可能办出两种特色。武汉准备先按合一办，不行再改。

我们不求很快作结论，允许各省市自己去实验。看看到底怎么办，才能使党校兼办行政学院能办出两种特色。

我们希望，无论哪种做法，无论是独建行政学院，还是在管理干部学院基础上建立行政学院，或是党校兼办，都应该按照《国家公务员暂行条例》办，不能脱离《国家公务员暂行条例》，不能背离《国家公务员暂行条例》，都要按照行政学院办学规律办，这是共性。

对党校兼办行政学院这种模式，提出一个学校办出两种特色，我很赞成。党校这部分不能行政学院化，如果党校行政学院化，就削弱了党校；行政学院这部分不能党校化，如果行政学院党校化，就不是行政学院。对北京、上海、江苏、浙江是这样，对云南、武汉也是这样。行政学院有关公务员培训的目标、内容、教材、方法、教学组织、学籍管理等，所有有关公务员培训的问题都不能党校化。党校在上述方面，也不能行政学院化。如果双

---

① 1993 年 9 月 29 日上午，国家行政学院领导来我院听取汇报，参观新建图书馆、电教、计算机房。笔者就党校兼办行政学院等问题作了谈话。

方互化，那就是两者都被削弱，两种特色都没有了。

应该说“一个学校两种特色”的提法是符合既办好党校又办好行政学院的目标的。北京、上海、江苏、浙江实行行政后勤合一，在业务上有明确分工的办学体制，有助于一个学校形成两种特色。

关于行政学院的评估问题，要注重人才效益（指毕业生）指标和科研成果指标。

对制订几类国家公务员培训方案的工作安排意见[①]

建立国家公务员制度的目的，首先是对原来国家行政机关干部实行分类管理。在大的分类管理下，相应的国家公务员培训必然要有更细的分类培训。我院制订几种类型的培训方案，是今年第四季度教学准备工作的一项重要任务。有了分类型的培训方案，才能把我们的教学准备工作置于较为广阔的基础之上，明、后年的教学工作安排也才有所遵循。

面向全国的公务员培训是一个系统工程，我院的多功能配置也是一个系统工程。吸取前一段时间制订《国家行政学院课程设置、教学队伍建设、教学组织机构设置、教材建设、教学管理工作规章制度建设等方案》（1993 年 8 月）走弯路的经验教训，我们首先要明确这次工作的目的和要求，摆正它在整个系统中的地位及其与同类工作的关系。

一、定位

学院正式成立，在教学方面既要拿出适用于当前和近期的教学（或培训）工作方案，又要准备近、中期的教学队伍、机构、制度、设施和资料等的建设方案。这两套方案是分层次的，它们各就其位，互有联系，又有区别。

全院的教学工作方案分 3 个层次。

一是教学工作总方案，这有两种含义：（一）大教学方案。它覆盖我院以教学为中心的全部业务活动，是最高层次的。制订大教学方案要从全院的多功能出发，与建院的总体目标相适应，统筹兼顾培训、教育、科研、咨询、信息等工作，并与学院的行政、后勤建设方案相衔接。这件事至今考虑

① 成文于 1993 年 11 月 7 日。

得很少。（二）小教学方案基本上不包括科研、咨询、信息的教学工作系统。今年上半年的教学调研和方案设计，基本上属于“小教学”范围，内容以课程为主，总体是有一定收获的。不足在于：研制项目不全，缺少培养目标、培训对象、教学方法等基本要素；没有分类型考虑培训方案；没有形成一个总方案。

“大教学”方案和“小教学”方案虽然在层次、范围上有所不同，但都对一所学院在不同程度上具有全局性，因而居于战略地位。这两件事，迟早都要做。在具备一定人力资源的条件下，迟做不如早做。制订这个方案，必须突出我院的特色，既不同于普通高校，又不同于党校，也不同于部、委的干部管理学院与干部培训中心。

二是分类型的单项培训方案。在诸多培训要素中，英国皇家公共行政管理协会首席顾问保罗·科林斯把培训类型列为第一要素，而我们认识得比较晚。按《国家公务员暂行条例》（以下简称《条例》）第 52、57 条以及《国家公务员培训规定》（送审稿，以下简称《规定》）第 14、15 条规定的 4 到 6 种培训类型，分别考虑和制订新录用人员的培训方案、晋升领导职务的任职培训方案、专门业务培训方案、更新知识的培训方案以及调任人员、转任人员培训方案等，是从 9 月开始调研的。

分类型的单项培训方案，是全院的培训和教育总方案的构件基础，是指导性的。它们各有本类型的质的规定性，在一个类型中包含着若干亚类，但都载荷着我院基本的单项功能培训。按照现代培训的要求，它不同于教育，不同于进修，也不同于养成。

三是分类型的单班教学计划。培训班（或研讨班、讲习班）是我们进行培训的基本形式，是培训活动的组织“细胞”。它虽然属于局部性的，但我们在战术上要重视每一个班，每一个班在开班前都要有科学、合理、可行的教学计划。它不同于指导性的单类型培训方案，而是实施性或操作性的。9 月提交的“国家行政学院 1993 年司局长培训班教学计划”可以算是一个单班教学计划的个案。

作为单班的教学计划，它们大都归属于某一培训类型，也应当体现分类的特色。在四种培训类型中如果办一期任职培训班，它应当不同于新录用培训，不同于专业培训，不同于更新知识的培训。如果办别种培训班，也不同于另三类培训。

以上三个层次方案的关系是从高到低的包容关系，也就是总体与局部的关系。一般来说，它们之间不能互相错位或置换。今年第四季度我们的目标任务是制订第二层次即分类型的单项培训方案，在年内拿出初稿。

与教学工作有关的建设方案，是建院方案中有关教学方面内容的集合。分层次看，它可以分解为若干专项方案。今年上半年围绕课程、师资、教材、教学组织和规章制度这5个专题所作的一轮调研涉及的内容，除课程外，大都属于建设方案的构件。开展5项专题调研并提出初步方案是完全必要的，这些成型或不成型的资料基础在今后也是有用的。存在的缺点：一是有些调研目标不够清晰，与建院方案和基建方案之间缺乏统筹考虑；二是对已获得资料的综合整理和消化不够，没有及时拿出阶段性的成果。

二、定向

在建设有中国特色的社会主义理论指引下，从认识和实践的结合上解决好国家公务员培训的几个方向性问题：

（一）从传统培训（可能包含一部分传统教育）向新型、现代化培训转变

这是1988年国务院总理办公会议纪要（第17期）中早已明确提出了的，《规定》（送审稿）第18条规定："国家公务员培训内容要适应社会主义市场经济发展需要，反映政府现代管理发展趋势和世界新科技革命进程"，第37条规定："加强培训设施建设，实现教学手段现代化"，等等，也都提出了这样的要求。

现代培训是对传统培训的继承、改造和发展。从传统培训过渡到现代培训，并不摒弃传统培训中的某些合理成分。但在我院的初创时期，还是要更多地提倡超前、创新，有一个高起点，对全院的长远之计将有积极影响。

（二）从虚实、学用、训需、绩效分离向理论联系实际、学用一致、按需施教、讲求实效转变

对于中级国家公务员培训，做到理论联系实际的关键在“实”，做到学用一致的关键在“用”，按需施教的关键在“需”，讲求实效的关键在“效”。弄清这几个字，说起来容易做起来难。除管理体制问题外，没有过硬的调查研究功夫，不解决“桥”或“船”的问题，是达不到认识的彼岸的。即使初步掌握了一些科学的方法，也要有实践—认识—再实践—再认识的往复积累，不可能一次完成。在这个认识基础上，对于一部分高级国家公务员和师资培训，在理论和实际的关系上，更要全面、综合一些。

（三）从封闭式向开放式、社会化、国际化转变

这在1988年国务院总理办公会议纪要（第17期）中也是明确的。而有关国家公务员培训的几个配套法规文件中对这一点阐述较少，只有《规定》（送审稿）第8条把“国家公务员培训的国际交流与合作”当作“培训工作的重要内涵”。在开放式、社会化办学的方向上，我们既要从现阶段的国情、政情出发，对社会化、国际化进程掌握适度，又要看到我院在全国公务员培训网络和地理上的有利地位，尽可能地把这种优势发挥出来，这是加快建院步伐、提高教学水平的重要动因。

有关办学方向的问题不止3条，在这里不一一展开。对这些问题的研讨，首先要弄清思想，求得共识，其次要在贯彻落实上下大功夫。只有虚实结合好，才谈得上有所突破。

三、入轨

《条例》是一部适应建立社会主义市场经济体制的需要，使我国政府机关人事管理逐步走向科学化、法制化的总章程。公务员培训工作必须按照“精心准备，科学衔接，适时入轨，积极推行”的要求，纳入《条例》铺下的总轨道。这里可以分两方面求索理解：

一是《条例》第52条根据培训对象的特点、不同层次职位要求等因素规定的4类培训，加上第57条以及《规定》（送审稿）第14、15条规定的调任培训和转任培训，共6类。它们大多是非单一的、经常性的、短期性的培训。全面而又非均衡地承担这几类培训任务，是我院应尽的职责。它们已见诸条文规定，性质、任务比较清楚，总体是有共识的，可以说已形成一种国家公务员培训的“有轨”线路。

二是为“保障国家公务员的优化、廉洁，提高行政效能”服务（或“为建设一支坚持党的基本路线，具有专业知识和能力，适应21世纪经济、社会发展需要，廉洁奉公、忠于职守的国家公务员队伍服务”）的其他培训类型。如《规定》（送审稿）第16条指出的：“根据实际需要，组织综合型、复合型、外向型管理人才培训，以及其他类型的为国家和地方经济、社会发展急需的管理人才培训”；徐颂陶同志提出的“培养一支适应21世纪经济建设和社会发展的高级行政管理人才”，“能够进入国家行政机关高层次的领导岗位”；戴光前同志提出的把行政管理专业开拓出来，办一种一两年的长期班，既同调任培训相统一，又同后备干部培训相衔接；还有成银生同志提出的从35岁以下人选中着眼于培养跨世纪的新型公务员的培训。对组织这类长期或较长期的、高度竞争性培训的必要性、重要性，不论估计多高都不过分。但它在《条例》中未见诸具体条款，人们的认识还不够统一，在现阶段也可以说是公务员培训的“无轨”线路。这是在培养目标、教学内容和方法上别具特色的另一套方案，其分量不比上述4到6类方案轻，因现有力量所限，只好放到下一步再做。

初步划分“有轨”和“无轨”，是人们主观上的认识差异的反映，而从客观上的需求看，培训工作进入“有轨”线路或者“无轨”线路，都是“入轨”，对我院来说，都是责无旁贷的。

四、重点

我院担负4种类型的培训任务不是“平铺直叙”，而是有轻有重。一般来说，新录用人员培训和专门业务培训主要由地方行政学院和部、委管理干部学院承担，我院的重点相对集中在任职培训和更新知识的培训上。

晋升领导职务的任职培训，是参照法国公职总局和国立行政学院的

“资格培训”，即“培训与使用”相结合的基本经验设立的培训类型。按1988年国务院总理办公会议纪要（第17期）的规定：“公务员在担任高、中级职务之前，必须经过行政学院一定时期的任职培训，补充学习所需的知识，提高担任较高领导职务应具备的素质。”可以说与“资格培训”一脉相承。后来演变到中组部、人事部《关于加强国家行政机关工作人员晋升行政职务管理工作的通知》和《条例》第54条的规定，其刚性远逊于法国，实际上是一种带有适应性、提高性的培训，而同更新知识培训的界限模糊化了。

我院按《条例》精神组织国家公务员培训，应以任职培训为法定的首要任务。它是硬指标，其重要性高于其他3类培训。人事部《关于加强推行国家公务员制度骨干培训工作的意见》对1992年骨干培训工作安排的第1项就是“国家行政学院举办处司长培训班，对公务员资格培训进行实践与探索”。这项任务没有落实。随着《条例》正式出台，从今年10月1日起，在各级政府中按规定程序晋升领导职务的国家公务员人选，任命前必须到行政学院接受晋升任职培训，或者在到位1年内补培训。《国家公务员培训制度实施方案》（送审稿）要求：从1993年下半年起，凡完成机构改革并完成人员过渡的单位都要严格依照《条例》规定，进行任职培训。事到临头，我院试办任职培训已不容拖延，尽管难度大，恐怕也要着手试点。

更新知识的培训，即《规定》（送审稿）第9条提到的“更新知识技能的培训”，是英、美等国普遍重视、量大面广、科目繁多的一种公务员培训。它是全员性的，大多是以提高知识或能力为目的的短期培训。在我国，更新知识的培训是为不断提高任职能力而对各类各级在职公务员适时进行更新、补充、拓宽知识、技能的培训。成银生同志认为，它主要满足公务员在以下3方面的需求：（一）通过短期的综合性培训，提高对某些重大问题或事件的认识；（二）通过适当时期的培训，掌握某种专门知识或技能；（三）通过正规或业余培训，提高个人的文化素养等。对这类培训的指导，恐怕要照顾到它的广泛性和灵活性。

我国公务员制度入轨的3年，也是从行政机关工作人员岗位培训向公务员培训的过渡时期。对这个特定时期的岗位培训任务，仍应予以重视。

至于6类培训以外的其他类型的培训重点，是需要认真思索的一大问题，留待下一步讨论。

五、选档

这是上一个问题即我院如何选择培训重点问题的逻辑延伸，也是明年教学计划安排中面临的一个现实问题。

我院以高、中级公务员为主要培训对象，在公务员3级培训体系中居于高、中层次。按国家公务员的15级及其与职务的对应关系，覆盖着从3到11的9个级别、从3到8的6个职等。从原则上讲，每个级别和职等对公务员的素质和能力都有其特定的要求。达不到这个要求的一部分在职公务员，其素质和能力的空缺方面正是对培训的直接需求。从实施上看，满足这样过细的要求不是短时期能够做到的，也不一定完全必要。目前阶段的考虑：一要按先粗后细的原则进行并档或断档，先把6个职等归并为部、省级，司、厅级，处、县级3个大档，大体上摸清各档职务的共性要求。像部队的中级指挥军官应掌握必需的合同战术（战役）、军兵种战术的组织指挥、教育训练、政治工作、后方勤务以及管理部队的能力，高级指挥军官则要统筹军政后、海陆空诸方面，不仅胜任合同战役的指挥训练，而且要有较丰富的战役理论素养等，是很需要借鉴的。二要按先易后难的原则选档，即选择优先安排的培训档次。沿着上一节初步筛选出的两个重点类型，对任职培训来说，考虑到现行干部管理权限以及职位说明书。

这两个制约因素，可争取先办处级晋升司级的模拟任职培训，这是公务员从操作层提高到参与决策层的一个台阶，在行政监督上也有层次性的特征，落差比较分明。至于再上一个台阶的任职培训，留到下一步去“爬坡”。对更新知识的培训来说，我院既不能全员式也不能全方位地开展更新知识的培训，而只能进行一定领导层次的这类培训。对其中的侧重点的选择，还需要深入研究。

六、依据

《条例》第53条要求我院“按照有关规定承担国家公务员的培训任务”。除了《条例》这个总法规作出的具体规定外，还应当注意有关单项法规及其实施细则：

（一）人事部《关于国家行政机关工作人员培训工作的通知》（1989年11月）；

（二）人事部《关于新进入国家行政机关的工作人员初任培训教学指导方案》（1991年8月）；

（三）中组部、人事部《关于加强国家行政机关工作人员晋升行政职务管理工作的通知》（1992年7月）；

（四）人事部《关于加强推行国家公务员制度骨干培训工作的意见》（试行，1992年7月）；

（五）人事部培训司《国家公务员培训规定》（送审稿，1993年9月）；

（六）人事部培训司《国家公务员培训制度实施方案》（送审稿，1993年9月）。

这是我院部署教学工作以及安排计划、制订方案的重要依据，不能掉以轻心。我们过去重视和领会不够，要补上这一课，把重新学习作为这一轮工作的起点。

七、内容要求

组织一个培训项目，离不开必备的培训要素。我们设计每个类型的培训方案，应当有系统地考虑以下要素：

（一）培养目标。它来自政府现代管理的总体需求与分类型培训的特点的结合，是各类培训方案的画龙点睛之笔，对本门培训活动是起统率作用的。可以说，方案如果没有培养目标，就缺了培训的灵魂。

（二）培训对象。从宏观上掌握学员的来源、数量、层级、学历、从政年限、已有知识和技能基础以及参训需求。这同正确设定培养目标唇齿相依，也是在每个培训类型中划分亚类的重要依据。

（三）学制。短期培训，还是长期或较长期培训，对培养目标起重要的制约作用。即使以短期培训为主，半个月、一个月同三四个月也有相当大的差别。

（四）课程设置。以前 3 项要素为前提，考虑开设哪几类课程及其相互关系，提出一个指导性的框架。不要求它取代单班教学计划的课（程）表安排。

（五）师资配置。取决于前 4 项要素。可不可以设想，政府管理类课程，以外聘兼职教师为主；基础类和应用类课程，以本院专职教师为主？

（六）教材。区分不同系列，分别考虑：选一批，编一批，译一批。

（七）教学环境（含教学设施）。在现有基础上逐步加大电化教育的比重，到 1995—1996 年，争取占到总课时的 20% 左右。

（八）教学方法。与教学内容同是落实培养目标的重要环节，在培训实践中起举足轻重的作用。结合学制安排，在校内教学中，处理好讲授、自学、讨论的关系；在总体安排上，处理好校内教学和校外实践的关系。

（九）考核、评估。落实《条例》第 54 条的规定，做好培训的考试、考核，以及培训班的质量评估工作。

（十）教学组织按逐步走向正规化的要求，争取以较少的工作人员投入，换取较大、较好的培训效果。

此外，还有一个培训经费问题。先要分清免费培训与收费培训的界限，对后者要提出收费的原则和大致标准。

八、工作方法

边调研、边制作、边论证，年内形成初步方案。适时举办方案研讨会（班），集思广益。修改后的方案，经过 1994、1995 年试运行的检验，再加以改进。

调研主体本应是各级政府的人事主管部门和用人部门的人事管理部门。在主体缺位的条件下，我们采取主动姿态补位，但也要以人事主管部门和用人部门为采访重点，国家审计署等 6 个试点部门的人事司、哈尔滨等 2 个试点城市的人事局，应是重中之重。对中央党校、国防大学、人民大学等应访而未访的兄弟单位，要有准备地安排专访。

调研、制作和论证的全过程，都要紧紧依靠人事部，及时沟通情况和意见。同时，也要征求中组部、中宣部、国家教委和监察部的意见。

九、成果要求

参照《关于新进入国家行政机关的工作人员初任培训教学指导方案》（1991年8月），分别设计我院的任职培训、专业培训、更新知识培训、调任培训和转任培训5个方案（内容要求相近的可以合并）。其中，以任职培训、更新知识培训方案为重点。对新录用人员培训，可以人培干司〔1991〕20号函为基础，从本院情况出发作必要的说明。

十、成果延伸

向上参与浓缩为全院培训和教育总方案，向下根据年度教学任务具体化为分类型的单班教学计划。

以上建议妥否？请院领导和同志们批评、指正。

从国务院 6 个试点部门《职位说明书》选编看对司、处级任职培训的职位需求①

晋升领导职务的任职培训是《国家公务员暂行条例》(以下简称《条例》)第 52 条规定的 4 类培训中最具刚性的一类，也是行政院校责无旁贷的法定培训任务。

为落实公务员培训任务而制订培训计划的依据，一是经济、社会发展的需要，二是职位的要求。前者是宏观的，后者是具体的，两者缺一不可。

对现阶段经济、社会发展需要的宏观分析有头等的重要意义，但我们至今不掌握国家公务人员现状（包括数量、结构、素质、层级等）的基础资料，认识难以深入。《新编国家公务员制度教程》把公务员必须具备一些共同的、特殊的素质概括为 4 个方面，可以参考：一、优良的政治素质，高度的政策观念，良好的职业道德、行为规范，牢固的为人民服务观念；二、良好的智能结构，敏锐的观察与逻辑思维能力，一定的组织协调能力，较强的信息沟通能力和表达能力，勇于进取与创新精神；三、广博的知识，在精通本职业务的同时，熟悉社会科学、自然科学方面的有关知识；四、良好的心理素质，高度稳定的心态，积极的成功动机，较强的挫折容忍力。

每个职位的职责和任职资格条件更是任职培训的直接依据。《国家公务员制度实施方案》提出："过渡为国家公务员的人员，必须符合国家公务员的基本条件和所任职位的任职条件，确保国家公务员的素质和合理的结构。"但在实施国家公务员制度的准备阶段，大部分国家行政机关的《职位说明书》还没有制定出来，目前只能从试点部门的改革成果和经验中寻找线索。

① 成文于 1994 年 5 月 2 日。

除《条例》规定的这两项外，还要适当考虑国家公务人员对培训的个体需求。这是以年度考核结果为依据的，从明年开始应予注意。

人事部职位职称司编《国家公务员〈职位说明书〉编写指南》(以下简称《编写指南》)，编辑整理了审计署、国家统计局、国家建筑材料工业局、海关总署、国家税务局、国家环境保护局试点工作中一些比较有代表性的《职位说明书》295份。其中，司级《职位说明书》49份(占总数的16.6%，其中，审计署、统计局、建材局共37份，占75.5%)，处级《职位说明书》130份(占总数的44.1%，其中，税务局、建材局、海关总署共97份，占74.6%)。以上均包括一部分非领导职务在内。这些职位，大多属于行政类职组(执行类、职业类、技术类的很少)，可约略反映对中级公务员的工作要求。

《职位说明书》设职位名称、职位编码、工作项目、工作概述、工作标准、所需知识技能、转任和升迁方向等栏目。其中，工作项目、工作概述、工作标准3栏内容大致反映每个职位的职责，工作标准、所需知识技能2栏内容大致反映任职资格条件。以上填报内容的繁简程度不一，有的提得比较空泛(如“思想素质要高，活动能力要强”之类)，有的工作标准和所需知识技能2栏内容交叉。总的是为我们采集培训依据指出了总体趋势和方向，尚不足以充分回答任职资格条件的问题。

6个部门的《职位说明书》中，与公务员培训特别是任职培训有关的职位需求有以下几项：

一、学历

对正、副司长和正、副处长的学历要求没有大的差别，总体是要受过高等教育，具有大学本科或专科毕业以上学历。具体又分3种情况：

(一) 笼统要求大学专科毕业以上学历，如税务局。审计署要求受过高等教育，也属这一类。

(二) 没有提出明确的学历要求，如统计局、海关总署、环保局(除个别职位外，如环境宣传教育司长要求大专毕业以上)，实际上都要求受过高等教育。

（三）各司（办）有不同的学历要求，如建材局 11 个正、副司级职位，除人事改革司长、副司长需具备大学专科毕业以上学历，其他均要求具备大学本科毕业学历以上，27 个正、副处级职位，除个别职位（人才开发司智力引进处副处长）未提出学历要求外，有 14 个职位要求具备大学本科毕业以上学历，它们分布在政策法规司、综合计划司、科技发展司（除专利成果处长外），有个别职位要求具备大学专科毕业以上学历，它们分布在生产管理司、企业管理办公室、生产许可证办公室、人事改革司、审计特派员办公室。

另，对学历要求较高的职位有：统计局人口统计司综合统计处长，要求“受过经济统计专业的高等教育（有大学本科或研究生学历）”。

比照《国家公务员制度实施方案》附件二《国家公务员非领导职务设置办法》对非领导职务的任职条件的规定，对 5—8 级公务员学历和工作经历都应有相应的具体要求。

二、工作经历

审计署、统计局、海关总署、环保局等部门大都没有具体要求。

税务局要求司长有 24 年以上的工作经历，其中任副司长 2 年以上；副司长有 20 年以上的工作经历，其中任处长 3 年以上；处长有 18 年以上的工作经历，其中任副处长 2 年以上；副处长有 13 年以上的工作经历，其中任科长 3 年以上。

建材局要求司长需有 3 年以上副司级职位的工作经历，副司长需有 3 年以上正处级职位的工作经历，处长需有 2 年以上副处级职位的工作经历，副处长大多需有 3 年以上主任科员或科长职位的工作经历。

审计署金融审计司要求 3 个处长有 10 年以上的审计、财经实践经验。

环保局要求科技标准司副司长“最好曾在科研、设计与大专院校任职”。

以上要求，作为拟任职务所要求的资格条件，尚未满足《条例》第 40 条的有关规定。

三、职称

一般没有具体要求。有要求的只限于很少职位，如税务局计会司计算机管理处副处长需要“获得电子计算机技术高级工程师职称资格”（该处处长未作如此要求）；海关总署关税司税则处海关化验室助理调研员需具有高级技术职称；环保局计划司投资处处长“最好具备高级职称”（该司规划处处长、副处长未作如此要求）；自然保护司自然环境综合管理处长“最好具有较高专业技术职称”。职称要求被淡化，或许同这本《编写指南》所选的职位向行政类职组倾斜有关。

四、知识结构

有 116 个职位对知识结构提出了要求，其中，以统计局、海关总署、税务局提得较为具体。总体来看，除本行业的专业知识（如建材工业知识、海关专业知识等）、对口岗位知识（如办公厅、处的文秘、档案管理等知识，外事司、处的涉外知识等），对通用知识按需求频率的高低排列如下：经济（经济学）及相关知识，在 116 个职位中占 30%；管理（现代管理学、系统工程学、决策学）知识，占 29%；法律知识，占 28%；会计、审计知识，占 25%；政治（含国际政治），占 12%；电算及有关知识，占 12%；统计学，占 11%；领导学，占 6.8%；监察知识，占 6%；行政管理（行政学、组织行为学），占 4.3%；文秘知识，占 4.3%；心理学和逻辑学，占 4.3%；其他还有人才学、社会知识、科技知识、标准化知识等。以上，如把经济与会计、审计 2 项合并，则占 55%；把电算和统计 2 项合并，则占 23%；把监察、行政管理与文秘 3 项合并则占 14%。另，在 116 个职位中，要求有较宽知识面的约占 22%。

五、能力

有 175 个职位对工作能力提出了要求，初步归纳为 10 种左右，按需求频率的高低排列如下：思维、分析、判断能力，在 175 个职位中占 81%；文字表达能力，占 72%；综合协调能力，占 64%；口头表达能力（含谈判技巧），占 30.8%；组织领导能力，占 30%；调查研究能力，占 13%；监督指挥能力，占 8%；与人合作能力，占 5%；计算机能力，占 4.5%。以上，如把思维、分析、判断能力与调查研究能力 2 项合并，则占 94%；把组织领导能力与监督指挥能力 2 项合并，则占 38%。如从应用知识和能力角度把外语能力（参见下段）与计算机能力合并，则占 24.5%。

六、外语水平

这是一种跨知识和能力的素质。有 36 个职位提出了要求，分 3 种情况：（一）外事司、处，如审计署外事司司长需要受过外语专业高等教育，有较高的口译、笔译能力；（二）涉外业务司、处，如税务局涉外税务管理司的正、副司长和正、副处长，审计署外资运用审计司的处长等均有具体要求，但统计局贸易物资统计司对外经济统计处处长没有提出外语要求；（三）有些部门对外语有要求的范围较宽，如海关总署的关税司、税委办、科技装备司，环保局的污染管理司、计划司规划处、科技司科研计划处，税务局税制改革司、计会司计算机管理处，统计局国民经济综合司资料处等职位都要求掌握外语知识。目前，要求外语的职位约占 20%，反映了现阶段的低限需求，预计今后会有发展。电子计算机知识和能力也是如此。

七、政策水平

有 47 个职位要求有较高的政策水平或理论与政策水平。这也是知识和能力的综合反映。提高公务员的政策水平，应当是培训的一个根本目的。它明确地体现在占26% 的司、处级职位上是有局限性的。从知识基础看，它与政治、行政管理以及其他一些课程有关，而更重要的则是实际锻炼的结果。

八、工作作风

大多在“工作标准”、偶尔在“所需知识和技能”栏目中提出了要求。主要反映了《条例》第 6 条、第 28 条的部分规定，而更具体化。这将是公务员行为规范的培训内容。

一份《职位说明书》对公务员的任职培训提出了多方面的需求，同时也有几个值得注意的问题：

（一）处级职位和司级职位对培训有共同需求，又各有侧重。共同需求反映在学历、基本知识、能力和作风等项目的一致性上。不同在于：司级职位对政策水平的要求较为普遍，约占53%（这也显得不够），处级职位提出此项要求的只占17%；司级职位要求有较强组织领导（含监督指挥）能力的占65%，处级职位只有28%；司级职位要求有较宽知识面的约占70%，处级职位只有15%左右；反之，处级职位对某些应用技术和能力（如计算机操作能力以及TQC知识）的要求，多于司级职位，这说明在司级职位上需要更多的通才。

（二）在同一个部门中，担负综合性职能的司、处（如审计署的综合司、统计局的国民经济平衡统计司、建材局的综合计划司等）与担负专业性职能的司、处（如审计署的农林文教审计司、建材局的生产管理司、税务局的所得税管理司、环保局的科技标准司等），在职位需求上也有差别。一般来说，前者要求多学科知识和综合协调能力更高。某些带有研究性职能的司、处，如审计署的审计体系指导司、统计局的统计制度方法司、税务局的税制改革司等，也有这样的要求。

（三）从职位需求出发，居于前列的必备通用知识是：经济、管理、法律、信息技术（含定量技术）、行政管理、政治（含国际政治）等6门。对此，恐怕要研究和处理好管理科学与经济、法律、行政管理之间的关系，给它们以应有的位置，这在国内、外都有可资借鉴的成果，我们自己在“边筹建、边培训”中也不乏初步的体验。与此同时，亟须把信息技术（含量化技术）摆上重要教程。

（四）从职位需求出发，居于前列的必备基本能力是：调研、思维、分析、判断能力，文字表达能力，综合协调能力，组织领导能力，口头表达能力，外语和计算机能力等6项。这就要在公务员培训目标中处理好知识和能力的相互关系，重视提高能力的要求，并作为教学改革的一大课题进行研究。这同成人教育从套用“仓库理论”转而向“知识、能力同一规律”过渡是完全一致的。在培训过程中，怎样有效地提高学员的思维、分析能力的问题也很重要，似应认真研究。

（五）对行政管理培训的需求更侧重于能力而不在知识上。这给行政管理课程的教学内容和教学方法的改革提出了复杂、紧迫的任务，也对行政管理培训教师提出了新的要求。鉴于国内恢复行政学只有10来年时间，学科建设不成熟，在学风上没有完全摆脱浮泛的影响，对现实“热点”问题的研究程度很低，因此，在近期不能作过高的要求，但要认清方向，尽早起步。

（六）对政策水平的培训要求与政治、行政管理课程的教学内容直接相关。政策水平的知识基础似有3个内涵：一是元政策，这要求政治课程含有中国特色社会主义理论和党的基本路线等方面的核心内容；二是具体政策，要恰当安排有关业务知识的比重，并把政策思想渗透在其中；三是国外有新发展的“政策科学”，在国内还没有引起足够的注意，要结合自身的实际情况研读、消化，为我所用。

此外，如对《编写指南》中另116份非领导职位的《职位说明书》加以分析，可能对制订新录用人员培训计划有所裨益。

这些《职位说明书》对公务员更新知识培训也有较广泛的要求，从结构性知识更新的角度看，我院应当优先考虑的似有以下几项：一、社会主义市场经济知识；二、现代科技知识（含技术方法）；三、现代管理知识（不限于行政管理）；四、新颁布的重要法律、法规；五、围绕“复关”的国际政治、经济、法律知识。这里暂不展开，如有需要，再加以论证。

以上考虑不成熟，提出来供讨论。

附件　人事部职位职称司王雷保司长同年5月16日复信

克定同志：

你好。

寄来的《从国务院6个试点部门〈职位说明书〉选编看对司、处级任职培训的职位需求》一文收到。

拜读大作，受益匪浅，感触良多。深为你们的研究深入所感动，也反映了国家行政学院的优良学风值得我们学习和效仿。

我们选编的这些职位说明书，没有人像你那样作过如此深入的研究，也没有对多试点部门选编作过认真的比较，更没有进行统一的审核。这些说明书随各部门对职位分类选编的理解和掌握的不同，在表述的深浅和准确上会有所差异，甚至在性质相同的职位，要求也可能有所不同。因此，这些说明书从对干部培训来说表明了需求的总体趋势和方向，作为依据之一是恰当的，如作为绝对的依据则可能有失偏颇。如果再进行若干实际职位的调查（设计好问卷则效果会更佳），就会更全面更准确了。以上仅供参考。

专此，顺颂

教安

王雷保

5 月 16 日

在实践中探索有中国特色的公务员培训的路子①

国家行政学院是党的十三大和七届全国人大一次会议决定建立的。1988年以来，中共中央、国务院领导对国家行政学院的建设和工作有一系列指示，摘其重要的有：

一、建院宗旨。“国家行政学院是适应政治体制改革和经济体制改革的需要，为实施国家公务员制度决定建立的，因而要以改革精神，从实际情况出发，创办新型的符合公务员制度要求的学校。”

二、办学方针。“要坚持以邓小平同志建设有中国特色社会主义理论为主线，围绕建立社会主义市场经济体制，重点开展经济管理、行政管理、领导方法和法制建设等方面的教学。”

三、培训对象。一是“国家行政学院主要担负高、中级国家公务员的培训任务”，后来延伸到一部分全国性公共机构和国有大型企业（集团）高级管理人员；二是“选拔一些优秀的大学毕业生来培训”；三是“行政学院要培养研究生”。

四、培养目标。“永做人民公仆”，“提高国家公务员的素质，造就一支以为人民服务为宗旨的、适应社会主义市场经济需要的、廉洁高效的国家公务员队伍”。

五、办学功能。一是“逐步形成教学、科研、咨询三位一体的办学模式”；二是“不仅要培训人才，还要发现人才、推荐人才”。

六、教学原则。“各项教学活动都要贯彻理论联系实际、按需施教的原则。要打破常规，从政府工作的实际需要出发，有针对性地安排培训，注重

① 成文于1996年10月19日，是笔者在全国人事培训教育工作会议上的发言，由魏晓欣整理。

实效。讲课不能从定义到定义，要把理论原则同实际应用有机地结合起来，使学员学了感到有用，有所收获，有所提高，愿意自觉地到国家行政学院接受培训。”

七、学员作用。“要作调查研究，了解学员需要什么，有针对性地安排培训……要讲点基本知识，然后实地去考察，分析情况，研讨问题，提出政策措施的建议。”

八、师资队伍。“要十分重视建立一支专兼结合、以兼为主、德才兼备的教师队伍”，“学院要请一些部委的领导来讲课”。

九、办学社会化。“根据新型的社会化的方针组建国家行政学院”，“学院的后勤服务工作要尽量采取社会化管理的办法，少铺摊子，不要搞小而全，尽量借助社会力量”。

8年来，边建设、边培训，办了52期培训班，参训的约2000人次。总体属于实用型培训，可分7类班次。

一、省部级干部专题研究班，办了5期。特点是：小（专题）、高（层次）、短（学制，两周）、联（合型）。培训目标既有以研究、咨询为主的，也有以增加知识为主的。

二、局处级专门业务培训班，办了6期。除培训层级外，其他特点与增加知识型高级研究班相近。

三、以社会主义市场经济班为代表的厅局级更新知识培训班。市场经济班已办6期，特点是：大（专题）、中（层次）、知（识型），培训期既有1个月的，还将有3个月的。

四、晋升厅局级任职培训班，已办6期。特点是：综（合性，含培训目标和内容）、中（层次）、中（周期，学制3个月）。培训内容既有通用型的，也有通专结合型的。

五、为港澳学员开设的北京课程，已办5期。特点是：综（合性）、知（识型）、短（学制）。培训对象既有高中级公务员，也有公共机构的高级管理人员。

六、国际合作班，已办8期。特点是：专（题性）、知（识型）、短（学制）、外（向型）——即引进国外智力资源。合作形式既有请进来的，还将有走出去的。

七、师资培训班，已办6期。特点是：专（题性）、知（识型）、短（学制）。培训对象既有教师，也有教学管理人员。

此外，正筹办青年干部培训班，为政府机关培养业务骨干和后备力量。特点是：基（础性）、全（方位）、综（合性，含培养目标和内容）、长（学制，并着眼于长期回报）。培训对象既有应届大学毕业生，还将有年轻公务员。

我们的实践和探索都是很初步的。以下就公务员培训目标、培训原则、培训对象的作用、师资结构等方面讲几点具体做法和体会，也是不成熟的。

一、提高公务员履行职责必备的素质和能力

（一）把提高政治素质放在首位

这是世界风云变幻、我国新旧体制转换的世纪之交的历史条件和新老交替的公务员队伍素质的现状决定的，对高、中级公务员来说尤其重要。广大公务员总体上是坚持正确的政治方向的，但在一部分人中也存在着忽视政治的政治冷淡主义，追名逐利甚至以权谋私的利己主义，脱离群众、脱离实际的官僚主义，不顾大局的本位主义等不良倾向，应当引起重视。

为帮助学员提高辨别大是大非的能力，在政治上坚持党的基本理论、基本路线、基本方针不动摇，我们的做法：一是按照“少而精，要管用”的原则，给政治理论教育以应有的位置。在综合性的任职培训班的9个教学专题中，政治理论列第1专题；在专题性的市场经济班的11次授课中有1次“市场经济条件下的社会主义精神文明建设”；在专门性更强、培训期很短的专题研究班中也都有政治、经济一体化的形势教育内容。这就排除了那种把公务员培训看作单纯操作性或技能性培训的误解。政治理论教育的课时量不大，但要把握大角度，如：中国特色社会主义理论的科学体系和精神实质，社会主义的本质和发展道路，讲政治的重要性和着重点，实现跨世纪宏伟目标的发展战略以及国际经济政治格局等。授课针对当前普遍关注的问题，画龙点睛，不长篇大论。有的只讲1个多小时，但提纲挈领，切中要害，很受

学员欢迎。二是要把自己摆进去，联系个人思想、工作实际，不尚空谈。三是把政治理论渗透到业务领域，如邓小平的经济思想、行政管理思想在经济、社会管理和行政管理中的运用，在各教学专题中都将其摆在首位。

（二）提高新形势下驾驭经济、社会发展的能力

这两年办的10多期主体班，学员通过分析我国从1993年下半年加强宏观经济调控至今，既抑制住通货膨胀又保持了较快发展速度的“软着陆”，普遍加深了对当前经济政策的理解，从而体察市场规律，也增长了才干。

（三）拓宽和更新知识

在实现两个根本性转变的关键时期，主要是学习、掌握社会主义市场经济、现代管理、法律、现代科技文化4大类知识。提高知识对高、中级公务员具有重要性和紧迫性。

（四）牢固树立正确的世界观、人生观、价值观

李鹏总理指出：“国家行政学院和各级各类干部教育、培训机构，都要把廉政教育作为教学的必备内容，加强和改进廉政教育。”我院正式成立之初，在综合性班次就安排了廉政教育内容，其分量是逐年加大的。

二、坚持理论联系实际和按需施教，加强培训的针对性

公务员是政府工作的主体。公务员培训必须以政府工作为主题，面对政府管理这个最大的实际，首先满足政府管理的宏观需求。

（一）围绕政府工作的实际需要选定培训课题，按教学专题组织教学活动

办专题性培训班首先要抓住选题这个切入点，在亟待解决或提高的诸多问题中筛选出那些有可能深化政策认识和配置培训资源的课题。按照两个根本性转变的要求，我们以经济体制的转变为主题，以厅局级公务员为对象，以更新知识为目的，办系列性的社会主义市场经济培训班。这个班围绕社会主义市场经济体制的5个主要环节，穿插几项重大改革设置讲题，现已办到第7期。1996年9月与中国人民银行合办的省部级干部“金融改革与发展”专题研究班，是李贵鲜院长立题的。朱镕基副总理对此非常重视和支持，指示这个班以增加金融知识、强化金融意识为主，在结业前与学员座谈时肯定

这个班学习效果很好，要继续办下去。配合经济增长方式的转变，1999年办了1期省部级干部“加速科技成果转化”专题研究班。科技成果转化为生产力，是科技与经济的结合点，也是转变经济增长方式的突破口。经中组部同意，明年上半年还将同国家经贸委合办1期省部级干部“加快企业技术进步”专题研究班。

办综合性培训班，其教学安排广泛触及政治、经济、社会、行政、法律等通用性内容，有的班次还搭配一部分专门性的业务。对这类班不按学科体系开设系统的课程，而是从政府运作实况出发设置相对独立的若干个教学专题，按专题组织授课、自学和研讨。各类专题的分量和组合关系，因培训对象而有所区别。同一专题的教学内容，结合新的形势、任务及时调整，如1994、1995年任职培训班的法律专题，均以社会主义市场经济条件下的法制建设为主题，1996年则以依法治国、建设社会主义法治国家为主题。这样做，从已办过的6期晋升厅局级任职培训班的情况看，大体上是可行的。

（二）抓住改革开放、现代化建设的重点问题安排教学内容

公务员培训内容必须反映当前的这些重点、热点和难点问题，如经济方面的抑制通货膨胀问题，农业的基础地位问题，国有企业的“三改一加强”问题，地区间的经济以及扶贫问题，社会方面的收入分配过度倾斜问题，社会保障体系和制度问题，科教兴国问题，法律方面的不执法、乱执法问题和监督机制不健全问题，行政管理方面的政府职能转变问题，勤政廉政建设问题等。这些都是我院讲台上的集中话题，也是大多数学员学习中的兴奋点。1996年4月，率先讲授的“行政处罚法”和修改后的“刑事诉讼法”，走在全国普法学习热潮的前面。

组织研讨要排出有针对性的研讨题。1995年与对外经贸部合办的省部级干部“利用外资”专题研究班出了3个研讨题：1.利用外资怎样同我国经济发展战略规划和产业政策导向有机结合；2.怎样利用外资改造老企业；3.怎样利用外资促进内地经济发展。这3个题目是从李岚清副总理在全国利用外资工作座谈会（1994年3月）总结讲话中提出需要研究的10个问题中筛选出来的。

1996年为厅局级任职培训班选编了85万字的教学参考资料，为市场经济班选编了30万字的教学参考资料，也有不少重点、热点问题的内容。

（三）到社会中去接触一点实际

主要是京内的参观、考察、访问，以增加一些感性认识。组织学员到法庭旁听行政诉讼案件或经济纠纷案件的审理，学员大都能感受到一次深刻的法制教育。任职培训班有2周的外出综合考察，搞得好也是有收获的。

（四）与对口部门合办培训班

这是加强培训针对性的重要组织措施。合作部门对联手办班都很重视，在参与培训班的组织领导、安排授课专题和授课人、提供典型经验和教学参考资料、抽调一部分工作人员等方面无不给予支持。与中组部、人事部合办“推行公务员制度”高级研修班，不仅班前准备有专题调查，而且班后在6个省、市有直接辐射效应。国家科委为“加速科技成果转化”专题研究班，排出了工作流程图，准备了60万字的教学参考资料。中国人民银行为“金融改革与发展”专题研究班专门召开了备课会，并组织总行和5大专业银行的领导、管理人员参加研究班的分组讨论。安全部为安全厅局长任职培训班挑起了占1/3的专业教学工作量，并承担学员管理和考核任务。

（五）以管理现实问题带学科建设

我院的公务员培训是按“政府管理现实问题—教学专题—学科”的程序运行的，而不是倒过来。这是由于：1. 在两个根本性转变中的政府管理，面临着层出不穷的新矛盾、新问题和不断涌现出的新办法、新经验，它们大多超出了既有知识和经验的范围，难以从原有学科体系中寻找现成答案。2. 短期培训班的课时量有限，不能把相关学科成系统地搬进课堂。为期1个月的社会主义市场经济培训班，对微观经济学、宏观经济学、市场学、财政学、货币金融学、产业经济学、区域经济学等不可能面面俱到。3. 现实管理问题是在某个局部上集中各方面信息和矛盾的情况总汇，它们需要跨学科、多学科的综合知识和立体思维。如公职人员腐败问题就涉及政治学的权力制约原理、经济学的寻租设租理论、社会学的“合法性危机”问题、管理学的“内部人控制”机制、决策学的官员自由裁量权、行政学的公务员行为规范和薪俸标准、法学中已出台的“刑法”“反不正当竞争法”等有关法律、法规和正在拟议中的“阳光法”系列，伦理学的职业道德和行政人格等广阔领域，显然不是单一学科能说清楚的。

三、发挥学员参训中的主体作用

这几年在我院接受培训的高、中级公务员，大专以上学历者占80%以上，一般在能力、经验上都比较成熟，可以说每个人都是某一方面的信息源、知识库，每个班都是人才资源的“小富矿”。学院对他们的培训能力在很大程度上取决于资源开发能力。这是一种有组织、有引导的自我开发，也是终身培训的一次“中间站”，要以学员为主体。我们体会，这种主体作用可分解为以下5个方面：

（一）学习

以学为主，是参训全过程的基本任务，也是发挥学员主体作用的基础。入学者不分职务高低、权力大小，首先要实现从官员到学员的角色转换。学员在参训期间不作为原单位、部门、组织的代表，只以个人身份参与教学活动，既可以摆脱日常公务，潜心学习，又可以敞开思想，“开动机器”。学习以自学为主，也从听课、参加研讨、接触社会中向上下左右学习；以自觉性为动力，也有一点约束和压力。轻工总会参加第2期社会主义市场经济班的一位学员，一个月内写了8篇学习心得；国家旅游局参加第3期市场经济班的一位学员，在两本必读教材外加读了5本参考书，两次大会发言受到普遍欢迎，都是勤奋好学的事例。

（二）研究

高、中级公务员参训，不是为学习而学习，而要在增加知识、拓宽视野的基础上总结经验、分析政策、开发潜能，通过研究和整理，把知识转化为能力，把感性体验提高到理性上来。学员同时又是研究者，才能学有所得。冶金部参加综合性更新知识培训班的一名学员带着“学习知识、升华经验、深化认识、提高能力”的明确目的参训，他的有关1993年钢材市场运行和政府职能转变的考察报告，论据充足，见解精辟，受到一致好评。

（三）交流

在自学、研究基础上的集体讨论和交流是班组开发的普遍和有效形式。学员在课堂上不仅是听讲者，还是提问者、对话者，在研讨会上更是全方位的参与者，通过相互沟通、切磋、研讨甚至“碰撞”，取长补短，共同提高。在畅所欲言中迸发出的某些思想火花，经过集思广益和加工提炼，形成有创意的规律性认识。“金融改革与发展”专题研究班第 2 小组，向朱镕基副总理汇报学习收获之一是“进一步明确了地方政府要减少对银行的行政干预”；同时，“应该做到‘三个一样’：要像关心地方财政收入一样关心银行的资产质量；要像关心国有企业的改革和发展一样关心银行的改革和发展；要像查处贪污腐败一样查处扰乱金融秩序的问题”。

一个培训班学员互教互学，有的已发展到七八人次的学员上讲台，开讲座。在不同班次之间也有学员和教师的角色换位，如财政部综合与改革司司长作为金融高研班学员，有篇财政发展与改革的发言被该班印发为教学参考资料，不久又应邀到正在运行的厅局级任职培训班授课。两年来像这样起兼职教师作用的老学员已有五六人。

（四）咨询

围绕既定专题，在研究政策、分析矛盾过程中进一步提出解决问题的对策建议，才能达到“教学、科研、咨询三位一体”的功能要求。随着培训层次的升高，研究、咨询的作用相应加大，相当一部分学员还要进入咨询者的角色。中国石油天然气总公司参加我院和国家计委合办的省部级干部“投资体制改革”专题研究班的一位学员，建议改变目前靠审批项目来实现控制投资规模的办法，改为在制订经济发展规划的前提下，对基建项目组织国家招标或地方招标，选择投资主体，然后签订合同，全面落实法人责任制。这个建议，当场引起邹家华副总理的高度重视，后来被纳入“国民经济和社会发展‘九五’计划和 2010 年远景目标”第 24 条的第 3 项要求中。“利用外资”专题研究班学员建议“对外商投资所需的配套资金必须统筹规划”等，也起到了类似的作用。

（五）管理

我院各类公务员培训班普遍实行学员自我管理。人人都是管理者，又都是被管理者。特别要选好班、组长，发挥班委会的作用，使培训班有序进行，把学习引向深入。

四、建立专兼结合的教师队伍

我院教师队伍建设，实行专兼结合、以兼为主、德才兼备的方针。在1994年下半年来所办的20多期培训班中，请兼职教师授课约130人次，占总人次的76%；专职教师授课约40人次，占24%。这是培训高、中级公务员的任务要求决定的。

（一）选准授课人

凭借首都人才荟萃的资源优势，按照公务员培训要求，多方延揽专业对口的第一流授课人。请党政领导机关的负责人授课，除富有经验和信息外，还要在理论上有相当造诣；请研究单位和高等学校的知名专家、学者授课，除在学术上有一定权威外，还应当是熟悉政策、接触实际的。有少数专题，也从京外请省、市长和先进模范人物授课。授课人选好了，提高授课质量就有了基本保证。

（二）提高教学组织管理的应变能力

大量聘请兼职教师授课，不仅加大了教学组织管理工作量，还必须应付多变、连锁的复杂情况。对此，一是已排定的课程，要有几手准备；二是扩大视野，从司局负责人和中青年学者中物色一批有潜力的授课人；三是借助电化教育手段，储存一批音像资料以备替补。

（三）充分发挥专职教师的作用

公务员培训的全过程赋予专职教师以不可替代的多重作用：一是日常教学活动，除承担一部分授课量以外，专职教师还要跟班听课、指导自学、布置研讨、课外辅导答疑、组织参观考察、主持考试评分等；二是开展教学研究，推进教学改革，改进教学内容和教学方法；三是编写教材，开展科研、咨询工作；四是参与一部分教学管理，包括调查培训需求、设计教学方案、评估教学质量、总结教学经验等。一支精干的专职教师队伍是必不可少的。

（四）促进专、兼职教师结合互补

兼职教师担负的授课量大，但介入整体性教学活动少。专职教师任课相对较少，但在各个教学环节中发挥着全方位的功能。两类教师在不同岗位上各有自身的优势和不足。为使他们相互借鉴、扬长抑短，一是吸引兼职教师参与教学方案的设计，或征求他们对办班的改进意见；二是向兼职授课人预报学员状况和培训需求，以提高备课的针对性；三是争取兼职教师多参与一些学院的活动，逐步建立专、兼职教师的联系制度。

按照国务院 1996 年 9 月印发的《国家行政学院办学工作的若干意见》的规定和要求，我们的实践还不完全，以上体会也是有局限性的，愿在交流中得到批评指正。

我院主体培训班次概况及有关背景资料①

我院自1988年开始边筹建、边培训，在前7年办30期培训班的基础上，到1995年针对任职培训班首次提出划分主体班次的问题。

一、我院主体培训班次的形成和发展

1996年学院规定司局级公务员任职培训班、进修班（前身为社会主义市场经济培训班）、省部级专题研究班和青年干部培训班为主体班次，并在部、院联合招生计划中被确认。1997年开始强调抓好几个主体班次。在领导重视、全院协同配合之下，办班工作取得很大进展。从总体和分段上看主体班有以下几个特点：

（一）主体班种类逐年增多

1996年后，每年都有新的主体班（暂称"非规范的主体班"）出现。到1998年，主体班的范围扩大到9种，见表1：

① 本文刊发于国家行政学院《教学调研资料》第28期（1999年1月12日），是根据我院1996年以来主体培训班次的情况，通过与国内外有关培训机构办学情况的比较写成的。院领导对此十分重视，并在文章上作了重要批示。院党委书记、常务副院长张志坚同志的批示是，"对研究主体班次的结构、学院规模和办学特色都有参考价值"。副院长唐铁汉同志的批示是，"甚好。今后可多搞些这类的分析"。为此，希望全院有志于为学院长远发展作贡献的同志，积极参与关系学院建设与发展的重大问题的探讨，为实现学院"三名"目标而努力。

表 1　我院历年设定的主体班次

年份	主体班次名称	培训对象	培训性质	招生方式	学制
1995	任职培训班 *	司局级公务员	职后补培训	组织调训	3 个月
1996	社会主义市场经济培训班 *	司局级公务员	更新知识 补充知识	组织调训	1 个月
	高级专题研究班 *	省部级公务员为主	咨询建议	组织调训	2–3 周
	青年干部培训班 *	重点高校应届毕业生	培养后备干部	原校推荐、考录	2 年
1997	社会主义市场经济进修班 *	司局级公务员	更新知识	组织调训	3 个月
	国有企业领导干部培训班 *	重点国有企业领导干部 **	职后补充知识	组织调训	1 个月
	香港公共机构北京课程	高级管理人员 **	了解国情	港方选派	2 周
	澳门政府北京课程	高级公务员和高级技术员 **	了解国情	澳方选派	6 周
1998	稽查特派员培训班 *	大型国有企业稽查特派员	职前补充知识	组织调训	2 个月

* 两部一院联合招生计划确定的主体班。

** 培训对象非国家公务员。

在多样化办学格局中设定主体班很有必要，但对主体班的定位要有一个探索过程。主体班种类过多，就不利于把握培训重点，界限也容易模糊。

（二）主体班总量少于非主体班

据 10 年（1988—1998）统计，全院累计办培训班 104 期，培训 4600 多人次。其中，前 4 种主体班及其培训人次分别占总数的 36% 和 28%；若除去社会主义市场经济进修班（4 期）及其前身更新知识培训班（7 期），则只占总数的 25% 和 17%。见图 1、图 2：

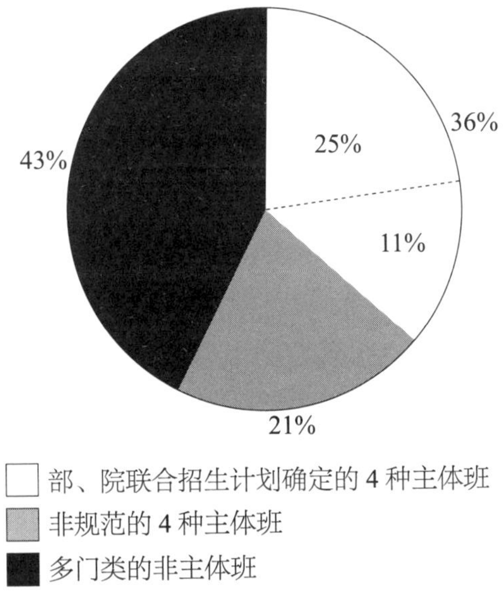

图 1　我院 1988—1998 年主体班与非主体班次比例

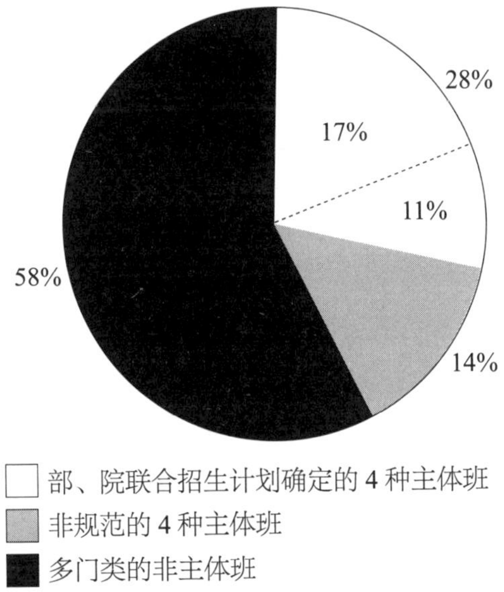

图 2　我院 1988—1998 年主体班与非主体班培训人数比例

从总体上看，非主体班超过了正规主体班，主体班在数量上未居于主体地位。

（三）主体班比重趋降

据近4年（1995—1998）的统计，全院办班规模逐年扩大，这是办学正规化程度提高的一种反映。与此同时，主体班所占比重却呈相对下降趋势。

在主体班尚未满足培训需求的条件下，办班总规模和主体班的发展出现反差，除外部因素外，也表明主体班开班能力不足和主体班意识在某种程度上的淡化。

二、青年干部培训班及其国内外比较

按照中央关于选拔、培养中青年后备干部的要求和李鹏总理的多次指示，我院从1996年开始试办青年干部培训班。1998年作为主体班列入部、院联合招生计划，现已办到第3期，学员86人（其中第1期26人中的绝大多数已回原部门工作）。

（一）国外培养高级官员后备力量的几种途径

从近代到当代，一些传统的综合大学成为造就各国高级行政人才甚至国家领导人的著名学府。英国内阁从18世纪至今的40位首相中，有30名出自牛津大学（基督教堂学院、伯利奥尔学院等），其毕业生中还有挪威国王、加拿大和印度总理、美国国务卿等外国元首和政要。日本政府从19世纪至今约40位总理大臣中近半数出自东京大学（法学院等），其国会议员的1/5、大企业董事长的1/4也是该校毕业生，东京大学因而被称为"日本官吏培养所""出首相的学府"，又是"经济界的大户"。在哈佛大学历届毕业生中出了6位美国总统。新加坡政府从中学选拔优秀学生送往剑桥大学深造，然后进入国家公务员队伍，其中不少人当了部长、局长。可以预见，未来的治国栋梁还将从各国名校的毕业生中不断涌现出来。

第二次世界大战后，随着政府职能扩张和行政事务复杂化以及公务员制度的变革，各国竞相开辟新的渠道从年轻的后备力量着手培养高级行政人才：一是通过不同类型的学校培养；二是放到政府部门任职、轮岗，压担子。具体做法有：

1. 在私立或公立大学举办公共行政、公共政策硕士学位教育（MPA、MPP）

大学的公共行政硕士研究生教育起源于美国，可上溯至20世纪20—30年代。60年代迅速发展，到70年代形成比较规范的MPA和MPP系列，现已扩展到全美的225所大学。它们对占30%—40%的核心课程有全美统一的共同标准，重视案例教学，而在其他方面保持各自的特色。其中名列前茅的有：锡拉丘兹大学的马克斯维尔公民与公共事务学院、哈佛大学的肯尼迪政府学院、普林斯顿大学的威尔逊学院、印第安纳大学的公共事务与环境管理学院、得克萨斯大学的约翰逊公共事务学院等。1995年全美MPA和MPP在校生3万人，显示出大众教育趋向，而其中的尖子学校如肯尼迪政府学院，据称是“全美招生最少最严格的学校”，又体现了精英教育的特点。该院毕业生中出了12名美国国会议员和许多内阁阁僚以及总统高级顾问，在留学生中还有墨西哥的2届总统，哥斯达黎加、新加坡前总统，秘鲁、巴基斯坦前总理等，被誉为“政府领袖与公司总裁的摇篮”。马克斯维尔学院毕业生中出了联邦政府2届卫生部长、前人事办公室主任、前海军部长、国防部副部长等，并在联邦政府形成了一股势力，国外还有韩国的前部长等。日本人事院每年挑选15名优秀主任科员送到国内几所大学行政管理系攻读硕士学位，挑选几十名更年轻的初级公务员送到欧美大学攻读硕士学位，走的也是这条路子。

2. 由政府建立专门的职业学校进行职前培养

第二次世界大战后成立的法国国家行政学院就是这样的杰出代表。其主体班学制30个月、27个月、24个月不等，教学的全过程与政府保持紧密联系，注重培养学员的国家意识，强化岗位训练，提高实际工作技能。其毕业生遍布法国政界的高级职位，包括总统、总理、议长、部长、省长、大使，还有大企业总裁等，号称“法国高级公务员的摇篮”。巴西、波兰、乌克兰、越南和一些法语非洲国家的行政学院均取法国模式。这所“超尖子学校”历来不给毕业生学位，而从明年开始将对2年制学员授予硕士学位。

3. 由政府建立专门的大学后职业学校管理，送到政府部门培养

如加拿大公务员培训项目的重中之重——“50人快速晋升速成培养计划”，是由1988年创立的管理发展中心的“实习培训”项目演变而来。该中心按枢密院的要求，每年从1000名在职官员中选录50名高素质的中级官员（均有硕士学位），用3年时间在联邦政府的不同部门轮岗，其间分段穿插短期的学校培训，一般每年提升1级。其中大多数人晋升为副部长或助理副部长。

4. 由政府直接管理和培养

美、英等国在严密的人事测评基础上建立文官快升系列，放到政府部门在实践中培养，由人事部门统一管理。美国联邦政府1977年开始实行“总统管理实习生计划”，每年从博士、硕士中选录200—250人，定向分配到政府部门见习、培训2年，轮岗4次。实习期满后被安排到政府的中级（12—13级）管理岗位，以后一般能较快地晋升，有的年轻人当上了海军部副部长、行政与预算署副署长。英国政府1982年开始实行“快速晋升人才培养计划”，其中包括从通才到专才的8类人员。每年从应届或往届（毕业10年以内）大学毕业生中优选100名左右后备人才，放到政府部门多次轮岗，在前2年并有短期离职培训。其中的优秀者在3—5年内即被越级提拔到主管职位（7级文官）甚至助理次官（5级文官）。

以上的前两类重在前期（职前）培养，后两类重在中期（职间）培养，但或早或晚都同研究生学位联结在一起，并与政府的实时管理紧密或较紧密地相联系。

（二）我院青年干部培训班的取向与定位

我院青年干部培训班是在吸取60年代中组部从全国大学优秀毕业生中选拔、培养后备干部的经验，并局部借鉴法国国家行政学院的精英教育模式试办起来的。它与国内可类比或参照的培训项目的初步比较见表2：

表 2　我院青年干部培训班与国内类似培训项目的比较

	我院青年干部培训班	中央党校中青年干部培训班的第 2 层次	国防大学研究生院	高等学校行政学硕士点
培训对象	重点高校应届毕业生（平均年龄 23.5 岁）	少量优秀的正县、处级党员干部（40 岁以下）	部队大专以上干部（30 岁以下）	高校应届或往届毕业生（40 岁以下）
培训性质（期望值）	培养高、中级公务员后备人才	提升前培训，一般晋升高一级职务	培养三高干部（高级指挥员、高级参谋人员、高级理论研究人员）	硕士研究生教育（偏于学术型）
招生方式	原校推荐，考试录取	组织选调，党校参与	考试录取（基础课通考，专业课本校考）	考试录取
学制	2 年（第 1 年到基层挂职锻炼）	1 年（3 周社会实践）	2 年(包括走出去，参观部队演习）	3 年
学历学位	无学历、学位	相当于研究生班 1 年学习，在职再学 2 年给予研究生学历	授予军事专业硕士学位	授予行政学硕士学位

从表 2 可见我院青年干部培训班在培养目标、学制及实习安排、学员年轻化等方面已显示出一定特色，是有发展前景的。

欧美国家的 MPA、MPP 系列作为我院青年干部培训班可比照、借鉴的培训项目见表 3：

表 3　与我院青年干部培训班可比照的 MPA、MPP 项目

	学制	招生对象	培养目标	主要课程安排	毕业论文	代表性学校
公共政策类	2 年制	大学毕业生	公共服务领域的领导人才	7 门核心课程，侧重政策评估、公共经济学、定量分析	学位论文	美国肯尼迪政府学院、海因茨学院
	1 年制	大学毕业生	同上	8 门必修课程，侧重点同上	论文自选	美国肯尼迪政府学院、威尔逊学院

续表

公共行政类	2年制 *	大学毕业生	同上	8—10门核心课程，侧重公共行政与民主、公共事务、政府经济学、预算和公共财政、人力资源管理	一般论文或调研报告	美国马克斯维尔学院、肯尼迪政府学院、威尔逊学院
	1年制	有10年以上实际工作经验的在职官员、管理人员	同上	不设统一的核心课程。侧重微观经济学、管理学、统计分析、领导艺术	不写论文	美国马克斯维尔学院、肯尼迪政府学院
	1年制（实际上超过）	有实际工作经验的管理人员	MPM**	7门必修课程：公共管理和经济改革、管理技术发展、人力资源管理、组织的变革等	学位论文	英国伯明翰大学政策学院
	1年半		EMPA			德国、比利时、荷兰、英国大学合办
	1年制	社会科学专业的优秀大学毕业生	未来的高级公务员	分设核心课程与选修课程	学位论文	斯派尔德国行政学院

*2年制硕士学位教育也有缩减为1年半的。

** 另设MPEM等5种专业硕士学位。

通过表3和国外培养高级官员后备力量的途径，可见青年干部培训班同国际领先的学校相比，在学员结构、入口和出口的起点、第2学年教学过程中专题研讨的安排、理论与实际的结合、学校和政府部门的结合上还有明显差距。

三、司局级任职培训班及其国内外比较

我院从1991年试办综合性任职培训班迄今，8年间已办到第12期，共培训317人次。其中，以通用型培训为主，也有个别通专结合型的。它与国内类似培训项目的初步比较见表4：

表 4　我院任职培训班与国内同类培训项目的比较

	我院司局级任职培训班	中央党校中青年干部培训班的第 1 层次	国防大学基本系	国家经贸委主管的工商管理培训班
培训对象	司局级公务员	司（厅局）级党员干部	部队师、团级干部	国有大中型企业经营管理干部
培训性质	晋升后补培训	晋升（前）培训，一般晋升高一级职务	培养跨世纪干部	任职资格培训
招生方式	组织调训	组织选调，党校参与	组织调训	组织调训
学制	3 个月	1 年（3 周社会实践）	1—2 年（包括走出去，参观部队演习）	3 个月
约束力	学院对学员的考核鉴定情况作为国家公务员任职和晋级的重要依据	刚性——取得党校学历，作为担任一定领导职务的任职资格	刚性——凡部队副军以上干部必须经过国防大学培训	硬性——半强制性

国外与公务员晋升职级相对应的资格培训项目不多。据已掌握资料，与我院任职培训班可比照的项目见表 5：

表 5　与我院任职培训班可比照的国外培训项目

	德国联邦行政学院*	Speyer 德国行政学院	西班牙国家行政学院	加拿大管理发展中心		韩国中央公务员教育院
培训对象	新进入联邦政府各部的上级官员	地方政府中级（A15 级）官员	高级公务员（A 职组）后备人员	中级官员	特选中级官员	中级（4 级）公务员
培训性质	资格培训	资格培训	任职培训	晋升副司长	晋升副部长、助理副部长 **	晋升 3 级公务员（局长）的资格培训 局长候选人培训

续表

招生方式		部门推荐、政府选定、学院测评	4 次考试录取			由行政自治部向各部委分配名额，每个部委选派 1—2 人
学制	5—6 个月	2.5 年（在岗学习，其中 16 周分 3 段在校学习）	6—9 个月	9 周	11 周分段式课程	2 周
培训内容	综合培训	系统的综合培训	综合培训	综合培训	高级管理培训	高级管理者课程

* 奥地利行政学院有类似培训项目。

** 名誉“先到项目”。

与国内外相比，我院任职培训班以通用型、综合性为主的培训取向，部、委和地方学员混编的复式结构等都是值得肯定的，但培训时段滞后，性质模糊，作为资格培训的刚性不强，国家公务员管理部门对高、中级公务员的任职资格至今没有明确、具体的要求，培训期长于韩国，与加拿大的两个项目接近，短于西班牙、德国、奥地利。

四、省部级专题研究班及其国内外比较

1995—1998 年，我院共办省部级专题研究班 10 期，培训 372 人次。它与国内同类培训项目的比较见表 6：

表 6　我院高研班与国内同类培训项目的比较

	我院高级专题研究班	中央党校省部级进修班的第 3 种形式 *——专题研究班	国防大学	
			进修系	国防研究系
培训对象	省部级公务员，部分司局级公务员	省部级党员干部	部队正、副军职干部	部队正、副军级干部及地方副省、部级干部

续表

培训性质	专题研究——补充专门知识，提供咨询建议	专题研究（另两种形式为轮训），提供咨询建议	研究战略、国防建设等高层大问题	研究战略、国防建设等高层大问题
招生方式	组织调训	组织调训	组织调训	组织调训
学制	2—3 周	1—2 个月	1—3 个月	3—5 个月
办班主体	学院与有关部委合办	党校与有关部门合办	本校	本校

* 中央党校省部级干部进修班的第 1 种形式是中央直接安排的理论学习班（1 个月），第 2 种形式是按中组部计划安排的进修班（3.5—4 个月）。

国外的高级官员培训项目也不多。就目前所知，英国文官学院专为 1—3 级文官举办专题性的系列研讨会，只有几天；加拿大管理发展中心有对联邦政府各部常务副部长和大企业总裁为期 1 周的高级培训，旨在提高领导技能；韩国中央公务员教育院有对 1—3 级公务员为期 10 天的通用培训，属于综合性的；德国联邦行政学院第 4 教研部负责高级官员（最高到国务秘书）培训，其最高级培训的教学情况不详。

从国内看，我院高研班与中央党校省部级进修班的第 3 种形式——与有关部委联合举办的专题研究班相近，而学制更短，专题性更强，相对简易可行，已形成高级公务员培训的一种类别。从国外看，我院高研班的学制并不短，办班频率不低，也占有一席之地。

五、需要进一步研究的问题

（一）如何选准主体班，实质上是一个培养什么人和怎样培养人的问题，它主导着全院的办学方向和规模。对此，不能单凭培训对象的现职高低划界，同时要为跨世纪的 10 年出精品、出人才、出后劲打好基础。这就要研究处理好对高、中级公务员的前期（职前）培养和中期（职间）培训、成人教育中高等学历教育和短期培训、研究生教育中应用型和学术型、办学的精品效应和规模效应等关系，分清主次，保证重点。近几年我院在办主体班过程中遵循理论与实践相结合，以实用为主；任职班和青年干部培训班致力于培养通专结合的复合型人才，以通识或通才为主；高研班致力于教学、研究、咨询相结合，以专题研讨为主，目标和原则是清楚的，实施中到位程度不齐。今后为逐步、部分地实现邓小平同志的遗愿："哪一天中国出现一大批三四十岁的优秀的政治家、经济管理家、军事家、外交家就好了……要制定一系列制度包括干部制度和教育制度，鼓励年轻人"，要更着力从年轻人抓起。根据"突出培训重点"的原则[①]，把高水准的青年干部培训班和应用型硕士学位班置于主体班的基础序列，并逐步提高它们在同期在校 1000 学员中的比重。同期在校 1000 人的正规办学规模是 1989 年 3 月为敲定我院建设项目建议书提供的参数，历来未经全面论证。如果维持此案不变，在 21 世纪分步达到这样的总量目标，也要以理顺结构为前提，把握好主体班、常设班和非常设班的关系。图 3 按这个总框架设想了几种可能的取向。

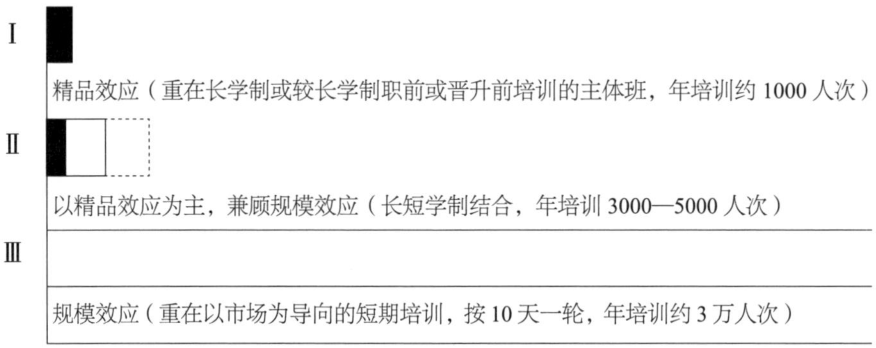

图 3　同期在校学员 1000 人规模的 3 种培训取向比较

参照国外的实例：Ⅰ以美国威尔逊学院为代表，每年只招 1、2 年制硕士生 30—40 人。Ⅱ以长学制学员为主，如法国国家行政学院，其同期在校生才一两百人；美国肯尼迪政府学院、马克斯维尔学院也大体如此，加上在职官员

① 《1996 年—2000 年全国干部教育培训规划》要求："着重抓好县以上党政领导干部、国有大中型企业领导干部和科技专家，特别是中青年干部的培养教育。"

短期培训，全年培训总量七八百人或上千人。Ⅲ以英国文官学院为代表，全年培训3万人。我院的近中期选择是否倾向于Ⅱ，有待进一步论证。从Ⅱ所显示的主体班与办学总规模的非“正相关”，又提出了对“主体班”称谓的质疑。

（二）高素质、专业化目标所要求的高、中级公务员培训是一种职业教育和训练，具有很强的应用性，而这正是我们比较突出的薄弱环节。从国外的成功经验看，以“三无”（无专职教师、无固定教材、无学位）为特征的法国国家行政学院，如今老“三无”局部转变为新“三无”（无专职教师、无固定教材、无常年在校学员）。“无常年在校学生”意指该院主体班第2学年在校学习的大部分课程分别在政府各部门运行，校内经常见不到学生。对此尽管褒贬不一，毕竟意味着该院应用性、开放式办学的一种新境界，学校教育与政府管理之间的融合、互补已臻于经常化、制度化。在美国行政院校中排名第1的马克斯维尔学院与此殊途同归。该院所在的锡拉丘兹大学在1996年8月《美国新闻与世界报道》发布的全美大学评比中列第47位，算不上顶尖名校，该学院办学绩效突出的根本原因也在于与联邦和地方政府保持长期、密切的联系。还有在英国位居前列的伯明翰大学公共政策学院也是这样做的。为逐步克服一些大学“庄园”式大学的弊端，我院青年干部培训班和拟建的硕士学位班都要着力研究与政府部门加强联系和结合的问题。这是一个难度很大的问题，只能立足于我国的国情，积累渐进。今年我院对法国国家行政学院两个主体班的考察和交流做得比较深入，对于国内建立MPA教育的论证也在进行中，为这两个办班方案设计和修改创造了有利条件，只要认准方向，搞好协调，可望提高一步。

（三）司局级任职培训班作为我院办得最早（学院在筹备期就已经把“任职资格”培训作为一个培训方向）、最多的主体班，受制于体制、观念、师资等主客观因素，经历了反复、曲折的探索过程，在教学内容上有了一个初步的框架，但还没有形成明晰的目标模式。当前可供选择的出路：一是在完成培训需求调研课题的基础上有的放矢地修订办班方案，重在加强资格培训的力度和针对性；二是用改革的精神先办一两期小型试验班，争取在某些方面有所突破；三是比照中央党校的中青年干部培训班，探索较长学制的司局级后备人员培训的可行性（这可能同青年干部培训班有交叉）。此外，鉴于德国历来注重职业教育的传统，对德国联邦行政学院第一教研部的高级官员晋升培训项目应作一轮重点考察，从中寻找或可参照的经验。

司局级任职培训班步入正轨后，才能考虑省部级任职培训的立项问题。为当前改革和经济社会发展服务、从专题切入的高研班可继续办下去。是否开办像中央党校省部级党员干部进修班那样的“新任（副）省部级干部培训班”有待研究。

简讯：法学师资培训班圆满结束①

1998 年 12 月 14 日至 12 月 26 日，法学教研部成功举办了我院第 2 期地方行政学院法学师资培训班。

本期师资班是在地方行政学院的迫切要求下开办的。主要来自省级地方行政学院的 24 名法学教师参加了培训班。为办好这期师资培训班，法学教研部作了精心准备。原计划该班学员参加任职班法学教学阶段的所有教学活动，但考虑到法学师资培训的特殊性，故除参加任职班的依法治国、依法行政、行政诉讼与国家赔偿、市场经济法律制度等专题，以及法院旁听、课堂案例教学外，还特意为他们增加了国际经济法和我国刑事法律制度两个专题。

秦明教务长出席了师资班开学典礼并讲话。张志坚、唐铁汉、张修学副院长和院党委委员周侠平同志与学员一起合影。师资班结业典礼由法学部主任应松年教授主持，唐铁汉副院长出席典礼，颁发结业证书，并与学员们进行了座谈。唐铁汉副院长还就学员们提出的加强国家行政学院与地方行政学院教学、科研、信息资料的交流，教学方法的改革，拓展教师视野等问题，一一作了回答，并对学员们提出殷切希望。

此期师资班学员对我院的教学组织管理、课程设置及案例教学等均一致称赞。

---

① 本文系法学教研部来稿。

调研进展：

任职培训需求调研子课题正式上报成果一览表①

（按收到日期顺序排列，截止到 1998 年 12 月底）

序号	地区	领导小组组成	课题负责人	课题组成员	成果名称	附件
1	厦门市	组织部、人事局、行政学院	施凤堂常务副院长	行政学院 1 人 人事厅 1 人	积极的改革　有益的实践——厦门市面向全国公开选拔副局级领导干部的实践与思考	专家评审意见表、民意调查表汇总
2	厦门市	组织部、人事局、行政学院	陈二加副院长	行政学院 2 人	关于经济特区局级国家公务员应具备的经济管理能力的研究	专家评审意见表、调查问卷汇总
3	江西省	人事厅、行政学院	公兵副院长	行政学院 7 人 人事厅 1 人	重在素质能力提高　贵在有的放矢培训——对江西省厅局级公务员任职培训需求的调查	专家评审意见表
4	江苏省	组织部、人事厅、行政学院	郭荣成副院长	行政学院 4 人	重素质培训　促能力提高——江苏省市厅级国家公务员任职培训需求调研报告	专家评审意见表、调查问卷
5	成都市	人事局、行政学院	罗绍安教务处长	行政学院 5 人	国家公务员业务素质与行政能力研究	专家评审意见表、调查问卷
6	成都市	人事局、行政学院	马富全	未报	夯实基础，直面现实——成都市区、市、县局级干部邓小平理论学习需求调查	
7	宁夏回族自治区	组织部、人事厅、行政学院	纪云山副院长	行政学院 6 人 组织部 1 人 人事厅 1 人	建立适合中国特色的国家公务员任职培训新模式——公务员任职培训需求的调查与思考	专家评审意见表、调查问卷

① 由教务部魏晓欣整理。

续表

8	北京市	组织部、人事局、行政学院	尹志刚主任	行政学院5人	局级公务员的素质能力及培训需求	专家评审意见表、调查问卷及统计
9	甘肃省	人事厅、行政学院	来耀勤副院长	行政学院7人 人事厅1人	立足西部，从实际出发，培养造就跨世纪的公务员队伍——甘肃省县、处级公务员任职培训需求调查	
10	武汉市	组织部、人事局、行政学院	方远浩副院长	行政学院6人 人事厅1人 组织部1人	武汉市局级公务员任职培训需求调研报告	专家评审意见表、调查问卷及统计
11	武汉市	组织部、人事局、行政学院	徐荣祥副教授	行政学院3人	拓宽更新局级公务员在岗知识、培训市区政府管理复合型人才	专家评审意见表
12	武汉市	组织部、人事局、行政学院	胡瑞宽主任	行政学院6人	武汉市局级公务员必备法律知识与依法行政能力的调查报告	专家评审意见表、调查统计表
13	武汉市	组织部、人事局、行政学院	赵应文副主任	行政学院3人	局级公务员应具备的心理素质研究	专家评审意见表、调查问卷
14	武汉市	组织部、人事局、行政学院	张葆君副教授	行政学院1人	武汉市局级公务员业务素质与行政能力的调查报告	专家评审意见表、调查问卷及统计
15	武汉市	组织部、人事局、行政学院	杨梅芳副所长	无	局级公务员语言表达能力培训研究	专家评审意见表、调查问卷
16	吉林省	人事厅、行政学院	于春副院长	行政学院4人 人事厅2人	厅局级公务员应具备的法律知识以及依法行政能力的研究	

续表

17	河北省	—	葛树卿 主任	行政学院 2人	处级干部对厅局级公务员素质与能力要求及现状评价的调查报告	专家评审意见表、调查问卷
18	宁波市	组织部、人事局、行政学院	陈蔷娥 副院长	行政学院 4人 组织部 1人 人事局 1人	分析需求，开拓创新，努力做好地方国家公务员任职培训工作	专家评审意见表、调查数据统计
19	浙江省	—	汪水波 副院长		对处级和局级公务员任职培训需求及其差异的调查与分析	
20	青海省	人事厅、行政学院	江再杰第一副院长	行政学院 3人 人事厅 2人	注重素质培训提高行政能力——对国家公务员任职培训需求的调查与思考	专家评审意见表、调查问卷及统计
21	重庆市	行政学院	黄远固 主任	行政学院 8人	厅局级、县处级公务员党性锻炼的培训需求与培训方法调查	专家评审意见表
22	重庆市	行政学院	周矩 讲师	行政学院 4人	国家公务员业务素质与行政能力的研究	专家评审意见表
23	重庆市	行政学院	邹大有 主任	行政学院 2人	厅局级公务员应具备依法行政知识状况调查	专家评审意见表
24	重庆市	行政学院	陈建林 副教授	行政学院 2人	厅局级公务员防范金融风险知识与能力的现状调查研究报告	专家评审意见表、调查问卷及统计

续表

25	黑龙江省	行政学院	尤京文 主任	行政学院 3 人	关于国家公务员的任职培训需求与任职培训模式问题	专家评审意见表
26	黑龙江省	行政学院	徐远申 副处长	行政学院 3 人	必须建设一支高素质的干部队伍	专家评审意见表
27	黑龙江省	行政学院	徐远申 副处长	行政学院 3 人	厅局级公务员素质与能力的现状评价及基本要求	专家评审意见表
28	福建省	人事厅、行政学院	陈振华 主任	行政学院 3 人 人事厅 2 人	领导者必备的心理素质分析与研究	专家评审意见表
29	福建省	人事厅、行政学院	陈振华 主任	行政学院 3 人 人事厅 2 人	分析需求走势探索培训规律——公务员任职培训的实践与跟踪调查分析	专家评审意见表、评估情况统计表
30	广西壮族自治区	人事厅、行政学院	高子居 副主任	行政学院 3 人 人事厅 1 人	广西地厅局级领导干部法律素质能力的调查报告	专家评审意见表
31	广西壮族自治区	人事厅、行政学院	邹伟 副主任	行政学院 5 人 人事厅 1 人	地厅局级公务员应具备的素质与能力综合问卷的设计	专家评审意见表、问卷样本
32	广西壮族自治区	人事厅、行政学院	邹伟 副主任	行政学院 4 人 人事厅 1 人	处级干部对厅局级公务员素质能力要求及现状评价的调查	专家评审意见表、调查问卷汇总表

续表

33	贵州省	人事厅、行政学院	张维浩 副主任	行政学院 5 人	国家公务员心理素质调研——含创造能力、预见能力、自信心、意志力、工作作风等 5 个分题	
34	湖北省	人事厅、行政学院	周大仁 常务副院长	行政学院 4 人	走向有的放矢、按需施教的科学培训之路——地厅级公务员素质能力现状及需求调研	专家评审意见表、调查问卷及统计
35	黑龙江省	行政学院	于凤荣 副主任	行政学院 3 人	厅局级公务员年终考核情况的分析	专家评审意见表
36	内蒙古自治区	组织部、人事厅、行政学院	刘惊海 副院长	行政学院 5 人 组织部 3 人	公开选拔厅级公务员实效及培训需求分析	专家评审意见表、调查问卷样本
37	山东省	人事厅、行政学院	邢宪学 副院长	行政学院 3 人 人事厅 1 人	厅局级公务员职位要求及素质现状调查问卷统计分析	专家评审意见表、调查问卷及统计
38	天津市	人事局、行政学院	康博钧 副院长	行政学院 3 人 人事厅 1 人	局级公务员应具备的业务素质与行政能力调研分析	专家评审意见表、调查问卷汇总表
39	辽宁省	组织部、人事厅、行政学院	陆雅慧 副教授	行政学院 4 人	公务员任职培训总结与需求调查分析	专家评审意见表、调查问卷样本
40	广州市	—	章岳云 副院长	行政学院 5 人 人事厅 1 人	沿海开放城市处级公务员的素质和能力调查	调查问卷及统计
41	广东省	—	张尚仁 院长	行政学院 5 人	处级国家公务员业务素质与行政能力的研究	调查问卷样本

附件　本院张金马教授来信

方老师：

这份材料看了很多遍，不敢改动。

我的一些看法，供参考。

我院一直习惯使用“主体班次”“非主体班次”。本书也探讨了它们之间比例的变化，但“主体班次”也无非是以领导人的任务为向导，关键在于教学方案、方式、内容是如何形成的。

回顾我院近几年的发展，一直未注意研究政府工作人员的知识需求——它体现在学院的课程体系上。

肯尼迪政府学院的课程体系为此提供了一些有益的参考。

张金马即日

我院边筹建、边培训的 10 年探索[①]

根据十三大（1987 年 10 月）和七届人大一次会议（1988 年 3 月）决定成立的国家行政学院，从 1988 年 7 月筹建至今已逾 10 年，从 1993 年批准建制已经 5 年，从 1994 年正式成立已经 4 年，从 1996 年正式开学算起只有 2 年。

一、10 年培训概况

按照“边筹建、边培训”的建院方针，在开始筹建的第 1 年就试办了 2 期培训班。从前 7 年半在外借址办班到后 3 年半依托现址办班，从单班运行扩大到双班、多班运行，到今年年底，累计办班 104 期（其中，2 届在校青年干部培训班学员尚在挂职锻炼），培训 4600 多人次，包括短、长学制在内的总培训日约 4530 天。

（一）培训对象

参训人员以高、中级国家公务员为主，兼及企业、人民团体的领导管理人员，港澳高层管理人员和高级公务员，还有教师和其他人员。参见图 1:

在 6 类培训对象中，国家公务员占了一半（其中，司局级公务员约 30%）；企业领导管理人员占 25%（其中，重点国有企业的领导、管理人员占到 20%）；教师占 13%。其余 3 类不到 10% 或 1%。对全国性公共机构的人员培训还是空白，但有香港公共机构人员参训。

① 本文是《我院主体培训班次概况及背景资料》一文的续篇。唐铁汉副院长 1999 年 1 月 18 日批示，“克定同志的该篇研究报告很有参考价值。请季明明同志复印培训、教研、教保、科研等有关部门负责人参阅”。本文原载《国家行政学院教学调研资料》第 29 期“办学研究”栏（1999 年 1 月 20 日）。

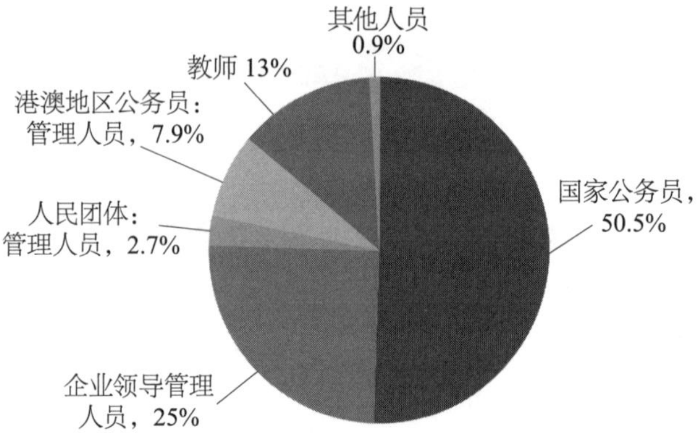

图 1　我院 1988—1998 年培训对象构成及人次比例

招生方式，以调训为主要形式（报到率高低不等），有一部分委（托培）训，考试入学的只占1.9%。

（二）培训类型

以国家公务员和参照公务员系列以及港澳公务员和准公务员为对象的培训项目，分初任培训、任职培训、更新知识培训、专门业务培训、专题研究、国情介绍等 6 类，参见表 1：

表 1　我院 1988—1998 年国家公务员培训类型

培训班类型	期数	参训人次		培训日		年份
		总数	单班平均	总数	单班平均	
初任培训	3	86	29	1230	410	1996—1998
任职培训	12	363	30	1138	95	1991—1998
更新知识培训	27	1224	45	781	29	1990—1998
专门业务培训	3	140	47	123	41	1998—1998
专题研究	10	397	40	140	14	1995—1998
国情介绍	18	362	20	447	25	1995—1998

注：培训对象包括人民团体管理人员和港澳“北京课程”参训人员。

在这 6 类培训中，更新知识培训类型的期数超过 1/3，其培训期长短不一；其次为国情介绍类型，以香港班的培训期和参训人数相对稳定，澳门班的变幅较大；任职培训、专题研究和初任培训各班的培训期和参训人数也较稳定，其中，任职培训与更新知识培训之间的界限还不是很清晰。专门业务培训与更新知识培训的界限也有模糊之处，以今年新办的稽查特派员培训班为最对口，也最重要。

企业培训类型大体相当于更新知识培训和专门业务培训，以短期为主，办班方式比公务员培训更灵活。

师资培训，在学科上以行政学为主，在教学研究上以教学方法为主，还有教学方案乃至建院方案的研讨班。

涉外培训：一是与外国学校或企业合办培训班（7 期）；二是派学员出国接受短期培训（5 期）；三是请外国教师来院授课（12 期）；四是为港澳开设“北京课程”（18 期）。基本覆盖了表1所列的 6 种培训类型。

（三）培训期

以短期培训为主，1个月以下、以上的培训班各占一半，参见图 2：

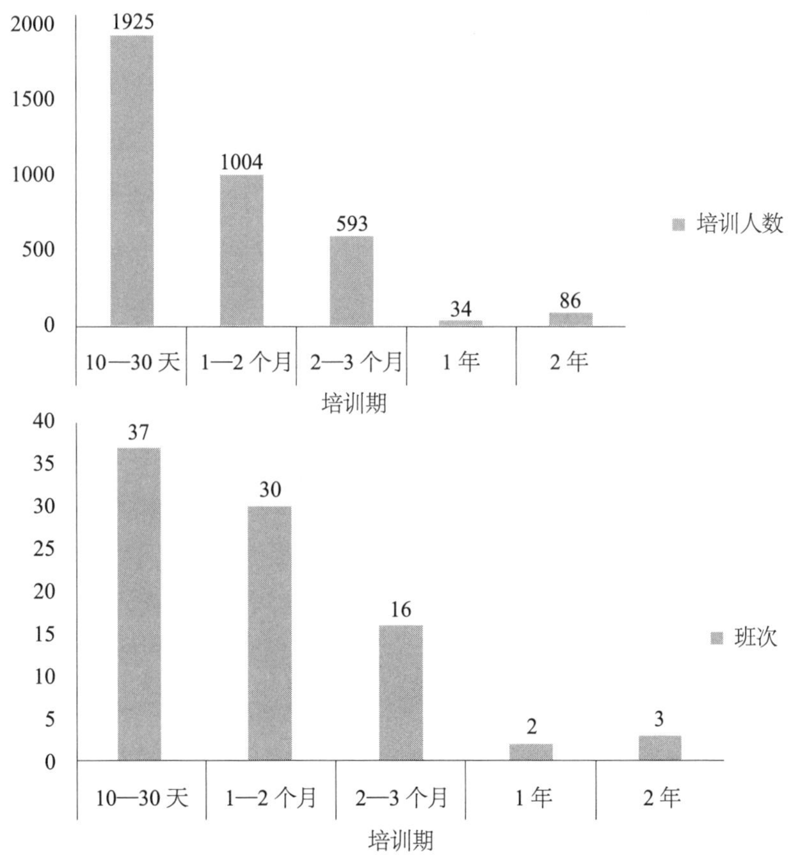

图 2　1988—1998 年不同培训期的班次数和培训人数比较

占绝大多数的半年以下的短期培训班，累计培训日3302天，其中，长的182天，短的3天。单班平均培训期34天，这比欧洲公共行政学院的平均培训期（2.5—3天）要长得多；而2年制的青年干部培训班（3期累计培训日1230天）与法国国家行政学院的主体班（27个月，入学前还有1—2年不等的预科）相比，学制偏短。

（四）单班规模

单班的参训人数，以20—40人的居多（55期），40—100人的其次（37期），不到20人的（6期）和超过100人的（4期）均少。

以40人为界，超过40人的大班占到40%，是同知识传输为主的培训现状相适应的。好在原定4类主体班规模以20—40人的占2/3，40—80人的只占1/3，与培训规律比较贴近。

（五）主体班与非主体班

另有专题材料，不复述。

（六）培训需求调查

以任职培训为重点，从1990年开始搞了多次需求调查。其中规模最大的两次：一是1993年1月—1994年4月围绕培训需求和建院方案搞了3轮基础性的综合调查，访谈428人次，形成127期“调研简报”；二是1997年11月与人事部联合发起以司（厅、局）级为重点的任职培训需求调研，第1期围绕地方公务员需求，依托各省、市行政学院以专题研究形式展开工作，正在汇总资料。这项工作逐步强化，调查范围也在扩大，但未掌握全国公务员队伍的整体状况及其动态资料，对培训的宏观需求仍难作出相应的判断，调查方法的多样化尚待提高。

二、培训的几个特点

（一）培训空间较大、层次较高，总体参训率有限

参训的6类人员在地域上覆盖了除台湾省以外的各省、自治区、直辖市和特别行政区。其中，省部级公务员占参训总人次的5%，司局级公务员占29%，重点国有企业的主要领导干部占5.6%，港、澳“北京课程”学员中包括一部分首长、总裁及主管级人员。

按培训计划任务或预期培训范围，除港澳“北京课程”和重点国有企业总会计师的专项培训外，总体人次参训率有限。参见表2：

表2　我院1988—1998年培训范围

培训对象	班次	预期参训范围	人次参训率
省、部级公务员	专题研究班	1000人	18%
稽查特派员 稽查特派员助理	专门业务培训班	200人 800人	10%（1年累计） —
地、司级公务员	任职培训班	2000人	1.8%（8年累计）
	更新知识培训班和进修班	2000人	6%（9年累计）
重点国有企业领导干部	岗位轮训班	3000—4000人	6%—9%（1年累计）
重点国有企业总会计师	专门业务培训班	1000—2000人	25%—50%（1年累计）
全国性公共机构高级管理人员	岗位轮训班	600—800人	—
香港公共机构高级管理人员	北京课程	8个公共机构	134人(3年累计)，其中：香港贸发局总裁及高级职员27人，参训率51.8%
香港高级公务员	北京课程（提高）	1400人	—
澳门高级公务员	北京课程	754人（其中华人256人）	30%（90%，4年累计）
公务员后备队伍	青年干部培训班	300人	30%（3年累计）
公务员后备队伍	行政学硕士学位班 管理学硕士学位班		正在筹划中
	行政学博士研究生班		与中国人民大学联合，今年开始招生
地方行政学院教师	师资培训班	2000人	30%（10年累计）

* 计划外培训对象未列。

（二）培训课程以增新知识为主

经济体制转型时期的培训面临重大变革而不是常规变革，人员交替以及观念、知识的更新快，对补充、提高知识不断有新的需求。因此，大部分课程的知识传输量较大，以1997年的大约450次课程为代表，列表3：

表3　我院1997年培训课程类型

序号	教学方式	课程内容	次数	班次
1	授课	各类专题	350	绝大部分班次
2	讲座	行政管理、政策制定、领导心理与调适、知识产权、企业发展战略、股市发展、经络保健等	19	大部分班次（不同专题）
3	实例介绍	山东、上海、大连、北京等省、市的管理经验	4	“加快企业技术进步”专题研究班
4	专题研讨	用人与激励 中国国情与战略、社会主义市场经济等	1 17	第8期司级公务员任职培训班 第1、2期青年干部培训班
5	案例分析	行政执行、行政人才、领导干部成长规律 三峡工程移民 国有企业管理 领导方法、行政管理、外交关系等	3 1 4 5	第8期司级公务员任职培训班 第9期司级公务员任职培训班 第1期国企领导干部培训班 第1、2期青年干部培训班
6	情景模拟	企业财务分析与控制、企业计划十步、市场预测与模拟实践	7	企业现代管理培训班
7	外语培训	英语	24	第1期青年干部培训班
8	计算机原理和操作	MS-DOS操作系统的使用	8	第8、9期司级公务员任职培训班 第2期社会主义市场经济进修班
总计			443	

表3中以教师讲解为主的第1、2类课程次数约占全年总课次的80%，以学员应用性演练为主的第3—8类课程次数只约占20%，是总体上以知识培训为主的近期反映。按世界经合组织对于知识的分类（1996），这360多次课程所传授的主要是事实知识（Know what）和原理知识（Know why），涉及技能知识（Know how）和人力知识（Know who）较少。同时，我们对后两类知识培训也就是进入能力培训领域的试验也在起步。

（三）培训探索过程中的变化较多

公务员培训事业和学院自身都在初创时期，经验缺乏，在工作和认识上有许多不确定性。大到办学方向，从立足于现职公务员培训发展到重视、加大职前培训的分量，从以短期培训为主发展到兼顾短、长两种学制，从不搞“学历教育”发展到有针对性地办大学后学历教育；小到单班运行，如1994—1996年办了7期轮训司局级公务员的社会主义市场经济培训班，1997—1998年办了4期同一专题、同一培训层级、同一培训类型的进修班，而在培训宗旨、培训期和培训内容上都有改变。前者基本上属于普及班，后者拉长了学制，算不算提高班也难定论。

三、培训实践中的体验

联系办学方向和功能、培训原则、培训内容、培训方式、课堂结构等方面，初步体会到以下几点：

（一）为政府负起双重培训任务，构建两个培训系列，培养两种应用人才，发挥多种社会功能

担负双重培训任务：一是现职中、高级公务员以短期为主的在职培训或继续教育，二是公务员后备骨干力量的长学制或较长学制初任培训（职前教育）和中青年公务员的在职教育。前者急用先学，追求近（中）期速效；后者相对稳定，着眼于中（长）期回报。

构建两个培训系列：一是拓宽型的通用培训系列，长、短学制兼备；二是纵深型的专门培训系列，主要是短期培训。以前者为强项，在后一系列中也可以自成特色。

培养两种应用人才：一是高层次行政管理人才，二是政策研究人才，都属于复合型人才。

发挥多种社会功能：以教学为中心，以科研为基础，以咨询为前沿，并履行领导人员考试测评、出版、培训网络指导、对外联络等多种职能。

邓小平同志在1975—1980年多次指出："军队要把教育训练提高到战略地位"，"并作为一个制度问题加以解决"，这对公务员队伍同样适用。为政府培养两种应用人才，既靠培训（再教育），有的又需要从教育做起，都要放在战略问题的一个重要位置上，主体班少、小、稳、精，班次和参训人次在尽可能优选学员的前提下形成批量；常设班也重在质量，以任务和能力定规模；非常设班以市场为导向，有控制地扩大规模效应。

（二）培训以改革为动力，为改革服务

我院是在改革中孕育、催生的。没有干部人事制度改革就没有国家公务员制度和公务员培训，没有深层次的国有企业改革，也没有稽查特派员制度及其培训。在建院的前7年，特别是在国务院发布《国家公务员暂行条例》后，先后办了7期国家公务员制度培训班；接着5年，配合学习党的十四届三中全会决定连续办了11期社会主义市场经济培训班和进修班；10期省部级专题研究班也都从经济、政治体制改革部署中选题；近两年办的重点国企领导干部培训班和稽查特派员培训班系列，更是这项改革的重要组成部分。以上36个班的参训人次接近全院10年培训总量的一半，足见改革是培训之源、培训助改革之力的内在相关性。密切这种相关性贵在抓住时机。到1996、1998年陆续办了2期金融班。1997年爆发的亚洲金融危机是对这种办班必要性、紧迫性的最有力说明。

为总体改革服务带动了培训自身改革，同时，培训也受改革进程的制约。从公务员管理转向人力资源开发的进程缓慢，计划调训学员的利弊参半，一些重要培训项目的定向、定位滞后，本属"资格培训"的绝大部分任职培训停留在任职后补训上，都与干部人事制度和管理体制改革的力度有关。这些问题，只能在深化改革中进一步解决。

（三）坚持各项培训原则，在设计和运行中把握好“度”

公务员培训原则是共性的培训规律的体现，对培训工作有重要的指导作用，而它们在实际运用中，各国、各校有不同的尺度。以理论联系实际为例，它作为一条普遍原则，适用于各类教育和培训。我院以现职高、中级公务员及其后备人选为主要培训对象，把握理论联系实际的度要加大实际的分量，增强培训的应用性。这条原则覆盖各种培训系列和培训类型，贯穿于教学、科研的全过程。在操作中努力做到：

以我国改革开放和现代化建设的实际问题和我们正在做的事情为中心，以政府工作为主题，安排培训计划，选择培训和研讨课题，落实培训任务；

以职能转变的政府需求和机关的职位需求为导向，设置培训项目，制订教学方案；

大批学员来自政府和国有企业，他们带着政府和企业管理中的第一手资料和实际问题来，给培训注入活力；

从政府和实际工作部门批量聘请兼职教师授课，加大实际的分量和信息量；

从政府和实际工作部门酌量聘请兼职教学协调人参与教学管理，提高办班质量，提倡专职教师面向实际。对专职教师的提高，从1990年开始提出“三三制”：1/3在校教学，1/3在政府机关参与实际工作，1/3在国内外进修和科学研究。此案整体上虽被搁置，但在后期派教师到地方政府挂职已坚持了几年；

实行理论学习与经验学习相结合，通过多样化的教学形式，把实践引入课堂，又让学员走出去了解社会，接触实际，青年干部培训班学员挂职锻炼1年已成为制度；

与政府部门联合办班。从1989年开始，有近1/3的培训班是同政府有关部门合办的；

与政府部门保持经常、稳定的联系，开通信息交流渠道，从政府管理实践中不断汲取营养，使公务员培训常办常新。

至于不同层级、不同阅历的参训人员在理论和实际的需求配比上的差异，可在分类型、分班次的教学方案设计中作具体分析和处理。

贯彻按需施教、分级分类培训、突出培训重点、学用一致、讲求实效等原则，也都要落到实处，并掌握适度。

（四）以政府工作为主题，分类别构建公务员培训课程体系

立足于政府和公共管理实践的公务员培训课程是学院的“品牌”，也是“特色”的载体。它随不同的宏观需求在通、专 2 个层面上有不同的组合。

公务员通用培训系列，借鉴国外趋于成熟、与工商管理学位教育并行的公共行政学位教育体系：一是政府自身的公共行政和政府对全社会的公共管理专业（MPA）；二是围绕政府决策过程的公共政策专业（MPP），建立起符合国情、覆盖政府需求的应用性、复合型 MPA、MPP 教育和再教育系列。它处在教育和培训、高等学历教育和职业教育训练的结合部，是应用基础和提高的统一，既代表着“高素质的专业化行政管理干部队伍”的专业方向，也切合我院培养高层次行政管理及政策研究人才的任务要求，应成为全院既相对稳定又不断发展的教学“底牌”和课程骨架。建立在培训需求调研基础上的通用型或以通用型为主的司局级任职培训课程，把政策知识和决策能力作为政府工作主题的重点，在一定程度上也是 MBA 核心课程的浓缩。

取决于行业培训需求和特定培训任务的专门培训系列，具有多门类、多专题、多变化的特点，其针对性、时效性和灵活性更强，大多随机部署，有的非我院所长，可同有关方面联合办班。

课程体系作为我院软件建设的“基础设施”，如同一个覆盖公务员需求的知识和能力“菜单”，可以随时为顾客提供“套餐”“配菜”，吸纳教师、编写教材、选择教法等都从课程派生出来，“以教学为中心”进一步可以说是“以课程为中心”，要由近及远、内外结合，把这个基础打好。

（五）理论学习和经验学习相结合，知识传授、岗位训练、案例教学“三管齐下”

公务员培训中的理论、知识学习必不可少，这是学校“要讲一点有用的东西”这条教学规律的要求，也是转型时期的大面积知识更新、行政管理走向现代化以及公务员既有知识结构的不适应性所决定的。授课要有针对性，注重启发式、“交钥匙”（提高自学和思考能力），讲（解）、演（示）结合，适度穿插师生对话，有条件的要把高技术带进课堂。

建立在社会责任感和实际经验基础上的政府管理，要求大容量的经验学习。“干部，包括各级领导干部，都要在苦练中增长指挥能力和管理能力。”在校参训的勤学苦练主要有：一是包括挂职锻炼、社会考察、“真刀真枪”式的专题研讨和政策分析等在内的行动式学习法，借以取得直接经验。我院1996届青年干部培训班学员到乡镇挂职1年收获丰硕，但在点上的实践难免一隅之见的局限性。二是以案例教学为代表，包括情景模拟、角色扮演、政策练习等在内的把实践引进课堂的模拟式、参与式教学法，它们形成批量，对前者是由点到面的必要补充。1997年的企业现代管理培训班的全程能力培训受到院内外学员一致好评。

课堂讲授、岗位训练、案例教学这3种不同功能的教学方式各有长短，它们互补而不能替代。后2者是我们的弱项。要坚持多种形式的教学法试验，引入、开发先进适用的教学模具，逐步启动案例库和岗位训练基地的建设，加大经验学习和能力培训力度，与知识培训协调发展。

（六）以学员为主体，以教师为主导

参训学员和培训教师之间、来自不同部类和岗位的学员之间、不同职业角色的教师之间，既各具特点又都有互补性。尽管在实践中存在着不到位、不对称和不稳定以及相互之间投入产出的不平衡，适合我国现阶段公务员培训情况的“两个为主”仍应坚持下去。

知识主要是个人认知过程的体现，经验、诀窍、灵感等隐形知识更植根于个人的感知和悟性之中。无论知识培训还是能力培训都要以学员为主体。我院高层级的培训对象、公务员逐步年轻化，也加大了这样做的可行性。96届青年干部培训班学员访日期间的能动参与是一个直接的印证。在学习、研讨、交流、管理中，学员主体作用发挥得较好的班次，大都在提高学员的参与意识、加重经验学习的分量、扩大自学和研讨空间、强化“自我管理”上下了功夫。在通用培训系列还要建立复合式的学员结构，据统计，司局级任职培训班的学员结构：来自国务院各部门和地方之比约为80∶20，国务院的综合部门与专业部门之比为 10 : 90+，省、区范围内厅、局与地、市之比约为 80 : 20，这有利于培训班的混编分组和不同学员群体之间的交流互补，但存在着结构性不平衡的弱点。

全面发挥教师的主导作用，要求在优选人才的前提下建立专、兼结合的教师队伍。这种复合式的师资结构，不是学院初创年代的短期举措，而是要相对稳定地持续下去。培训教师的主导作用，除了体现在授课方面，还体现在指导自学、组织学员研讨、课外辅导答疑、组织参观考察、主持考试评分、参与科学研究和教学法研究、编写教材、参加一部分教学管理等诸多环节上。为改变师生之间投入产出不平衡的状况，要求教师深入到学员的学习过程，在他们的潜能开发中汲取智慧和经验。在兼职教师的功能相对单一的目前条件下，要求专职教师发挥多方位甚至全方位功能。

（七）推进培训网络化、社会化

司局级及以上公务员只占全国公务员总数的 5‰—6‰，而其中能到我院参训的概率并不很高（参见表 2）。中级公务员的全员培训要靠以行政学院为基础的培训网络才能实现。国家信息部门将在全国范围启动“政府上网工程”，并以 1999 年为“政府上网年”。到 2000 年，80% 的国务院部、委和各级政府将在我国公众多媒体通信网上设立站点。这不仅要求广大公务员全面提高素质，也加大了培训及其网络化的压力。

全国行政学院系统的联网关系在今年有所突破，初步形成图 3 所示的格局，是来之不易的。

为建起这个全国性专项网络，一是把全院自身工作做好，加快从传统培训向现代培训过渡的步伐，以日新又新的培训、科研、咨询精品在各方面起示范作用；二是逐项落实对地方行政学院的历次工作承诺，逐步体现“龙头”作用，中央党校在这方面的丰富经验值得效法；三是 47 所地方行政学院的多种办学体制各有特点，都要联系本省（区、市）实际，在培训实践中扬长避短，打出各自的“品牌”，沿海开放地区的行政学院要在探索符合市场规律的新的培训机制上先走一步；四是支持有关民间组织和区域合作项目发挥积极作用。

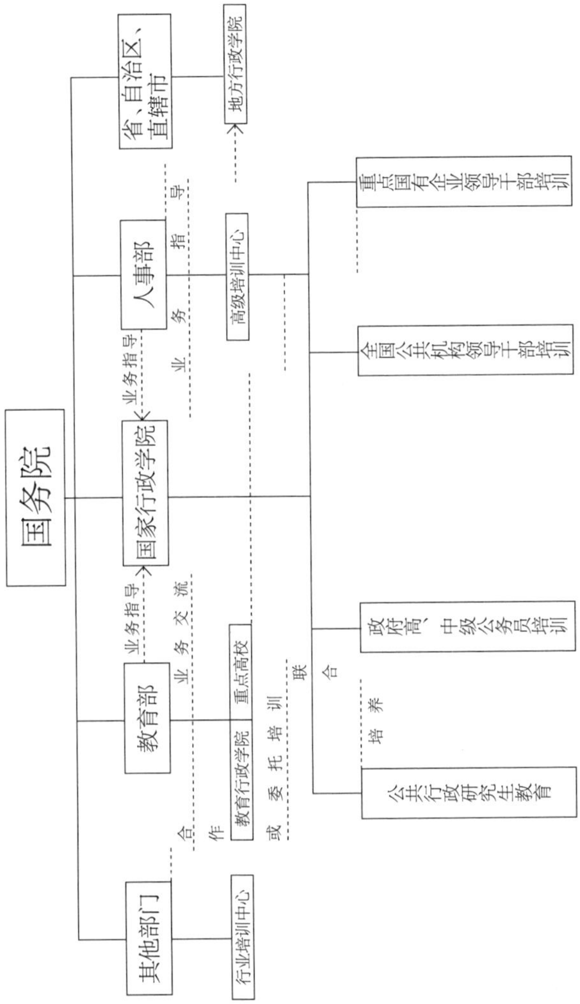

图 3　国家行政学院的隶属关系和培训网络示意图

前 10 年的 100 个培训班不是“小而全”，而是开放式办学的初期成果。依托我院得天独厚的区位优势：海淀区是全国少有的重点高校密集区，其中不乏与政府管理专业相关的颇具实力的学科群，既有一批名师，又有运行多年、成才可期的教学改革试验班；中关村作为“中国硅谷”将建成科技成果转化、中小科技企业培育、高新技术产业化的高科技先导示范区；馆舍、馆藏居亚洲第一的北京图书馆，又是全国书目中心和图书馆信息网络中心，海淀区法院是荣立集体一等功的全国优秀法院，办结了许多有影响的重大疑难、新类型案件，其中有不少全国“第一例判决”，近年来有 10 多个判例上了《最高法院公报》。通过区域深度联合、“共建”，我院在社会化办学道路上可望更进一步；社会化办学和培训网络建设加大了培训和教学管理的跨度和分量，对提高管理层次及其业务含量也有更高的要求。要以管理为纽带，使院内、外各项工作有序运行。在优选的前提下培训、教学管理人员也要专、兼结合。教师和培训、教学管理人员两支队伍，有条件的要教、管结合。

（八）以对外开放促培训改革和学院建设

国家行政学院是改革开放的产物，在筹建之初以较强的开放意识开局。在多极世界的公务员培训多元化格局中要对各种培训模式进行考察、比较和鉴别，择其善者为我所用。以外促内初见成效的举措主要包括：

一是对外国培训情况的跟踪了解，面上普查与点上深入相结合。我们同最早的合作伙伴——法国国家行政学院双边交流的由浅入深就是这样。经过多年的“请进来、走出去”，在扩大眼界、掌握一批国际第一流培训项目和机构的基础上，要按我所需，多组织几项有针对性的重点考察，摸清其特色，以利消化吸收。整理系列成果，实现信息共享。

二是对外国行之有效的培训经验，以学习与应用相结合。如在教学内容配置上的以需求为导向、以政府工作为主题，师资结构上的专兼结合、以兼为主，教学方法上的专题研讨等，已普遍或较普遍地运用于我院各类培训中；在主体班次上的青年干部培训班，课堂结构上的以学员为主体，教学方法上的案例教学、情景模拟和岗位训练，教学管理上的兼职教学协调人等，已局部运行或试运行；在学位教育上的MPA、MPP，培训资源上的培训者（培训师），培训技术上的教学模具等，还处于方案论证或者概念引进阶段。

三是对外国可移植的适用培训技术，以借鉴与创新相结合。如对案例教学法的引进，在法律专题教学中不仅选编了一批涉及行政复议、行政诉讼、申请强制执行、国家赔偿的典型案例，供学员研读，而且带学员（大都是非法律专业人员）到法庭旁听案件审理，在增进感性认识的同时，提高了依法行政意识。1993—1998年，在5种类型的30多期培训班进行了这样的现场观摩，反响良好。

四、横向比较和差距

当代的管理教育培训在继承100多年演变的基础上不断有新的发展。从国内情况看，也有一些引人瞩目的动向：

（一）管理培训工程

国家经贸委与“中国经济效益纵深行”组委会于今春联合推出，朱镕基总理认为“实施管理培训工程是当务之急”。现已初步构建起以1000户重点大型、特大型企业领导人员工商管理培训为重点，面上工商管理培训为基础，出国工商管理培训为必要延伸，在职攻读工商管理硕士学位为提高，企业自主工商管理培训为补充的多层次工商管理培训体系。中国战略与管理研究会培训与发展中心正致力于探索新的管理培训方式，不再单纯地向企业传授知识，而是在知识、态度和技能之间找到一个交合点。

以上可以说是管理培训工程的一翼。与此相应，国防科技大学为湖南省党政领导干部分期举办1年制的社会经济系统工程研究班，已持续十几年。政府管理和公共管理培训应成为管理培训工程的另一翼。

（二）工商管理硕士（MBA）学位教育

1991年设立专业项目，以培养高层次、复合型工商管理应用人才。现有北大、人大、清华等56所大学开办MBA教育，并有4种中外合作形式，每年招生数千人。近两年有27所大学招收数千名企业管理人员在职攻读MBA学位。有关方面设想我国在2000年前后培养出20万个工商管理硕士，与朱镕基总理前几年提出在2000年以前培养出10万个具有国际水平的注册会计师相配套。这将使中国的经济整体发展水平前进一大步。同理，作为MBA的逻辑延伸和大配套，发展MPA教育也势在必行。

（三）企业家队伍发展和培训需求调研

国务院发展研究中心1993年牵头组建的“中国企业家调查系统”，连续5年对企业家的成长、流动、约束和激励、素质和培训等专题进行以问卷为主的抽样调查，每年测量10000件、回收量3000件，已提出《中国企业家成长与发展报告》。三至五年后将进行网上调查。

上海市去年召集“经理革命与企业家人才资源开发”开题会，也值得关注。

（四）党校的教学改革

中央党校中青年干部培训班把教学内容调整为“三基本”——马列主义基本问题、毛泽东思想基本问题、邓小平理论基本问题（已成立教材编委会），“五当代”——当代科技、当代思潮、当代经济、当代法律、当代军事和国防（分别由周光召、邢贲思、刘国光、江平和刘华清同志牵头编写教材），江泽民、胡锦涛同志亲自抓教材编写工作。另，北京太极鸿达公司自1995年开办“第五项修炼”企业管理高级研习班，已办了27期。

（五）高校的教学改革

普通高校改革人才培养模式，加强素质教育和创新能力的培养，鼓励学生的个性发展。重点高校如北京大学以学科建设和教学改革为龙头，从“梳理”课程入手，强化综合素养的教育。陈佳洱校长认为：促进校内学科之间的紧密结合，发挥 $1+1>2$ 的作用是培养具有高度创造能力的基础。在“厚基础、宽口径”“因材施教、分流培养”中着力培育两型人才：一是教学、科研结合，以培养创造精神为核心的研究型人才；二是理论与实际结合、文化教育与职业训练结合的实用型人才（包括行政管理专业）。清华大学管理学院每年自编几十个管理案例，该院和天津大学管理学院都成功举办了稽查特派员培训班。

（六）网上教学

作为《国家面向21世纪教育发展纲要》的5大工程之一，已把清华大学、北京邮电大学、浙江大学、湖南大学列入试点学校。其中，湖南大学已招进计算机专业和英语专业首批网上本科生1000名，通过视频会议系统进行实时授课，借助于因特网进行沟通和交流，家中学习与设点集中学习双管齐下。浙江大学也在年末招生600名。

（七）对外开放和国际合作

1994年在上海建立的中欧国际工商学院，立足国情，面向世界，与名列世界前10位的欧美著名商学院建立了合作关系，大批量引进国外智力资源，参照国际上通用模式，以造就成功企业家为目标，开设MBA、EMBA和短期培训课程，培养具有创新能力的高级经营、管理人才，使学生“不出国也能留学”。短短4年已建成亚洲最优秀的5所管理学院之一，被誉为中欧合作“高质量的、符合中国国情的旗舰项目”，到21世纪将跻身世界一流工商学院行列。

这些先行者的前进步伐，在某些方面既树立了榜样，也是一种挑战，要求我们适时应对，将公务员培训工作提高一步。

五、抓好第2个10年开局

从严格意义上说，今年下半年已进入我院“边筹建、边培训”的第2个10年。作为一所新校，“边建设、边培训”的格局还将继续下去。重温邓小平同志所指出的：“我们的事业总是要求精雕细刻，没有一样事情不是一点一滴的成绩积累起来的”，为在第1个10年的工作基础上求得第2个10年有更快、更好的发展，建议：

（一）1988—1998年培训实践中兼有正、反两方面的经验，都是我们的宝贵财富。要进一步深入总结，取其长处上升为规律性的认识。这有助于当前围绕“三名”目标开展的办学方向和功能的讨论。

（二）对在10年培训试验和教学改革中积淀下来的难点——培训目标笼统，可操作性差；能力培训，特别是创造性思维能力培训的能力低；高水平的班组研讨活动偏少；专、兼职教师“两张皮”，培训者资源短缺；交叉学科建设进度慢；培训质量保证体系的接口松；培训机制转换慢等，要逐一探究，寻找分期改进的步骤和办法。

（三）从横向比较中看不足，对在国内领先的有关培训或教育项目和单位组织一轮由表及里的系统考察和学习，以求得相对“短、平、快”的激励和借鉴。

（四）对国际比较公务员培训进行立项研究：一是以欧洲公共行政学院、英国文官学院、美国马克斯维尔学院官员培训部、日本中央公务员研修院为重点的比较公务员在职培训；二是以美国列前10位的大学MPA和MPP项目、法国ENA、德国Speyer为重点的比较MPA教育，这对我院的当前建设和长期发展都有重要意义。

在世纪之交、国庆50周年和我院第1、2个10年之交的1999年，接好新的一棒，继续调动各方面的积极因素，就有可能把一个团结、务实、有活力、争一流的学院引入新世纪。

对 8 份公务员任职培训需求调研成果的综合评述①

一、全国首次任职培训需求调研取得重要成果

为了认真贯彻党的十五大精神，适应建设高素质的专业化国家行政管理干部队伍的需要，进一步加强对国家公务员培训的针对性，努力提高国家公务员队伍的基本素质，根据中央组织部关于开展干部教育培训理论研究的要求，1997 年 11 月人事部办公厅与国家行政学院办公厅联合下发了《关于开展国家公务员任职培训需求调研的通知》(人办发〔1997〕97 号，以下简称“97 号文件”)，在全国范围内组织人事部门和地方行政学院等联合开展了关于司（厅、局）级国家公务员任职培训需求的调研活动。

《国家公务员暂行条例》第 10 章第 51 条规定：“国家行政机关根据经济、社会发展的需要，按照职位的要求，有计划地对国家公务员进行培训。”任职培训是国家公务员培训的主要类型，也是各级行政学院培训公务员的主体班次。要提高任职培训的针对性，实现任职培训的规范化，必须首先准确地把握国家公务员的职位要求。

党的十四大以来，我国的经济、社会发展取得了巨大的成就，各项事业都发生了很大变化。党的十五大进一步确定了深入进行经济体制和政治体制改革，把建设有中国特色社会主义事业全面推向 21 世纪的宏伟目标。新的形势和任务对提高公务员素质、加强公务员培训提出了新的要求。通过深入的调查，把握国家公务员职位要求的变化以及了解国家公务员队伍的素质现

① 作于 1996 年 6 月 2 日。1997—1999 年，人事部、国家行政学院在全国范围内组织人事部门和地方行政学院等联合开展了关于司（厅、局）级国家公务员任职培训需求的调研活动，共收到 53 篇调研子课题成果。本文是对其中 8 个子课题成果的评述意见。第一、二部分由教务部魏晓欣撰写，第四部分由笔者撰写。

状，是一项具有重要意义的任务，关系到国家公务员队伍的素质现状及国家公务员队伍素质的进一步提高，同时也是做好国家公务员的录用、考核、培训、晋升等工作的基本依据。

为组织好这项调研，人事部和国家行政学院商定成立了任职培训需求调研课题领导小组。国家行政学院副院长唐铁汉同志为调研课题总负责人，人事部和国家行政学院有关业务部门的领导同志为调研课题领导小组成员。调研课题领导小组办公室设在国家行政学院教务部，负责具体组织协调调研活动。

97 号文件下发以后，调研课题领导小组又具体提出了 21 个调研题目，并于 1998 年三四月间陆续在广州、杭州、重庆、石家庄、长春和银川分别召开了有关地区省级行政学院参加的调研工作会议，部分地区人事厅的同志也出席了会议。通过这些会议的交流与研究，大部分省级行政学院都按照文件和会议精神进行了进一步的研究和部署，积极组织力量深入开展任职培训需求调研。1998 年 7 月，国家行政学院与人事部联合在北京召开了地方行政学院院长会议，会议的一个重要议题是对部分行政学院已经取得的调研初步成果进行交流，并对进一步深化调研开展了研讨。截至 1999 年 4 月，已有 35 个省级行政学院上报了 53 份调研报告，涉及 9 大类内容。

从这次调研的过程及其取得的成果来看，具有如下几个特点：

第一，这次调研是贯彻落实党的十五大关于“建设高素质的专业化国家行政管理干部队伍”要求的重要举措，也是加强行政学院建设的重要举措。党的十五届二中全会及第九届全国人民代表大会在讨论政府机构改革方案时，再次强调“建设高素质的专业化国家行政管理干部队伍”，事关建立“办事高效、运转协调、行为规范的行政管理体系”。行政学院承担着培训国家公务员的重要任务，加强公务员培训的针对性是建设高素质的专业化国家行政管理干部队伍的一个重要途径。进一步明确了在新的历史条件下党和国家及新的政府机构职能对国家公务员能力素质的专业化具体要求，对提高行政学院办学质量、加强公务员培训针对性，具有极为重要的意义。这次调研取得的成果，充分证明了党和国家关于“建设高素质的专业化国家行政管理干部队伍”决策的重要性和紧迫性。

第二，这次调研得到了各级组织人事部门和行政学院领导同志的高度重视，使这次调研成为第一次在全国范围内对厅局、县处级公务员队伍的现状和培训需求进行的大规模调研。根据各地上报的材料统计，省级组织人事部门与行政学院共同建立的调研领导小组共有 24 个。其中，北京、内蒙古、辽宁、哈尔滨、上海、江苏、浙江、宁波、厦门、武汉、宁夏等地区成立了由组织部、人事厅（局）、行政学院 3 家组成的调研领导小组，天津、吉林、安徽、福建、江西、山东、湖北、湖南、广西、成都、贵州、甘肃、青海等地区成立了由人事厅（局）与行政学院组成的调研领导小组。部分省、市（福建、山东、武汉、湖南等）政府专门为开展调研正式印发了文件，有些省、市的主要领导同志还亲自过问调研的进展与研究的成果，并作出了重要指示。各级行政学院在人力、经费都十分紧张的情况下，抽调精兵强将，想方设法挤出资金，积极地投入了调研。有 23 位行政学院领导同志亲自担任调研子课题负责人（院长 1 人，常务副院长 3 人，副院长 19 人），其他子课题负责人也多为教务处、培训处、教研室、系的负责同志，不少省、市的组织部和人事厅（局）的同志们也直接参与了调研活动。据不完全统计，各地参加调研的人员达 250 多人。

第三，这次调研充分发挥了各地的积极性和创造性，根据本地区的特点和条件选择调查题目，并采用了问卷调查、访谈调查、客观测试、自评他评等灵活多样的调查手段。这次调研主要依托各地省级人事厅局和行政学院的力量，考虑到各地的情况不同，采取了较为灵活的组织方式。各地行政学院根据自身的经验和条件，从本地实际出发，因地制宜，有重点地开展了调研活动。从目前已经取得的成果来看，各地开展调研的主攻课题、调研方法和分析研究方法，呈现百花齐放之势，获得了大量有重要参考价值的信息，为建设高素质的专业化国家行政管理干部队伍和开展有较强针对性的公务员培训提供了重要依据。

通过这次调研，各地对厅局级公务员任职培训需求的认识得到了较大的提高，为加强厅局级公务员任职培训的针对性奠定了基础。由于这次大规模调研还是第一次，又适逢政府机构改革，任职培训需求问题还有待于进一步开展调查研究。但是，本次调研所取得的关于厅局级公务员素质现状以及任职培训需求的大量第一手资料，在当前乃至今后几年的任职培训工作中，仍然具有十分重要的参考价值，值得深入开发研究。

二、任职培训需求调研子课题成果评审工作结束

截至 1999 年 4 月底，任职培训需求调研成果评审工作已全部完成。经过中组部干教局张家声，人事部公务员管理司张志鸿、刘海库和我院方克定、邵金荣、盛树正、刘熙瑞、吴江、周绍朋、袁曙宏、许耀桐以及武汉行政学院张绍春等 12 位院内外专家的审阅，对 29 个地区的 45 项调研成果分 6 个方面评定了分数，并为每项成果写出了评语。另有 7 个地区的 8 份调研成果因上报时间较晚，未能赶上评审工作进度。

概括专家们的意见，总体上大家都认为这些调研成果具有较高的价值，基本上反映了厅局（县处）级公务员队伍的现状和培训需求，若干成果的科学性、启发性和可操作性更为突出。总之，这次全国范围调研所取得的初步成果，对于各有关方面进一步研究公务员的培训需求，进一步修改完善任职培训教学方案，加强任职培训的针对性，具有重要的意义。同时，专家们也认为，现有的调研成果所涉及的一些问题还需要深入研究分析。

考虑到这次调研活动是第一次在全国范围内组织的调研活动，各地为此次调研投入了大量人力和财力，而且还有 11 个地区由于各种原因没有参加这次调研，因此准备将参加了此次调研的 35 个地区的 53 项成果全部收入即将出版的调研成果选。

根据专家评审结果和各地参加调研的组织情况，经任职培训需求调研课题领导小组审定，有 18 项调研成果已被评定为优秀成果，有 25 个地区将获调研组织奖。调研课题领导小组准备以人事部办公厅和国家行政学院办公厅的名义正式发文，公布奖励名单予以表彰，并在今年的地方行政学院院长会议上颁发《优秀成果奖奖励证书》和《调研组织奖奖状》。

三、任职培训需求调研子课题成果目录

（一）应具备的素质与能力综合研究（14 篇）

北京市 尹志刚等《局级公务员的素质能力及培训需求》

江苏省　郭荣成等《重素质培训，促能力提高——江苏省市厅级国家公务员任职培训需求调研报告》

湖北省　周大仁等《走向有的放矢、按需施教的科学培训之路——地厅级公务员素质能力现状及需求调研》

浙江省　汪水波等《对处级和局级公务员任职培训需求及其差异的调查与分析》

武汉市　方远浩等《武汉市局级公务员任职培训需求调研报告》

山东省　邢宪学等《厅局级公务员职位要求及素质现状调查问卷统计分析》

黑龙江　徐远申等《厅局级公务员素质与能力的现状评价及基本要求》

河北省　葛树卿等《处级干部对厅局级公务员素质与能力要求及现状评价的调查报告》

广西区　邹伟等《处级干部对厅局级公务员素质能力要求及现状评价的调查》

江西省　公兵等《重在素质能力提高，贵在有的放矢培训——对江西省厅局级公务员任职培训需求的调查》

广西区　邹伟等《地厅局级公务员应具备的素质与能力综合问卷的设计》

深圳市　韩志伟等《经济特区公务员素质标准体系研究》

哈尔滨　曲仁等《处级干部对局级公务员素质与能力要求及现状评价》

贵州省　应德平等《西部贫困地区对厅局级国家公务员素质与能力特殊需求的研究报告》

（二）政治素质研究（3篇）

重庆市　黄远固等《厅局级、县处级公务员党性锻炼的培训需求与培训方法调查》

成都市　马富全等《夯实基础，直面现实——成都市区、市、县局级干部邓小平理论学习需求调查》

黑龙江　徐远申等《必须建设一支高素质的干部队伍》

（三）心理素质研究（5篇）

贵州省　张维浩等《国家公务员心理素质调研——创造能力、预见能力、自信心、意志力、工作作风》

福建省　陈振华等《领导者必备的心理素质分析与研究》

重庆市　周矩等《国家公务员业务素质与行政能力的研究》

武汉市　赵应文等《局级公务员应具备的心理素质研究》

哈尔滨　曲仁等《关于局级公务员应具备的心理素质分析与研究》

（四）业务素质与行政能力研究（6篇）

上海市　夏军等《关于局级公务员专业素质培训需求调研的思考》

天津市　康博钧等《局级公务员应具备的业务素质与行政能力调研分析》

武汉市　张葆君等《武汉市局级公务员业务素质与行政能力的调查报告》

武汉市　杨梅芳等《局级公务员语言表达能力培训研究》

湖南省　彭福清等《提高业务素质，增强行政能力——地厅级公务员业务素质与行政能力研究》

武汉市　徐荣祥等《拓宽更新局级公务员在岗知识，培训市区政府管理复合型人才》

（五）法律素质与依法行政能力研究（4篇）

武汉市　胡瑞宽等《武汉市局级公务员必备法律知识与依法行政能力的调查报告》

吉林省　于春等《厅局级公务员应具备的法律知识以及依法行政能力的研究》

广西区　高子居等《广西地厅局级领导干部法律素质能力的调查报告》

重庆市　邹大有等《厅局级公务员应具备依法行政知识状况调查》

（六）经济管理能力研究（2篇）

厦门市　陈二加等《关于经济特区局级国家公务员应具备的经济管理能力的研究》

重庆市　陈建林等《厅局级公务员防范金融风险知识与能力的现状调查研究报告》

（七）年终考核与公开考录领导干部情况（3篇）

内蒙古　刘惊海等《公开选拔厅级公务员实效及培训需求分析》

厦门市　施凤堂等《积极的改革，有益的实践——厦门市面向全国公开

选拔副局级领导干部的实践与思考》

黑龙江 于凤荣等《厅局级公务员年终考核情况的分析》

（八）处级公务员素质与能力研究（11篇）

广州市 章岳云等《沿海开放城市处级公务员的素质和能力调查》

宁波市 陈蔷娥等《分析需求，开拓创新，努力做好地方国家公务员任职培训工作》

甘肃省 来耀勤等《立足西部，从实际出发，培养造就跨世纪的公务员队伍——甘肃省县、处级公务员任职培训需求调查》

山东省 邢宪学等《强化能力，提高素质，使处级公务员担当起跨世纪的重任——处级公务员任职培训需求调查报告》

山西省 张宪等《山西省正处级国家公务员任职培训需求调研报告》

成都市 罗绍安等《国家公务员业务素质与行政能力研究》

广东省 张尚仁等《处级国家公务员业务素质与行政能力的研究》

青海省 江再杰等《注重素质培训，提高行政能力——对国家公务员任职培训需求的调查与思考》

河南省 程传兴等《处级公务员任职培训需求调查报告》

长春市 王笑丽等《关于长春市处级公务员任职培训需求调查的研究报告》

南京市 周耀生 刘颂《关于处级国家公务员培训需求的调查》

（九）培训工作研究（5篇）

宁夏区 纪云山等《建立适合中国特色的国家公务员任职培训新模式——公务员任职培训需求的调查与思考》

福建省 陈振华等《分析需求走势，探索培训规律——公务员任职培训的实践与跟踪调查分析》

辽宁省 陆雅慧等《公务员任职培训总结与需求调查分析》

黑龙江 尤京文等《关于国家公务员的任职培训需求与任职培训模式问题》

安徽省 洪芳宾等《国家公务员任职培训效率研究》

四、综合研究：对 8 份公务员任职培训需求调研成果的综合评述

对天津（立项编号 42/22）、武汉（立项编号 16/11）、贵州（立项编号 8/5）、福建（立项编号 35/16）、宁波（立项编号 48/25）、辽宁（立项编号 50/26）、黑龙江（立项编号 44/24）、甘肃（立项编号 15/10）等 8 个子课题成果分别提出的单行评审材料容量有限，在此补作一些评析和泛议，某些方面并以另一部分子课题为参照系略加比较。

（一）地方政府公务员任职培训在探索中起步

我国在中央和地方政府供职的厅局级公务员约 2 万多人（含非领导职务），每年晋升局级职务的应训人数约2500 人。1997 年到行政学院参加任职培训的有 120 人，占应训人数的 5% 左右（其中绝大多数属于补培训，因此，实际比例数要小得多），占同年同级到行政学院参训人数的 18%。与厅局级相比，到地方行政学院参加县处级任职培训的人数高出几倍。近四五年，各省、市行政学院从无到有地试办了不同层级、不同期次的公务员任职培训班。抽样情况见表 1。

表 1　公务员任职培训办班概况

	行政学院	期次	班数	培训期（天）	培训人数（合计）	办班年份
局级	天津	3	3	10	91	1997—1998
	辽宁	1	1	14	26	1994
	福建	1	1	19	28	1998
处级	黑龙江	14	14	30—90	680	1997—1998
	天津	11	12	25	308	1996—1998
	武汉	9	11	45	494	1997—1999
	辽宁	7	9	20—30	320	1995—1998
	福建	6	6	30±	377	1996—1998
	宁波	4	4	20	186	1996—1998
	贵州	4	4	10	176	1998
	甘肃	3	3		113	1998—1999

地方行政学院以中、低级公务员为主的任职培训，起步虽比我院晚 4 年，但有的在培训规模上已同我院等量齐观。形势发展之快应引起足够重视。关于培训质量和效果要从两方面看：一方面有成绩。如福建行政学院从学员反馈中筛选出“三好两多三结合一提高”的典型评价，即课程设计好、教学方法好、组织管理好，学习内容多、信息量多，课内与课外相结合、理论与实践相结合、理论授课与案例教学相结合，提高了自身的综合素质和业务技能；辽宁行政学院总结认为：对参训者知识结构的调整及其素质和能力的提高均有较大影响。另一方面也有不足。如宁波子课题中有一条基本估计：大多数处级公务员对行政管理理论及其他专业理论知之不深，接受教育尚在较浅的层面；北京子课题认为，行政学院现行的办学方式和培训方法面临严重的挑战；广东行政学院通过本次调查分析：有 66.9% 的学员认为培训针对性不强，有 43.4% 的学员认为理论与实际脱节，有 47.6% 的学员认为培训内容严重落后，有 45.8% 的人认为课程安排不合适，有 55.4% 的人认为培训方法有待改进，有 42.6% 的人认为能力和技能培训太少，宁夏行政学院也有类似的调查资料。在任职培训起步阶段，正、负两面评价并存是正常的，我们要坚持培训绩效评估的客观标准，有条件的并把它同包括培训功能、价值、风险诸因素在内的培训可行性分析结合起来，形成闭路循环，促使培训水平逐步提高。

这一轮初步的任职培训实践也为需求调研打下了感性认识基础。福建子课题成果的联系实际部分主要取材于本院任职培训的实践与跟踪调查分析，是一份以培训工作总结为主的调研报告。辽宁提名“公务员任职培训总结与需求调查分析”的子课题成果，是以工作总结和需求调研并重的双主题报告。在以需求调研为主的子课题成果如武汉的“局级公务员任职培训需求调研结论”中，与“参训者自评意见”“非参训者他评意见”鼎足而三的“研究者意见”，其基本内容和价值取向实际上也渗进了对本院 11 期处、科级任职培训的经验总结。可以说，没有任职培训这几年的探索，这一轮需求调研的优良成果不可能做到现在这样深入。

去年 12 月，我在宁波顺访市行政学院，该院把处级公务员任职培训作为“重中之重”，不仅对教学内容有一定的评价标准，而且坚持能力培训的教学法试验：在第 1 期搞了“中央与地方关系”辩论赛，第 2—4 期搞了“假如我是一名新上任的局长”“领导者的一天”角色扮演，情景模拟有虚拟、实拟，课前并预习《吴亦侠述职报告》等文献，取得了一些实效。这次粗读培训需求调研的子课题报告，看到各院在几年办班实践中涌现出的一批教改线索，可以说是一次初期的检阅：举其大者，如上海行政学院“六管齐下”的新型培训模式以及开发创造性思维、提高参训者创新意识的做法和成效；北京行政学院发挥办学的 3 大优势，包括实践性优势的闪光点、实效性优势的 3 种问题及有代表性的整改方案、主体性优势的“熔炉效应”等。具体一点的如福建行政学院优化任职培训教学方案的 3 种做法；武汉市行政学院处、科级任职培训中总体评价“满意率”和“比较满意率”达到 100% 的行政管理学新教学法；黑龙江行政学院处级任职培训中处长职位的角色扮演和悟性启示以及国有企业与市场经济兼容性问题的课堂讨论；辽宁行政学院处级培训中“选拔处长的困惑”的两难情景模拟；甘肃行政学院选用天祝县民告官案例教学，培养综合运用法律和政策的能力；贵州行政学院以典型事例（罗甸县大关村创造了惊天地、泣鬼神的业绩）与意志力启育相结合的心理培训；天津行政学院组织“双讲式”授课试验；宁波市行政学院关于师资建设的 4 支队伍；广东行政学院要求培训者的 4 种角色、5 种能力等。像这样的培训“亮点”“火花”在各院都有一些。本着边实践、边总结提高的原则，经过优选和升华，把这些好思路、好做法、好课程、好案例、好情景等教学“原型”集中起来组织一次比较系统、形象的演示、交流、切磋、评议，对于方兴未艾的各级任职培训和行政学院以教学为中心的网络建设将起很大的激励和推动作用，反过来又会促进培训需求调研的深化。

（二）需求调研课题的两个支点：调研方法和调研程度

体制转型时期的公务员任职培训需求是在经济、社会发展的宏观需求引导下，以组织需求为前提、以职位需求为核心，旨在提高参训者综合素质的复式需求。这就要求分层、分项进行调研，在需求层次上以组织需求特别是职位需求为重点，在需求内涵上以任职所需的素质和能力为重点。

需求调研路径的选择：一是培训前的调研，如武汉子课题提出了 6 条研究思路，特别是以“假定”和“论证”相配合，即“研究思路—设计问卷”与“实施调查—研究论证—专家评估”相印证为前提，围绕局级公务员进行封闭式问卷调查，辅以集体访谈和闭卷考试；二是培训后的跟踪反馈，如福建子课题就本院已实施的任职培训项目对已结业学员所作的跟踪调查。这两类方法首尾相接，可以穿插并用，但以前者为主。武汉、宁波子课题都是这样做的。

基本合理的方法设计要与工作量的投入相匹配。以局级公务员需求为调查对象，本着“理论层次起点高一点、信息量大一点、思路宽一点”的要求开展的武汉子课题中由 3 个部分、16 类大题、238 个小题、834 个调查选项组成的第 2 轮问卷，获得有效问卷 190 份，虽只相当于山东子课题（立项编号 40/21）的 17%，由于问卷设项较全，一次开发程度较高，成果相对丰硕。以处级公务员需求为调查对象的宁波子课题，有效问卷只有山东另一子课题（立项编号 41/21）的 12.3%，对资料的开发程度大体相当。

8 份子课题成果按工作程度和性质可分为调研型、工作总结型、论述型 3 个系列。参见表 2：

表 2　8 份子课题抽样成果概况及分类

<table>
<tr><th rowspan="2"></th><th rowspan="2">类型</th><th rowspan="2">方法</th><th rowspan="2">类型</th><th rowspan="2"></th><th colspan="2">培训前调查</th><th colspan="2">培训后调查</th></tr>
<tr><th>信息量大</th><th>信息量小</th><th>信息量大</th><th>信息量小</th></tr>
<tr><td rowspan="4">1</td><td rowspan="4">调研型成果</td><td rowspan="3">综合调查</td><td rowspan="2">问卷为主</td><td>局级</td><td>武汉（立项编号16/11）</td><td></td><td></td><td></td></tr>
<tr><td>处级</td><td>宁波（立项编号48/25）</td><td>辽宁 **（立项编号 50/26）</td><td></td><td>福建 *（立项编号 35/16）</td></tr>
<tr><td>访谈为主</td><td>处级</td><td></td><td>甘肃（立项编号 15/10）</td><td></td><td></td></tr>
<tr><td>专题调查</td><td>问卷为主</td><td>局级</td><td>贵州（立项编号 8/5）</td><td>天津（立项编号 42/22）</td><td></td><td></td></tr>
</table>

续表

2	工作总结型成果					辽宁 **（立项编号 50/26）		
3	论述型成果							黑龙江 ***（立项编号 44/24）

* 福建子课题兼跨 2、3 型；

** 辽宁子课题是跨 1、2 型成果；

*** 黑龙江子课题兼跨 2 型。

立足于这两个支点的子课题报告不仅自身而且共同把这一轮规模空前的培训需求调研推上了一个新台阶，这是全局性的可喜进展；在某些专题性方面，从统计分析数据中也显示出初步的规律性痕迹。如宁波子课题就公务员学历结构与培训需求之间的联系问题提出，高学历的公务员不仅学习政治理论的热情较高，而且以大专学历为界限，学历高低与对行政管理理论及相关知识学习内容的培训需求呈现出正比关系，“研究生学历的处级干部需求面大，需求层次分明、系统；而中专以下的需求层次混乱，选择内容排序无规则”，还提出对行政管理的分支理论如管理心理学、组织行为学、政策学等专业知识的需求较少，与被调查者“知之甚少”有关。另“对现代经济、国际政治、文化等的学习内容需求”方面：具有研究生学历的更为注意宏观层面的知识更新，本科以下学历的更侧重微观层次知识。贵州子课题也得出了大学及以上学历公务员的创造能力、预见能力、自信心、民主型作风与学历成正比的大体认识。再看地区性的差异现象，如贵州大多数厅局级公务员在心理素质上自信心、意志力强或较强，但 2/3 以上无创造能力或创造能力较差，一半以上预见能力较差或一般；宁夏地厅级公务员创新能力综合评估在 6—10 种领导能力中只占到 0—2.38%；中部的江西，厅（局）级公务员中缺乏开拓精神的占 95.7%；湖北地厅级公务员素质和能力现状分析中，把改革创新列为“十分欠缺和不足”的一个方面；局部沿海的河北厅（局）级公务员中开拓创新能力的中差率为 42.5%；广西地厅级公务员创新能力的中差率达 57.5%；而江苏大多数市厅级公务员都能解放思想、锐意改革、勇于创新；上海实施“三个一”工程的 5 年来，“灵敏的思维、独创的精神”已成为局级公务员的主要特点之一。这些省、市的单行调查结果拼接成一幅西、中、东部公务员素质差异图，大模样是合乎情理的。但从总体上看，调研程度高的子课题不算很多，在调研方法上还存在着许多待研究、改进的环节，如：

1. 定量分析方法不完善

除了主观评价与客观评价之间反差明显（主要依据某些理论、知识的测试，能力测试还是空白）、对任职素质和能力的自评优于他评（武汉、宁波、浙江、甘肃、山东、江苏、湖北子课题都有实证材料）等系统偏差外，还有一些单项歧异，如存在于宁波子课题中的公务员对同类知识和能力需求不对称现象，参见表 3：

表 3　宁波市 6 个年龄段公务员有关廉政建设的需求选项统计

年龄 / 结果 / 可选项目	30 岁以下		31—35 岁		36—40 岁		41—45 岁		46—50 岁		50 岁以上	
	比例 %	次序	比例 %	次序	比例 %	次序	比例 %	次序	比例 %	次序	比例 %	次序
行政道德与廉政建设（行政管理理论专题）	57	3	41	5	45	5	37.5	1	62.5	1	45	4
在权力面前自律和自制能力	28	5	48	4	45	6	32.5	5	60	7	40	4

如表所列，41—50 岁年龄段的处级公务员把“行政道德与廉政建设”专题作为行政管理理论学习内容的首选需求，该调研报告认为：“41—45、46—50 岁年龄段处级干部比较关注加强廉政建设的问题”。而同一年龄段的处级公务员对“在权力面前自律和自制能力”的需求却降到第 5—7 位，在知识需求和能力需求选项中有明显反差。从该调研报告的表 4 中看出，宁波市处级公务员群体自评在这一方面的能力需求排序不高，与局级公务员他评

差了 4 个位次。

再以武汉、宁波两市同类工作部门的公务员对知识需求的排序相比，武汉市经济管理类公务员的排序为：管理知识、经济知识、政策知识；宁波市宏观管理部门公务员的排序为：政策、市政、现代科技、可持续发展，专业经济部门公务员的排序为：行政立法、执法、司法和现代信息技术，两者合一，更接近于武汉市政法工作类公务员的排序（法律法规知识、政策知识）。这给单行调查结果提出了疑问。

贵州子课题（报告 4）对意志力的学历分析表明：意志力强者的分布与学历成正比，意志力较强者的分布与学历成反比，意志力一般者在大专学历中的比重最高。如不加以说明，这样的统计结果也使人费解。

2. 定量分析要同定性分析相配合

与前述宁波子课题所揭示的学历结构与培训需求之间成正比关系相反，山东子课题（立项编号 41/21）中给出文化程度与对“组织管理理论”的选择相关系数 r=0.144：“两者成正比关系，即文化程度越高，选择这门课程‘可有可无’及‘没有必要’的人数就越多。”据分析是因为文化程度高，他们对“组织管理理论”的熟悉程度就高，因而选择的人员就少。两家对同类现象的成因作出了反向的推理。

另从甘肃子课题（报告 3）中摘出县长任职素质与能力三要素的综合评估值列表 4：

表 4　甘肃省部分县长的综合素质与学历的关系

学历	人数	认识程度（%）			简单算术平均数
		科学决策	综合分析	人力资源管理	
本科	10	55.0	50.8	52.0	52.6
专科	14	56.3	50.5	52.5	53.1
中专	6	57.0	51.8	51.0	53.3
高中	5	60.8	50.6	58.0	56.5

该表显示出“学历越高综合素质与能力反而越低现象”。据认为与高学

历者年龄小、阅历浅等因素有关。从定量分析数据中引发的问题，如果不以深入的定性分析为依托，将陷入无序性而削弱自身的价值，值得关注。

3. 对已获调查资料的研究不深入

以行政道德这个国内外关注的重大热点问题为例，我国在整个改革开放过程中都要反对腐败，警钟长鸣。经合组织（OECD）1997 年提出了“行政伦理架构”，1998 年发布了“行政伦理管理原则”（12 条）。美国行政学会（ASPA）把道德（诚实管理）列为美国行政学跨世纪的 5 大主题之首。对此，各子课题的认识和处理不尽相同。在武汉子课题中，“廉政自律”作为道德素质选项在“参训者自评意见”和“研究者意见”中均列第 2 位，在“非参训者他评意见”中列第 3 位，总体比较适合体制转型时期我国公务员队伍的状况。山东大部分处级公务员对于开设“行政道德与廉政建设”“公务员行为规范”“廉政建设与监督机制”等课程持欢迎态度。

比较起来，在宁波子课题中，对行政道德和廉政建设的知识和能力需求排序要低一些。辽宁行政学院参训者对“公务员行为规范”课的选择人数排在最末的第 9 位，对此，该课题报告没有从教学质量上分析原因，[①] 直接认为“可以适当地减少以至取消该课程”。这个结论更有简单化之嫌。

4. 某些关节点带有模糊性

宁波子课题认为，培训课程既要提供一个基本知识和主要技能体系的框架，更重要的是要让学员认识这一知识体系的核心点和关节点。这是一个好提法，但找到关节点不易，把关节点说清楚更难。举例如下：

黑龙江子课题注意区分客观、主观“双向的培训需求”，但未阐明客观需求和主观需求这两个变量之间的相互关系；

福建子课题分析经济体制转型时期公务员的 6 种行为走势，立意较高，如何通过相应的问卷设计把它转化为参训者的观念素质需求，还需要考虑。

武汉子课题从局级公务员“应有素质”与参训者“现有素质”的比较中得出了一个通过参训者“成长需求”计算“培训需求”的基本公式。对于参

① 黑龙江子课题从“悟性启示”的现代成人教育方法上介绍了这方面的教学经验，颇有针对性。

训者“成长需求”和行政学院任职培训的“技术性制约因素”这两个变量及其相关性也需要加以说明。

另如湖北子课题的突出“培能”特色、广东子课题中重在培养学习能力的“新思维”等也阐发得不够。

5. 有待于地区间比较分析的检验

各项子课题经本省、市评估为正确的某些判断在与外省、市的比较中可能出现新的歧见或疑点。如在地厅级公务员综合素质现状的估计问题上，表5列举了武汉、江苏等6省、市的单行调查资料：

表5　6省、市地厅级公务员综合素质现状统计的比较

	武汉	江苏 *	河北	湖北 **	广西 ***	黑龙江
优秀（好）	6.5%	34.84%	24.1%	12.4%	15.71%	6%
良好（较好）	76%	37.39%	38.9%	37.08%	31.89%	22%
基本合格（一般）	21.5%	23.54%	30.1%	43.12%	36.14%	62%
不合格（差）	0%	1.89%	6.9%	7.24%	15.6%	10%
资料来源（立项编号）	16/11	37/18		39/20	3/1	46/24

* 综合状况8项要素的加权平均值；

** 政治、文化素质15项要素的简单算术平均值；

*** 按素质现状38项要素的加权平均值。

这6省、市中，武汉、江苏、河北的优良率都在50%以上，最高达82.5%（其中，优秀率高低差28—29个百分点）；黑龙江、湖北、广西的中差率超过50%，最高达72%（其中，不合格率高低差15—16个百分点）。两组数据之间，武汉与同省的湖北的中差率和优良率相差28—33个百分点，其不合格率与邻省湖南（1993—1997年上半年间有45名地厅级干部因违纪违法而被查处）① 会有差别，与第1轮调查中发现一些局级公务员走向领导岗位后表现出12种消极现象也衔接不够。这些差别用地区性因素难以解释，只能从掌握等级标准或调研方法上找原因。

① 江苏省1995—1997年因违纪受查处的市厅级公务员占同级公务员总数的2.5%，山东省约占2.07%。

值得注意的是，以地方政府局、处级公务员任职需求为对象的调研活动是在地方政府机构大规模改革的前夜展开的。分省、市的机构、人员精简以后的政府职能和职位配置、公务员总量和结构等中观情况不明，包括培训供求状况在内的人事预测尚难进行；职位说明书（含任职资格条件）作为职位需求的直接依据要到 21 世纪初才能编制出来，使这一轮需求调研先天不足。公务员年终考核作为公务员素质现状评估的基本要素资料普遍不到位（即使由市委组织部、市人事局、市委党校、市行政学院共同组成领导小组，得“人和”之便的武汉子课题也是如此），则是后天失调的一个表征。[①] 可以想见，为完善调研成果的“补课”任务仍然繁重。

（三）互补的培训需求结构分析

公务员任职培训需求带有多元、多层次、多变量的特点，因而是结构式的，这在诸多子课题报告中均有阐述。

1. 培训需求的层次结构

培训需求在宏观、中观、微观层次有不同内涵。天津、武汉、福建、宁波、黑龙江子课题从不同需求层次上所作的调查分析参见表 6。

表 6　任职培训需求的层次结构和 5 省、市的调查重点

<table>
<tr><th colspan="2">省市
需求</th><th>天津</th><th>武汉</th><th>福建</th><th>宁波</th><th>黑龙江</th></tr>
<tr><td rowspan="2">宏观</td><td>经济、社会 * 发展的需求</td><td></td><td>公务员面向未来的跨世纪素质</td><td rowspan="2">国家公务员的第 1—4 种行为走势、第 5—6 种行为走势</td><td>党和国家的需求</td><td></td></tr>
<tr><td>政府组织需求</td><td></td><td>组织需求</td><td></td><td>政府机构改革、实施公务员制度的组织目标</td></tr>
</table>

① 黑龙江虽有一个《司（厅、局）级公务员年终考核情况的分析》子课题（立项编号 47/24），但其内容主要是对考核工作现状与问题的评述和今后建议，反映年终考核的具体材料很少。

续表

中观	政府部门需求、地方政府需求				宁波经济、社会发展的需求	
	政府机关的职级、职位需求	局级领导岗位的职位特征	局级公务员的应有素质		处级公务员任职资格需求	处级公务员的群体需求
微观	公务员的个人需求	公务员提高自身素质的愿望	公务员的成长需求和参加培训的需求	以学员为中心组织教学	处级公务员的领导“角色”	公务员的主观需求

* 体制转型时期经济、社会发展对培训的宏观层次需求，也被称为“战略层次”需求。

福建子课题从观念层面和方法层面概括出经济体制转型时期公务员的 6 种行为走势，代表着经济、社会发展对公务员培训的战略需求，是需求结构的最高层次。黑龙江子课题通过客观需求分析，把握政府机构改革、职能转变和实施公务员制度各自确定的组织目标，也属于培训需求的宏观范畴，但更具体化。武汉子课题通过对现职公务员的问卷调查统计和比较分析，从批量性的个体需求资料中探索分级的群体需求和职位需求。这些各有侧重的调研成果都是必需的，又具有互补性。

2. 培训需求的目标结构

对任职培训的复合式目标进行分解，黑龙江子课题采用“三分法”——获得知识，发展技能，转变态度；武汉子课题列举 8 个培训项目及所含素质可归结为“五分法”——除前 3 项外，增列观念转换和心理调适 2 项。福建子课题还把“行为”单列出来，重在提高岗位绩效，这实际上是任职培训的间接目标或近中期效果。参见表 7：

表 7　任职培训的目标结构和代表性示例

	黑龙江		福建	武汉	
直接目标	知识		知识	知识	重要知识
					一般知识
	技能	行政业务	技能	能力	重要能力
		社会心理			一般能力
	态度		态度	思想道德（思维）	
				观念	
				心理	
间接目标			行为（以提高岗位绩效为中心）*		

* 宁波子课题也很注重提高“实际工作绩效”。

对公务员培训目标的“三分法”已属通行，“五分法”与层层递进的“第五深度培训”大体对应。两者的共性：（1）都以提高与新任职务相关的素质和能力为目的，这是一种复合目标，不是单项目标；（2）经过分解的目标选项，都包含着参训者群体和个体的不同层次需求，还要加以区分；（3）培训的有效性同各类培训目标的重要性非“正相关”，可以用参训后行为表现作为培训效果的检验标准。两者的差别：（1）“三分法”以知识和能力并重，或以提高能力为重点，厦门子课题（立项编号 5/2）介绍的关注结果、重视对职业实践分析的“能力标准”① 开发的“能力本位培训”，应引起注意；“五分法”把“态度”加以细分，实际上加大了“情商”的权重。（2）培训有效性的高、低与内化程度的深、浅和人事测评的难、易呈“逆相关”，定位于“五分法”目标的培训，要求培训者掌握更高的 EQ 培训和心理调适的能力。

3. 培训需求因培训对象而异的多元结构与不同的培训对象相伴生的需求多元化主要有两种：

① 这种“能力标准”注重分析和运用各种经济、管理测评指标、报表、统计数据和计量技术的能力，是我国公务员培训的薄弱环节，至今未摆上应有位置。

一是局、处级公务员的分级培训需求以提高综合素质为目标的任职培训对公务员个人来说不是一次性的，而要通过分级培训系列才能完成。这是任职培训区别于其他几类培训的特点之一。

以局级公务员任职培训需求为调研目标的武汉子课题，对局、处级公务员的“应有素质”进行比较，在集中两者共有的“一般素质”的基础上，又区分出局级明显或比较明显地高于处级公务员的“特有素质”，并对任职2年以下局级公务员、45岁以下处级公务员分别提出了评价意见，再总结出局级公务员任职培训内容性需求和培训形式需求。浙江子课题（立项编号52/28）“处级和局级公务员任职培训需求及其差异的调查与分析”对此也有系统的比较和阐述。

以处级公务员任职培训需求为调研目标的辽宁、黑龙江、福建、宁波子课题未涉及局、处两级的比较需求。其中，宁波子课题对处级公务员的能力需求以“内部组织管理能力”“协调能力”“人际关系处理能力”为前3项，把“决策能力”置于第8位，这样的排序大体符合处级岗位的特点，同时，也反衬出与局级公务员之间的职能差别。

局、处两级公务员首先都以政策执行为主，这是两者基本的功能共性。其差别在于：局级公务员在参与制定政策及其辅助功能上要多一些，处级公务员的操作性更强一些。尽管这些差异因下文述及的供职场所和职位角色的不同定位而有交叉，一般说来，对局、处两级公务员的分级培训已无疑义。

副职晋升正职前的任职培训，作为次一级的分级培训是必要的，正、副职位的需求差别也是可分的，甘肃、辽宁、浙江、北京等子课题对此都有所分析。从实施步骤上看，要在第一级分级培训步入正轨以后才有可能立项。

二是因不同职位、角色、个人条件所导致的公务员“分类培训”需求，这是不同于《国家公务员暂行条例》第52条规定的“分类培训”的另一种“分类培训”概念。同是以需求为导向的两种“分类培训”，前者是按培训性质、目的所作的一级分类，属于法定的“分类培训”；后者是按参训者的具体条件所作的次一级分类，它作为对前者的补充或细分，还是探索中的或未法定的“分类培训”。这种次一级“分类培训”的建立取决于以局、处级公务员供职场所、职位角色和个人简历为需求结构因子（参见表 8）的不同导向。

表 8　8 省、市以公务员供职场所和个人简历为培训需求因子的调研选项

	甘肃	黑龙江、福建	武汉	宁波	辽宁	天津	贵州
中观层次	政府岗位（分 2 类）	政府岗位（分 2—3 类）					
			工作部门（分6类）	部门结构 *（分 6 类）			
	职务（正、副职）				职务结构（正、副职）		
微观层次	年龄结构（分 4 组）			年龄结构（分 6 段）	年龄结构（分4类）	年龄构成（分6组）	年龄构成（分5段）
	学历结构（分 4 类）			文化结构（分 5 类）	学历结构（分4类）	文化程度（分4类）	学历构成（分3段）
	工龄结构（分 2 组）		学位（分4类）				
	任职年限（分 3 组）		学科（分3类）				
			专业职称（分5类）	专业结构（分 3 类）	专业知识结构（分 7 类）	专业技术职务情况（分4类）	
						外语程度（分4类）	
			现职工作与所学专业（分 4 类）				
							民族构成（分 2 大类）
资料来源（立项编号）	15/10	44/24，35/16	中观 16/11 微观 21/11	48/25	50/26	42/22	8/5

* 宁波市与武汉市分类数相同，划分的类别不同。

从表8所列的中观层次需求选项引发出的次一级“分类培训”备受众多子课题关注。以甘肃、武汉子课题成果串编成图1，该图是有代表性的。

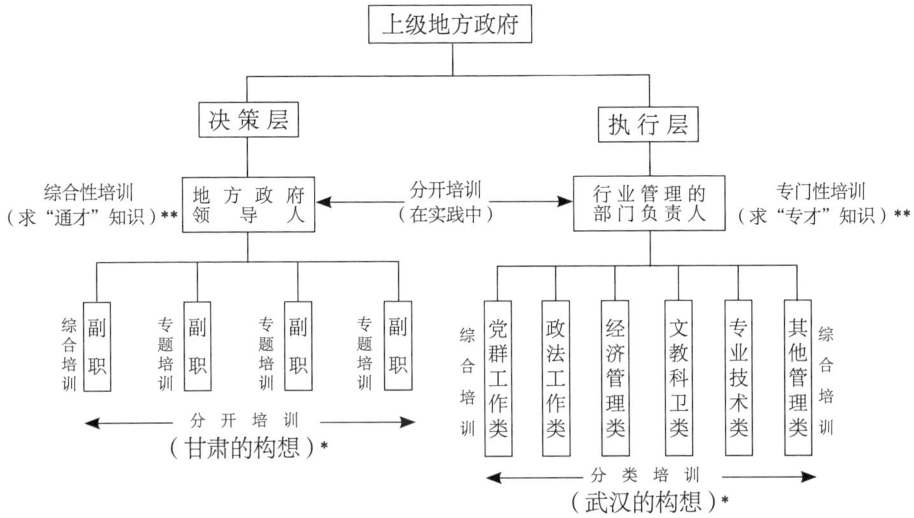

图1　地、厅（县、处）级公务员按不同职位和角色的分类培训框架（示意）

* 据甘肃子课题（立项编号15/10）的大框架、武汉子课题（立项编号16/11）的模块合编。

** 据山东子课题（立项编号40/21）。

图1由3部分组成：（1）上方的大框架，把局级公务员中负责一方社会全面管理的政府领导人和某些行业管理的部门负责人分开培训。除甘肃、山东子课题外，黑龙江子课题在“职务行为与行政技术层次”上从县、处长完成工作任务的要求中分述县长的5项培训需求和处长的3项培训需求；福建对县、处级公务员也按职能的不同分开进行任职培训。（2）右下方模块，把“条条”管理的部门负责人再分开培训，武汉子课题认为，参训者因本人工作性质不同而有不同的知识需求及排序“符合‘分类培训’的客观规律”。（3）左下方模块，把正、副职分开培训（也就是“次一级分级”培训），把若干副职按各自分管工作的范围再分开培训。这3方面各有其需求差异作为分开的依据，但也存在着待商榷的问题。

负责一方社会全面管理的地方政府负责人和某些行业管理的部门负责

人，首先都是政策执行者，把他们合在一起或分开培训都可，而把他们分别纳入“决策层”和“执行层”未必妥当。上海子课题提出：“局级公务员既是市政府决策的第一执行者，又是执行市政府决策的第一决策者”；湖北子课题注意到地厅级公务员作为承上启下又相对独立的中间层具有领导者和被领导者的双重性，这样把执行和决策统一起来就比较全面。地方政府领导人和行业管理的部门负责人首先都是通才型干部，把他们分别引向求“通才”知识和求“专才”知识也不妥当。武汉子课题（立项编号 21/11）认为：“局级公务员在对待专才与通才的矛盾上，更加倾向于通才”，看来比较符合实际。

任职培训与“分级”相匹配的“分类”培训是客观存在的，但对次一级类别的划分应当有所遵循：（1）以法定的一级“分类培训”为前提，既不偏离也不打乱一级“分类培训”的架构；（2）在法定的 4 类培训中，任职培训和初任培训的内容具有综合性，属于通用型或以通用为主的培训，而不同于专门型培训，设计次一级“分类培训”不宜模糊这个界限；（3）通用型或通专结合型的任职培训，把参训者之间的经验共享和信息交换放到重要地位①，从而要求参训者的多元结构而不是单一结构，要统筹兼顾次一级分类培训的“可分”和“可不分”这两方面，不是分得愈细愈好；（4）需求细分并不直接导向培训细分，确属必要的次一级“分类培训”可把握在需求因子的中观层次上，不再向微观层次延伸。

（四）从子课题比较分析中引出的待研究问题

8 份子课题报告在不同层次上都存在着某些认识差异或交叉，诸如：

1. 怎样界定“培训需求”

福建子课题提出“培训需求分析的基本目标就是确认差距，即确认应有状况同现实状况之间的差距”。黑龙江子课题进一步提出：“特定任务、特定工作、特定职位的实际需求与任职者现有能力之间的差距就是培训需求。”以上大体上

---

① 对此，甘肃子课题中报告 1、2 的提法不尽一致。福建子课题根据成人学员的特点强调以经验共享为中心开展教学；黑龙江子课题在“政策与行政业务层次”上明确以经验的总结与共享为重点等，对此都作了说明。

相同的“培训需求”概念，在武汉子课题中被称为参训者的“成长需求”，其表述方式是“合格的局级公务员的‘应有素质’同‘参训者’的‘现有素质’之间的‘差距’”。其前提是把参训者总的（或理想的）“成长需求”同他到行政学院参训的具体“培训需求”区分开来：后者界定在“成长需求”减去行政学院现有培训能力中的不到位部分，即特定“培训需求”的实际口径小于“成长需求”，是一种有限需求。由此可以引申出两点认识：一是培训需求调研不能停留在宽泛的“需求”和笼统的“差距”概念上，而要找到现实的“参训需求”的边界，进而圈定其“靶区”；二是行政学院通过调整、提高培训能力这个变量，可以缩小参训者自我“成长需求”和到行政学院“参训需求”之间的差距。试看武汉子课题的评价数据，任职2年以下局级公务员的优良率为79.3%，基本合格率为21.5%，通过任职培训能在多大程度上促进79.3%中的良好部分转化为优秀部分，促进21.5%的多少比例提升到良好线以上，这既是对行政学院的培训能力的严格检验，又要通过培训可行性分析并寻求两者之间的平衡点。

2. 怎样认识和把握任职培训规范化

任职培训规范化是它区别于另几类培训的一个特点，也是许多行政学院的共同呼声，但对规范化培训的构想并不集中，仅从十几个子课题对任职培训期的不同选择趋向就可以看出这种认识的分散性：

表9　公务员任职培训期的选择趋向

	局级（选择率）	处级（选择率）
6个月	内蒙古（<27.27%）	
4.5个月		
3个月	内蒙古（57.57%）、武汉	
2个月	江苏（50.1%）	浙江（44.1%）、上海
1.5个月		辽宁（大多数）、广州
1个月	天津（86%）、江西	宁波（>50%）、广东、山西
半个月	河北	

通过需求调研对规范化有明显推动作用，同时，也提出了一些歧义：一是变规范性为多元性，黑龙江子课题（立项编号 44/24）把公务员培训看作一种双向交叉式的过程，强调突出参训者的参与意识和主体意识，建立一种分层次、多类别的立体化培训体系，不强求培训内容的规范性和一元化；广东子课题（立项编号 26/12）主张“多元性培训”：任职培训除了现行的“综合型培训”，还可以搞“问题型培训”或“课题研究型培训”。二是变“调训”为自选。山东（立项编号 40/21）、厦门（立项编号 5/2）子课题主张改变现行“选派”培训模式，逐渐走上尊重培训对象的自主选择的规范化轨道。三是规范性与灵活性相结合。宁波子课题在注重处级公务员群体培训需求的整体性的同时，指出其层次性和多变动的特点；福建子课题也注意到成人教育具有灵活多样的特点，而不像常规教育那样整齐划一；据武汉子课题对培训形式需求的调查，允许学员“部分选修课程”的平均选择率达 77.7%，应把少量选修课纳入规范化方案中；黑龙江、福建子课题对结合本地特点开展培训有专门论述，这也是灵活性的应有之义。

指导性的任职培训规范化是一个相对的概念。在公务员培训初创时期，各种培训变量交互转化和制约，行政学院的培训能力参差不齐，更要看到这种相对性。对于任职培训教学方案规范化的进度安排，能规范化到什么程度，粗一点好还是细一点好，规范的统一性和灵活性怎样结合等，都值得进一步研究。

3. 怎样把握需求导向

任职培训备受多元化需求的压力是普遍和必然的，只能通过需求导向性分析弄清重点需求和一般需求。武汉子课题把任职培训的参训项目分为政治培训、重要能力培训、重要知识培训、思想道德培训、观念培训等 9 类，就是这样做的；北京子课题有关“局级公务员对职位所需（36 种）能力与素质的重要性的评价”做得相当深入。在体制转型时期，由于调查者和被调查者两方面的原因，往往使这种导向模糊化了：

一是思想观念跟不上。

观念转换和更新是体制转轨时期提高素质的重要内容。据有关子课题反映：江西厅（局）级公务员中，仍然走不出计划经济体制下管理经济思路等思想观念跟不上的占到91%；上海局级公务员市场经济调控的能力薄弱，用计划经济手段管理市场经济的做法还比比皆是；广州作为沿海开放城市，处级公务员的市场意识、科技意识、对外开放意识评估为中低的票数在81%—67%之间；重庆厅、局级公务员中金融风险意识薄弱的占到93%。但在这一轮调研中，它并未成为提高素质的需求主线，带着计划经济体制的惯性填写问卷，也会影响到知识和能力需求选项。而从问卷设计上看，除武汉、江苏、山东几个子课题外，把观念、意识作为素质需求选项的不多。

二是重点需求选项多元化。

十几个省、市对首选知识、能力的需求项目见表10、11：

表10　首选知识需求的多元化及其分布

职级	首选通用知识需求 *	子课题（选择率）
局级	市场经济或经济知识	江西（94.3%）、山东（79.2%）、北京（48.51%）、上海
	法律或依法行政知识	天津（90.8%）、江苏（＞70%）
	管理或现代管理知识	内蒙古（60.6%）
	领导知识	浙江（77.6%）
	政策（法规）知识	武汉（66%—72%）、上海（政策水平）
处级	市场经济或经济知识	浙江（87.6%）、青海（71.4%）、宁夏、山西
	法律或依法行政知识	甘肃（100%）、成都（行政执法，90.8%）
	管理或现代管理知识	辽宁（管理心理学，92%）、山东（60%± ）
	岗位业务知识	
	电脑知识	广州（94.5%）

* 除政治理论外的首选通用知识需求。

表 11　首选能力需求的多元化及其分布

职级	首选基本能力需求	子课题（选择率）
局级	驾驭全局的能力	上海
	决策能力	山东（90.1%）、黑龙江（88%）、江苏（75%）、武汉
	创造能力	浙江（82%）
	组织指挥（协调）能力	天津（84.7%）
	依法行政能力	北京（执法能力，38.61%）
	知人用人能力	河北
处级	认识（含学习、分析）能力	宁夏（49.19%）、山东（综合分析能力，62%—67%）
	决策能力	
	创新能力	广东
	预见能力	山西（47.3%）
	组织协调（指挥）能力	成都（98%）、宁波（内部组织管理能力，64.1%）、青海（57.1%）
	人际关系能力	甘肃（报告 3，82.6%）、浙江（76.7%）
	语言表达能力	广州（77.1%）

表 10、11 显示出第 1 选项在分级上稍见差别，而在地区上呈局部集中、总体分散态势，无规律可言。

三是某些重点需求选项错位。

战略管理能力作为地、厅级公务员应具备的首要能力，在现有素质评价中总体上不高：最典型的是厦门子课题（立项编号 5/2）所揭示的，局级公务员对宏观经济管理能力中经济发展战略决策力、国情市情控制力、宏观经济预警力的“已掌握率”低于 3%，经济发展计划决策力的“已具备率”为零；宁夏子课题的几个有关数据也表明这一点，另据北京子课题调查，局级公务员对 3 项高级行政能力（战略性的政策决策、宏观规划中的部署决策、考核监控）的需求选择率分别为 31.37%、19.61%、25.49%；武汉子课题（立项编号 21/11）分析局级公务员的应有素质，除决断能力外，对指挥监控能力、计划统筹能力、预测能力的需求排序都不很高（6—14位）；在江苏子课题中，对宏观规划能力的需求选择率略高一些，也只有41.7%，说明这些高级行政能力的重要性尚未被填卷人充分认识。值得注意的是，这些重要能力在许多子课题的需求选项中未被标识出来，也就没有相应的数据说明。

在职位说明书缺位的条件下分析任职培训需求导向，一要细化组织目标，控制职位需求，不搞无前提的“干什么、学什么，缺什么、补什么”，这在北京、黑龙江等子课题中已经有了开端；二要按照任职培训的性质和功能定位号准任职需求，在一些子课题中出现的过宽、过活的“多种办学形式”，过细的个性化的“按需施教”乃至做大“菜谱”，让学员“点菜吃饭”等适用于其他类别公务员培训的正确意见未必符合任职培训的基本需求；三要通过现职公务员的批量调查，把分散的个人问卷集中到职位需求上来，分析问卷统计数据不是“答什么、应什么，要什么、给什么”，要以对应于组织目标的个人需求为重点，对偏离组织目标的个人需求不必面面俱到。

4. 对提高任职能力和素质的培训目标怎样加以分解和具体化

各家对任职培训的目标定位都以提高综合素质、胜任现职或新职为前提，都属于非单一目标。其具体内容相对集中在以黑龙江、武汉子课题为代表的两种意见上，试用金字塔图解如下：

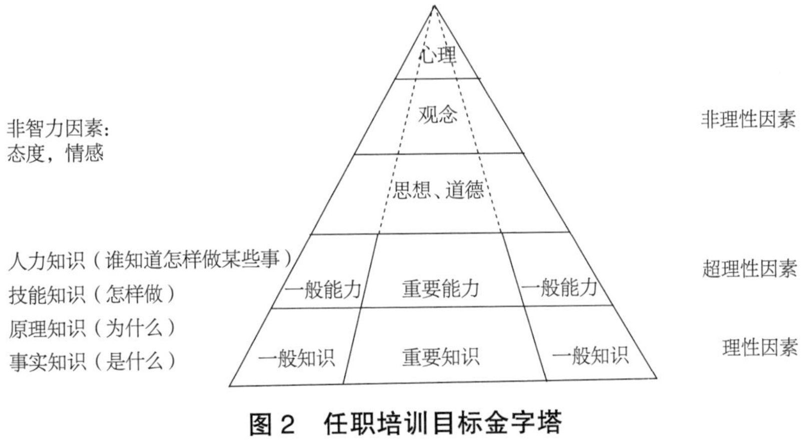

图2 任职培训目标金字塔

注：据武汉（立项编号16/11）、黑龙江（立项编号44/24）子课题报告归纳。

对培训目标的粗分、细分（三分、五分）均可，但要看到几个问题：一是在培训目标的重点选择上有同有异。浙江子课题（立项编号 52/28）认为“局级公务员任职培训应以创造能力和决策能力为重点”；广东子课题除此以外还偏重于学习能力的培养，即培训的主要目的不在于让学员吸收知识和信息，而是让知识和信息转化为能力，发挥更有建设性的用途；宁夏子课题也把提高认识（含学习）能力排在第 1 位。局、处级任职培训以提高管理能力为目标已成共识，把学习能力纳入此项目标的认识还不统一。二是各家的调查结果在某些目标选项上的需求差异较大。如对心理素质，据贵州的专题调研，该省大多数厅局级公务员自信心、意志力和民主型作风尚可，而创造能力和预见能力均差（这与重庆子课题从卡特尔 16 项人格因素测试和统计中显示出果敢性和想象力差相近似），由此可见增加心理培训的必要；福建行政学院在“行政领导学”课程中增设“管理、激励与领导者心理训练”专题，备受学员欢迎（该院还有一个“领导者必备的心理素质分析与研究”子课题，也在提倡此事）；“管理心理学”在辽宁参训者选项中高居第 2 位（占 92%），而在宁波参训者选项中排在第 8 位（占 41%），原因不详。三是任职培训的复合式目标不论粗分还是细分，都需要再具体化。已相对具体一点的武汉子课题还要更进一步；黑龙江子课题对于政府机构改革、职能转变和公务员制度建设的组织目标进行了进一步分解；北京子课题区分领导职位变化、组织环境改变和日常领导管理问题中形成的 3 类需求作为培训所要解决的问题，这样层层深入有可能使之具体化。

（五）国务院各部委的公务员需求调研工作从何着手

地方政府公务员培训需求调研只是本书内容的一半，中央政府公务员需求这个重头必不可少。我院在这方面虽有好几轮调研的薄弱基础，在加大力度的 1998 年国务院机构改革中已时过境迁，而组织、发动一次规模性再调研的难处很多，使本书面临一大困境。从这一轮地方政府公务员需求调研工作经验看，依托办学优势，通过在校学员组织培训需求调研相对有效、易行，也许是一条可供选择的出路。

在武汉子课题中，构成课题报告骨架的第2轮调查问卷的178名填表人（占有效问卷数的93.6%）是在本院（校）4个班参训的学员；辽宁子课题的第1轮问卷填写人也是在校学员；以培训后评估反馈为支点的福建子课题中，266份评估调查表的填表人全部是6期处级任职培训班的已结业学员。此外，江苏、浙江、广西、重庆、宁夏、黑龙江等子课题都以在校学员为对象进行问卷调查。武汉、宁波、甘肃、宁夏、湖南子课题所列举或引用的一些较有说服力的客观测试资料也都是在院（校）内产生的。采取这种做法对提高调查问卷的回收率和填写质量确有保证，其前提是问卷设计应着眼于被调查人自我认知、修炼的启智作用，而不能简单地把学员用作“调查工具”。

1988—1998年，在我院参训的司局级公务员有1300多人。1995年以来，在前后8届任职班做了一些简化需求问卷调查；1997年曾以科研课题（“领导素质理论及其应用研究”）形式在市场经济班试填“中高级行政领导素质测试表”；同年开始对任职班学员做综合素质测评；从1998年开始对几个主体班教学效果作比较系统的综合评估，工作渐有起色，但调研、评估方法不够完善，功能覆盖面也窄，特别是调查与使用脱节、评估与整改脱节，总体还不到位。如果从第2个10年开始，坚持对主体班学员部署系统、正规的培训前个人素质测评和需求调查（包括结构化自评和交互式他评）以及培训后全方位绩效评估（包括实时评估和跟踪评估），日积月累，可望建成有多元价值的学员信息库，搞好了既有助于提高学员自省、自悟能力，而且对深化教学改革、促进培训规范化、改善人事测评等都有好处，成本也低，值得通盘筹划。但以化整为零的持续渐进方式组织学员需求调研，把这项重要活动经常化，不仅对总体规划、设计和制度建设的要求较高，还有一系列操作性问题需要排解，这些都不容忽视。

关于我院培训目标、办学模式等若干问题的汇报提纲①

学习了国办转发国家计委《关于“十五”规划编制方法和程序的若干意见》和陈福今同志在部署学院“十·五”规划起草工作时的讲话，重温了学院“九·四”规划，就我院制订“十·五”规划的若干重大问题（一）（二）等提出几点初步看法。

一、对制订学院“十·五”规划要求“新、高、深、实”的理解

新——反映时代。以我们正在做的事情为中心，要抓住以下新事物和新起点：

（一）“十五”规划是国民经济结构战略性调整的规划。我院服从于大局、服务于大局，就要围绕国家的几大战略、几大改革部署今后工作。

（二）以高新技术为核心的知识经济发展。与（一）有紧密联系，将引起经济、社会的重大变革和进步，对现代工商管理和公共管理有紧迫要求。

（三）我国即将加入世贸组织。要适应世界大变动形势的新发展，与国际规则接轨。

（四）面向21世纪的教育振兴。在全国推行素质教育、终身教育对于培训发展（人力资源开发）有直接、深刻的影响。

（五）世纪之交我院自身建设和发展。从筹建以来进入第13年，正面临拓宽办学领域、加重培训任务的新机遇。

高——掌握制高点。把我们的办学工作提升到：

① 成文于2000年5月15日。陈福今副院长嘱作。

（一）理论高度。以邓小平理论（特别是其中的教育思想、人才思想和管理思想）为指导，要有计划地、认真地对干部进行正规培训，当好中国先进社会生产力发展要求的代表；“培养和树立优良的道德风尚”，当好中国先进文化前进方向的代表；“永做人民公仆”，当好中国人民根本利益的代表。

（二）战略高度。邓小平同志 1975 年提出“在没有战争的条件下，要把军队的教育训练提高到战略地位”；1977 年提出“通过办学校来解决干部问题”，并对学校提出“训练干部，选拔干部，推荐干部”3 个要求，完全适合我院的情况，特别要站在战略高度，认真做好中青年干部的培训、教育工作。

（三）规律高度。全院工作以教学为中心，全部教学工作都要遵循教育规律、培训规律、人才成长规律和管理的规律，提高针对性，减少主观性、盲目性。

深——触及深层次问题。适应学院办学方向、任务调整和 3 项改革，必须攻坚清障，革故鼎新：

（一）教育思想、培训观念更新。这是教学改革和人才培养模式转换以及学科建设的先导。

（二）结构调整和资源重组。围绕“管理培训工程”这个“当务之急”不失时机地作出全面部署。

（三）体制改革和机制转换。为落实我院进入新世纪的新部署提供组织和制度保证。

（四）加强教职工队伍建设。意义和要求同（三）。

实——从实际出发。学院“十·五”规划要有可行性，起实际作用：

（一）围绕学院发展目标的指标分解要具体；

（二）政策措施有可操作性；

以上两项应能逐年对照检查。

（三）量力而行，与办学经费相匹配。

作为我院“十·五”规划起草工作的第 1 轮也是第 1 次汇报，下面主要是提出一些问题，供展开研讨。

二、关于学院建设和发展的长远目标

1998年提出、1999年确立“激励名师、培养名人、建成名校”的长远发展目标。

（一）院内对“三名”目标的几种认识

总的认为名校、名人、名师互为因果和条件，不可分割。

三者的相对重要性，一种意见认为：名师是核心，名师是关键；另一种意见：以名人为根本，法国的国家行政学院就是如此；第三种排序：第一是名校（龙头、旗帜），第二是名人（目的、关键），第三是名师（基础、核心），而按发展的顺序则倒过来。

实现“三名”的途径，可归结为：一靠形成特色，二靠科学管理（包含组织文化），三靠制度化建设。

建设名校的要素，有的认为以拥有一流学科为根本，如美国哈佛大学的商学、政治学都处于世界一流地位；有的强调要有一流的应用性课程或重视学科建设的应用性。

成为名校的过程，有的认为要有几十年、上百年甚至近千年；有的重在抓紧当前几年、十几年。

在处理“名”与“实”的关系问题上，也有主张“唯实不唯名”的。

学院“三讲”教育期间，对于“三名”目标的意见和建议未列。

（二）走向“三名”的实质是建设具有世界先进水平的一流行政学院（或管理学院）

我院1999年提出“四个一流”（一流的教学、一流的科研、一流的管理和一流的服务）。做到世界领先的“四个一流”，要有相当长的历史过程，要经受社会实践的严格检验，要从日常工作自上而下、由表及里的“高标准、严要求”做起。

建成管理名校，归根到底是要培养出众多一流管理人才。人才效应有两方面的内涵：一是从人才群体上着眼于提高现职高、中级公务员和经营管理者队伍的整体素质；二是在个体上为培育、造就出类拔萃的管理精英人才打下必备的基础。这对管理继续教育和管理硕士学位教育的功能要求各有侧重。

管理专业的名师应当是以德为先的富有实践经验的管理专家，已无疑义。在师资专属性问题上，与“先有大师，后有大学”的传统概念不尽一致的是，不仅成功的管理院校既有依靠专职教师，也有依靠兼职教师，或者兼靠这两类教师取胜的，一些综合性大学和职业性大学也是如此。拥有近2000名专职教师的北京师范大学为建成“国内一流、世界知名”大学，3年内要在社会上聘100名国内外知名学者任主讲教授，聘校内中青年教师任课程联系人。这在专兼职教师并用体制日益普遍化的潮流中代表着又一种“以兼为主”的新思路。

（三）争创一流之路的走向选择

世界各国包括大学的行政院系在内约有300所正规行政学院（在美国，经NASPAA认可的有110所）。其中，公共管理硕士（MPA）学位教育和公务员继续教育按总体竞争能力、师资水平、课程设置及其他条件堪称国际一流的有15—20所（建院史从1976年到2019年）。试取独立性、单科性——多科性、办学主体、职业化、市场化、实体化——社会化、入学宽严度、培育规模、学制、办学功能（及其组合）、应用性——学术性、国际化、校园网、培训网络（及远程教育）、校友会等15项指标，可分5种模式：

1. 多优模式

兼办现职公务员短期培训的著名大学研究生院——美国锡拉丘兹大学马克斯维尔公民与公共事务学院、哈佛大学肯尼迪政府学院、印第安纳大学环境与管理学院、普林斯顿大学威尔逊学院，还有日本东京大学法学院。

2. 单优模式

兼办MPA学位教育与现职公务员短期培训的独立行政学院——法国国家行政学院、德国斯派尔行政学院、印度夏斯特里行政学院。

3. 单弱模式

以现职公务员短期培训为主的独立培训机构——英国（梅杰政府主导改制的）公务员学院、新加坡公务员学院、德国联邦行政学院、日本中央公务员研修院。

4. 均衡模式

待进一步比较选择。

5. 跨国模式

为多国组织服务的国际培训机构——欧洲公共行政学院（同时具备均衡模式的特点）。

我国有10多所大学设了行政学硕士点，MPA学位还在筹备中。

工商管理硕士（MBA）学位创办于1881年。世界各国约有500所正规的工商管理学院（或商学院，或管理学院，在美国经AACSB认可的有300所），其中的一流学院70—80所。在“全球十大商学院（管理学院）”排行榜上，美国占了7所，英国、荷兰、法国各1所。还有“欧洲4大管理学院”“亚洲4大管理学院”之说，待进一步收集资料。作为新的企业培训机构形式的管理咨询（顾问）公司正崭露头角。我国于1991年开始设置和试办MBA学位，现有56所院校试点。

我院作为一所新校，目前处于不定型的多弱状态，未入流，但有后发性优势。争创一流的目标选择宜侧重于单优模式或均衡模式的比较分析，审慎取向，统筹规划，分步推进。

三、关于培训任务和目标

我院培训任务相对稳定又不断变化发展，90年代中期以来，培训对象从高、中级公务员扩大到公共机构（1995年）和国有大型企业（1997年）高级管理人员；高层次后备管理人员培训项目从青干班（1996年）发展为设想中的MPA学位教育（1998年）和MBA学位教育（2000年）。通过世纪之交的战略性结构重组，“十·五”期间我院行将承担4项基本任务：（一）举办以现职公务员为主要培训对象（兼及公共管理机构的管理人员，与公务员合称公务人员或行政管理干部，下同）的公共管理继续教育（含短期培训、轮训、进修）；（二）举办以现职经营管理者为主要培训对象的企业管理继续教育（含短期培训、轮训、进修）；（三）筹办以有实践经验的中青年公务员为主要培育对象（兼及公共管理机构的管理人员）的MPA学位教育（兼容 MPP 学位教育，也包括青干班的适度并轨）；（四）筹办以有实践经验的中青年经营管理者为主要培训对象的 MBA 学位教育，实践性和应用性是它们的共同特点。4 者的关系，以继续教育为主、学位教育为辅，长、短学制互补，办学经费以长养短；公共管理培训、教育与工商管理培训、教育并重，也要双向互补。这种“四轮并驱”的格局逐步形成后，我院将成为一所既是按学科门类的单科性管理学院，又是按一级学科的双专业或双科性（公共管理、工商管理）管理学院。这在世界上同类的独立学院（不含综合性大学）中是比较少见的。

任务决定目标。公共管理侧重宏观方面，企业管理侧重微观方面；规模性的短期培训、轮训重在提高、优化高层级公务员和经营管理者的整体素质（现阶段的培训需求以宏观需求和组织需求为主，教学以大班授课为主，“九·五”期间我院 4 期任职培训班共排 160 次课，其中课堂讲授占 76.9%；5 期进修班共排 183 次课，其中课堂讲授占 86.9%，参与式、个性化教学活动偏少），小批量后备公务员的培训加大了对个体人才的期望值，这都要求建立复式培育目标体系。

对于公务员以公共管理为主的培训、教育，基本的目标是：

——永做人民公仆；

——增长管理、领导才能，廾拓创新思维，提高施政、治政水平；

——其中的高级公务员和一部分中级公务员要提高马克思主义政治家的素质，通晓治国方略。

对于经营管理者以企业管理或工商管理为主的培训、教育，基本的目标是：

——提高思想政治素质；

——提高经营管理和领导、决策能力，开拓创新思维，提高企业管理、治理水平；

——其中一部分高级经营管理者要成为优秀的企业家。

对于中青年后备管理人员的 MPA、MPP 和 MBA 学位教育，基本的目标是：

——培养、造就“三高”后备管理人才，即：公共管理、公共政策、工商管理领域的高层次创造性人才。

总起来说，是为建设高素质的专业化国家行政管理干部队伍和高素质的经营管理者队伍服务。

分系列的具体目标要求另议。

四、关于办学特色问题

（一）院内已提出的几种重要见解

据不完全汇总，对我院办学特色有以下几种表述：

根据国家行政学院的性质和任务，负责对高、中级公务员的培训（1995 年）；

专职教师队伍优化精干，聘请相当数量的政府高级官员和专家学者担任兼职教师（1995 年）；

执行“理论联系实际，学用一致，按需施教，讲求实效”的公务员培训原则，开展 4 种类型的培训（1995 年）；

专兼职教师以兼为主（1996 年）；

关键是能真正满足高、中级公务员的实际需求（1997 年）；

联系改革开放实际和政府工作的实际办学（1998 年）；

培养学员的创造性思维方式（1998 年）；

围绕党和政府的中心工作办学，服务于政府（1999 年）；

教学、科研、咨询“三位一体”（2000 年）。

（二）对办学特色的内涵理解

办学特色来源于实践中的创造，有效益才有特色。探索我院的办学特色有以下几个出发点：

一是管理教育、培训的普遍规律与本院实际相结合。个性立足于共性的基础，不能脱离这个基础而孤立存在。

二是优良传统与时代精神相结合。我国从革命根据地开始的干部教育，有些好的传统与现代培训要求殊途同归。

三是民族性与国际化相结合。我院第一届筹建领导小组组长袁宝华提出的“以我为主，博采众长，融合提炼，自成一家”，是最好的说明，也是一条建院之本。

此外，在体制转型时期的计划调训与市场化培训相结合，尽管利弊兼有，可能要管相当长一段时间。

所谓“人无我有”“人有我优”的特色概念，是从这些复杂关系中提纯出来的。研究特色问题要注重过程，不停留在抽象的结论上。

（三）无为不优，无优不特，无特不名

行为创造优势。在12年“边建设、边培训”的实践中初步显示出我院的5个优势：

1. 学员优势。一是高层级的参训对象，12年来到我院参训的省部级、厅局级公务员和大型国企领导人2200多人次，占参训人员总数的37.8%，他们具备自主学习、自我管理能力；二是从严考录的青年公务员，4届青干班百余名学员，综合素质的起点较高（从1996届、1997届毕业生的跟踪反馈材料看，其总体素质高于提前两年走上工作岗位的同届大学同学）。

2. 师资优势。按照“专兼结合，以兼为主”的方针，1996年10月正式开学以来3年的计划内培训，在1385次授课中，兼职教师任课比例占59%。此前9年，兼职教师任课比例更高。

3. 应用性优势。依托党政领导机关，面向政府的需要办学；以围绕政府工作的专题式教学为主课，大量聘请高、中级政府官员和优秀企业家授课（1997—1999年，来院授课的政府官员216人次，占任课教师总数的35%；企业家72人次，占12%）；接受有关方面的委托或与对口部门联合举办专题性培训或轮训等，都体现了培训的应用性。

4. 灵活机动优势。作为继续教育基本形式的培训、进修，学制长短不拘，以短为主。这个优势在以计划调训为主的培训体制中难以充分发挥出来，但在我院对公务员的继续教育中，已呈现出不同于党校、国防大学“长培训、短进修”模式的新迹象。

5. 开放式优势。一是对外开放：1996—1999年接待国外来访185批次、718人次（仅1999年10—11月的重要骨干国企班，就有60名跨国公司经理人员讲演30多个专题；2000年3—4月的重要骨干国企班有56名跨国公司经理人员讲演35个专题，这两期班对电教的人力、经费投入高出其他主体班次10—15倍）；组团100个，出访785人次（其中，出国培训考察23批、602人次），开放度和交往频率较高，领导干部出国培训工作起步较早。二是对内开放：在人文地理上，我院坐落在海淀文化区和中关村科技园区，紧邻国家创新基地，有得天独厚的区位优势；在公务员培训网络建设上，我院对省级行政学院进行业务指导，有牵头和带动的功能优势。

优势孕育特色。我院作为改革、开放的产物，只有加大改革的力度和开放的融合度，才能真正发挥和扩大优势，促其转化为特色。

1. 凭借学员优势，一是在外部关系上使公务员培训与公务员管理挂上钩，把培训、考核、推荐、任用等环节衔接起来，变体制外培训为体制内培训；二是内部关系，坚持在教学、科研、咨询活动中推进参训对象资源化、主体化，从而体现培训的职业性、高层位特色；三是师生关系，要求我院教师在读懂学员这本“无字书”上下功夫。

2. 依托以兼为主的师资优势。一要弄清专兼职教师结构，完善“三三制”，进而区分数量上的以兼为主和功能上的以兼为主，以及我们的可能定位；二要找准专兼结合的结合点，明确本院专职教师的功能定位，落实、完善兼职教师联系制度；三要加大教学管理的力度和开放度，发挥枢纽作用；四要在总结兼职教学顾问（或教学协调人）工作经验的基础上探索扩充兼职教学管理人员的可能性和可行性。这几方面的工作逐步到位了，以兼为主的社会化特色自在其中。

3. 强化应用性优势，要以分班次摸清参训需求为前提，以提高参训者履行职责必备的素质与能力为检验培训是否达标的准则，也是培训“讲求实效”的评估准则，从知识培训向能力培训过渡，在理论联系实际和人力资源开发上形成鲜明特色。同时，对与应用性相联系的课程特色、学科特色等问题尚待深入探讨。

4. 发挥灵活机动优势，要适应现代培训“集约式”“以短为主”的普遍规律，逐步加大市场化培训的份额和驱动力：一是以计划外培训为生长点，放手引进市场机制，积累成套经验；二是在计划调训中年年都搞一些专题性、针对性、实时性强的短期轮训，共同构建培训“以短激活”“立竿见影”的特色；三是在某些班次采取“搭便车”的办法，交叉利用最优资源，扩大单班效益。

5. 扩大开放性优势的正效应，从对内开放看，要立足于在高智力密集区的区位优势，探索多种形式的强强联合，巩固对省级行政学院的业务指导地位，逐步构建对高、中级公务员的培训网络，起示范作用。从对外开放看，我院师生从“走出去、请进来”当中感受现代潮流、开阔世界眼光，已具备相当的优势。关键在于进一步提高融合度，做到洋为中用，形成国际化特色。这就要坚持高标准，着力提高比较鉴别力和投入产出比，积累递进，占据“滩头”。在加大企业管理培训、教育力度的新形势下，对 1994 年新建、正向亚洲五所工商管理名校冲刺的中欧国际工商学院的办学经验应予以重视并重新认识。

在发挥优势、形成单项特色的基础上进一步探索我院的核心特色。

五、关于办学模式问题

办学模式是由办学宗旨、方针任务决定的培训教育基本格局，是对培养什么人、怎样培养、靠谁家培养、有什么特色等方向性问题的集中概括。对办学模式既有单一的，也有多维的表述。从 12 年的积累和目前正孕育着的变革出发，对我院实施的管理培训、教育试从以下 4 个方面进行模式分析：

（一）适应职业取向的学科（专业）配置模式

总的属于管理科学门类。一级学科配置将从单轨制转向双轨制；机构属性将从国家级单科性（MPA、MPP 学位兼容）行政学院转向国家级双科性管理学院。这种公共管理和企业管理培训、教育分立并行的常规模式，在世界上兼办商学院系和行政院系的综合性大学中并不少见，其中达到双优的仅有美国哈佛大学、芝加哥大学等少数几家；独立行政学院兼办 MPA 和 MBA 学位教育的只有泰国国家发展行政学院；全澳大利亚最大的管理学院——堪培拉高等教育学院管理分院介于以上两者之间。另有一种新兴的工商管理-公共服务硕士学位教育，是把 MBA 与 MPA 融合在一起的中间模式，在英国简称 MBAPS，在美国和泰国的个别院校简称 MPPM，还不普遍。我院筹办硕士学位教育只能从分立式做起。

（二）适应职业经历周期的人才培养模式

总的是培养高层级复合式管理人才。按双轨运行，职前、职后分段式串接的框架，建立高层次公共管理、工商管理继续教育和硕士学位教育“四轮并驱”模式。其中的继续教育生源以计划调训为主，学位教育通过竞争性考试招生（青干班已建立重点高校推荐 + 双重考试的优选机制，值得重视）。在职业-学业关系上，除公务员初任培训（我院青干班可视为初任培训的一种特殊类别）外，总的以职后培育为主。其中的继续教育部分要有计划地与终身化链接，这同既有的组织变革与发展的管理理论相通互补。在学位教育中占重要地位的在职攻读 MPA、MPP 和 MBA 学位教育，可视为国民教育与继续教育的一种中间类别，市场容量十分广阔（美国现有 23.5 万 MBA 在校生中 60% 是在职兼读的，现有 3 万 MPA 在校生中，在职兼读的也占相当比例）。

（三）与培训管理体制相对应的办学功能模式办学校

培养干部作为与在岗位上培养干部相辅相成的并行形式，总的是从内到外的多功能组合。分层次上看，有 3 类“三位一体”的办学模式：

一是宏观层次的“三位一体”——80 年代中后期在我国曾有国家公务员制度、人事部、国家行政学院“三位一体”的说法。

二是中观层次的“三位一体”——公务员考录—培训（含考核、测评）—任用一体化。法国、西班牙、摩洛哥、巴西等国家行政学院都是这样做的。我院现行的分离式的体制外培训，与公务员管理是脱节的。解决这个问题，在外部关系上有赖于加强综合协调，在内部职能上要把选拔和推荐人才的工作系统地开展起来。

三是微观层次的“三位一体”——以教学为中心的教学、科研、咨询一体化，属于体制内的改革和建设范畴。1995 年在我院正式提倡这种模式，5 年来大体上有 3 种情况：1. 大部分主体班未进行这种试验；2. 在一部分省部级专题研究班的某些教学环节试行以学员为主体的“三位一体”，其中有几期收效较好；3. 从 1998 年 9 月第 3 期国企班与中法企业管理研讨会相套接的做法看，只要为“三位一体”到位的重点班创造必要的条件，完全有可能发展成包括国际交流在内的“四位一体”。从总体上看，这种办学模式在我院的根基还没有打牢，特别是依托“两个为主”的“三位一体”的试验基本上还是空白。对 2、3 的局部性进展应进一步总结经验，都有发展空间。

此外还有，曾写进我院《可行性研究报告》（1992 年 12 月）的“理论与实际并重、动脑与动手并举、校内与校外结合的‘三个模块’式的培训模式”，7 年来没有再提。

（四）内外连通的组织建制模式

在不搞“庄园式”的思想指导下，我院作为国务院直接领导下的办学实体，以人事部、教育部（应增列国家经贸委，实际上还有中组部、企业工委、金融工委）等党政机关为业务指导部门，与有关对口部门联合办培训班、轮训班，与有关重点高校联合办研究生教育，并与外国同类管理院校和国际组织广泛交流合作，已初步形成依靠政府、连接社会、面向世界的开放办学模式。完善这个模式，要更紧密地贴近政府、贴近国有重要骨干企业；继续推进管理培训、教育以及后勤服务社会化；扩大对内、对外开放，着力提高融合度，探索培训网络化的新路子；协调各方面力量，提高培训、教学管理水平；在“讲学习”的带动下，把全院建设成“学习型组织”。

一个时期内的办学模式既相对稳定，又具有动态性，对它的认识不可能一次完成。要在反复实践中认真总结经验，促其丰富、完善，起更多的规范作用。

六、关于办学规模问题

已有的设计方案和论证意见：

（一）我院筹建领导小组在《国家行政学院建设条件及项目建议书》（1988 年 11 月）中提出在校学员为 1000 人，其中部级 100 人、司局（厅）级 600 人、处级 300 人。在“学员住宿原则上应由学员自行解决”的条件下，建设规模 50000 平方米。此件于 1989 年 3 月经国家计委批准。

（二）我院筹建办公室、中咨工程建设有限公司在《中国国家行政学院可行性研究报告》（1992 年 12 月）中提出国家行政学院的培训规模按 1150 人考虑，其中国内学员 1000 人、国外留学生 150 人，建设规模 51000 平方米。

（三）教务部资料组在《我院主体培训班次概况及有关背景资料》（1998 年 12 月，刊《教学调研资料》第 28 期）中提出“同期在校学员 1000 人规模的 3 种培训取向比较”。

在加大企业管理培训量、积极筹办管理硕士学位教育的新形势下，对于办学规模有了新的视角。研究这个问题，以办学方向、任务、模式和办学经费为前提。把前提弄清楚了，在分系列测算和多方案比较的基础上才能形成规模概念。

公务员培训的三 R 模式探索[①]

一期培训班可视为一个中间性的信息交换站或集散场，在这种交换或集散过程中贯穿着对信息的加工和处理。这些信息大体上有 3 种表现形式：一是参训的需要（Requirement）；二是为满足需求而提供的资源（Resources）；三是资源（信息）经过加工、处理转化为成果（Reports）。

一、班前准备：采集两类需求信息

第一需求信息，即围绕培训类型、主题和培养目标，掌握参训需求信息：

——政府管理的宏观需求；

——国家行政机关的职位需求；

——参训者的个人需求。

第二需求信息，是在综合以上参训需求的基础上提出对培训资源的需求：

——教师（以不同来源的兼职教师为主）作为资源；

——学员作为资源；

——图书文献资源；

——多媒体资源；

——社会资源。

培训组织者和专职教师把这两类需求信息集中起来，形成教学计划。

二、开班运行：搞好资源配置和资源开发

第一步，按培养目标和参训需求合理配置资源。

对以上 5 类资源的结构、优势和劣势、适用性等作进一步分析，优化资源组合。

---

① 提纲，2001 年。

资源优化配置的原则是：（一）定性与定量相结合；（二）局部与总体相结合；（三）实证性与评价性相结合；（四）知识与经验相结合。

第二步，在各类资源的交叉组合中引向资源开发：

——创造多学科交叉的培训环境，与参训者在某个专业（专题）领域的持续积累相结合；

——分散的、局部的直接经验的集中和提升，与古今中外的间接经验的吸收和借鉴相结合；

——学员之间的互动互学，与师生之间的互动互学相结合。

三、结业收班：提交两种或三种成果

第一成果，学员在资源开发的基础上完成个人或集体的学习心得、报告或论文；

第二成果，培训组织者提交培训班工作总结报告；

第三成果，某些高层级的研讨班，依靠专、兼职教师和对口部门的借用力量提出专题性的咨询建议报告。

好的成果，将成为下一个（批）同类型培训班的新的资源，或成为后续参训需求的新的起点。

在一期培训班的运行中，需求、资源、成果三者互为因果，互相渗透，把培训推向新的台阶。分析它们之间的相互关系，从中找出规律性的认识，还要作更多、更深入的探索。

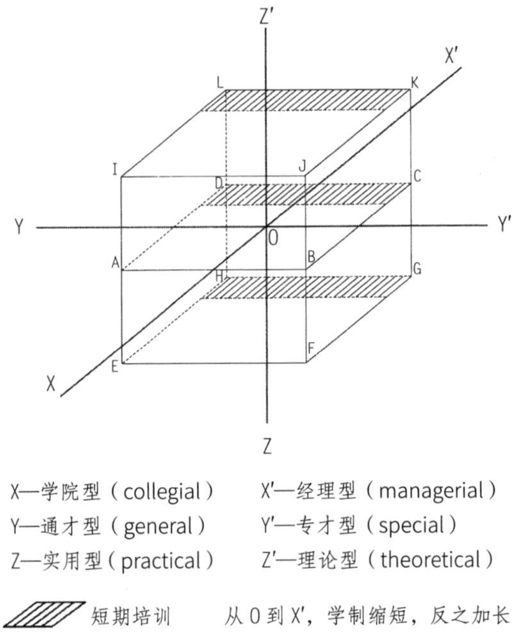

高级行政人才培训学校分类立方体

我院与法国国家行政学院的 12 年交往概况和值得关注的问题[①]

一、法国国家行政学院（ENA）是我院对外交往频率最高的合作伙伴

1989—2000 年这 12 年，我院先后赴法国 ENA 访问共 20 批次 280 多人（比次高的美国 MAXWELL 学院多 9 批次），接待 ENA 来访 10 批次。

交流合作项目多元化，按出访人员的分类批次：

（一）院长、副院长访问	6
（二）地方行政学院院长培训	4
（三）任职班学员培训	4
（四）教师访问	2
（五）管理人员访问或学习[②]	3
（六）语言培训	1

已形成以（一）为导向，以（二）（三）为主体，以（四）（五）为前沿，以（六）为补充的多方位合作格局。此外，还有中法研讨会项目（两次均在北京举行）。

双边往来长期化，按时段的出访批次：

（一）筹建初期（1989—1992 年）6 批，36 人；

（二）正式开学前后（1995—1997 年）4 批，39 人；

（三）“九五”后半期（1998—2000 年）10 批，196 人，近3 年出访批次和人数达到最高峰。

---

① 成文于 2001 年 4 月。

② 1990 年和 2000 年的 3 批次情况不同。其中派驻长期学习可列为前沿项目。

出访总支出不详。

二、院长、副院长出访的重要作用

历年来在制高点上的院长出访包括访法的 6 次在内共 25 次。其主要内容和成果：

（一）通过会晤和考察，获得有价值的培训信息；

（二）商讨合作项目安排，有的签署了合作协议或意向书；

（三）促成重要培训项目决策；

（四）教学思想纳新或创新。

历次出访中，成果比较明显的 3 次主要体现在（三）或（四）上：

（一）李贵鲜 1996 年 3—4 月访法、德、荷 3 国，我院第 1 期青干班于当年 11 月创办；

（二）王忠禹、张志坚 1999 年 10 月访法、荷、希 3 国，对我院试办副厅、正处级公务员长期培训班和筹设 MPA 专业学位课程起了统一认识、正面推进的积极作用；

（三）桂世镛 1998 年 5 月访美，推介哈佛大学肯尼迪学院教授联系实际研究反映（管理、治理）规律的“概念框架”，它以经典教材（专著）为载体，支撑着成系列的教学案例。这是教学思想纳新的一个收获。

以上 3 例中，有 2 次都从 ENA 汲取了办学经验，足见其影响力不弱。

三、出国短期培训渐成系列，管理尚待完善

“九五”期间，我院组织任职班、市场经济班学员和地方行政学院院长出国接受短期培训趋于系列化、制度化。

表 1　两类人员出国培训的时空分布

<table>
<tr><th colspan="2">参训对象</th><th>法国</th><th>德国</th><th>美国</th><th>日本</th><th>年份</th></tr>
<tr><td rowspan="3">公务员</td><td>任职班</td><td>4 期
（135 人）</td><td>1 期
（40 人）</td><td>3 期
（99 人）</td><td></td><td>1997—2000
1997
1998—2000</td></tr>
<tr><td>市场经济班</td><td></td><td>2 期
（75 人）</td><td></td><td>2 期
（70 人）</td><td>1998—1999</td></tr>
<tr><td>青年干部班</td><td></td><td></td><td></td><td>3 期
（96 人）</td><td>1997、1999—2000</td></tr>
<tr><td colspan="2">培训者</td><td>4 期
（70 人）</td><td></td><td></td><td></td><td>1992、1998—2000</td></tr>
</table>

在以上 19 期中，赴法培训的班次、参训对象类别和人数最多，年限也最长。从培训性质、内容和方式上看，19 期出国培训又可分为 4 种模式：

表 2　国外短期培训模式

<table>
<tr><th>参训对象</th><th>培训类别</th><th>要件配置</th><th>主题</th><th>教学方案</th><th>培训机构</th><th>教师</th></tr>
<tr><td>任职班学员</td><td>综合培训（课堂为主）</td><td>讲座 > 30次，研讨时间 > 1/3，少量参观访问</td><td>美国政府管理和经济职能，美国政府决策与政策分析</td><td>结构式</td><td>HKSG</td><td>专职教师</td></tr>
<tr><td>任职班学员</td><td rowspan="2">增新知识（课堂为主）</td><td rowspan="2">讲座 25—26 次，少量研讨，少量参观访问</td><td>美国政府、企业、社会、政策等</td><td>拼盘式</td><td>MAX-WELL</td><td>专职教师 2/3，外聘教师 1/3</td></tr>
<tr><td>市场经济班学员</td><td>德国的社会市场经济和跨国公司</td><td>拼盘式，准结构式</td><td>西门子</td><td>外聘教师为主</td></tr>
<tr><td>市场经济班学员</td><td rowspan="2">增新知识（课堂、社会）</td><td rowspan="2">讲座 10—12 次，参观访问 6—9 次</td><td>日本的市场经济和跨国公司</td><td></td><td>富士通</td><td>外聘教师为主</td></tr>
<tr><td>任职班学员
地方行政学院院长</td><td>法国行政体制和国有企业，法国公职制度与公务员培训</td><td></td><td>ENA</td><td>外聘教师为主</td></tr>
<tr><td>青干班学员</td><td>参观访问（社会为主）</td><td>访问交流 4—5 次，少量讲座，参观 10 次左右</td><td>日本国情</td><td>培训含量不足</td><td>外务省</td><td>外聘教师</td></tr>
</table>

培训期：2 周（有效工作日 10—12 天）

参训者总的反映收获大，在相当程度上不可替代。同时，不同模式互有优劣，培训效果也有差别。相对集中的改进意见和建议主要是：出国前准备工作再充分一些，培训重点再突出一些，比较研究再深入一些。

ENA 培训模式善于运用社会资源①，把课堂教学与社会考察结合得比较好，每次的主题相对集中、稳定，但课堂教学形式相对单一，没有把国内侧重能力培训的长处用到国外短期培训上来，与“综合培训”模式还有一点距离，这对于培训者培训尤其显得不足。

此外，以教师为主体的出国学术考察（约 10 项）、教师和管理人员的中长期进修（近 10 项）也都形成系列。其数量将会增加，分量也更加重。

四、出国培训初见成果，尚未形成系列

出国培训考察报告常用“圆满成功”“很成功”“取得预期成果”等总括此行收获，其中只有个别报告具体分析了“成功”的 4 个标志。另有个别报告进一步列出了参训的 4 点收获。实际上作为出国短训的最终一环，17 份考察报告的编写情况并不一样，信息量和质量参差不齐。

表 3　国外参训考察报告的样式

报告类别		篇幅	代表作	执笔人
实录式*	简述	几千字	数量较多，不列举	
	详辑	20000—25000 字	第 10 期任职班赴法考察报告（1998.10—11）	学员（10 人）
			第 11 期任职班赴美考察报告（1998.10—11）	教师（1 人）
			第 6 期市场经济班赴德考察报告（2000.5）	教师（1 人）
			第 6 期市场经济班赴日考察报告（2000.5）	教师、学员（3 人）

① 《国家行政学院赴法国和意大利学术考察报告》（2000.11—12）提出，主要收获在于“比较系统地了解和搞清楚了法国国有资产监督管理的各个方面”，而在意大利的考察“有较大的差距”，可资旁证。

续表

述评式		10000 字	第 5 期市场经济班赴日考察报告（1999.5）	教师（1 人）
心得式	随感	几千字	第 3 期地方行政学院院长赴 ENA 考察报告（1999.6）	教师（1 人）
	比较研究	几千字	1999 级青干班赴日考察报告（1999.7）**	学员（6 人）

*1997 年、1999 年、2000 年 3 期任职班赴法考察报告均属实录式报告，按详略程度介于“简述”类与“详辑”类之间；

** 代表性不够。

就一个培训系列来说，原汁原味的实录式考察报告是基础，接踵而上的述评式考察报告是提高，联系我方实际、比较借鉴的心得式考察报告是根本。符合一定标准的考察报告内容也应是成系列、结构式的。否则，就有可能出现“组织记忆”衰减现象。

分培训系列的实际成果：赴法、美任职班，赴德、日市场经济班各有 1 份“详辑”类实录式考察报告，打下了必备的初步基础。而前后 4 期赴法地方行政学院院长班没有留下 1 份这样的实录式考察报告，局外人至今不能窥其全貌，也无从衡量这 4 份心得式考察报告的深度水准。市场经济班 1999 年赴日考察团提交了迄今仅有的 1 份述评式考察报告；1998 年赴德考察除随团教师完成的总结报告外，学员分别撰写了 10 余篇“专业化水平较高”的考察报告，都值得重视。

此外，居于“前沿”地位的学术考察和中长期进修报告尚不多见。已刊出 10 多份学术考察报告或简报以描述性的居多，总体内容与中国社科院外事局编的《世界问题报告》（1999）相比尚有差距，也不如武汉大学法国研究所编的《法国研究》、同济大学德国问题研究所编的《德国研究》等刊发的同类文章。

五、赴法短期培训主题设计及组团规则问题探析

赴 ENA 短期培训 5 年间已构筑起 2 个系列——任职班学员培训和地方

行政学院院长培训，分设“4 年一贯制”的 2 个主题——“法国的行政体制（中央与地方的关系）和市场经济条件下政府与企业的关系”“法国的公职制度与公务员培训”，都是既反映法国特点又富于参照性的好题目。累计 4 年实施下来，前一系列的 4 份实录式考察报告中，内容相对翔实的 1998 年报告比 1997 年报告新增“税收制度”“企业投融资管理”“对金融危机的看法”3 小节，篇幅比 1998 年报告少一半多的 1999 年报告除“行政干预与经济发展”1 小节、2000 年报告除“法国社会的历史、文化及其变迁”1 小节外，都看不出多少新内容，更找不到一篇述评式考察报告，也没有汇集学员的专题考察报告；后一系列连 1 篇实录式考察报告也没有。要分析这两个培训系列之间的成果落差明显的内部原因，而评估总体上投入、产出是否对称的问题就要综合内、外因素作通盘审视。

从两方面设想的改进意见：

（一）如按既定主题参训，要分系列制订近中期规划，树立总体目标，逐步提高标准，规范参训行为；以往届的实录式考察报告（空缺的要从应届补上）并汇集有针对性的相关资料为参考教材，强化出国前准备，尽可能腾出一部分国外的授课时间加大专题研讨的份额；逐步形成系列化成果，包括大信息量的实录式考察报告、有穿透力的述评式报告、有系统性和对策性的心得式报告等，发挥资源共享、专题深入和咨询建议的多重作用。

（二）为避免信息同构化，适度拓宽、交替变换培训主题，扩大为我所需、所用的知识和能力的覆盖面：

任职班公务员短训，从国家“十五”计划纲要的基本精神着眼，下列专题或可纳入遴选范围：

——公共财政、零基预算和绩效预算；

——金融组织、市场、监管、调控体系；

——扶持中小企业；

——社会保障制度；

——领土整治和落后地区开发（西部、西南部、中央高原地区）；

——国家创新体系。

培训者培训，一是从当代欧洲管理培训趋势进一步探讨培训目标综合化，培训对象内部化或半内部化，培训内容集约化、前沿化等专题；二是旁及英国公务员学院的“培训者培训”课程菜单中有针对性的专题。

无论哪一方面，都要在总结8次参训经验的基础上细化组团规则，按项目管理方式严格责任制，提高参训收益。

六、进入新世纪的双边合作要上一个新台阶

长期交往要有长远目标——设想以综合性的专项成果为阶段性任务，统领某个培训系列：

（一）认识ENA，认识法国公职制度和公务员培训体系，从中寻求借鉴。

摸清ENA培训模式及其核心培训能力、ENA办学成功的要诀及其制度背景、外部环境和教育传统，12年来我们对其认识程度、消化吸收程度及近中期打算。通过地方行政学院院长培训、专项考察研究提出（广义的）培训比较研究成果。

（二）认识法国政府和公共管理体系，进而认识以法德为轴心的欧盟（超国家机构）管理体系，以供对比参照。

通过任职班公务员培训和专项考察研究，提出（中法）比较政府或比较公共管理研究成果。

另，在实践中培养出几位通晓现代法国真谛的培训专家和管理专家。

多方位合作要有总体规划：

除了单项接力式的传承和超越，还要有项目（或系列）间的嫁接和融通，特别要把“主体”项目和“前沿”项目有机结合起来。今年上半年出访计划准备：

召集历届赴法考察报告执笔人座谈会建言献策；

精心设计今年下半年赴法参训、考察团组的行动方案（或提出基本要求）；

重点了解ENA正在酝酿的新一轮改革方案或动向；

探讨开辟新的合作领域或方式的可能性。

复魏礼群副院长信①

礼群同志：

我8—9月赴辽宁考察沿海经济带，回来赶写调研报告，节前看到您在2008年秋季开学大会上的讲话。通读全篇，感到讲得全面，思路清晰，分析在理，是有说服力、能起动员作用的，但落实下来恐怕需要相当长期、也许曲折的过程。

温总理指示“国家行政学院要坚持高标准、严要求，更加突出特色，创建国际一流行政学院”，很受鼓舞。国家行政学院是我国公共管理人力资源开发的“大舞台”，处于行政人才“金字塔”的中高端，对增强我国以文化、思想、技术影响为主的软实力负有重任，在当前形势下没有理由不走向国际一流。我院从1988年7月开始筹建，在国务院和历任院长领导下，经过袁宝华组长开局、桂世镛副院长奠基及后继者不同程度的谋划进取，于今20年，温总理此时此刻作出重要指示，对学院第九届领导班子寄予厚望，不是偶然的。厚望成真任重道远，跋涉维艰，要在全院发展战略指引、长期规划调控和重大举措保障下，付出经久不息的努力，积累渐进，才能见效。从参与行政学院筹建到开学初期的6年零3个月里我体会到，按下达指令办一期公务员培训班不算难，但办好一期培训班很不容易；编一份公务员培训班的教学方案不算难，但拿出一个结构式的教学方案很不容易。回想起来，难易之差与是否坚持高标准、严要求有关，也由于对“质量兴院”方针和公务员培训的专业性体会不够或者缺乏认识。1998年，时任教务长的秦明同志带领一个司局长任职培训班到美国哈佛大学肯尼迪政府学院参训，我从随团教

① 2008年6月19日接魏礼群副院长家访长谈，在困难中看到了希望。

师张金马教授写的肯院“考察培训课程介绍”中得知，“肯院的这个培训方案基本上是按我院提出的要求，按照他们的理解设计的。这个方案是结构式的，不是拼盘式的。所谓结构式是指紧紧围绕教学的目的和知识要求，将课程的设计突出主题。所有课程都前后逻辑一致地不断深化这个主题”。他以“政府管理与经济职能”和“政府决策与政策分析”两个主题为例，表明“这次培训的方案设计既反映了设计者的匠心独特，也说明方案设计具有较高的水平”。从国务院发展研究中心等组织的另一期公共管理高级培训班的学习心得中，可以看出哈佛大学肯尼迪政府学院讲授政府创新的两位教授前呼后应、异曲同工之妙，也体现了结构式教学的协调性和工整性。由此体会到，一期短训班的课程表，实际上有如源头活水的“课程链”，是环环相扣的。我院与国际一流行政学院之间恐怕存在着从培训理念到教学方法的系统性差距，要作全方位的比较。

这里联想到值得向哈佛大学肯尼迪政府学院学习或引进的另几项内容：一是该院作为案例型院校运用自如的案例教学和源源不断的案例库供应，案例教学是培训课堂的“家常菜”，也是教师的基本功，能不能列为两院合作的重点项目加快推进？该院霍华德·休索克教授作为公共政策和管理案例研究主任，曾在5国任职，不仅大量编写、应用（编过中国国有企业改革的案例），而且对外营销案例，我院如能聘他来华工作一段时间，或将有助于案例教学的开展与强化；二是把教学案例集成、提升到理论层面，该院教授通过实证性研究探索公共管理、治理规律，凝聚于“概念框架”中，这些理性的“框架”可见于各种经典教材或专著，是以成系列的教学案例为支撑的，组织这项合作研究，或对我院开发中国的“概念框架”有益；三是美国联邦政府1985年设置面向全国的公共政策奖励项目，每年10项，由福特基金会出资、哈佛大学肯尼迪政府学院组织评选，这种创新激励机制是我们亟须研究建立的，很有必要跟踪了解，从中寻求借鉴。

办学特色源于既有优势。1998—1999年院长提倡“三名”（激励名师、培养名人、建成名校）目标，2000年，我就学院制订“十·五”规划若干重大问题的一份汇报提纲中提出“无为不优，无优不特，无特不名”，当时意识到5个优势：一、高层级调训和青干班优选的学员优势；二、“专兼结合、以兼为主”的师资优势；三、以围绕政府工作的专题式教学为主课的应用性优势；四、适应现代培训“集约式”“以短为主”的灵活机动优势；五、对外、对内的开放式优势。这都是相对的，发挥程度也不一样，如今又被赋予和突出了“培训主渠道、主阵地”地位，是不可替代的一大优势，就更为有利了，当然也加重了肩负的责任。此外，还要看到两大优势：一是大国优势，中国按公务员数量是世界第一大国，培训对象众多，对培训的需求旺盛，培训事业和产业庞大。就像中国由于患者多、手术机会多而造就一大批技术精湛的外科医师那样，在中国理应涌现出大批量、孚众望的优秀公共培训教师和出类拔萃的各级学员。二是国家和地方行政学院体系的组合优势，这支上万人（？）的公共培训力量非法国、日本所能比拟，是重量级的，如果凝聚得好，不仅在数量规模，而且在软实力上将加快进步，并形成协同效应，就有可能发挥更重要的作用。

什么是国际一流行政学院？目前没有统一的标准和模式。从技术角度考虑，能不能就国际范围先找一点参照系？

世界各国包括大学的行政院系在内约有300所正规行政学院（在美国，经全国行政院校联合会认可的有110所）。其中，公共管理硕士（MPA）学位教育和公务员继续教育按总体竞争能力、师资水平、课程设置及其他有关条件堪称国际一流的大概有20所左右（建院史从27年到84年不等）。在《中外领导人员培训机构比较研究》（送审稿）中选列了以欧美为主的18个国家的28所培训机构，按培训机构性质所分4类估计：政府主办型15所，民间主办型3所，混合型7所，国际组织型3所，总体覆盖面偏小，入选的混合型院校偏少，亚洲国家（只有新加坡、泰国、土耳其和中东）的样本也少。28所培训机构中算得上国际一流培训机构的约占1/4，采样的代表性显得不够。建议课题组围绕国际一流培训机构这个主题扩充比较标准和搜寻面，前者除培训机构性质、职能、体制、机制、教学模式、师资和保障系统外，可增补培训人数特别是培养造就杰出公共领导人才的成就、精品课程及其品牌效应、有生命力的经典教材和有影响力的重大科研及咨询成果、有实践经验的优秀教师及培训师群体、专业化的培训管理、培训网站及远程教学、培训组织文化等分项，后者以20所或稍多一点国际一流（或准一流）培训机构为先期目标，布置系统性、多方位的跟踪调查，按学制长短分两三个系列建立机构数据库，进一步充实比较研究成果。第8节提出国际上培训机构发展的5个趋势很重要，其中不难看到我们若隐若现的差距。

《中外领导人员培训制度比较研究》（送审稿）也走出了有意义的一步，结语中的7条方向性建议都值得重视，还要继续深化。其中第3节基于领导才能全方位开发的“胜任力导向”理念、人力资源职位要素的“KASOCs分析模式”，还有《中外领导人员培训机构比较研究》第5节（教学模式）的教练辅导式等，对我来说都是新概念、新知识，而在我院“九五”“十五”期间的出访报告中也无踪可寻（李光耀公共政策学院的公共部门领导力开发、上海中欧工商学院的领导力发展等似已近边沿），需要定向搜索、挖掘更多信息，以加深理解。

“中国-欧盟公务员培训合作项目”（2003—2007）执行期间，我院教师和管理人员中有300多人次出国参训，普遍提高了对现代公务员培训的认识，逐步转变培训理念，增强教学改革的自觉性，好处很大。“中国—耶鲁中国高级公务员领导能力发展项目”（2005—2007）这样重量级的合作培训项目，对我们体验国际一流培训水平很有帮助。李雪峰教授赴新加坡、美国学习体会《2007年国外公共管理教育管窥》中“反映出世界先进的公共管理教育软实力的生态图样”，也有冲击力。历经20年成长期，除培训生态、体制等外部条件，我院的硬件设施已臻于高端，与国外培训的先进水平相比，我们主要差在课堂教学、院外实习两大环节和深层次的教学、科研、咨询三位分离或单项缺失上。这两大环节恰是培训教学的主战场或主阵地，三位脱节或缺失意味着学院功能偏于单一化，不能不引起足够的注意。

与此同时，要在科学发展观统领下，认真总结我们20年的培训经验。据教务部统计，自1988年筹建到今年10月上旬，我院累计举办各类培训班逾1000期，培训学员47331人次（目前在办的7个班，参训学员368人）。这个数量中蕴含着很大的付出、有用的经验，弥足珍贵。其中，已办省部级专题研讨班 47 期，参研 2953 人次，从这两年“企业国际化战略”“保护知识产权”“深化行政管理体制改革，建设服务型政府”“促进就业与建立和谐劳动关系”专题研讨班的情况看，选题针对性强，教学内容尚称丰富，比较注重研讨，培训安排紧凑，取得了好的效果。不论政府或企业培训，必须与中国管理实践相结合，这几期研讨班正是这样做的。适时实事求是地分长、短学制总结各类班次的办学经验，将是全院继往开来的精神财富，尽管难度相当大，仍有可为，或有所得。

至于对学院定位的认识，我国行政院校多属教学培训与科研型、教学培训与科研咨询型两类。我院 1999 年提出“四个一流”（一流的教学、一流的科研、一流的管理和一流的服务），并不要求“一流的咨询”，算是职能偏于单一的一类。在向多职能学院的转型中，后来有了教学、科研、咨询“三位一体”，但咨询摆不上应有的位置。直到去年针对“重培训、科研，轻咨询”的倾向，有“以培训为中心，以科研为基础，以咨询扩影响”之说。今年 9 月 9 日讲话的提法是：“教学是中心，科研是基础，咨询是重要任务”，似未给咨询以明确定位。回想 1997 年我随张修学副院长访问欧洲行政学院，感到该院为欧盟机构的超国家管理担负了大量的开创性研究、设计和咨询服务，承办这类项目对工作过程的协调性和文件成果的可操作性抠得很严，对承办者的从政经验要求很高，或多或少给人留下了“二政府”的印象；法国行政学院兼并斯特拉斯堡欧洲研究中心，主要培训班次东移，扩大对欧洲开放，意欲履行“欧洲政府治理学院”的战略职能，也是如此；新加坡公务员学院的公共服务咨询团实际上已成为政府的“思想库”和“智囊团”；还有英国公务员学院、德国施拜尔公共行政大学、意大利国家行政学院以及佛迈兹区域公共行政学院等，都倾注许多精力于政府的咨询服务。如今，我院澳门高级公务员研究班（2007—2008）这样的改革创新项目，正沿着教学、科研、咨询“三位一体”的方向积极探索，是很可贵的。如果说行政学院以贴近政府为优势，那么直面政府管理热点和难题的咨询服务恐怕是最贴近政府的，其参与性、实践性也最强。由此想到，在教学、科研、咨询“三位一体”中，咨询可能具有导向意义，它也许是检验教学、科研的应用性的一把尺子，这样看对不对？供您参酌。

开放式办学力度能不能加大一些？在我国管理教育、培训行业中，上海中欧国际工商学院依托浦东新区的特殊政策，通过国际合作开设 MBA、EMBA、高层经理短期课程，其国际籍教师占师资力量的 2/3，国际籍学员占 8%，建院 14 年已跻身全球排名前 50 位的商学院，算得上又好又快。这是走国际化路子作企业培训的成功事例，不适合我院的总体情况，但不排除试建国际合作公共行政分院或培训中心的可能性。妥否？待酌。

“创建国际一流的行政学院”这个题目很大，一下子不可能想全，以上几点粗浅认识，不一定对，供您个人参阅。有失实或不当处，均请指出，我随时纠正。

另附国土资源部规划司《规划工作简报》第 9 期及与姜异康同志往来信件（共 3 份），供阅知，并祈指正。

匆此，致

敬礼！

方克定

2008 年 10 月 8 日

再复魏礼群副院长信

礼群同志：

上月26日批件收读。

我听了马凯院长上月22日的重要讲话，感到行政学院院长会议的主题选得准，讲得深刻。没有再听分组讨论和大会发言。对会议总结讲话从字面上看，3大块布局合理，内容比较全面，提不出什么意见。就几个具体问题谈一点零星想法：

在困难之年，经济工作保8（8%）度9（9%）是大局之计。服从和配合这个大局，学院拟办2期市长班、1期国企老总班，都以应对国际金融危机为主线，着力组织有广度、深度的精品课程。

不论从近期还是长远着眼，经济发展方式和经济结构的转型都是一以贯之的根本问题，也是化危为机的必由之路，很希望听到理论与实际相结合、国际与国内相结合的精彩授课。据说美国哈佛大学2000年毕业生中有35%“下海”创业，此后还在增加，这也许是一种寓意深刻的转型，值得跟踪研究。从国际波及国内的现状，受危害程度南、北似有不同，可与北京、天津、上海、广东、深圳行政学院互通有无，及时交换应对危机的精品录像和教材；适时召开同类主题的国际研讨会；安排今年的出国考察培训也多留意及此，总体要请经济学教研部倾注心力。

由于华尔街金融危机冲击，在美国社会过度消费、金融过度创新又缺乏监管的自由市场经济模式捉襟见肘（但对美国经济的恢复能力及其未来发展前景的评估不一），欧盟经济也受重创的背景下，对美欧行政管理体制怎样加深认识或再认识，这个问题值得关注。今年的“中欧政府管理高层论坛”能不能试探这类议题，以获取最新评估意向？

行政学院系统学习、实践科学发展观，能不能把树立正确的政绩观作为一个突出的问题深入剖析？这在应对国际金融危机、复杂多变的特殊时期，可能更具有典型意义。

王大珩等科学家前年提出“自主创新，方法先行。创新方法是自主创新的根本之源”。科技部等出台了《关于加强创新方法工作的若干意见》。被科技部批准为国家首批技术创新方法试点省的黑龙江省，正大力推广“TRIZ”（“萃智”，又称“点金术”）方法，办了22期专业培训班，孙尧副省长视之为“科技界的马克思主义哲学”。思维方法及其创新应是公务员培训的必修课，能不能请黑龙江省行政学院密切关注“TRIZ”普及状况及收效，并探索教学应用的可行性？

中央党校去年创办中关村企业家培训班，被列为当年“中关村十大新闻”之一，有相当的社会影响。在国家级高新技术产业区中有一些行政体制改革的试验区，我院通过专题调研和比较，如果有选择地采取适当行动，或有可为。

注重发挥行政学院系统的整体合力，进而研制“行政学院工作条例”，是有创意的，在进度安排上宜与创建国际一流行政学院的专题调研相互衔接。12年前，桂世镛副院长主持学院常务工作，就想起草行政学院工作条例，因不具备条件搞成了前期性的《国家行政学院办学若干意见》。9年前，在张志坚副院长主持下曾有一份《行政学院工作试行条例》（框架建议稿，1999年8月），并在当年12月召开的地方行政学院院长会议征询意见，总体反映积极。后被搁置，以迄于今。这是一段历史了，提供参考。

匆此，致

敬礼

方克定

2009年1月11日

教学管理篇

对江西行政学院的初步调查①

本月14—19日，在江西行政学院参观了教学楼（含电化教室、计算机房）、图书馆、礼堂、学员食堂，并与方彦（院长、党委书记、副研究员）、徐易炎（副院长、副教授）、许晓明（办公室副主任、讲师）、黄昌保（教务处副处长、副教授）、龚良久（轮训部主任）、曾文豪（科研处长、副教授）、王芝光（学报编辑部主任、副教授）、熊子永（农业行政系主任、副教授）、王亚平（公共行政系副主任、讲师、全国优秀教师）、王毓玳（行政学教研室副主任、副教授）、谢善涛（人事管理教研室副主任、副教授）、陈筑（现代管理教研室副主任、副教授）、许迭云（现代管理教研室秘书、讲师）、赖秀志（图书馆副馆长、助研）、王龙军（电教科长）等交谈或座谈，从中了解到一些情况，有的对我院筹建工作不乏借鉴意义。

一、江西行院概貌

1981年12月建江西行政学院，1984年改称江西行政管理干部学院，办行政管理和政治专业学历教育全日制专科班，两年安排1400—1600课时，以培养县、乡两级合格的行政管理人才为目标，累计培养2200多人。1990年再立江西行政学院（增挂一块牌子），对公务人员进行岗位培训，累计培训4300多人次。1987年，提出淡化学历教育，强化短期培训，未实现。

全院设公共行政管理、政治、工业行政管理、农业行政管理、人民武装行政管理5个系，分9个专业、16个班。现有18个教研室，开53门课，在校生近500人。

① 成文于1993年6月27日。

全院定编310人，未满编。其中，专职教师79人，偏少。院部设28个处级机构，偏多。办学规模800人，最高年份（1986—1987年）曾达到600多人。

二、对江西行院的几点印象

在几天的交谈和接触中，感到江西行院是一所有活力的成人高校，印象较深的有以下几点。

（一）从严治校，从严管理

1984年明确提出以邓小平同志“教育要面向现代化、面向世界、面向未来”为指针，坚持质量第一，坚持正规化，坚持从严治校，坚持为社会主义建设服务的办学方针。在《教研室工作职责范围》中，规定了学科建设“创优达标”的10个条件和教师上课要做到的5个要素。各系（室）每学期中根据《教师教学规范》的要求，对教师教学工作的各个基本环节进行一次全面检查，学校对教师教学工作进行重点抽查。1987年来，在全院范围内组织了8次教学评估。其中，有以课堂教学为主的评估，有以学科建设为主的评估，有以教风建设为主的评估，有以青年教师为主的评估，在评估中逐步建立起一些量化指标。本月刚刚结束的教案检查评展活动，按教学态度、教学内容安排、教学设计等指标，评出了8份获奖教案。对学员的管理，规定旷课20节的警告，旷课30节的除名。针对成人院校考场纪律差的通病，推进考试规范化，把考试舞弊看作“不能碰的高压线”，违者劝其退学或勒令退学。

两个“从严”收到了明显效果。去年被国家教委评为全国成人高校的先进学校，又是江西省的文明单位。在全国成人高校中，办起了第一个劳动模范大专班；在全国行政院校中，创办了第一个人民武装行政管理专业，学报《地方政府管理》双月刊第一个取得国内统一刊号。食堂被评为全省高校的先进食堂，图书馆被评为全省成人高校的先进图书馆，此外，还是全省成人高校的校风校貌先进单位。校办企业去年产值3000万元，利润300多万元，获全省高校科技开发兴办产业二等奖。

（二）以教学为中心，按教学活动规律办事

院领导提出了“以教学为中心，向管理要质量”的治校方针，确立教师在学院的主体地位，指导思想是端正、明确的。现在，专职教师队伍的学科结构、年龄结构、职称结构基本合理。行政学教研室的现有教师，有1/3是理科出身的。教师作息时间的安排，除周二、周五下午集中进行政治、业务学习外，其余时间有课就来，不坐班。为吸引人才，1988年在南昌城内建了一幢可住30多户的宿舍楼，规定讲师以上的教师按三室一厅配给住房，有好几位副教授就是这样招进的。10多年里，全院出了110多部著作（其中有1/3是教材）、600多篇论文。有10年历史的文摘性《教学参考资料》，选编尚称得体，受到师生欢迎，有的毕业后还继续订阅。图书馆大多数阅览室，每周（含星期日）开放70小时，为保障教学起了积极作用。

坚持以教学为中心，按教学活动规律办事，是两个“从严”的出发点，也是调动教学积极性的根基所在。其必要性、重要性是毋庸置疑的。但在实际工作中，仍然存在着教学和科研经费不足、学科带头人少、骨干教师外流等困难，还需要逐步解决。

（三）优选学员，提高人才效益

建院初期，办了第一、二届学历教育班。各地、县、厅、局选送了一批处、科级干部，整体素质较高，学习动力也足，学习效果较好。毕业生遍布江西各县，据有的毕业生反映，学完2年，层次提高了，回原单位工作中，别人看我们不像以前，我们看周围也有变化。比较而言，1984—1985年毕业的学历教育班，人才效益最为显著。这届学员中，有马世昌（原华东地质局党委副书记，毕业后历任南昌市委书记、省委常委兼秘书长，现任省委纪检委书记）、曹筱凤（现任商业厅副厅长）、胡菊芬（现任工商管理局副局长）、伍自晓（现任宜春地委副书记）、揭国雄（现任烟草公司总经理、副厅级）等十几位地、厅级干部，还有许多县、处级干部。这主要取决于学员素质和教学风气，也同当时强调干部专业化、出现“文凭热”的背景有关。

值得注意的是，近年来生源不足，学员年轻化，素质不如以前，晚上只

有 1/3 的学员认真自学，对学员管理的难度也加大了。看来对培训效益滑坡的问题，只有从理顺体制入手，才能求得根本解决。

（四）重视教学方法的研究和改革

方彦院长前年在一次“教学方法现代化问题”的讲话中讲了 8 个问题：1. 总特色——启发式教学，不“满堂灌”；2. 以学论教；3. 从发展学员智能出发；4. 知、情融合；5. 多种方法配合；6. 因材施教；7. 教学手段现代化；8. 注重能力培养（观察能力、思维能力、操作能力）。在《教研室工作职责范围》中专门规定了“教学方法改革的研讨与交流”“组织教学观摩”等教研活动。

对课堂教学（含电化教学）—课堂讨论—第二课堂—实习（社会调查）—考试等主要教学环节，一是从总体上注意掌握一定的比例关系，如轮训部安排讲课与自学时间之比为 3∶2；二是分环节进行探索，改进教学方法。课堂讲授仍是现阶段的主要环节，要求教师的教学准备工作落实到教案上，落实到课堂上，近 6 年组织的教学评估活动大多是围绕课堂教学进行的。朱延年教授主讲“领导学”，有时上课空出 20 分钟留待提问和讨论，收效很好。学员对参与式教学有兴趣，即席讨论也比较热烈。这在普通高校是难以达到的。电化教学，目前以视频为主，音频还是空白。视频教学集中在中国革命史、法学、社会学、现代管理、现代科技等科目，合计 160 课时左右，接近总课时的 10%，凡是片源好、与课堂教学配合好的，都有很好的效果。今年自建卫星接收站后，可望扩充教育台节目源，把电化教学的比重提高到 20% 是能够做到的，但向自制节目发展，恐怕还是中长期的目标。教学实习（社会调查）在公务人员继续教育中占有重要地位，目前还是一个薄弱环节。农业行政系 1991—1992 年组织的苏南实习（2 周），选点适当，准备工作充分，实习期间组织严密，要求学员看前、看中、看后都动脑筋，每晚组织讨论，回来交 2 份“卷子”：一是实习表现，二是调查报告。学员反映收获较大，有的毕业生重返实习点，作再调查。1987 年结业的傅志高，曾到宜春市的乡办水泥厂完成毕业实习，回工作岗位后承包了新余市水泥厂，现任厂长，该厂被评为全省十大优秀企业之一。从面上情况看，教学实习受人数、经费、接待单位、学员素质等因素制约，实际困难较多，有时不得不采取一些变通措施，总体还有待于继续开拓。

三、需要进一步研究、落实的问题

这里既有涉及全局性、方向性的问题，也有比较具体的问题。下面选列数题：

（一）理论和实际、教学内容和需求、学和用的关系问题

总的来说，是沿着理论联系实际、学用结合、按需施教、讲求实效的办学方向前进的。在原来专业设置和调整的基础上，今年决定新设面向全社会、收费入学的“电脑文秘”专业；增开“公共关系学”课程，在“政治经济学”和“国民经济学”课程中充实社会主义市场经济的内容；强调学员能力的培养，改革教学方法和考试方法；从多渠道，按多规格、多类型轮训公务人员等，都反映了这样的努力。不仅教学活动如此，学报《地方政府管理》为了增强人们对市场关系的本质及其功能的认识，对市场形成和运作原理进行普及性宣传，从今年第 2 期开辟了“市场经济 ABC”专栏，这对地方政府工作人员更新知识有很强的现实针对性。与此同时也要看到：在全省成人高校招生量今年增长 25% 以上的背景下，行院招生量的下降幅度接近 60%，录取分数线 260—270 分，低于较好的成人院校；报考政治系的思想政治工作专业的只有 4 人，新设公共行政管理专业本科也只有 4 人报考；有些专业的生源不对口，如人事管理专业有 1/3 的学员来自非人事部门；毕业分配也不对口，如学历教育的第一届毕业生，有 1/3 不从事所学的专业工作；在多头培训的格局中，轮训部“找米下锅”，青黄不接，这都牵动培训管理体制问题。关于课程设置和教学内容，历届学员反映：“人事管理”课程，在学校里学的是一套，实际上做的是另一套，“行政学”课程在一定程度上也存在这个问题。在围绕今年教学计划召开的好几次学员座谈会上，比较集中地反映了学用脱节的问题，要求多学一点宏观经济管理、财政、会计、税务、金融、工商管理、海关管理、经济法（含涉外经济法）。在上月召开的近 20 名第一、二届毕业生回校座谈会上，反映的当前需求首先是社

会主义市场经济的基本知识，特别是财务行政知识，当县长、副县长的在参与经贸谈判中不乏上当受骗的经历，急切希望懂得“水流向哪去了”。其次是行政技术方法（系统工程、网络技术等），这是跨科目（“行政学”和“计算机与办公自动化”）的需求；有些学员，在校时厌学英语，回到工作岗位上感到外语知识不够用，他们的最低要求是，看进口产品商标时能够认出是哪国文字，不闹出笑话来。在一定广度和深度上掌握客观需求是行政学院组织教学活动的重要前提，又是一个常抓常新的课题。江西行院开展不同类型的滚动式的需求调查，是可取的。对从中发现的问题，还需要进行深入研究。

（二）经费不足的问题

今年行政事业费200万元，其中人头费占130万元，总体有50万元的缺口。所幸现有9个校办企业效益不错，并且去年在香港创办了开放窗口，面向港澳台开拓经贸往来。学院从企业利润中每年提留100万元，从而改善了办学条件和教职工生活。这是一条有利于增强自我发展能力和综合办学实力的路子，还将向纵深发展。但在实际运行中的困难仍然很多，特别是分配到教学（含书刊采购、学报编辑、科研等）方面只有14万元，捉襟见肘，难以为继。这对学院的良性发展是一个困扰很大的问题。

（三）“行政学”课程教学问题

公共行政管理系分公共行政管理、人事管理和秘书3个专业。“行政学”在各专业均属专业基础课，原设90课时（最高达95课时），偏多，后因增开领导科学、人事管理、财务行政等课程，“行政学”被调减为64课时。

“行政学”没有形成相对稳定的学科体系：一是在课程内容上引进西方的理论、观点多，联系中国实际少，学员经常反映“行政学”的教学内容与现实情况脱节，这同任课教师的实践经验不足有关；二是在学历教育的课程设置中存在着“行政学”与“法学”（行政法、行政诉讼法部分）、“行政学”与“经济管理”（财务行政部分）、“行政学”与“现代管理”（系统工程部分）之间的交叉重复，在广义的“行政学”范围内，存在着“行政管理学”与“人事行政”“领导学”“行政法学”等专业课程之间的内容交叉重复，这是管理科学目前存在的通病之一；三是在教学方法上以课堂讲授为主，又很难讲。“行政学”的理论基础不够牢固，而又“章章有原则，节节有特点”，比较抽象化，教师最怕空讲这些原则和特点。在行政职能、行政环境、行政组织、行政领导、行政决策、行政监督、行政效率各章最后都有初级案例，但组织案例讨论要占一定的课时，受现行教学计划、课程大纲的约束，加上省教委年年按考试大纲抽考，这种“案例教学法”难以大面积推广。

（四）“计算机与办公自动化”课程教学问题

这是一门公共必修课，一个学期开 128 课时（含上机操作 48 课时）。从去年购进 6 台 Super286 微机、学用 dBASE 语言后，对学员极具吸引力，因为它同其他文科课程不一样，其原理和技能是自学所学不到的。各系都要求把这门必修课从一个学期延长到两个学期，并增加课时。现除正课外，晚上增开“五笔字型”业余班，50 学时收费 90 元（明显偏低），报名踊跃，供不应求。

计算机房设在教学楼 3 层，位置适中，但条件简陋，基础设施、设备在管理、养护方面有诸多不便。该型微机在符合标准的机房内可正常使用 10 年以上，而现有微机用了不到 1 年半时间，由于受潮、积尘、烧断保险丝等障碍和抗病毒能力衰减，预计 2 年左右即将大修。同时购进的 1 台日产兄弟牌 24 针式打印机现已停工待修。计算机属精密仪器，在温度、湿度、粉尘、电源、电缆、门窗、壁纸、地板、建筑结构等方面均有特殊要求，因此，以单建计算机房为宜。据了解，南昌大学（原江西大学等）、江西师大、江西农大、江西财院、江西财经管理干部学院、江西电力职工大学等单位新建的计算机房都是独立建筑。

从长远考虑，行政学院有必要建立网络型、多用户的管理信息系统，除用于财务、人事、图书馆等管理工作外，更是培训的重要手段。对短期培训的一部分班次，要提高汉字处理等办公室自动化的必备知识和技能；对较长期的培训来说，更要求掌握计算机原理（硬件）、操作系统、汉字处理、数据库管理（软件）、新语言、网络技术、决策分析等现代管理手段，并随着政府部门软件的快速更新作相应调整，这就要有硬、软件知识兼容的较高层次人才和若干名有较强开发能力的软件人员。

四、对国家行政学院的期望

总体期望值很高，也很殷切，比较集中的有：

——理顺公务员培训体制，按公务人员属性而不是按干部级别划分培训渠道；

——把行政学院教师纳入国家公务员系列，以利于增进教师同政府的联系和沟通，使教学工作更好地满足政府的需求；

——分学科召开教学研讨会，多请一些地方行政学院的教师参加，这对打破封闭性、交流经验、共同提高很有帮助；

——牵头组织编写主干课程的教学大纲、教材或参考书，把教材建设提高一步；

——筹建电化教育网络，发挥现有音像教学资料的作用，推进资源共享；

——积极筹办国家行政学院的学报或信息刊物，组织地方行政学院学报或内刊的经验交流；

——争取国际合作，扩大行政学院的开放性，建议组织“行政学最新动向”等讲习班，请权威的外国专家讲课，并展开研讨。

在江西行政学院短短几天的学习和调查，对我个人是一次充实和提高的机会，也加深了鞭策感。以上粗浅汇报，有不当处，请批评。

在我院教学方案研讨班结业式上的汇报发言①

研讨班明天就要结束了。借这个机会，综合汇报 5 个问题：

一、研讨班概况

这次研讨班办了 8 天。有来自 19 个省（区、市）、10 个市的同志参加，分别代表 24 所行政院校、5 所党校、1 所高校和 6 个人事厅（局），共 42 人。

研讨班是在《国家公务员暂行条例》即将出台的前夕开办的。程连昌副部长昨晚为我们讲了重要的一课，使大家备受鼓舞。在张镜源同志主持开班式并讲话后，美国锡拉丘兹大学马克斯维尔公民与公共事务学院（以下简称“马克斯维尔学院”）前院长勃克海德教授开办了两次讲座。围绕《国家行政学院课程设置、教学队伍建设、教学组织机构设置、教材建设、教学管理工作规章制度建设等方案》（讨论稿），用 3 个半天准备，5 个半天分组讨论。在环境较差、气温较高的条件下，大家积极参与，小组讨论发言踊跃，既有比较深入的分析，又提出了许多中肯的建设性意见。处于不同层次、不同起跑线、不同发展状态的 30 所院校在培训和教育实践中分路探索，带来了各自的教学改革经验。这对我们修改教学方案有很大帮助，也是有力的驱动。

这次研讨班的不足，主要是教学方案准备不充分，计划安排和组织工作也有漏洞，应当从中吸取教训。

二、参加勃克海德教授两次讲座的主要收获和体会

勃克海德教授于 8 月 3 日与我院部分教师进行学术交流，内容涉及行政

① 作于 1993 年 8 月 9 日。

管理学的四五个问题；4 日举办“比较行政学”讲座，讲了 10 个问题；5 日举办“马克斯维尔学院的教学经验和美国公务员培训模式”讲座，讲了 20 个问题。3 日的交流是双方第一次接触，所谈的内容比较浅显，以后的介绍，一次比一次好。

（一）“比较行政学”讲座

这是一个大题目，所讲的要点有五：

一是思维方式。讲座开宗明义，引用一则英国寓言阐明文化背景对行政管理和行政学的影响，并通过“are”（是什么）和“should”（该怎样）的区别，标示出尊重事物的客观性甚于主观论断的思维原则。

二是对半个世纪以来比较行政学研究的基本概括：一方面，总体的综合研究成果不明显，没有形成宏大的理论体系；另一方面，在财政、预算、信息技术等领域的专项研究取得了重要进展。

三是比较行政学的发展趋势。提出当前欧洲的研究热点仍在于官僚制度，美国的研究热点则是电脑在行政管理中的应用。还提出 60 年代在美国兴起的发展行政学研究也没有形成重要的理论，现已处于停滞状态。这一点同我们上月在国际行政院校联合会墨西哥年会上获得的印象相吻合。

四是比较文官制度。提出美、英两国现行文官制度各有自己的问题，但基本上能把优秀人才留在政府。这是一个值得注意的重要现象。

五是行政管理学的学科特点。认为行政管理学是一门实用性的交叉学科，它不断地从其他学科汲取营养。这是对行政管理学的位置及其研究方法的界定和说明。

（二）“马克斯维尔学院的教学经验和美国公务员培训模式”讲座

以马克斯维尔学院为窗口，对美国公务员培训可以归纳出以下几点：

1. 马克斯维尔学院历经第二次世界大战前、第二次世界大战后和 70 年代后 3 个发展阶段。第一阶段主要培训市政府和一些州政府官员，以后阶段培训的州政府、联邦政府官员逐渐增多。这 3 个阶段都侧重于培养通才。

2. 对较长学制的公务员培训，既有总的培训目标，又有分层次、分类型的不同要求的培训。

3. 就大多数情况来说，接受培训是公务员的一种权利，而不是义务。由于每个机关的培训费都有限，一般只是一部分有发展潜能的官员才能享受到这种权利，他们是官员中的“幸运儿”。

4. 短期培训大都强调实用性，长期培训或攻读学位则是实用性和长效性的统一，接受这种培训或教育不仅仅一时一次受益，而是终身受用。

5. 培训类型多样化。在培训的具体目标上，注重知识更新培训，但没有明确为一种培训类型，而是达到更新的要求。资格培训也不作为一种培训类型；在培训对象上，既有初级官员的岗位（或岗前）培训（短期培训），也有中级官员接受大学的正规培训；在培训周期上，既有三个月一期带综合性的培训（按教学计划的要求，希望学制再长一些，但在职官员参训的时间不可能更长），也有许多短期的专题培训；在培训的结业形式上，既有证书培训，也有学位教育。

6. 培训机构。政府的培训机构常年进行系统的培训，所占的比重较大。大学在公务员培训中也扮演重要角色，美国现有 220 所大学开设公共行政硕士学位课程，其中有 108 所达到规定的标准，获得全美行政院校联合会认可。

7. 培训课程多元化。教学计划规定的必修课少，选修课多。出于个人发展和兴趣的选择性强。70 年代普遍开设财政、预算、信息技术等专业课程，是因为高、中级官员认为这些可作为辅助决策的重要手段在工作中用处很大。预计这些课程在 90 年代还将继续受到重视。

8. 培训方法多种多样。比较通用的有：案例教学法，设问讨论法，实证调查法，合作研究法，英国曼彻斯特大学首创的小组讨论法等，加上现代化培训技术的配合。此外，还有许多种新型培训方法，但有的费用昂贵。

9. 培训的组织管理，在马克斯维尔学院分 3 个步骤：（1）制订以需求调查为基础的培训计划；（2）实施培训计划；（3）评估培训效果。这套做法具有通用性。

（三）从勃克海德讲座中借鉴什么

初步考虑，可以举出以下几点：

一是对那些操作性比较强的行政管理经验，如财政、预算管理等，可借鉴的成分比较大；对那些文化背景深的领域，如人事管理，就不能简单地移植，而要更多地从国情出发，有选择地消化吸收。

二是在培训内容和方法上，马克斯维尔学院体现“按需施教”的分类要求，某些课程“要会做，又要懂得”和“不是要会做，而是要懂得”的分层次要求，长、短学制结合和长、短效益结合的教学原则等，也是有启示性的。

三是注重两头。一头是需求调查，包括问卷调查、社会统计、面询等；另一头是培训质量和效果评估，除采用专门方法，还可与有关部门的人事评估机构相配合。对这两头都要求建立在科学的基础之上。

四是信息取向。在学科发展信息上，美国把信息技术引入行政管理，把全面质量管理引入政府工作，并成为行政管理研究的前沿，这对我们设计课程体系有直接的借鉴意义；在人才信息上，所推荐的匹兹堡大学的比较行政学权威皮特教授、马克斯维尔学院第一流的案例专家博克教授等，为我们引进国外智力资源提供了有益的线索。

三、对教学方案的综合评估和分析

（一）对教学方案（讨论稿）的基本估价

总体有 3 种意见：一种意见认为这个方案与教学改革后党校的干部培训框架相近或大同小异。政治、经济、法律、行政管理这 4 门课程在党校全开，如果加上 1 门哲学就成了党校分部或第二党校。在课程设置上使人感到政治培训的烙印较深，这就造成与党校重复培训的问题。虽然行政学院的教师结构不同于党校，但在组织机构上基本相同。总体来看，这个方案没有跳出党校的办学模式。

另一种意见认为，这个方案设计有一点新意，也有一些特色。作为 3 个月学制的司局长知识更新培训班，在不求全、不超前的前提下，设政治、经济、法律、行政管理 4 门课程是需要的。国家行政学院还在筹建阶段，在困难的条件下拿出这个教学方案是不容易的。

还有一种意见，认为“教学方案”名不副实，是大题小做或以小充大。面向全国的公务员培训方案本可比作一部好几十集的电视连续剧，现在只推出其中的一集。在看不到全貌的条件下，如果按公务员培训的总需求来衡量，这个方案同提高素质、能力的目标显然错位；如果只按几十集中的一集来评价，又成为“小题大做”了。这就引出究竟要设计一个什么样的方案的问题，同时也涉及方案设计的程序问题。不少同志指出单一班次的课程设计与带总体性的其他 4 项设计之间的脱节，也有同志认为这种先局部、后整体的设计程序是“反着抓”的，这样做，可能跟不上公务员培训的要求。

在 3 个小组，都有人举出方案中的几多几少以至缺门的现象，归纳起来就是：政治培训的色彩浓，实务培训的分量不足；传授知识多，提高能力少；理论灌输多，实践、研讨少；共性课程多，个性课程少；保持学科系统性多，针对当前现实问题不够；注重课程内容设计，忽视教学方法；注重教师引导，忽视学员主体；注重课堂教学，忽视社会调查。这从另一个角度对教学方案作出了综合评析，也很值得注意。

（二）教学方案设计或修改的基本思路主要有两种意见

一种是积极一点、进取性强一点的意见，要求国家行政学院比较彻底地摆脱党校的培训模式，尽快有新的突破。党校姓“党”，行政院校姓“政”，是两家子。行政院校不能“党校化”，党校也不应“行政院校化”。在国内培训机构过剩的背景下新建行政院校系列有它的必然性：改革开放，对加强政府的宏观经济调控和行政管理有巨大需求，这是一个新的领域、新的天地；适应经济体制改革、政治体制改革的新形势，公务员培训要有适度的超前性；与国际接轨的走向，对公务员素质提出了新的更高的要求。

另一种平稳一点、强调外部制约性多一点的意见，主张在现有方案资料基础上逐步加以完善。行政院校与党校有区别，也有共性，现阶段的党政交叉不可避免，对姓“党”、姓“政”的问题不争论，而是在实干中探索。行政院校的教学改革取渐进性，不敢过于超前。

这两种设计思想的差别，集中反映在政治培训和业务培训的关系问题上。前一种意见主张把政治渗透到业务中，要求方案设计者思想再解放一点，态度再务实一点，不要怕戴“不突出政治”的帽子。“当代政治”单元的前3讲，与各种培训、学习的重复多，教师讲不出新意，学员也不爱听，可不单列，不“炒现饭”，不面面俱到，这有助于突出重点，讲求实效。后一种意见强调从政治上考虑问题，与党中央保持一致，行政院校与党校在教学内容上的局部交叉不可避免。“当代政治”单元的前3讲，即使“穿靴戴帽”“贴标签”，也要排上，具体内容可少讲一些。

（三）国家行政学院的培训特色

这是研讨的“热点”问题，大家的意见可概括为3个方面：

第一，行政学院的培训与党校有同有异。相同在建设有中国特色的社会主义理论武装，党性锻炼和道德修养，理论联系实际，遵循干部教育规律，适应形势变化等方面。

相异在党校教育以马列主义理论为主线，以提高党性为核心，行政学院以行政学为主要专业课，以提高公务员的素质和能力为目标；党校按党章教育党员，行政学院按公务员行为规范和任职条件培训学员；党校进行理论教育、政治培训，广泛联系社会实际，行政学院进行实务培训，侧重联系岗位实际；党校师资以专职为主，行政学院师资以兼职为主。

两者不仅有同有异，而且同中有异，如同要教、学有中国特色的社会主义理论，但在广度、深度上有所不同。

第二，行政学院与党校重在趋同还是重在立异？总的不是趋同，而是立异，但两种设计思路也有程度上的区别。

一种主张多发扬一些个性。行政学院如果在教学上没有特色就没有吸引力，也没有独立存在的价值。有特色者存，无特色者亡。有特色者兴，无特色者衰。一个国家如此，一个组织如此，在初创中的国家行政学院尤其如此。可以说，特色问题决定行政学院的命运。

另一种意见，现在处理党政关系问题的前景不很明朗，局部性的党政交叉不可避免，行政学院与党校在一个时期内保留一些共性是允许的，不必苛求个性。

第三，行政学院怎样发扬特色？这次接触到的，有3种设想。

一是突出“行政”。对行政学院来说，行政是灵魂，是生命线，是立院之本，要把行政意识渗透到行政学院的全部教学活动中去。沿着这个思路设计课程，又有3种方案：

1. 以行政学、政治学包括建设有中国特色的社会主义理论为基础课。专业课分设：经济行政、社会行政、司法行政、机关行政等。

2. 重组4门主干课程：“当代政治”改为“当代政治与行政”，“经济管理”改为“宏观经济管理与政府调控”，“法制建设”改为“法制建设与依法行政”，“行政管理”改为“现代行政管理的理论与实践”。

3. 在行政学与政府职能之间寻找结合点——经济行政、公共政策、依法行政。在课程设置上突出行政学、行政法学、公务员必备的岗位知识。

二是按公务员的行业分类和4种培训类型设计课程。打破按干部级别设计课程的老框框，而按党务、政务、专业、行业分类设计课程，同时，适当照顾级别因素。这也有3种方案：

1. 多办专门培训班，如更新知识培训，可以办股票、证券班，房地产业班，开发区班等；专门技能培训，可以办公文写作班、演讲班、公关班、行政协调班、办公自动化班等。

2. 大班套小班，如行政学总论按大班开课，行政学分论则“分槽喂马”，把大班里的财政干部、人事干部等分开编成小班运行。

3. 攀上知识、技能培训的高层次，行政学院的培训特色寓于高、新知识和技能中。此外，有人认为分类管理、分类培训的难度大，实际上做不到，因而持保留态度。

三是吃透需求，就有特色。行政学院办学，不是“为特色而特色”，而要通过宏观性、全局性的需求调查，摸清对培训的实际需求及其层次性。以需求驱动培训，特色自在其中。

（四）明确公务员培训目标

培训目标，是需求导向的落脚点，也是全部培训活动的聚焦点。

讨论中对提高公务员的素质和能力这个总的培训目标，有广义的和狭义的两种理解。从广义上着眼，把能力不仅看作操作能力，而是认识问题、分析问题、解决问题的能力，是一种综合能力。有的同志认为，这种综合能力的背后，依托着理论知识和道德修养，一些掌权者在知识和修养上的局限性，是长官意志、瞎指挥的根源。有的同志从另一个角度提出，能力以一定的知识水平，包括案例分析水平为载体，也很注重能力的知识基础。还有同志强调提高干部心理素质和思辨能力的重要性，通过培训并不要求解决一般的世界观、方法论、价值观问题，而要掌握系统思维方式。从狭义上着眼，把能力看作行政管理能力，它包含 3 个要素：

1. 岗位责任。

2. 在市场经济条件下正常履行行政职务。

3. 行政管理的基本知识。

在提高能力的同时，有的同志认为，当前要把换脑筋放到更突出的位置上来，而这种观念更新也要以知识更新为基础。还有同志提出，司局级干部培训应立足于通才教育。对这个问题的讨论没有展开。

四、对教学方案专项资料的具体意见

（一）关于课程设置

培训课程是教学的支柱，也是一面橱窗。大家对课程设置的议论比较多，但意见不集中。

比较普遍的一种意见，认为 3 个月安排 4 门课程的负担过重，但又提出了不少增开课程的建议。有些同志按课程设置方案测算，平均两天讲授一个专题，自学时间少了，难免消化不良。与此同时，一些同志不满足于已设计的 4 门课程，建议另开几门新课，如社会学、政府建设、行政领导艺术、管理心理学、统计学知识、计算机语言等。浙江行政学院对 3 个月以上的县处级干部培训班，开设“外语强化培训”“计算机与办公自动化”“汽车驾驶”等应用课程，很受欢迎。

对已设计 4 门课程的调整意见，有的同志建议改设：

1. 当代社会政治经济。

2. 行政管理。

3. 公共政策。

4. 法制建设。

还有同志建议改设：

1. 有中国特色的社会主义理论。

2. 管理科学。

3. 公务员必备知识。

另一种意见是打破课程体系，分设几个教学单元。有的同志主张分3个单元：

1. 有中国特色的社会主义理论（专题课）和国际政治（讲座）。

2. 社会主义市场经济与宏观经济管理，加上经济法。

3. 行政管理与行政法。

有的同志主张分5个单元，除上列3项外，增设公务员条例和法制建设2个单元。

还有一种带普遍性的意见，设计课程不能停留在一个班次上，要先建立起覆盖不同培训类型、不同学制、不同层级的粗线条的培训课程体系，包括必修课—选修课—讲座等，再在总的框架内分类编班排课。

有关课程设置的次一级的意见和建议从略。

（二）关于教材

教材既是培训的支柱，也是学科建设的重要构件。搞好教材建设，从思想内容上要全面吸收人类文化的优秀成果，从组织上要团结一批第一流的专家、学者、学术带头人和有造诣的高、中级官员。

教材和教学资料有多种形式。按功能可分为：教科书、参考书、参阅资料；按价值可分为：必读、选读、研读；按品种可分为：专著、名著选编、领导人报告集、中外专家讲课或谈话集、活页文选等。一些同志还要求国家行政学院尽早办杂志。

国家行政学院选编教材的原则，一要有权威性，宁缺毋滥；二要有拳头产品，如行政管理、行政法学、中国政治制度、比较行政学等；三要篇幅适中（10万—20万字），不宜太厚；四要有总体规划，成熟一本出一本；五要有工作程序：先选后编，先分散后汇编，先大纲，再讲义，后教材。

增编书目的建议：《政府建设》、《政策学》、《国情研究》、《城市政府管理》（或《中心城市管理》）、《社会学和社会管理》、《行政管理学名著精选》。

对教学案例和音像教材的呼声很高。教学案例除正面案例、负面案例外，要有一批问题案例。总结国家行政学院两期培训班开设计算机语言课不成功的经验教训，可试用录像片传授计算机应用知识。

（三）关于教学方法

在 3 个小组，对教学方法的问题都自发地进行了讨论。比较集中的意见有：

搞好 3 个“三结合”：在教学环节上的讲课—自学—研讨三结合；在理论和实践的关系上的课堂教学—社会实践—返校总结三结合；在教材和教学资料上的基本教材—参考教材—案例资料三结合。

推行案例教学、模拟教学。这既是主要的教学手段，也是行政院校的优势。上海行政学院开发不同种类的行政案例，黑龙江行政学院安排“半小时县长”“半小时专员”的角色扮演，都有很好的效果。

（四）关于师资

这次讨论不多，其中有些意见值得注意。

配置师资的三元结构：一是专职教师，二是兼职教师，三是专、兼职优秀教师的课堂录像片。处理好三者的地位、作用和相互关系，有利于把握教学主动权。

对于专职教师，有的同志认为，国家行政学院配置 60 名专职教师，少了，与全院的多功能发展不相适应；也有主张“以专职教师为主”的。河北行政学院选拔优秀教师组建一支小型“快速反应部队”，是一条值得重视的经验。

对于兼职教师，一些同志不赞成“以兼职教师为主”，只提“专兼结合”；有的主张兼职教师也要分层次，要有聘任期（3 年左右）；国家行政学院要面向全国选聘兼职教师；酌聘少数外籍教师。

（五）关于教学组织机构

普遍希望少而精，不背或少背包袱。有的同志建议增设研究生院、地方院校联络处；要处理好教务部、学员工作部与教研室之间的关系。在设教研室还是教研部的问题上意见不统一。

五、学习程副部长讲课的点滴体会

这堂课安排得比较仓促，学习、讨论的时间不足。总的收获是：增强了公务员制度改革的信念，加深了对《国家公务员暂行条例》精神的理解，也加大了公务员培训规范化、制度化的紧迫感。

建立和推行国家公务员制度，既是政治体制改革的一项重要内容，也是建立社会主义市场经济体制、加快经济发展的重要条件。为使这项制度 3 年入轨，公务员培训要适度超前。这给培训工作注入了新的动力，也带来了压力。公务员培训是与公务员制度配套并为之服务的，又依赖于公务员制度改革的深化。两者必须紧密结合，互相促进。

在公务员制度入轨的 4 个步骤中，明确按职位要求的任职条件是领头的，这也是培训需求的核心。如“按需施教”，“需”的坐标包括：

（一）学员个人需求。

（二）社会总体需求。

（三）政府机关的职位需求。

又如“更新知识培训”，“新”的坐标包括：

（一）学员个人原有的知识基础。

（二）学科前沿水准。

（三）职位需求。从对以上两个概念的分析中不难看出职位要求的决定性意义。我们要在认真学习《国家公务员暂行条例》、掌握其精神实质的基础上，尽快把教学方案修改好，将公务员培训工作提高一步。

参加第 1 单元学习的几点收获和体会

——方克定同志 10 月 21 日在行政学师资培训班上的发言[①]

培训班第 1 单元从 10 月 10 日到 20 日，共 11 天。3 位美籍教师授课 12 节，2 位中国教师授课 4 节，受到普遍欢迎。报到的 32 名学员，积极参与课堂教学和小组讨论，起了很好的作用。总体来看，学员反映是有收获的，教师对学员参与也是满意的。

一、教学内容有新意

在第 1 单元，5 位教师共讲授了 10 个专题：

（一）以美、英为代表的西方国家的 7 种公共行政理论（耿焱）；

（二）公共行政学框架（E. 欧渥曼）；

（三）公共政策与行政管理（B. 舒维尔）；

（四）美国公共人事管理运行的背景（R. 斯蒂尔曼）；

（五）美国公共人事管理 200 年简史（同上）；

（六）美国的 5 种公共人事管理制度（同上）；

（七）美国组织理论的 6 个学派（E. 欧渥曼等）；

（八）D. 奥斯本、T. 盖布勒合著《重塑政府》介绍（耿焱、E. 欧渥曼等）；

（九）英国行政体制改革和文官制度改革（周志忍）；

（十）美、英公务员培训概况（耿焱、周志忍、R. 斯蒂尔曼等）。

其中，介绍了不少新的知识和信息：

一是公共行政发展的新趋势。如：美国立法、行政、司法系统（三权分

① 由冯国境整理。

立）以外正孕育中的第 4 系统；美国政府现行 5 种人事制度以外正发展中的第 6 种雏形；西方文官制度的 3 大特征（永久任职，政治中立，匿名原则）都在起变化；公共行政管理的国际化趋势。

二是行政体制改革的新事件。如：英国撒切尔内阁行政体制改革的 3 大事件（雷纳调研计划、部长信息管理系统、财务管理新方案）；1988 年，英国的利茨报告“下一步行动方案”、美国的“沃尔克报告”；1993 年，美国的戈尔改革大纲“国家改革反思”。

三是公共行政的新理论、新思潮。如：M. 汤普逊等提出的“文化理论”；D. 庇特等提出的后科层理论；英国行政体制改革中出现的管理主义思潮；组织理论的新理论——组织文化理论、复杂性（混沌）理论、量子-组织理论。

四是对公共行政历史现象、传统知识的新视角、新概括。如对已知理论、制度形成和发展的背景分析（耿焱对西方国家 7 种公共行政理论的分析，斯蒂尔曼对美国公共人事管理运行的分析）；对政府组织以及组织理论的特质分析（斯蒂尔曼对美国 5 个阶段政府的分析，欧渥曼对科学管理学派、行为科学-人际关系学派、系统管理学派的比喻分析）；对行政管理制度的效应分析（斯蒂尔曼对美国 5 个阶段公共人事管理制度的正、负面影响分析）。

五是公共行政新著作。如：M. 汤普逊、R. 艾里斯、A. 威尔达伏斯基的《文化理论》，D. 庇特的《后资本主义管理》，B. 米契尔的《打破层级制》，N. 克利夫兰的《知识型经理（或执行者）》，W. 马加鲁特的《领导和新科学》，D. 奥斯本、T. 盖布勒的《重塑政府》等。耿焱同志还提供了 7 种公共行政理论代表作的书目，共 46 种。

学到新东西，是办这一期实验班的首要目标。可以说，第 1 单元基本上达到了这个目标。新知识开阔了我们的视野：真正弄清公共行政理论，要有多学科的知识基础，对公共行政理论赖以形成的 7 个来源，要有计划、有分工地加以掌握。还要有人熟悉公共行政的数量分析，单靠形式逻辑能力、分析是非界限不够，要把定性和定量结合起来。

附带谈谈求新和求实的关系问题。欧渥曼讲组织理论，我们希望他少讲

“老三论”、多讲“新三论”是可以的。但他针对“老三论”有4次提问，而我们的答问并不很充分。这是不是暴露出我们在求实上还有不足之处？还有深入和浅出的关系问题。外籍教师介绍的都是公共行政领域最基本的概念，比较浅显易懂，这有好的一面，至于深度够不够的问题，恐怕要从短期培训的实际出发，难以过分要求。

二、树立新的培训教师形象

3位美籍教师的风格各异，但教态都很认真，也很注重教法。他们所用的教法有：

（一）讲演。这是基本的形式，约占总课时的60%。

（二）交叉授课。16日介绍《重塑政府》的10个观点，是欧渥曼和舒维尔穿插讲解的。

（三）板书。舒维尔讲政策制定过程，斯蒂尔曼讲美国政府人事管理200年简史和5种公共人事管理制度，欧渥曼讲《重塑政府》，都通过板书给出框架，收效不错。

（四）问答。这也是基本形式之一，接近总课时的60%。

（五）角色扮演。

（六）信任度试验。

（七）信息扭曲试验。

（八）听众心理调节。如12日上午10时25分舒维尔大吼一声，它兼有加深对responsibility单词印象的用意。

这些形式中给人感触较深的，一是讲演式，二是问答式。

以讲演为基本形式，又贯穿着以下教法：

（一）教师自我介绍。这是一种心理沟通，以缩短师生之间的距离。舒维尔和斯蒂尔曼的开场白，兼获“自己人效应”和“权威效应”的效果。

（二）介绍内容框架。开宗明义，使听众心中有数。

（三）比喻。如：用船垢愈积愈厚比喻美国人事管理制度的渐进演变；用格列佛漫游小人国的遭遇比喻美国政府被捆住了手脚；用盗贼变慈善家比喻建立市场取向的政府之不当；欧渥曼讲美国三级政府间关系时用的所谓“篱笆墙理论”和“生日蛋糕理论”，其实也是一种比喻。

（四）举例。如：以国际商用机器公司（IBM）推销第一台计算机的经过为例说明政策、方案需要及时反馈；以墨西哥推行公共事业私有化，将高速公路承包给私人建造经营的社会效果为例，说明“具有企业精神的政府”不公平。

（五）现身说法。如舒维尔自述担任加里哈特参议员办公室主任期间负责分配资源的一段经历，从中悟出了“政策好定执行难”的道理。

（六）讲故事。如：舒维尔讲“路灯下面找戒指”的故事，说明 P. 德鲁克的目标管理（MBO）与 D. 奥斯本、T. 盖布勒的“结果取向”（MBR）之间的关系；讲先射出、后设靶的“神箭手”的故事说明绩效测评存在着误区；欧渥曼讲教授与司机的故事说明提问和答问在教学中的重要性。

（七）读人物传记。如：斯蒂尔曼引用五星上将施瓦茨科普夫将军的自传，说明美国专业类公务员的特点。

（八）体态教学。体态是讲演的重要组成部分，配合得好，可以形神兼备，相得益彰。

教法的运用要以必备的知识为基础。3 位美籍教师的知识素养，包括哲学视角、历史感、时代精神、全球意识和预见性，可以说都有相当的水准。成功的教法，还要从成人教育的特点出发，注意把新知与已知联系起来，通过史料、故事、例证、类比等，使教学建立在共同的认识基础上，这是培训工作的“联想规律”。美国教师采用的教法，在许多方面是符合这一规律的。

关于问答式，到下一部分讲。

我们再从 3 位美籍教师在 12 节课上的教学行为，看看他们的心态或价值观念：

（一）对讲坛负有使命感，情绪始终饱满，是全身心投入的。参与式教学加大了教师的劳动强度：斯蒂尔曼讲最后一节课的疲惫已经溢于言表；舒维尔在课后说，讲课比跑马拉松还累。

（二）对学员负有责任感。他们的基本准则是给学员以方法，而不是给结论，这也就是“授人以鱼，不如授人以渔”的道理。在认识顺序上，斯蒂尔曼先讲背景、后讲内容的教法，也很有启发性。

（三）师生双向交流。他们认为，一位教师在课堂上，让人们分不清他是教师还是学生，就是最好的教师。这是一种新的价值取向。

对教师的评估要注重综合指标。这3位教师不一定都是美国教授中的佼佼者，但他们的确为我们树立了一种新的教师风格和形象，这对培训教师来说特别重要。我们应当从中得出应有的结论。

三、迈出“学员参与”的第一步

构筑共同参与的培训机制，是一条培训规律，也是我们办这个班的一个重要目标。

在这一期培训班，课堂参与的基本形式是问答式——提问和答问。欧渥曼临结束时讲的教授与司机的故事，要害在于提问和答问。正像有学无问不是学问一样，有讲无解，也不是讲解。

在美籍教师的课堂上，学员提问、答问超出123人次，平均每节课有10人次。从教师对提问的满意度看，有许多是good、very good、wonderful，相当一部分是difficult、hard，应属满意；有少数是big、long，属于中性；有些问题没有很好沟通，属于无效。再从问答的结果取向看组合效果，有几个满意度较高的实例：一是美国公务员如何处理全局利益与局部利益的冲突，引出了美国一般的政治活动家多，关心全局利益的国务活动家少的大概念；二是日本第一流人才在企业，美国第一流人才在企业还是在政府，引出了1988年的沃尔克委员会报告；三是后科层制的指导理论是什么，引出了社团主义思潮以及社团主义的两个要点；四是从观察鸟群动向问美国公共行政管理的总趋势，引出了后科层制的几本代表作。

这些提问取得的收获是明显的。另一方面，有些提问缺乏一定深度，有的过于笼统，或者过于常识化，自然达不到预期的效果。

再对问题本身试作分类分析：

一是跟踪型提问。紧贴授课内容发问，讲到哪里，问到哪里。如讲美国宪法的五个理想（或核心价值观念）时，跟着问第三个理想（三权分立）与第五个理想（人民主权）之间的冲突，问如何从制度上保证第五个理想的实现，问建立高效政府是否违宪，问美国是否修宪等。这类提问效果比较好。跟踪型提问中，有一种是补缺式的，包括教师已列入授课框架而又没有讲到的内容，如美国可能出现的第六种公共人事管理制度；还有一种是连锁式的，即对跟踪的再跟踪，可惜在这 12 节课上没有发生。

二是延伸型提问，也可以叫作联想型提问。提问范围不出大圈子，举一反三，表现出比较丰富的想象力。如从绿色和平组织联系到美国政党的融合力，从新闻舆论姿态联系到对美国政府的影响力等，总的效果也不错。

三是超前型提问。问到下一节课或下一专题的内容，效果不理想，往往被美国教授的“且听下回分解”搁置起来。

四是热点（焦点）型提问。如从廉政建设引出了美国 5 种公共人事管理制度都有反腐败的内、外部机制，是有针对性的。对这类问题，还要有重复式提问，如对风靡美国的《重塑政府》一书被一些人奉为“圣经”，而被另一些人视同垃圾这一现象和原因，从第一次提问中引出了美国政界和学界对此书的不同评价，从几天以后的第二次提问中又得到了美国民主党强调在政府中引入企业精神而工会强烈反对的信息，对此书存在分歧的原因之一在于美国至今尚未分清公、私营之间的界限。

五是疑难型提问。这往往是一些老大难问题，如民主与科学的结合点等，也有一定收获。

课堂问答的意义，对学员来说，既可以扩大知识更新的成果，又能锻炼快速反应能力，对提高自身的教学技能有很大的好处。对教师来说，这是一种了解学员、了解需求的直通渠道，也是双向交流的基本形式。它的局限性是：单一式的对话，缺乏纵深展开；短问短答，信息量不大。

小组讨论，是课堂参与以外的另一种参与形式，比课堂参与更活跃。在 3 个小组讨论中，除交流学习心得、总结学习收获外，还联系我国的实际讨论了大公共行政和小公共行政的范围和区别、公共行政学的逻辑起点（行政职能、行政决策、行政管理能力）、如何强化行政监督（体内制约和体外制约）等问题，虽来不及展开，但也是很有意义的。

大家反映通过这次参与式学习，在教学方法上收获很大。这可以说是不争的事实。但我们对参与程度的估计不能过高。欧渥曼说过，这个班主要是讲课—翻译—听课—笔记，大部分时间是灌输式的，这种方法远远不充分。从课堂问答的情况看：学员提问多，答问少；除个别问答外，很少出现讨论式；没有出现争论式，也没有开研讨会。从教学方法的方案设计看，要求美籍教师适应中国学员偏多，要求中国学员适应美国教学方式不够。因此，这个班的课堂参与，只能说是有限参与或初级参与。如果把参与提高到经验共享的内涵来理解：每个人在培训中贡献自己的经验，同时也分享别人的经验，我们的差距就更明显了。

参与式教学为公务员培训开辟了广阔的天地。我们在走第一步时体会到：(一)种瓜得瓜，种豆得豆。多一分参与，多一分收获；少一分参与，多一分失落。(二)不仅要课堂参与，而且要课前参与，有位学员说，听美国教授讲课，要先读好几本书，才具备对话能力，这是很有见地的。(三)不仅是一般地参与，而且要竞争性参与，换句话说，要全员参与。(四)不仅是学员参与，培训班工作人员也要参与，要逐步做到：分不清工作人员与学员、教师的界限，这样才是最好的工作人员。(五)参与形式多样化，这要从办班方案设计上解决问题。

四、探索新的培训组织文化

这是一个全新的课题。现在只是出题目，要靠大家来做文章。

首先，在W.赛茵提出的“组织文化三层次”基础上稍作延伸：

培训组织的外在符号。课堂从方阵式排列转换为环形排列；从人群式转换为人机兼容式；从封闭式转换为开放式，即以社会为课堂。

核心价值观念。从传授知识（或传道、授业、解惑）转换为人力资源开发（开发人的经验和潜能，也就是创造新知识）。

一般价值观念。如在核心价值观念的基础上，进一步分析培训者、培训对象、培训组织者的观念转换问题；另如在公共行政培训中，进一步考虑美国的“政治”行政观、“管理”行政观，英国的“科学”行政观、“艺术”行政观等对公务员培训的影响。

理论基础。从行为科学的 X 理论转换为 Y 理论或超 Y–Z 理论，也就是从 D. 麦格雷戈所说的“控制人们的行动，改正他们的行为，以适合组织的需要”转换到“主要是创造机会，释放潜能，排除障碍，鼓励成长，提供指导的过程”上来，后者亦即组织行为学或 P. 德鲁克称为“目标管理”的内容。

培训理论（或假说）。从传统教育原理转换为现代培训原理，这就要求：在目标上，从单纯传授知识或提高技能转换为知识、技能和态度三位一体递进；在内容上，从固定式转换为更新式或滚动式；在方法上，从单向式转换为双向式，也就是参与式，从以灌输知识为主转换为以开发经验为主；在人力资源发展上，从标准化逐渐转换为个性化等。

外部环境。一是与政府的关系，从分离式转换为结合式；二是培训经费来源，从单一渠道转换为多渠道。

以上表述并不完全，也不一定准确，只作为一个引子，希望能提起人们进一步研讨的兴趣。

如果培训模式转换的方向和目标大体上确立下来，预计这个转换的跨度很大，将是长期的、分步渐进的。第一步恐怕是在旧形式中注入新内容，如课堂讲授变灌输式为启发式，并逐步加大参与的分量。也就是说，不是“新瓶装旧酒”，而是“旧瓶装新酒”，依托老的故事，建立新的偶像。如中国上古时代神话“黄帝四面”，经孔子的伦理化改造——派出四个大臣治理四方，把神兽帝王改成了人文圣主，就是一例。第二步，建立同新内容相适应的新形式，奠定参与式教学的主导地位，将在中国既有传统的基础上，吸收诸种人类文化成果的精华，创造出新的“神话”故事，树立新的规范。这样考虑是否得当，请大家一起研究。

五、重视东西方文化差异在正、反两方面的影响

在中外合办培训班的全过程中，无时无刻不感受到这种文化差异及其影响。

一是沟通难。欧渥曼引用孔子的一句话，弄清女人的思想如同追踪海里的鱼一样困难。我们到现在也没有查明出处。他讲美国三级政府间关系时介绍了“生日蛋糕理论”，问过好几次也不得要领。前天翻到狄尔 · S. 莱特的

一篇论文《对政府间关系的一般分析观察》，才知道作者把美国政府间关系分成5个阶段：1937年以前是冲突阶段，联邦制隐喻“多层蛋糕式联邦主义”，用明尼苏达州污染控制局的一个案例，形象化地反映那时联邦、州、地方政府的分离状态；1933—1953年是合作阶段，经济萧条、世界大战使各级政府紧密地靠拢在一起，便用不分层的巧克力蛋糕打比方，喻为“花纹蛋糕式联邦主义”。

二是理解难。在多元化社会，价值观念的冲突比比皆是。H.A. 西蒙说过，行政原则就像谚语一样，相反的内容成对出现。这在3位美籍教师1周的讲课中也不乏其例。如1969年面世的彼得原理，以揭示机关组织的工作人员才能递减现象被称为组织现象学，而欧渥曼视同笑料；斯蒂尔曼强调，讲授政治和人事管理，要有哲学视角，要从哲学讲起，而在回答总统许诺裁员、一些议员和选民反对裁员的矛盾时又说，政治是没有逻辑的：美国宪法的核心理想之一是“分权”观念，严忌权力过于集中，而联邦政府总希望地方更依赖自己，显然与宪法精神不相容。某些观念的反复变化也使认识过程更加复杂化。如政治和行政的关系，从王权时代的合，转为华盛顿时代的分，又转为杰弗逊时代的合，再转到彭德尔顿德以来近百年的分，而当代学者大多认为政治与行政是分不开的。这种“合久必分、分久必合”的互换过程自然加大了理解的难度。从更深层次的立宪思想看，杰弗逊认为，经验表明，人是唯一自相残食的动物。麦迪逊也说，人如果都是天使，政府就没有存在的必要。这和认为人有原罪的基督教义一样，是以X理论为思想基础的，它不适应后工业社会发展的矛盾已经显露无遗。

三是有些理论、制度借鉴难。如怀俄明州的黄石公园火灾，按复杂性（混沌）理论，任其蔓延，在燃烧过程中形成新秩序。不管这个理论有多么完美，由于国情、林情不同，在中国是行不通的。美国教师在课堂上采用讲演式、问答式取得了成功，但有些教法偏于简单化，我们对不同的培训对象有可能找到比较符合中国口味的更好方法。

然而，这并不否定美国文化的许多积极方面。美国学者崇尚多元化，这是他们的核心价值观念。在公共行政学术研究上表现为理论多、学派多，争论也多。这次培训班上讲到的公共行政理论不下 10 种。E. 斯蒂尔曼所著《公共行政学》，章章有理论，全书 16 章就有 17 种理论。这都建立在实用性研究基础之上，是富有实践性的理论，而不是纯理论。斯蒂尔曼在答问时说，美国学者在各个领域都作出了巨大贡献，公共行政学者提出许多新理论、新见解，到政府里作试验，成功的起导向作用，不成功的接收反馈再调整、完善。这说明他们的学术研究是超前的，思想和行为是互动的。在思维方式上，几位学者不仅思想活跃，而且唯实。他们不搞“非此即彼”的是非界限，而强调实际情况大多是混合的、灰色的。从他们头脑里反映出来的形象思维多于抽象思维，提倡举一反三、比较研究。如此等等，有不少是值得我们借鉴的。

六、继续搞好师资班建设

师资班是国家行政学院办培训班的重要类型之一，应当长期、稳定、经常地办下去。

办好师资班，要有几个结合：一是在办班目标和功能上，实行知识更新-经验交流-专题研讨-学科建设相结合；二是在教学方法上，实行师生结合，教学相长；三是在办班主体上，尽可能多搞一点中外结合；四是在组合形式上，可以试办少部分师资与公务员的混合班。

许多学员关心公务员培训工作的组织和程序问题。耿焱同志讲了培训系统工程分 5 个步骤：分析，设计，制作，实施，评估。请参看 V. 汉弗莱的《全组织的培训》(1990)，其中附了一个“集体培训（collective training）模式”图解。关于第一步骤（分析 3 个需求），请参看 W. 麦格希和 P. 赛耶的《企业与工业中的培训》(1961)，他们提出的 3 项分析法——组织分析、任务分析、人员分析，被看作培训需求分析的模式。关于组织分析，请参看 V. 汉弗莱的上述论文，他给组织设定了 6 个组成部分——组织目标、机构、人员、设备、程序、资源。其中，以人员为实现组织目标的最关键因素。“集体培训模式”是按照系统工程原理制作的，如有条件，可以采用更多的系统工程技术，也可以参照使用 PDCA 循环技术。这有待于在实践中探索。

第 1 单元的不足方面，留到最后一并总结。

在行政学师资培训班结业式上的发言[①]

镜源同志让我先讲一讲。在这里把培训班有关情况归拢一下。

一、概况

这一期培训班从10月8日报到，到28日结束，共21天。其中，有效工作日18天，休息日3天。

整个班分2个单元。第1单元的内容，以美、英为代表的西方国家公共行政学。请3位美籍教授和2位中国教师讲了10个专题：西方国家7种公共行政理论介绍（耿焱）；公共行政学框架（E. 欧渥曼）；公共政策与行政管理（B. 舒维尔）；美国公共人事管理运行的背景（R. 斯蒂尔曼）；美国公共人事管理200年简史（R. 斯蒂尔曼）；美国5种公共人事制度（R. 斯蒂尔曼）；美国组织理论的6个学派（E. 欧渥曼）；《重塑政府》的10个观点（耿焱、E. 欧渥曼、B. 舒维尔）；英国行政体制改革和文官制度改革（周志忍）；西方国家公务员（文官）培训（耿焱、周志忍、R. 斯蒂尔曼等）。第2单元，推行国家公务员制度骨干培训。请人事部6位官员讲了5个专题：建立国家公务员制度的意义和《国家公务员暂行条例》概述（程连昌、徐颂陶）；考试录用制度（戴光前）；考核奖惩制度（程四林）；培训制度（成银生）；工资制度（康耀）。

报到学员32人，分别来自16所省（区、市）行政学院、12所市（地）行政院校和农业部干部培训中心。工作人员14人，来自本院和人事部培训与人事司。

---

① 作于1993年10月28日，由汪志友整理。

二、特点

这个班是《国家公务员暂行条例》出台后我们办的第1个培训班。在此期间，适逢国务院发布73号文件，全体学员应邀参加了本院工程奠基仪式，这是难得的历史性机遇。办这一期培训班，有以下4个特点：

（一）这是不同培训类型的混合班，第1单元属于更新知识培训，第2单元属于专业培训。2个单元的培训目标、教学方法、教师结构都不一样，转换的跨度比较大。

（二）在师资力量上，是教师和官员各占“半边天”的联合班，具有杂交优势。

（三）第1单元是我院与美国科罗拉多州立大学公共事务研究生院根据双边协议合办的实验班，是外向型的。

（四）这是一期教师、学员、管理人员三结合的培训班，换个角度也可以说是国家行政学院、地方行政院校、部（委）培训中心三结合的一个缩影。

三、主要收获

分3方面看，一是业务收获：

（一）第1单元的收获——了解到美、英等国公共行政发展的一些新动向，包括：新趋势、新事件、新理论或新思潮，对历史现象和传统知识的新视角或新概括、新著作；切身体验到美籍教师的教态是认真的，教法是活泼的，培训教师的观念是新颖的；学员通过课堂问答的形式参与教学活动，在教学内容和方法上都受到了启发，有的学员有较深的体会。更深一层的收获表现在对东西方文化差异的认识上：我们看美国行政学者，视野开阔，学风唯实，研究超前，大问题有人研究，小问题也有人研究，有研究就有争论，有争论就有学术进步，这是好的一面。从另一面看，作为联系“全民”纽带的美国宪法精神中，包含着一些互相冲突的核心观念，这既显示了“多元化”的兼容性，也意味着这些价值观念只是板块式而非亲合式地黏结在一起。美国行政学者看中国，他们对中国古代行政制度抱有某种崇敬心理，R. 斯蒂尔曼参观乾清宫，回顾当时的殿试场面，自惭渺小，就是这种感情的自然流露。从这一周的相互接触和交流中，既加深了我们对发掘中国传统文化的责任感，又更坚定了融合外来文化中的积极成分、为我所用的信念。

（二）第 2 单元的收获——进一步了解公务员制度改革的背景和实际进程，确认改革的必然性；加深领会《国家公务员暂行条例》的精神实质，如公务员制度有中国特色，特在哪里，新型的培训制度，新在哪里，比原来更清楚了；初步把握这项改革的实施要领及其复杂性、艰巨性。有的学员认为，学校教师不同于政府官员，无须掌握这些带操作性的内容。这是有片面性的，参与公务员制度骨干培训的行政学教师，只凭书本知识是远远不够的，不从多方面补上实践经验这一课，就不能成为一名合格的培训教师。我们在这方面还要继续充实一些才好。

（三）2 个单元、15 个专题的教学内容，都将整理出来，形成一套比较完整的教学资料。这件事正在加紧进行。

二是办学经验交流中的收获：

27 日下午、晚上召开了跨组的座谈会，互通情报，交流经验，还有一些专题探讨。参与者从不同角度各有收益。

三是这 20 天培训文化上的收获：

有的学员反映，参加这个培训班有一种清新感，感受到紧张、热烈、团结、和谐的精神氛围。在 25 日、26 日镜源同志参加的 3 个小组会上，许多发言者都讲到了这个问题，好像是有共鸣的。在这个认识基础上，再从培训文化的深层次上看，可不可以归结为联合、交流、参与、竞争这样几点?

联合——我院与科州大学公共事务研究生院的联合、与人事部的联合，是有效的、融洽的。合则通，离则滞。没有这样的联合，就办不成这个班。

交流——通过师生之间的交流，在国际上通向东西方文化交流，在国内通向理论和实际的交流。这尽管还停留在局部和表层上，毕竟架起了一座小桥，缩短了一点距离。

参与——不论课堂参与还是其他方面的参与，虽然有局限性，却从中增强了参与意识，是普遍性的。在这个起点上要逐步做到：培训者、参训者、培训组织者，大家都是参与者，人人都做 Participants。

竞争 —— 不仅在课堂参与上要有一点竞争，而且要清醒地意识到，我们每办一期培训班都在参与社会竞争。要在竞争中树信誉、创牌子、上水平。同时，这里也存在着某种成分的国际竞争。R. 斯蒂尔曼教授去年到匈牙利，在布达佩斯科学院授课，那里的学员对匈牙利宪法一无所知。他说，这在美国是不可思议的。

而在我们班上，围绕宪法提出的第 1 个问题是：我国宪法第 1 条规定，中华人民共和国的一切权利属于人民，但宪法所规定的条文与人事管理的现实有距离，怎样才能提高基本法的指导性？这个提问既显示出学员的素质，又从一个侧面隐含着中匈两个单位之间综合实力的竞争。

这是很粗浅的体会，准确不准确？提出来同大家商量。

四、组织安排

这个班准备期间变动多，在仓促开班的条件下努力做到：

（一）以教学活动为主体，时间排得紧凑，内容也比较饱满。在 18 个有效工作日中，授课 23 节，小组讨论 5 次，大班或跨组小结、交流 4 次，就占了 16 天。两头的开班式、结束式都比较简短。

（二）虽然是跨类型的培训班，但 2 个单元及其课程安排大致合理、有序。第 1 单元以外籍教师授课为主体，前有耿焱同志“热身”课程，有助于提高学员对国外教学方式的承受能力；后有周志忍同志介绍英国文官制度，上承美籍教师讲授内容，起注解作用，下转中国公务员制度改革，起衔接作用。第 2 单元以《国家公务员暂行条例》为中心内容，前有总论，后有综合答疑。

（三）开放式办班，在整个班的师资结构上采取“中—中—外”的组合形式：一是中国的政府官员，二是中国的教师，三是外国教师，各自进入自己的角色。其中，留学归来的中国教师起了较好的沟通作用。对外籍教师还穿插组织了课外的参观访问和学术交流活动。

（四）学员参与课堂教学，参与小组和跨组交流，参与教学辅助工作，参与教学资料的整理，参与课余活动的组织管理，对培训班的正常运转，作出了积极贡献。

（五）由于反馈及时，对课程及其内容的设置和一些活动的安排，及时作了必要调整。

组织管理上的不足：一是时间安排偏紧，师生都很劳累；二是安排自学和讨论时间不够，对及时消化、吸收不利；三是要求美籍教师适应我们的需求多，要求学员适应美方教法少，因而在了解、体验现代培训原理和方式上有局限性。

五、对下一步工作的期望

培训班今天结束了，但知识更新和专业的提高是无止境的。为了巩固和扩大这个班的培训成果，希望把我们的联合、交流、参与、竞争延伸下去，再加一个“跟踪”。具体要求定期或不定期向我们反馈以下信息：

（一）回去以后，是否向院、系领导汇报这次的学习收获，是否向本系、教研室成员介绍、交流学习情况，他们对此有什么反馈，希望在 11 月回一封信。

（二）学了第 2 单元课程，在本省、市公务员制度骨干培训的有关环节中是否起作用。

（三）学了第 1 单元课程，在本院、系公共行政学的教学活动中是否起作用。

针对（二）（三）这两方面，希望在明年第一季度回一封信。

（四）结合备课或教学研讨活动，继续消化吸收这次参训内容，如对 R. 斯蒂尔曼讲的美国公共人事管理与中国的公共人事管理，周志忍讲的英国文官制度改革与中国的公务员制度改革的比较思索，等等，有什么新的认识或新的问题。

（五）围绕这次培训活动的专题分析，如李万县同志交了 1 份《三位外教给培训教学的启示》，对外教的教态和教法作了一点心理学分析；尤京文同志交了1份《舒维尔、欧渥曼先生解答学员提问情况分析》，对17日上午“课程总结”的19次问答作了比较分析；胡宁生同志就师资培训班建设提出了书面建议，并分析了国家行政学的公关形象；李薇同志分析了教育和培训的关系等问题；赵立波同志为从我国传统文化视角阐释培训机制转换，提供了文史资料线索。这些专题性成果，不论大小，都是有意义的。其中有的还没有做完，有的有待于深入，都希望进一步交流。

以上几点，如果得到大家的支持，也可以算是这一期培训班的“第3单元”。我想，这对加强全国行政院校的培训网络建设也有积极作用。

最后，谨对人事部、经贸部国际经济技术交流中心、空军指挥学院、本院各有关部门给我们的关心和支持，致以衷心的感谢。

附件　美国明尼苏达大学汉弗瑞公共事务学院理查德·斯蒂尔曼教授同年10月27日、1994年1月18日来信

尊敬的方教育长：

首先为我的难忘的中国之行向您及您的同事致以衷心的感谢！这是一次极其愉快和难忘的经历。在短短的时间里，我了解了中国的许多变化，并荣幸地为中国学员们讲课，他们都是极出色的学员，他们提出的问题使我也收获很大。

孙克非先生是一位出色的翻译和导游，我对您所作出的游览安排深感满意，让我游览了长城、故宫和其他景点。我也对您赠送我有关中国的书籍和公务员条例表示感谢。我准备请人尽快译出来，以便能更好地理解它。另外，如果您能为我找到我的两本书的中译本，请一定寄给我，我将承担所需的一切费用。

关于您所需要的其他专家的名单和地址，我列出如下人员：

一、××教授（比较公共行政）　英国牛津大学纽菲尔德学院欧洲研究中心；

二、××博士（医疗保健政策） 荷兰××研究学院；

三、××博士（危机管理） 荷兰莱顿大学公共行政系；

四、××博士（公共行政教育） 德国公共行政研究生院；

五、××博士（管理） 以色列希伯来大学政治学系；

六、××（法律） 美国西弗吉尼亚大学公共行政系；

七、××院长（宏观控制） 美国明尼苏达大学汉弗瑞公共事务学院。

致以最诚挚的问候！

理查德·斯蒂尔曼

1993年10月27日

尊敬的方教育长：

感谢您12月24日函及对我们去年10月份讲学的溢美之词。我很高兴能够同您、您的同事及学员结识并有机会了解你们建设国家行政学院的情况。所有这一切都十分令人向往，承蒙贵院安排我到北京的几个著名景点参观游览并设宴款待。对我个人而言，能访问贵国并认识您是多么令人难忘。

也借此机会感谢您找到了拙著《公共行政管理》2卷本，我期待着能早日得到一阅（想必需单独寄出）。拙著能译成中文是我个人的荣幸。关于翻译我的新著《行政管理导论》，我建议您直接同唐·雷斯曼先生联系，他是马丁出版社大学分部的高级编辑。雷斯曼先生在本书写作期间任编审，对我很熟悉。信中可注明是我让您同他联系的，以期尽快获得翻译的许可，关于此事如果还有哪些方面我可以效力，敬请告知。您可以向雷斯曼解释说贵院资金有限，无力支付版权费用，或许可以找出办法按一定百分比支付（从售书收入中支付一定百分比作为版权费用）。

如果在其他方面我可以为国家行政学院的建设出力，如推荐行政管理领域学者的名单或推荐可译成中文的优秀有益著作等，请告知我。

祝您事业成功，多有成就！

理查德·斯蒂尔曼

1994年1月18日

实施国家公务员制度师资培训班教学计划[①]

一、制订本计划的依据

据《国家公务员制度实施方案》和人事部《关于组织实施国家公务员制度骨干培训工作的通知》，本班属于实施国家公务员制度骨干培训班，可纳入专门业务培训类型，同时又是一期公共人事管理师资培训班。据《中国国家行政学院与美国科罗拉多大学公共事务研究生院就为中方举办公共行政学师资培训班的合作意向书》及双方来往信件，本班第 2 单元拟请科大研究生院教师承担部分授课任务。

二、培训对象

为建立和实施国家公务员制度服务的专职教学人员，主要是地方行政学院和管理干部学院的公共人事管理（或公共行政管理）师资。

三、培养目标

在建设有中国特色社会主义理论指导下，适应建立社会主义市场经济体制的新形势，通过本期培训，一是学好《国家公务员暂行条例》，培养一批参与建立和实施国家公务员制度的骨干教师；二是补充公共人事管理理论知识，改进教学内容和教学方法，也促进学科建设。

四、学制和开班时间

1994 年 5 月 4 日到 6 月 4 日，学制 30 天。

---

① 作于 1994 年 3 月 20 日。

五、教学单元、课程和任课教师

本培训班的课堂教学活动分 2 个单元：

第 1 单元　中国的国家公务员制度改革

（一）社会主义市场经济的理论与实践

（二）在建设有中国特色社会主义理论指导下的政府机构改革、干部人事制度改革以及公务员工资制度改革

（三）我国干部人事制度的沿革、现状和新的体制框架

（四）《国家公务员暂行条例》和《国家公务员制度实施方案》概述

（五）国家行政机关的职位分类与职位配置制度

（六）国家公务员考试录用制度

（七）国家公务员考核奖惩与升降制度

（八）国家公务员培训制度

（九）国家公务员流动制度

（十）国家公务员回避制度及其他

（十一）中外公务员制度比较（1—2 讲）

（十二）港、澳、台公务员制度介绍

请人事部及有关方面的负责同志主讲。每节课的授课与答疑时间比例为 2∶1。本单元时间：2 周。

第 2 单元　国外公共人事管理理论和方法

（一）公共人事管理理论，包括公共人事管理心理学理论、系统权变理论、公共行政人员激励理论和机制、人才流动理论和机制等

（二）公共人事管理方法，包括政府机关的职位分类，公共行政人员心理测试、绩效评估等

（三）公共部门人力资源管理现状及发展趋势

以上几个方面，将按专题作进一步的分解。对有条件的专题，要组织案例教学和模拟演习。

（四）与公共人事管理有关的组织理论和实践（是否安排这个内容，待与外方商定）

以上专题的内容还有待细化，拟请美国科罗拉多大学教授主讲（每节课的授课与答疑时间比同上）。阶段安排时间：10 天。

（五）公共人事统计

（六）公共人事测评技术

（七）计算机应用于公共人事管理

拟请国内有关方面的专家主讲（每节课的授课与答疑时间比同上）。阶段安排时间：3—4 天。

六、研讨会安排

在第 1 单元，穿插组织几次专题研讨会。主要议题：

（一）怎样保证我国公务员制度的推行不走过场

（二）在实施 3 项改革中，怎样把挖坑—选苗—栽种—浇水等几道程序衔接好

（三）中国政府机关的职位分类与职位配置的特点及实施要领

（四）对公务员的考试、考核，怎样才能做到客观、公正

（五）中国和境外公务员制度比较分析

在第 2 单元，穿插组织两三次专题研讨会。主要议题：

（一）怎样促进公共人事管理理论和实际工作的结合？

（二）怎样改进公共人事管理的教学方法？

（三）怎样推动公共人事管理的学科建设？

七、教材

学习文献和文件：

（一）邓小平同志关于干部人事制度改革的重要讲话和文选

（二）《国家公务员暂行条例》

（三）《国家公务员制度实施方案》

有关国家公务员制度的单项法规文件参阅资料：

（一）《新编国家公务员制度教程》（徐颂陶主编）

（二）《〈国家公务员暂行条例〉释义》（人事部组织编写）

（三）中国公共人事管理文选

（四）外国公共人事管理文选

（五）外国公共人事管理法规选编

（六）中外行政英才人物传记选读

八、考察观摩

（一）民政部

（二）水利部

（三）地方政府观摩点，已掌握的线索有青岛市、苏州市等，待扩大范围作比较选择。

九、音像教学

目前未掌握资源，有待于开拓。

十、考核

每位参训人员在结业前写出 1 篇学习心得、专题报告、有关教案或学术论文，在小组会上宣读并接受质询。

对考核合格者，由学院发给培训证书。

十一、评估

开班后，对参训人员进行反映评估，结合考核、演练进行学习评估。

结业后，跟踪进行参训人员的行为评估，有条件时也可以搞一点绩效评估。

十二、总结

对培训班的全过程进行比较系统的总结，以期积累成套的经验。

附件一 《国外公共人事管理文选》初选目录[①]

一、S. 诺斯科特、C. 屈维廉:《关于建立英国常任文官制度的报告》(1854)

二、M. 韦伯:《论官僚制度》(?)

三、R. 米契尔:《政治团体》("寡头律"部分)

四、L.K. 默顿:《官僚制结构与人格》(1940)

五、A.M. 马斯洛:《人类动机理论》(1943)

六、M. 朱修斯:《人事管理学》节选(1947)

七、C.N. 帕金森:《帕金森定律及其他行政问题研究》(1957)

八、J.S. 亚当斯:《公平理论》(1963)

九、V. 弗卢姆:《工作与激励》("期望理论"部分,1964)

十、J.S. 富尔顿:《富尔顿报告》(1968)

十一、F.C. 莫舍:《专业人员国家》(1968)

十二、L.J. 庇特:《庇特原理》或《组织现象学》(1969)

十三、C.N. 帕金森:《推拖定律》(1970)

十四、S. 麦克雷、D. 皮尔特:《文官制度的起源和结构》(1980)

十五、A.F.C. 汉肯:《作为决策者的人》(1981)

十六、沃尔克:《沃尔克报告》(1988)

附件二 《国外公共人事管理法规选编》初选目录

一、美国《政府雇员法》(1883)

二、《法国公务员总法》(1978)

三、《联邦德国官员资历条例》(1978)

四、日本《国家公务员法》(模范六法,1992,三省堂)

五、日本《地方公务员法》(同上)

---

① 初选目录尚不全,缺法国、德国和日本有代表性的文献资料。

在案例教学法研讨班学员小结交流会上的发言①

听了4个小组代表的发言，受到很大启发。作为案例教学法的初学者和研讨班学员的一分子，在这里交流一点个人心得。这既是学习和参与的继续，也是10天来的热烈讨论的延伸。按照案例教学法的通则，这自然不是结论。

一、对什么是案例教学法的粗浅理解

案例教学法是参与式或亲验式教学法的一种，它有各种不同的定义，其中，有广义的，也有狭义的，有严格的，也有不严格的。加拿大西安大略大学工商管理学院在介绍案例教学的多样性和复杂性时曾经提出：案例教学法没有单一、精确的定义，现实是，有多少实践者就有多少种案例法。在这一期研讨班上中外教师所讲的案例教学法虽然大同小异，却也见仁见智。

既然案例教学法是在面向实际、开发成人的经验和潜能中逐渐发展起来，并以达到实用的教学目的为依归的，我们就不必刻意追求它的完美定义和统一模式。同时，案例教学法在不同领域几十年、上百年课堂实践中迸发出来的生命力，又向人们显示其共同规律是可寻和可循的。下面根据这一期班上所汇集的有关信息和资料，从既有分类入手试探一下几种常用案例之间、管理案例自身的几种类别之间、几种相关的教学法之间有哪些基本的共

① 特载中国企业管理协会管理案例研究会《管理案例研究》1994年第1期。[该刊编者按]国家行政学院是按中央决定而新近设立的专门培养高级公务员的高等学府。它在筹建阶段便十分重视案例教学。为使其师资熟悉此种教学法并开展有关学术研讨，该院于1994年3月29日到4月9日组织了一次案例教学法研讨班，有来自全国行政教育系统的数十位教师参加，并邀请余凯成、杨先举、安文铸等国内有关专家及美国行政管理教育专家伯克等来此班讲学。这里刊出的是该院方克定教育长在此班小结交流会上的发言，颇多创见，经作者同意，特予转刊以荐于读者，相信大家可得有益启发。

同点，又有哪些实质上的不同点。初步给出 3 张比较表：

表 1　用于教学的几种案例的异同

<table>
<tr><td colspan="2" rowspan="2"></td><td rowspan="2">工商管理案例</td><td rowspan="2">行政管理案例</td><td colspan="4">法律案例</td></tr>
<tr><td>行政法</td><td>经济法</td><td>民法</td><td>刑法</td></tr>
<tr><td colspan="2" rowspan="4">共同点</td><td colspan="6">服从于特定的教学目的，统编或自编教学提示</td></tr>
<tr><td colspan="6">情景和过程高度仿真，必要时可作掩饰处理（除英美法系的判例外）</td></tr>
<tr><td colspan="6">选题以决策（决断）为焦点</td></tr>
<tr><td colspan="6">学员真实地模拟决策地位</td></tr>
<tr><td rowspan="5">不同点</td><td>历史</td><td>0 年</td><td>50 年</td><td colspan="4">120 年</td></tr>
<tr><td>目标</td><td>价值取向单一，变量少</td><td>多元价值取向，变量多</td><td>同行政案例</td><td>同工商案例</td><td>同行政案例</td><td>同工商案例</td></tr>
<tr><td>方法、程式</td><td>处理方式固定</td><td>处理方式灵活</td><td>同行政案例</td><td>同工商案例</td><td>同行政案例</td><td>同工商案例</td></tr>
<tr><td>结果</td><td>开放式结局（无最佳解）为主</td><td>开放式结局（无最佳解）为主</td><td>同行政案例</td><td>同行政案例</td><td>同行政案例</td><td>收敛式结局（有标准解）</td></tr>
<tr><td>时效性</td><td>强</td><td>强</td><td>强</td><td>有强有弱</td><td>弱</td><td>弱</td></tr>
</table>

表 1 列举工商管理案例、行政管理案例和法律案例在用于教学的目的性、选题的出发点、取材的真实性、学员的角色模拟等方面所具有的共同性。

管理案例用于教学的目的，一是培养、提高学员的能力，主要是思维和分析能力，特别是创造性思维能力。这是它的基本功能，也是结构式教学法所难以达到的。伯克教授提出：通过案例讨论，让学员寻求创造性地解决实际问题的新方案，这体现了案例教学法在培训中的特殊价值。他在 4 月 2 日讲的纽约市交通警察为解决肯尼迪机场路口停车罚款的难题，找出了变通处理的新招数，就是一例。4 月 4 日下午讨论“企业营业执照”案例过程中，抓住第一小组提出的增开快速窗口的新设想，从多方面加以引导，也是如此，并且伯克教授认为，这个例子很有典型性。二是感受、认知某种管理理论。这比单向传授来得深刻，也易于巩固。从研究的角度看，还可以发展理论。这是一个有争议的问题。伯克教授在回答行政管理案例教学与行政管理科学研究的关系问题时提出：案例教学法有助于探索未知的领域，有助于开阔视野、积累经验，从案例分析上升到理论，是一种有效的研究方法。当然，行政管理科学研究还有更多样、更精确的方法。

管理案例来自现实，贴近现实。“它把大量真实生活引入课堂”。这正是它具有吸引力的源泉所在。伯克教授以其切身经验说明：案例材料愈真实，学员（高级官员）的反应愈活跃，反之，他们就会指出案例的漏洞。他同我们第一次见面时曾经介绍：马克斯维尔学院的 J. 英格尔教授正组织一期 15 周的培训班，全过程讨论一个大型案例——克林顿政府的卫生保健和社会福利政策。这个案例使用联邦卫生和社会福利部的最新材料和数据，以增强现实感，提高学员的兴趣。为什么要把这个复杂的改革方案引入课堂？其目的在于改进培训而不在于提供咨询。

工商管理案例、行政管理案例和法律案例在发展沿革、研讨目标、方式和结果以及选材的时效性方面有所不同。对于这些显在的差别，无须多说。

以上只是大要的领会和表解。其中，工商管理案例和行政管理案例都有进一步的分类（参见表 2），它们在各自的大同中又包含着小异；法律案例的内涵比较丰富，兼有多元化的特点，对它的具体分解和归类是否得当，还值得研究。

表 2　几种管理案例的特征和教学功能

	描述 / 评审型案例或问题 / 评审型案例		分析 / 问题型案例或分析 / 决策型案例	研究 / 开拓型案例或疆域开拓型案例或发展理论型案例
	高结构型案例或技术问题型案例	短、中篇结构型案例		
案例的内容及所处地位	已知领域，已决问题。案例中指出了显在条件和问题，有答案	已知领域，已决问题条件和问题显在，有理论导向，无标准答案	已知或未知领域，待决问题条件和问题是潜在的，理论指向或明或暗，无标准答案	未知领域，条件和问题处于混沌状态。理论导向模糊，无求解方向

续表

<table>
<tr><td colspan="2">案例分析要求</td><td>类似课堂练习或作业</td><td>对几种可能的解决方案作出评价</td><td>提出若干种解决问题的方案</td><td>找出可能存在的条件和问题，探索求解方向</td></tr>
<tr><td rowspan="4">教学阶段心理过程特征</td><td>感知</td><td>某些技术问题型案例有所感知</td><td colspan="3">逊于情景模拟、角色扮演、实验操作</td></tr>
<tr><td>理解</td><td colspan="2">形成概念，印证理论</td><td>在理解的基础上创新</td><td>在深刻理解有关知识的基础上探索新的规律</td></tr>
<tr><td>巩固</td><td colspan="4">------------ 记忆能力从弱到强 ------------ →</td></tr>
<tr><td>运用</td><td>某些技术问题型案例培育操作能力</td><td colspan="2">---- 分析、综合、创造能力由弱到强 ---- →</td><td>为完善和发展理论提供素材、实例和依据</td></tr>
<tr><td rowspan="2">教学功能</td><td>认知范围（程度）</td><td colspan="4">知识范围从小到大，认知程度由浅入深 ---- →</td></tr>
<tr><td>能力范围（程度）</td><td colspan="4">能力范围从小到大，程度从弱到强 ---- →</td></tr>
</table>

管理案例发展到今天，已成为一个宽泛、庞杂的体系。出于不同的应用目的和视角，人们对它有各种不同的分类。表 2 把用于教学的管理案例分成 3 类：一是描述 / 评审型案例（descriptive/appraisal case）或问题 / 评审型案例，也叫作回顾式、追溯性、实证性或操作型案例，等等；二是分析 / 问题型案例（analytical/issue case）或分析 / 决策型案例，又称非结构型或问题与机会确定型案例，还有简称为分析型、预测性、抉择性、行动式或推动式案例的，等等；三是研究 / 开拓型案例（research/initial case），又称疆域开拓型案例或发展理论型案例。这只是很初步的归纳。按有的二分法，是把上列的第 1 类称为结构型案例，把第 2、第 3 类统称非结构型案例。有的三分法，则把管理案例分成概念性、技能性、知识性 3 类，如此等等。

值得注意的是，由于各类管理案例的内容及所处地位的不同，对案例分析的要求也就不同，这又决定了它们各有自己的教学功能和运用范围。大体上说，属于第 1 类的行政管理案例主要用于初级公务员培训；对培训中级公务员或发展潜能较大的公务人员以及 MPA 教育最具适应性的是第 2 类行政管理案例；第 3 类行政管理案例属于学术研究领域，在教学上只适用于 DPA 教育，是否可用于高级公务员研究班，还是未知数。

下面给出一个“教学案例选择的立方体模型”，在案例取材具备真实性的前提下，为针对不同培训对象选择教学案例提供几个基本参数。其中：

X 维度 —— 分歧维度。从 A 到 B，争议从小到大。

Y 维度 —— 情景与过程维度。从 A 到 C，情节从简单到复杂。

Z 维度 —— 决策或抉择维度。从 A 到 D，议程从已决到未决。

三维从低到高，案例的难度随着加大，质疑驳问也愈益热烈。

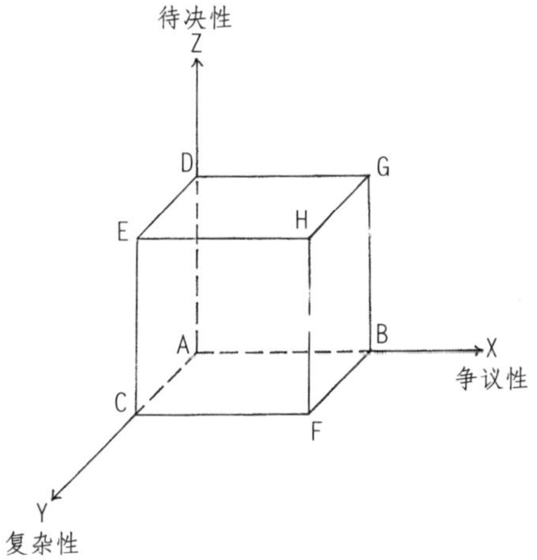

图 1　教学案例选择的立方体模型

立方体 8 个端元的内容态位：

A 端元：争议小，情节简单，问题已决；

B 端元：争议大，情节简单，问题已决；

C 端元：争议小，情节复杂，问题已决；

D 端元：争议小，情节简单，问题未决；

E 端元：争议小，情节复杂，问题未决；

F 端元：争议大，情节复杂，问题已决；

G 端元：争议大，情节简单，问题未决；

H 端元：争议大，情节复杂，问题未决。

作为教学案例的适用性见表 3：

表 3　教学案例的适用性

	端元	备注
适用	H、G	分析 / 决策型案例，研究 / 开拓型案例
适用于初级人员	F、B	描述 / 评审型案例
不理想	E、D	分析 / 决策型案例
不适用	C、A	描述 / 评审型案例

案例选择从 B、F 到 G、H 是一个教学层次由浅入深的过程。在 H 及其延伸区间有一部分已进入管理科学研究的前沿，教学功能逐渐衰减。从案例教学法侧重于思维训练的教学目的和要求看，本立方体的 H（一部分）、G 两个端点代表着管理案例的尖顶，也是最具活力的源泉。

有了表 1、表 2 给出的案例分类和比较，下面再作表 4，根据伯克教授所讲的内容，对几种参与式教学法加以归纳和比较。

表 4　几种参与式教学法的异同

<table>
<tr><th rowspan="2">教学法
异同点</th><th rowspan="2">研讨会</th><th colspan="3">案例教学 *</th><th rowspan="2">政策练习</th></tr>
<tr><th>案例分析小组讨论</th><th>角色扮演</th><th>情景模拟</th></tr>
<tr><td rowspan="4">共同点</td><td colspan="5">服从特定的教学目的</td></tr>
<tr><td colspan="5">课堂结构以学员为主体，主要课时用于学员讨论、演练和操作</td></tr>
<tr><td colspan="5">以上课堂活动均与有关课程的某种理论、原则相联系</td></tr>
<tr><td colspan="5">教师的主导作用表现为引导、归纳而不是传授、评论</td></tr>
</table>

续表

<table>
<tr><td rowspan="6">不同点</td><td rowspan="2">议题</td><td rowspan="2">侧重学术性问题，围绕指定的讨论话题进行讨论</td><td colspan="4">侧重应用性问题</td></tr>
<tr><td>围绕案例情景（内含讨论题）进行讨论</td><td colspan="2">围绕情节或案例（内含讨论题）进行对话</td><td>围绕指定的事项进行练习</td></tr>
<tr><td>角色</td><td>学员</td><td>学员，重在个人见解</td><td colspan="2">分别进入第二角色</td><td>学员</td></tr>
<tr><td>场景</td><td>无</td><td>无</td><td>无</td><td>有</td><td>无</td></tr>
<tr><td>幕次</td><td>无</td><td>无</td><td>独幕</td><td>多幕</td><td>无</td></tr>
<tr><td>结论</td><td>可有可无</td><td colspan="3">一般没有结论，可以有引导、归纳或小结</td><td>有</td></tr>
</table>

* 角色扮演和情景模拟也可以独立于案例教学法。

由于理解不深，在表 3 中没有把管理游戏、敏感性训练等教学法包括在内。还需要说明的是，其中对于几种教学法相互关系的处理方法以及不同点的具体分析也要进一步推敲。

总体来看，案例教学法是一种主动式而非被动式、亲验式而非代理式的教学法。它以分析 / 问题型或分析 / 决策型案例教学为主体，在培育开创性思维方面是独具一格的。

二、为什么在公务员培训中采用案例教学法

初步体会到，大约有 3 个原因：

一是管理问题本身没有最佳解。

这是管理的多因性带来的必然结果。我们不妨从几个美国管理案例的梗概中来讨论这一点。

（一）工商管理案例：小甜饼之战。这是 20 世纪 80 年代中期纽约州立大学管理学院制作的一个著名案例，属于问题 / 决策型案例（参见《管理案例教学研究》1987 年第 3 期、1990 年第 1 期）。其中描述了美国最大的两家甜饼公司 —— 纽约的戴维甜饼公司和犹他州公园市的费尔茨夫人公司为争夺有好几亿美元容量的甜饼市场展开的竞争。这两家公司的产品有不

同的风味和口感，在经营管理上有不同的追求和做法，可以说在企业价值观、发展战略、结构、技术、雇员、作风、制度（即麦肯锡 7S 模型）上是一场综合的较量。管理学界，有的预计戴维甜饼公司将以标准化、批量化生产和代理制分销方式取胜，有的看好费尔茨夫人公司以人为中心的管理和服务。这场竞争的发展和结局，无论对策还是预测，都是多样的，很难有统一答案。

（二）行政管理案例：杜鲁门总统的经济顾问委员会。这是伯克教授带来的马克斯维尔学院案例，属于描述 / 评审型案例。它反映了 1946—1949 年白宫高级咨询机构的性质、职责和体制问题，回溯了 3 位高级经济顾问与总统的关系、与议会的关系以及内部关系，最终以老练的诺斯辞职、“青年怪杰”凯瑟林取而代之为结局。这个事件了结后，美国总统、国会、第一届胡佛委员会（代表许多公众）、华盛顿时评、英国《经济学家》周刊等都有不同的评论。这作为一个行政组织案例，是不可能有标准答案的。时隔 26 年，我们从下一个行政管理案例中可以看到，总统经济顾问委员会这个非常设机构在白宫的高级决策中仍然在起咨询作用。

（三）行政管理案例：1975 年美苏粮食协议。这是哈佛大学肯尼迪政府学院的优秀案例，也属于描述 / 评审型案例。内容是对当年 7 月到 10 月美、苏之间围绕粮食和石油贸易谈判的历史回顾。美方采取以经济优势谋求政治目的的谈判战略，最终签订了在外交、外贸、农业、海运等方面有利于本国的粮食协议，但在国内政治上遭到农民的反对，福特在翌年总统竞选中失去大量选票，石油贸易的谈判未获结果。这说明即使是一次成功的国际谈判也不意味着有了最佳方案。在 90 多天的谈判过程中，白宫经济政策委员会起了很好的协调作用，但总统的 3 种决策方式：临时特设机构的组织形式、集权式、集思广益式（兼容的开放式决策），各有利弊，很难说哪一种是最佳方式。

此外，我们回想一下余凯成教授展示的“研究所里的骨干怎么会留不住”（组织行为学与管理心理学综合案例），伯克教授主持的“企业经营执照”案例（分析 / 决策型行政管理案例）讨论，安文铸教授主持的“巴舍尔州长之死”案例（问题/评审型行政管理案例）讨论，从就事论事来说，也都是没有结论的。

既然管理问题本身没有最佳解，主持管理案例讨论的教师自然不可能有结论。但是，教师可以因势利导，对个案的发展作必要的理论推演，或者超出案情之外概括出若干一般性的规律来，这样的主导作用也许是学员欢迎的。

二是创造性思维能力不可言传。

已故哈佛学者查尔斯·I. 格拉格认为，人们之所以采用案例教学法，“因为智慧是不可言传的”。这里所说的智慧，恐怕不是一般的智力或智能，而主要是创造性思维能力；不是指有形知识，而是指无形知识；不是指硬科学，而是指软科学。管理学、领导学、行政学的内容都兼有科学和艺术这两方面。科学是需要检验、评估和证实的，而艺术更注重人的经验、直觉和创造力。如果说科学的一面大都可以言传的话，艺术的一面就有许多是不可言传的。对兼有科学和艺术这两方面的教育和培训来说，大体上也是这样。养成创造性思维能力，靠外在的言传身教都不行，而主要是一种坚持不懈的自我参悟、自我陶冶过程。批量化、参与式的案例分析和讨论作为思维训练的有效形式，正好为这种个人的自修和内省提供了机会。伯克教授认为：常规的知识传授，培育不出合格的行政官员；杨先举教授在论述《孙子兵法》是智慧之学、辩证之学以后强调“为将之道，存乎一心”。我想，其意义都在于此。

案例教学法作为亲验式教学法的一种，它以开发智能为目的，以研讨为载体，而以思维和分析为主导。这与侧重于操作的一般亲验式教学法或行动式教学法有所不同。为了揭示这个特点，试作“案例教学目的立方体模型”。立方体的 3 个轴向分别代表智能开发（或素质提高）的 3 个维度。其中：

X 维度——知识维度（指相对系统性的知识）。从 A 到 B，知识量从少到多。

Y 维度——能力维度（以逻辑思维能力为核心的综合能力）。从 A 到 C，能力从弱到强。

Z 维度——想象力维度。从 A 到 D，从缺乏想象力到富于想象力。

这 3 维既可分又不可分。通过图解，意在强化公务员培训要从知识转化为能力特别是创造力的根本要求。

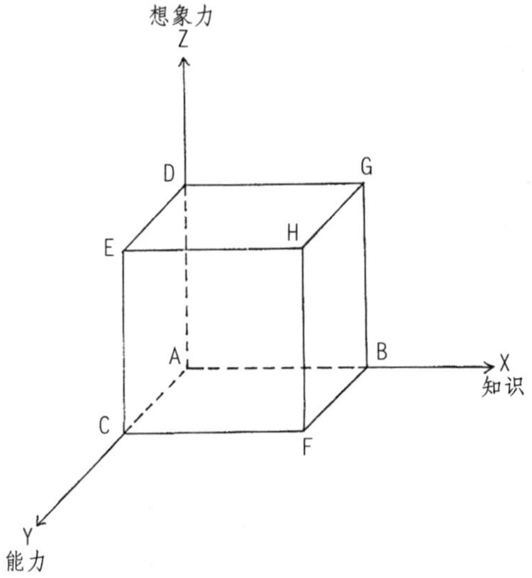

图 2　案例教学目的立方体模型

立方体 8 个端元的智能态位：

A 端元：知识、能力、想象力俱缺；

B 端元：知识增量大，能力、想象力增量小；

C 端元：能力增量大，知识、想象力增量小；

D 端元：知识、能力增量小，想象力提高；

E 端元：知识增量小，能力、想象力提高；

F 端元：知识、能力增强，想象力贫乏；

G 端元：知识、想象力提高，能力弱；

H 端元：知识、能力、想象力俱增。

围绕这个目的，案例教学法的预期效果见表 5：

表 5　案例教学法的预期效果

	端 元	备 注
可望达到	E、C	
达不到	B、F、G、H	
失败	A、D	

由此可见，案例教学法有一定的适用范围，不应把它全能化。但在提高公务员的能力和素质方面，案例教学法确有成效，即使是微型案例教学也有培养快速反应能力的功用，我们应用的方向要放在它的优势方面，才能有好的效果。

三是案例教学课堂没有恒定的权威。

面对日新月异的管理理论和实践以及较高层次的学员，教师不一定是管理知识权威，其在课堂结构中的传统地位受到挑战。新的课堂结构要求以学员为主体、以教师为主导。基于这个背景，伯克教授提出：教师应当把大部分课时用于学员的研讨，而不应当用于讲授。余凯成教授提出教师在案例教学中应当起4 种作用，不应当起3 种作用；杨先举教授要求教师当好“三导”，不当“三员”；安文铸教授对教师提出 4 点要求，大体上都是这个意思。

另一方面，有一定理论知识又有相当的实践经验的学员在案例教学的舞台上可以扮演无穷的角色。哈佛大学商学院的招生信条——理想的学生不是高智商的“神童”，而是思维敏捷、灵活、有企业家直觉的成人。这是案例教学法在本世纪历久不衰的基本条件，也是课堂结构调整的重要依据。4 月 4 日下午 3 点过后，第 2 小组的学员金太军发表了与伯克教授相对立的意见，伯克教授立即趋前握手致谢。这表现了伯克教授不以权威自居的师德，他对自己所主张的“让学员有充分的自由对案例进行分析”，是身体力行的。

综上所述，在行政管理培训中，应当重案例教学法，不唯案例教学法。对各种参与式教学法的探索，要把实效放到第 1 位，而把名分放在第 2 位，在广泛试验中找到它们各自应有的位置。

三、怎样实现“洋为中用”，在我国公务员培训中推行案例教学法

在成人教育中的代理式教学法（或称结构式教学法）与亲验式教学法具有互补性。我们以前者为传统，对后者重视不够，尤其对其中的案例教学法了解还不很多。余凯成教授在第2次授课中介绍了英国M.博艾索和法国M.米契尔制作的“学习立方体模型”，从教学的抽象–具体、个人–群体、指导–自主3个维度的组合中可以找到A和H这2个分别代表结构式教学和参与式教学的端点。从A到H的过渡，代表着成人教育的课堂结构调整的方向，也就是安文铸教授所提出的课堂教学从单向开环朝着双向闭环的演进。这作为当代教育和培训教学改革的世界性课题，是值得我们重视的。

“学习立方体模型”中从A到H的立方体对角线的通道对公务员培训来说，既是必由之路，又将是崎岖不平的。这个必然性寓于培训任务对参与式教学法（包括案例教学法在内）的客观需求之中。案例教学法既是理论联系实际的一种结合点，也是学以致用的一种结合点，因此，它是有生命力的。行程曲折，与东西方文化差异这个总的背景有关。

我们班准备的参考资料《管理案例教学研究》中有两个信息对我们观察、理解这种全息现象有启示性。一篇是“昭和–帕卡德有限公司”案例（该刊1987年第1期和1988年第1期），描述一个美、日合资食品公司在总裁人选上的分歧及其弥合，全程揭示了跨文化环境的组织行为观念的对立。故事情节并不复杂，却发人深省。另一篇是英国兰开斯特大学两位教授在1986年为13所中国高校教师办过一期管理教学方法培训班后写的“中西文化差异对引进西方管理教学方法的影响”（该刊1990年第1期）。这篇文章分析了中国传统文化在思维方式和社会交往过程方面与西方的7种差别——不善于抽象思维，宿命论，整体观念，等级观念，爱面子，重群体导向，重人际和谐。其中有的可能成为实施“主动式教学法”的阻力，有的也许是起积极作用的因素。作者总的看法是：只要有所准备，文化差异不一定成为大的问题；但是理解异国文化很困难，务必小心对待；考虑到不同民族文化之间的互补性，彼此融通的前景乐观。他们提出的7个方面对案例教学法的运用究竟有什么影响，能不能请上海行政学院的同志结合你们多年的实践加以

分析？从伯克教授的讲解和中国学员的参与情况看，只要抱着务实、求实精神，就有采用案例教学法的思想基础。在这一点上，两国“文化时差”并非不可逾越的鸿沟，但仍应给予重视。关于今天介绍的几个立方体模型，在同伯克教授的讨论中，他所着重提醒的就是要把每个模型放到中国文化环境中去考察和检验。这很值得仔细玩味。即使在我们的研讨班上，包括中美师生交流上的障碍还没有完全排除，如工商管理案例教学与行政管理案例教学孰难孰易，案例教学的创新和“图解行为规范”这两种作用如何统一等问题，一时都弄不清楚。在观念上的冲突也确有表现，如对案例教学法特质的认识——能力重于知识、创新重于陈规、实证重于虚拟、思辨重于答案、过程重于结果、多元重于划一等，还有不同程度的分歧意见。存在这些问题是很自然的，可以到实践中去逐步体验和磨合。

发源于美国的案例教学法对于我们是一种外来文化。取彼之长、为我所用，恐怕要分 3 步走：第 1 步是相对地规范化，要弄清案例教学法的要领和精义，注意抓住其中可以通用化的部分，作起步性的试验，这要尽可能地同国际规则接轨；第 2 步是立足于本国化，要结合实际制作自己的案例，并用于课堂教学，这是更重要、更长期的过程；第 3 步是有条件地国际化，即从我们的情况出发，采集、编写一部分涉外或国际性的行政管理案例，这是培养外向型公务人员所必需的。这一期研讨班交流的情况表明，全国行政院校在案例教学上大多没有起步，有的正在走第 1 步，走上第 2 步的仅限于上海等很少几所院校。以上看法是不是全面？同大家一起商量。

有几位同志谈到自己试用案例教学法的情况，其中有的收效不理想，有的失败了。对新的教学法的试验应当允许失败，同时也要从中分析原因，总结经验教训。为了减少试验的风险，本着“慎重初战”的原则，试作“案例教学法运用的立方体模型”，供研究。

这个模型反映运用条件上必备的 3 个维度：

X 维度：指导—控制维度。从 A 到 B，教师对案例教学法的理解从浅到深。

Y 维度：接受—响应维度。从 A 到 C，学员的理论知识和实际经验从少到多。

Z 维度：载体维度。从 A 到 D，所用的案例质量和整合性从劣到优。

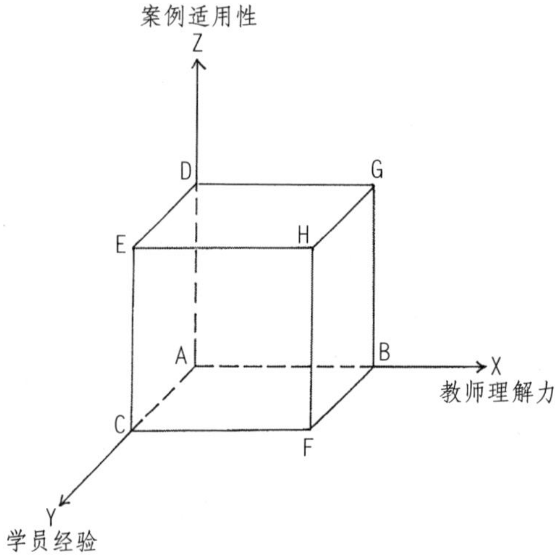

图 3　案例教学法运用的立方体模型

立方体 8 个端元的条件值：

A 端元：案例差，教师理解浅，学员经验少；

B 端元：案例差，教师理解深，学员经验少；

C 端元：案例差，教师理解浅，学员经验多；

D 端元：案例好，教师理解浅，学员经验少；

E 端元：案例好，教师理解浅，学员经验多；

F 端元：案例差，教师理解深，学员经验多；

G 端元：案例好，教师理解深，学员经验少；

H 端元：案例好，教师理解深，学员经验多。

案例教学法的适用性见表 6：

表 6　案例教学法的适用性

适用性	端元	备注
适用	H	
适用简单案例	C、D	
可试用	E	
不适用	A、B、C、F	B、F 可自编案例试用

在案例教学法的初期运用中，除学员条件可以选择外，教师和案例都是弱项，只能在实践中逐步提高。此外还要考虑到：案例教学法已广泛应用于许多门类课程中，但使用的频率不同，我们不妨先从管理或发展战略、政策制定和分析、组织行为学、财政和预算管理、税收管理、人事管理、反腐败等课程或专题开始试验；案例教学活动占用时间较多，在短期培训班只能用微型、小型案例，不宜用大型案例。

研讨班快要结束了。“案例教学法”这篇大文章对我们多数人还刚刚破题。上面讲的一些看法，是出于实践前的思索，有不少“夹生饭”，在这里交流的目的在于引起更多的讨论或争论，使我们在认识上再深入一步，这也许是案例教学法的真谛之一。

附件一　北京师范大学安文铸教授同年 6 月 9 日复信

尊敬的方克定先生：

您好！

徐鸿武同志给我带来了您在案例教学法研讨班学员小结交流会上的发言。读后，受益匪浅。

特别是，“教学案例选择的立方体模型”“案例教学目的立方体模型”和“案例教学法运用的立方体模型”3 个模型颇有新意和启发。我认为，构建立体模型的思想是使所研究的问题进入逻辑结构的重要途径，人们一方面可以把已认识到的问题，在三维模型中找到它的位置；另一方面又可以在三维模型的任何一个层面找到新的理论生长点。

如果可能，不妨以此为课题，进一步把3个模型的各维度表述科学化、准确化，并适当形成衡量标准。这对于推动案例教学法的发展和形成符合中国国情的案例教学特色很有意义。

望今后多联系。

安文铸

1994年6月9日

附件二　上海市委党校陈奇星同志同年9月18日复信

方教育长：

您好！

寄来的发言稿已收到，李琪因前往澳大利亚讲学，故未来得及看。我认真拜读后，对教育长严谨的治学精神深感敬佩。在这篇发言稿中，您对如何理解案例教学法，以及在我国公务员培训中如何推行案例教学法等问题提出了精辟的见解，可以说是一篇有关案例教学方面具有相当高质量的论文。坦率地说，我搞案例教学已有好多年，但主要局限于实际操作，从未像教育长那样从理论上对案例教学法进行如此深刻的研究，所以这篇发言稿对我们这些教师具有非常好的理论指导作用。至于教育长在文章中谈到的国外学者所分析的中国传统文化在思维方式和社会交往过程方面与西方的差别对案例教学运用有何影响，我从多年搞案例教学的实践来看，发现影响不是很大，比如等级观念，我们现在所进行的岗位培训，学员基本上都是同一层次，所以在案例讨论中也谈不上有什么等级观念。

另外，关于“整体观念，爱面子，重群体导向，重人际和谐”等差别，在日常工作和生活中确实存在，但在案例教学中，如果能选择好的案例，如所选择的案例能够较为真实地反映当前行政管理改革实践中的现实问题，而且具有较强的典型性、可信性，能引起学员讨论分析的兴趣，再加上教师的正确引导，那么这几种差别对案例教学的运用就没有太大影响，学员在讨论过程中一般都能充分发表自己的观点，相互进行争论。

最后提一条建议，即教育长的这篇发言稿能否在《中国行政管理》杂志上发表一下，这样对地方行政学院的教师进行案例教学具有相当好的理论指导作用。

致

礼！

陈奇星

9月18日

在案例教学法研讨班结业式上的补充发言[①]

镜源同志在案例教学法研讨班结业式上的总结讲话，对这个班作了基本评价，指出了下一步工作的方向，特别是围绕案例教学法提出了10个值得重视和需要研究的问题。我们要按照院领导的要求，将案例教学活动在行政院校开展起来或者推进一步。

下面，我就办班工作补充几点情况和看法。

国家行政学院案例教学法研讨班从3月29日开始，到今天结束，历时12天。其中，授课（有的穿插进行课堂讨论）7天，案例展示和研讨等2天，小组交流和座谈1天半，结业式半天。在教学安排上，请美国锡拉丘兹大学马克斯维尔学院E.A.伯克教授主讲，参与授课的还有余凯成、杨先举、安文铸等中国教授和教师。报到的学员有来自15所省、市行政学院的18名教师和国家行政学院的3名教师、教学管理人员，一共21人，其中包括教授、副教授4人。

研讨班在全体教师、学员和工作人员的辛勤努力和密切配合下，可以说获得了基本的成功。

一方面，学员感到很有收获：一、初步掌握了案例教学法的原理和方法。在全体学员中，过去对案例教学法有所接触和了解的不到1/3。处于不同层次的学员在这一期研讨班上各有不同的收获。有的学员感到，这次学习，使案例教学法在个人理念上从潜科学变成了科学。有的学员结合本院行政管理教学所处的困境，从案例教学法的成功经验中看到了可能的转机。二、增强了教学改革意识。大家比较普遍地认识到，在公务员培训的一部分

① 作于1994年4月9日，由邱霈恩整理。原载本院教务办公室《案例教学法资料汇编》。

课程中推行案例教学法不仅是方法上的改进，而且是课堂结构的调整。它对结构式教学法是一种必要和有益的补充。三、在把握案例教学法基本要领的同时，还扩充了对美国 FEI 培训和 MBA、MPA 教育及其课程体系的了解。这和公务员培训的改革和发展是触类旁通的。四、交流了案例教学经验。上海行政学院自 1986 年以来对案例教学法已有 100 多次实践，受到学员的普遍欢迎。吉林行政学院自 1990 年以来试用角色扮演法和情景模拟法各十几次，效果不错，案例教学法也搞了 20 多次。黑龙江行政学院、辽宁行政学院对案例教学法的试验，也都有十几次。广东行政学院正组织编写 10 多年全省改革开放重大事件的行政案例集。这些院校先走了一步，有的已初见成效，对后来者是很大的鼓舞。五、大家动手，整理了研讨班的一整套教学资料。对一部分讲课和演练活动还摄制了课堂录像片。以上几点，对兼具学员和教师双重身份的参与者来说，是有实用价值的。

另一方面，伯克教授对这次研讨班是满意的。他在 6 日下午最后一节课上答问时说，如果这个班的学员是随机招来的，我对中国行政管理教学的未来感到乐观。他还动情地说，我真希望年轻几岁，能在中国做一些实实在在的事情，同你们一起在公务员培训中推行案例教学法。像这样的挑战，要靠年纪较轻、专业技能较强的教师才能应付。

再一方面，镜源同志认为这个班办得还算成功。这表明国家行政学院作为研讨班的主办单位，对此也是肯定的。

办好这一期班，得益于以下几个因素：一、研讨班的计划安排体现了理论与实践相结合的原则。整个班的教学内容，既有案例教学法的理论概念和方法的讲解，又有案例的演示和操作；案例的种类，以行政管理案例为主，也涉及工商管理案例；教学法的介绍，以案例法为主（先后有 6 个案例讨论，加上 4 个案例展示），还有角色扮演、情景模拟、政策练习等参与式教学法。为减轻东西方文化差异对这次培训活动可能造成的障碍，在美籍教授讲课之前，安排了两天的“热身”课程和活动。它的必要性和所起的积极作用是很明显的。二、请来了高水平的教师。无论美籍教授还是本国教授，都有相当的学术造诣和丰富的教学经验。他们热心倡导案例教学法，尽管对这种教学法的理解和体验不尽相同，教学风格各有千秋，但都取得了较好的课堂效果。学员和工作人员大都不熟悉案例教学法，靠这几位第一流的教师，在这个普及班上注入了高品位的教学内容，局部地达到了普及与提高的结合。这一点难能可贵。三、学员的参与意识比较浓。几次小组讨论都很活跃，对几种教学法的演练也很投入。在14次授课中，学员提问、答问总计202人次。伯克教授着力构筑一种家庭式的氛围，在课堂上创造了100多次非正式接触的机会，全班学员无一例外都同他对了话，其中有些是高质量的。例如：推行案例教学法的根本目的，案例教学法在开发学员智能上的主要优点，每个案例都有与教学目的相联系的关键点，应用案例教学法的风险性，美国公共行政教师所具备行政经验的普遍性及其不足，美国FEI组织高级文官培训中最受欢迎的几门课程介绍，英国应试文官的乡村别墅周末练习等，都是在答问中交流的。四、从严管理，把弦绷紧一点。在预备会上就打招呼：这是一期强化培训班。12天以教学为中心的活动安排，内容饱满，日程紧凑，对学员有压力，讲竞争，既鼓励“破冰船”，又要求“水涨船高”。在教师、学员和工作人员中，洋溢着一种求新、进取、团结、友好的气氛。五、领导重视。镜源同志不仅在开班式、结业式上讲话，到课堂上听课，在学员座谈会上听意见，还听了讲课的录音。他刚才提到，采用案例教学法是行政学院的教学特色之一。这个概括，对我们是有指导意义的。

我们工作中的不足，一是总的时间短了，节奏掌握得紧了一些；二是学员人数少了，素质也不齐，在课堂交流的诸种角色中，有“先锋”（开辟者），有“游击性”发言，也有个别的“咨询者”，但没有出现“专题分析者”和“打包袱者”；三是生活条件不尽如人意。

研讨班就要结束了，在这里提几点希望：

一、进一步理解、吸收课堂讲授和研讨的内容。这次安排自学时间少，消化不良的只能回去补课。发给大家的7种参考书和若干案例资料，有些值得精读。

二、在“悟道”（余凯成）、“得法”（伯克）、“摄魂”（安文铸）的基础上启动（对上海、东三省行政学院来说是提高）。“纸上得来终觉浅，绝知此事要躬行。”要在公务员培训中运用案例教学法，不能学一阵子就完事了，要见行动。希望大家结合各自的情况，从不同的起点开始，找题材，编案例，用案例，摸经验，在实践中探索、总结、提高。

三、建立联系，互通往来。回去向院、系、教研室（组）领导汇报学习收获后，请把各级领导的意向、部署等及时反馈给我们。对于好的进展和经验，我们将组织横向交流。

镜源同志刚才宣布，国家行政学院明年继续办案例教学法研讨班。届时要求大家带着自己的案例来，带着教学经验来，带着研究成果来，在行政案例教学中国化的道路上迈开步伐。

附件一　伯克教授 4 月 6 日晚餐席上的答问

张：李鹏总理很关心国家行政学院的建设，他要求学院的教师以兼职为主，其中包括政府的高级官员和大学的著名教授，另外还有一支少而精的专业教师队伍，作为培训教学的骨干力量。

伯：我想，你们可以要求应聘为兼职教师的政府官员多提供一些行政案例资料，或者组织他们直接编写案例，其中既有成功的事件，也有失败的事件，把这些案例用到公务员培训中可以起很重要的作用。我们不能设想，经过培训合格的飞机驾驶员只能在好天气中飞行，而不能在坏天气中飞行。张院长在你的从政经历中也可以选出某种情境编写案例。据我所知，世界各国行政学院的院长大多是资深的学者，像你这样的高级官员出任行政学院院长的例子是很少有的。

问：美国 FEI 的师资结构，以兼职为主还是以专职为主？

答：里根政府大幅度削减了对 FEI 的投资额，使其不得不多聘一些兼职教师。克林顿政府会不会增加投资强度？还要拭目以待。

问：美国政府的高级官员是不是都参加培训，部长参加不参加培训？

答：部长每天公务繁忙，没有时间参加培训。但他们在担任部长职务之前都要接受培训。

问：好像有这样的报道，戈尔当选副总统后，在国际事务方面，每周（每月）1 次请基辛格作个别辅导？

答：这是可能的。

问：美国对州政府的中级官员怎样进行培训？

答：州政府拨出一笔经费，让这些官员到本州岛的高等院校去接受培训。联邦政府对将要晋升的中级官员，送到 FEI 参训。

问：美国对政府新录用人员怎样进行培训？

答：不进行培训。美国没有英、法等国那样的全国公务员录用的通用考试。对新录用人员在工作几年后再送去培训。

问：美国政府官员每年更新的比例大不大？

答：我想大约在 20% 左右，这一点请不要过分相信我的记忆力。官员的流动主要发生在高级官员层次上。

问：美国的行政管理培训有哪些主要内容？

答：主要有量化技术、经济学、法律（包括行政法、专项法律）、行政管理中的政治（Politics in public Administration，内容包括谈判技巧，如怎样为本部门争取更多的财政预算，怎样同新闻媒介打交道）、公共财政（包括预算管理、税收、会计）、人事管理等。

问：法律培训有哪些内容？是不是以美国宪法为主？

答：美国宪法是学习法律知识的前提，一般官员在任职以前都学过了。对官员的培训主要讲行政法，另外一些法律知识大都分散在其他有关课程中。

问：在美国，关于市场经济知识培训的主要内容是什么？

答：主要是宏观经济和微观经济知识。宏观经济知识包括预算、利率、税收、投资理论、财政政策、金融政策等。微观经济知识主要是公司经济（企业经济）。

问：管理案例教学旨在提高学员的管理能力。可不可以说案例教学法的理论基础是 Y 理论而不是 X 理论？

答：（点头认同）。

问：从这4天有关案例教学的授课和答疑中得到一个印象，您是一位有理论造诣和丰富经验的案例学者，但不属于哈佛学派？

答：即使在担任大学校际案例交流中心主任期间，我也不把案例教学法神圣化。案例教学法用于官员培训，对提高他们的实际能力很有成效，但它不能替代其他有用的教学形式。在美国，采用案例教学法曾引起行政管理教育的一场革命，特别是在1947—1958年这11年间盛极一时，后来逐渐冷静一些了。

问：据报道，哈佛商学院的新任院长正对案例教学法进行评估，总体认为接受大量案例教育的该院毕业生有很强的分析能力，但在人际交往和协同工作的软素质方面比较弱，还需要采取适当的补救办法。情况是这样吗？

答：哈佛大学商学院每隔10年就要进行一次这样的评估，每次都会发现案例教学法的某种不足，但评估的结果几乎都是继续干下去。这位新任院长恐怕也会这样做。

附件二　伯克教授4月7日赴机场途中答问

4月4日下午，伯克教授要求案例教学法研讨班的学员把课下提出的问题集中起来，留待6日解答。那两天汇集了10个问题，6日没有机会交谈，7日在赴机场途中，伯克教授回答了其中一部分问题。

一、当前，美国公务员培训面临什么新问题，准备怎样应付这些挑战？（黑龙江行政学院王序荪提问）（暂未回答）

二、您在1972年当选为美国行政管理科学院院士，请介绍该院的主要功能和组织情况。

答：回国后找点资料寄来。

三、20世纪20年代到40年代，哈佛大学商学院毕业生在事业上获得显著成功，从而提高了该院的声誉，也确立了工商管理案例在教学中的地位。第二次世界大战后，哈佛大学公共行政学院毕业生在事业上有没有达到像哈佛大学商学院毕业生那样的成就？

答：总体没有达到。哈佛大学一些学院毕业生的成功，主要基于以下原因：一是哈佛大学作为全美名列榜首的名牌大学，其学生的素质很高；二是哈佛大学商学院20—40年代毕业生的成功，与当时美国的商学院很少有关；三是哈佛大学法学院素负盛名，肯尼迪政府学院同法学院关系密切，政府学院在许多方面依托于法学院，学生常到法学院去听课，这是一个有利条件。

四、行政管理学作为管理科学的一个分支，经常不断地吸收工商管理的有益经验。在美国，有没有出现MBA教育与MPA教育合流的趋势？

答：美国有把MBA和MPA合在一起的做法，但不是一种趋势。80年代有合流的说法，现在已销声匿迹了。美国有些著名大学的工商管理和行政管理专业是合在一起的，如康奈尔大学管理学院、麻省理工学院的斯隆管理学院等，但两者合一的结果，总是工商管理专业占上风。

五、哈佛大学法学院、商学院和政府学院创造或者长期推行案例教学法，加拿大西安大略大学工商管理学院也大量采用案例教学法，它们被称为“案例型院校”。锡拉丘兹大学马克斯维尔学院有没有“案例型院校”的称谓，是否乐意接受这一称谓？

答：马克斯维尔学院不是“案例型院校”。第2任院长保尔·阿坡比，作为美国行政学先驱者之一，又是美国大学校际案例交流项目的发起人之一，很重视案例教学法，但马克斯维尔学院采用案例教学法的比重比肯尼迪政府学院小得多。

六、您从伦敦回国后，接着就要主持1期以管理游戏为主要教学内容的官员培训班（3周），预算9000美元。请问这笔经费将用于哪些大的开支项目？

答：主要用于：（一）资料搜集与复印费；（二）学生小组活动费（8—12个小组，每组400美元，分别用于聘请专家、电话、传真费等）；（三）其他杂项开支。

七、您这次带来马克斯维尔学院的7个行政管理案例（美国总统的经济顾问们、办公自动化过程中的人事管理问题等）有没有版权保护问题?

答：可以出版。

八、您对我院提供的某市水、电纠纷的微型案例给予好评，请说出其好处。

答：这个微型案例给市长出了难题，需要协调各有关方面才能解决。它的好处是能引起学员兴趣，并有角色扮演的价值。

在 1994 年夏季讲习班结业式上的小结发言[①]

中国国家行政学院与美国锡拉丘兹大学马克斯维尔公民与公共事务学院（以下简称“马克斯维尔学院”）联合举办的公共行政学讲习班，历时 2 周，现在告一段落。

一、讲习班概况

这是一期更新知识的培训班，总课时 55 小时。前后分 2 个单元：第 1 单元围绕近 15 年美国公务员制度的演变，讲了 12 个专题；第 2 单元围绕世界各国的比较公共行政，讲了 14 个专题。讲习班自始至终以行政改革为主线，有较强的时效性。整个教学活动注重实际，体现出马克斯维尔学院务实的学风。第 1 单元用 1/3 的课时搞了 6 次案例讨论和小组设计练习，又给本班增添了教学方法试验班的色彩。

4 位美籍任课教师，有马克斯维尔学院、匹兹堡大学的知名教授，也有联邦政府国防部的高级官员。中国学员分别来自国务院 10 个部委及直属院、所，京内外 3 所高校，13 个省、市的 13 所行政学院，共 40 人。教师和学员结构都是复合式的。在课堂上，有不同的授课风格，学员的需求也有相当的差别。

回顾本班的全过程，教师认真执教，学员的出勤率和参与度高，工作人员投入。通过座谈和个别交谈了解到，学员大都感到收获很大，教师临别时也表示满意。可以说，讲习班取得了基本的成功。

---

① 作于 1994 年 8 月 23 日，由邹建新整理。

二、我们的主要收获

在多方面的收获中，以课堂上的单向传输和双向交流为重点，作很初步的概括。

一是从教学内容中拓宽了对国外公共行政的认识。

（一）行政改革的新潮流

——我们正处在以英、美等国为代表的全球性的公共行政变革期（或行政改革的活跃期）。英国从1854年的《诺斯科特-屈维廉报告》算起，经过114年的积累、渐进，才进入以《富尔顿报告》为发端、迄今25年的改革活跃期。美国从1883年的《彭德尔顿法》算起，经过95年的渐变和演化，才进入以卡特的公务员改革法案为发端、迄今15年的改革活跃期。1968年的《富尔顿报告》一开篇就揭露了英国奉行19世纪公务员制度的原则与面临20世纪后半期的任务之间的矛盾，1993年的《戈尔报告》提出美国“工业化时代的官僚机构运行于信息时代”这个症结，两份报告前后相隔1/4世纪，而在基本思路上一脉相承。这股行政改革的潮流，触动了世界上的许多国家。关于行政改革的内容，彼得斯教授在20日归结为6个方面，大体上是清楚的。

——在以英、美为代表的盎格鲁-撒克逊文化圈各国，政府的改革中出现了两种潮流：一是英国和新西兰等国八九十年代大力推行的机构小型化、灵活性和平面化；二是澳大利亚等国90年代开始的内阁某些部门合并。这两股看似反向的潮流同时并存。

——美国近年的政府改革正向着彼得斯教授所称的非管制政府模式和灵活政府模式（也有其他两种模式的局部影响）发展；公务员制度正向着人力资源管理模式和参与模式的混合体制发展。

——据马克斯维尔学院为本班准备的“阅读资料”介绍，发展中国家的公共管理教育和培训，正处于大规模移植西方模式的第3次浪潮中。移植的原型以美国哈佛大学、麻省理工学院、斯坦福大学的管理教育为重点，但要看到，西方模式的可移植性取决于本土“周围行政文化”环境。

（二）政府管理的新观念

——美国的政府管理，历来以效率、效能为核心价值观念。近几年来，又注入了顾客至上、优质服务等新观念，并强调在竞争中实践这些新观念。撒切尔在英国政府改革中倡导“客户中心论”，大意也是如此。

——戈尔的《联邦政府调查报告》和奥斯本、盖布勒合著的《重塑政府》的10个观点在美国获得多数认可预示着政府结构改革的必然性和与信息社会相因应的“后科层制”观念的抬头。

——美国政府管理部门与公务员工会从对抗走向合作。因克林顿总统令成立的全国合作委员会主张这种合作，是一反美国劳资关系法的传统观念的。桑德斯博士是代表管理部门同工会谈判的老手，过去一直都说不行，现在也认为行了。

（三）行政改革的新动向、新信息

这是指改革新潮流中的次一级事件或情况的演变：

——美国公务员的功绩制搞了95年，虽有积极作用，但未达到预期目的。1978年开始实行绩效工资制，现已普及OECD国家。其成效尚难定论，但绩效管理和绩效工资制的原则一般仍被接受。

——联邦政府的职位分类制搞了55年，成为美国公务员制度的基础和特色，但也显露出一些弊端。1978年设立的“高级行政职位”改为品位分类制。对中、初级公务员的职位分类制也被视为障碍因素而简化、淡化。

——按1978年公务员制度改革法案的规定进行了3项公共人事管理改革试验，多数已见成效，并成为组建全国合作委员会的政策依据。

——联邦政府部门开始向总统承包任务，劳工部经过两个月的谈判已经签约，并获得预算优惠的鼓励。

（四）观察公共行政的新视角

第1单元的激励专题，讲到行为科学的X理论、Y理论，马斯洛的需求层次理论，赫茨伯格的双因子理论，劳勒尔的期望理论，都不很新，但把它们同公务员制度、公共机构内涵相联系，指出防止“认知失谐”的重要性，对公务员如何强化内在激励是新的严峻挑战，就有了新的含义。

彼得斯教授列举设立政府机构的4个要素（地域、目的、功能、顾客），除“顾客”要素隐含着“政府真正关心什么”的新命题外，其他3项也不算新，但把它们组合在一起，的确为考察政府行为提出了新的视角。

（五）对美国七八十年代行政改革的基本评价

这十来年主要是对趋于僵化的公务员制度的改革，未进行政府的结构改革。

1978年卡特的公务员改革法，是在旧观念支配下维护旧体制的改良，法案未被全面实施，总体上是许愿多、兑现少，但已实施的高级行政职位、绩效管理和绩效工资制至今还在运行中。

1989年的沃尔克委员会报告，是新观念指导下的改革：一是摒弃公务员管理的“行政-执行”旧模式，建立人力资源开发的新模式；二是由民间发起、组织调研，提出政策建议，这种做法本身就是参与模式的体现。沃尔克报告的一部分已被政府采纳、实施，虽不完全成功，但在许多方面起了推动作用。

（六）对公共行政理论的新认识

这个问题比较复杂，从少数学员的反馈中初步归结为：

——对于公共行政的比较，既要掂量比较研究方法的科学性和成熟性，又要切实掌握比较认知的基本条件。这在方法论上具有重要意义。

——关于4种行政改革模式的概括，为我们展示出新的理论思维，也提供了较为有效的分析手段。

——关于行政文化的4种“国家传统”模式的分析，初步勾画出比较行政文化的理论框架，对于深化行政文化传统的研究极富启示性。

——人力资本或人力资源的概念出现在20世纪六七十年代。但美国近五六年来把人力资源开发模式用于公共管理实践的新探索，对我们构筑新的公共人事管理理论和制度也很有借鉴意义。

二是从课堂教学活动中体会马克斯维尔学院的教学模式。

理论联系实际，是我国成人教育包括公务员培训的首要指导原则，也是教学改革中亟待解决的一个重要课题。马克斯维尔学院在课堂教学中怎样处理这个问题？英格拉姆教授在16日的小结中讲了基本概念和理论框架一模式和方案一案例分析和小组演练这3个层次；桑德斯博士以马克斯维尔学院的校徽图案为框架画了一个示意图。我们体会：

（一）这个两维图解，在纵向上有地基、支柱和屋顶。5根支柱分别代表：1. 基本价值观念；2. 公共行政理论；3. 模式、机制；4. 包括案例分析、小组设计等诸多形式的参与式教学法；5. 学员到政府实习，教师为政府提供咨询服务。这5根支柱，上撑（政策）制定的屋顶，下植（政策）执行的底座，在两者之间承上启下，说明政策的制定和执行都需要这5方面的融合和沟通。

（二）在横向上，怎样理解5根支柱的相互关系？学科理论是重要的，但它被置于价值观念（指立国之基的最高意识形态）的指导之下，如正确处理政治和行政的关系、提高行政效率，明确公务员责任制等公共行政理论原则在很大程度上都受到美国宪法确立的分权和制衡观念的制约。模式是理论内涵的延伸，从而成为理论与实际之间的桥梁。参与式教学活动，又从方法上架起理论与实际之间的桥梁。实习和咨询，则是走出课堂、进入政府、与公共管理行为结为一体的实践。这就是说，从理论和观念的此岸到实际的彼岸不是一次性的飞跃，而需要打若干个中间性的支点或起不同中介作用的桥梁。注重实际的课堂教学，一般对价值观念和理论框架只是点到为止，而把主要课时放在模式和参与式教学活动上。

（三）本班的教学实践，以人力资源开发模式为例：在理论、概念上阐发不多，而是逐一介绍了计划、录用、培训、任职（调配）、激励、离职等六个环节的功能、做法、难点和应用中存在的问题，并与科层制模式作比较分析；通过“贸工部工业生产局”的6个案例组合和2次小组设计练习以印证理论和模式，发挥独立思考能力和小组综合能力，巩固知识和经验成果。总体来看，既有较强的实用性，也把学员调动起来了。

（四）在课堂上，理论联系实际的人格化载体是教师和学员。为第1单元授课的英格拉姆教授在美国以精通政府实际的理论家著称，身居五角大楼要职的桑德斯博士则是娴于教学业务的兼职教授。第2单元的2位教授也是类似的组合。从学员条件看，兼有一定理论功底和较多实际经验的为数很少，这就要在小组交流中达到优势互补。

（五）新的教学模式要求我们开发新的学习方法。在 11 天的课堂上，共有 102 人次提出 120 多个问题，这从一方面看体现了参与式的热情，另一方面，从一部分提问中又暴露出理论准备和信息传输的不足。由于时间安排紧，自学和课下交流也很不够。参与式教学是主动式教学，对学员的要求不仅是课堂的积极参与，而且在课下也要发挥高度的能动性。彼得斯教授 18 日讲行政文化的核心观念，点到了忠诚（归属感）和相互信任这 2 条。通过课下交流，又补充了 3 条（晋升的途径和背景，信息传输形式和相应的思维方式，对官僚制度的接受程度）；通过自学，又从孔兹的《管理学》（第 9 版）中查到了美国政府工作人员的 10 条伦理原则。我们希望这类举一反三的实例逐步成为新的学习方式的生长点。

三是研究人员用心思考行政学科研的方向和重点。

这次来自科研单位的人数很少。他们既为吸收知识又为寻找科研需求而来。有位学员在个人学习心得中提出了我国行政学理论和实践方面值得研究的 9 个问题：（一）行政改革的理论背景：政府理论研究；（二）行政分权改革研究；（三）行政体制中人力资源的合理开发与配置；（四）公共政策设计、评估；（五）行政绩效评估分析；（六）比较行政研究；（七）政府经济学；（八）政府与学者携手合作问题研究；（九）案例教学研究，是有参考价值的。

四是党政机关公务人员对改进实际工作的考虑。

机关工作人员约占本班学员总数的 1/4。已分别同他们商量过下一步的沟通与反馈问题，争取在理论和实际的结合上有新的进展。

五是一部分学员的外语听力有所提高。

六是学员之间的横向交流虽然不多，也互有一点收益。

七是在座谈会和个别交谈中征求到一批对本院建校和办学的意见和建议，有的很有价值。

三、学习中的体会和联想

限于时间，在这里只能分两方面点一些题目。

公共行政或公共管理方面：

——从世界性的行政改革潮流看中国当前的行政改革，在大方向上可以说是基本吻合的。

——以适应社会主义市场经济体制为目标的中国行政改革，有必要同全球行政改革模式和“国家传统”模式进行比较研究。这是深化行政改革、拓宽思路的一个重要途径。

——许多国家政府机构小型化和建大部并存的两股潮流，在中国或许有兼容性。

——美国公共人事管理中并存着绩效管理与全面质量管理这两种基本形式，在中国似应对两者的适用性和互补性进行探索。

——美国是职位分类制的发源地，要深入考察它的发展沿革、变化趋势及其背景，在我国公务员制度改革中，使在建的职位分类制既不割断传统渊源，又体现新的时代特征。

——对公务员的考核和绩效评估，是公务员制度建设的基础工作，也是一个世界性的难点，应当立项进行专题研究。

——高、中、初级公务员在分类制、智能结构、录用、激励、绩效管理的掌握和运用等方面都有相当差异。对他们怎样区别对待和管理，也要下力气研究。

——政府内和政府外适度的人员流动，是提高公务员素质的一个有效途径，要探索加大流动幅度的可行办法。

公务员培训方面：

——提高公务员素质，不仅靠培训，还要靠教育。要摒弃只抓培训的单一观念，树立教育与培训并重的双元意识，在人事部和国家教委统筹安排下，逐步建构起全国公务员教育与培训的完整体系。

——国外行政改革的非管制政府模式、灵活政府模式把公务员的教育与培训放在重要位置，市场模式和参与模式在这一点上也不逊色。要认清形势，加大分量，使公务员教育与培训同政府改革的目标和走向相适应。

——人力资源管理新模式对公务员教育与培训提出了一系列新观念、新要求。如：把教育和培训看作一种投资，追求长期回报；高、中级行政职位需要通才；注重软技术的教育与培训；对公务员的内在激励胜于外在激励；对中、初级公务员要强化参与意识和团队精神等，都需要认真研究。

——公务员职业发展的两种模式，要求通过教育和培训提高4种能力：（一）纯技术性工作能力；（二）行政（执行）能力；（三）管理能力；（四）领导能力。这在研究、确定培养目标时值得注意。

——S. 保尔（印度）在《课程设计的框架》一文中提出公共管理人员的6个基本职能：（一）计划与政策；（二）环境评估；（三）提供服务与后勤；（四）技术与生产；（五）预算、信息与控制；（六）组织与人事。这是设计公共管理课程的出发点，同我们《国家公务员暂行条例》第51条提出的“职位的要求”是一致的，具有可参照性。

——据《发展中国家政府部门管理教育与培训》，确定公共管理教育与培训的培养目标，关键在于“非结构性技能”——人际关系技能、综合技能、发现问题和机会的能力、在不确定和流动性条件下的决策能力等，而传授这些技能的难度很大。因此，要把教学方法的研究、试验和改进提上重要的议程。

以上，都要立足于国情，结合既有的行政文化传统和当前的背景，作较深入的研讨。

四、组织管理

（一）在中、美两院联合举办讲习班的过程中，合作是有效和愉快的。两院领导对本班都很重视，选派的教师阵容较强，学员条件也不错，双方都补贴了经费。通过这次合作，增进了彼此之间的了解和友谊。

（二）教学计划、选题对路。我方从美国公共行政发展的有限资料中捕捉到1978年公务员改革法、1989年沃尔克委员会报告、1993年戈尔调查报告等情节，向美方传递需求信息。从第1单元的授课内容看，这正好扣上近

15 年美国 3 大行政改革的脉络，也同 3 种管理模式相对应。比较公共行政这个大题目，也受到学员普遍欢迎。

（三）实行封闭式的强化培训。在高温季节，大家全力以赴，一心向学。英格拉姆教授 16 日说，接受美国式的“疯狂”培训，大家都活过来了。这样做，自然伴有节奏偏紧、单调等缺点。

（四）工作人员不仅坚守岗位，而且在课堂上积极参与。翻译配备较强，这要感谢北京大学政治和行政学系的支持。

（五）选址恰当。这要感谢中央社会主义学院的支持和协作。

学员的班前准备不足，本院参训教师太少，是本班工作的明显缺陷，应引起注意。

五、下一步的要求

（一）在预备会上同大家商量过，要求所有正式学员在进一步消化吸收的基础上，各写 1 篇学习心得，在 9 月（至迟不过 10 月）寄交我院，作为这次参训的短期回报。两周的讲习班是短暂的，对讲习内容的回味和延伸则是无止境的，学习心得的题材也很宽泛，希望得到众位的支持。

（二）对两个单元的内容，我们将整理印发。马克斯维尔学院带来的教学资料（有的标有“1994 年版权”），只限于参训单位内部使用，请勿扩散。

（三）我院发售的 6 种教学用书和参考资料，也是供内部使用的，请勿外传。

六、今后工作建议

（一）争取明年继续同马克斯维尔学院联合举办夏季讲习班。讲习内容，既可以围绕今年已进行的两个专题进一步深化，也可以考虑增设公共选择理论、理性政治经济学（或政府经济学）等新的课题。美方派遣教师，仍以马克斯维尔学院为主，酌聘外校的杰出教授助阵。在中方要多请一些对口部委较高层次的官员参加。

（二）与外方联合办短训班采取“三段式”。第 1 段，“热身”，用两三天向中方参训人员介绍专题框架和背景，阅读有关文献资料；第2段，正式开班；第3段，课程结束后留下一部分中方人员集中消化、研讨几天，以求深入和巩固。

（三）重视并加强教学资料建设。包括外方授课内容的整理和赠送资料的选译及印制，对我院提高教学质量和师资水平、充实科研基础、建树学术地位都至关重要。希望采取有力措施，重推进，务见实效。

讲得不对的地方，请大家批评、指正。

附件一　中国人民大学毛寿龙讲师同年9月6日复信

方先生：

您好！

收到发言稿后仔细阅读了几遍。总的感觉是很全面，也很切中要义。当时结业典礼结束后，有些学员就说，听了方先生的发言后，印象比较深刻，又有进一步的收获。方教育长工作认真、一身正气，悟性也很好，很是难得。我当时也有同感。

稿子阅后，我个人以为有如下几点还值得进一步斟酌：

一、美国政府与公务员工会的对抗与合作关系问题比较复杂，在美国有人曾对此作过专题研究。就我个人的看法，所谓“合作”问题很难说是政府管理的新观念。就世界各国情况来看，公务员是否有权组织工会也很有争议。因为根据传统的公务员理论，公务员的职业是受文官条例之类的法律保障的，其职业安全系数要远大于公司雇员，并且公务员在政治上应该中立，而组织工会却可能导致政治偏向问题，所以公务员组织工会应该受限制。就实践来看，世界上政府内“劳资”关系大体有3种情况：不允许存在工会；允许存在但不予合作；允许存在且合作。就美国的情况来说，与公务员工会合作的观念可能是新的，但对其他国家来说，却很难说。就中国而言，把政府内部的“劳资”关系新变化看作政府管理的新观念，可能还为时尚早。因为中国政府内部“劳资”关系问题比西方国家的要简单得多，也就是说中国政府工作人员是完全由政府包下来的。“劳资”关系问题产生和复杂化的原因是政府雇员作为一种就业机会趋于市场化。市场化的程度越高，职业风险越大，“劳资”关系也就可能越紧张；而市场化程度越低，职业风险越小，“劳资”关系问题也就越简单。鉴于这个问题的复杂性，我个人以为，不宜把美国政府与公务员工会的“合作”观念看作政府管理的新观念，而只能视之为美国政府管理的一个新变化。

二、1989年沃尔克委员会的实践体现了一种崭新的行政改革观念：行政改革由于种种原因一般均是由政府自身发起的，但沃尔克委员会的实践表明，社会力量也可能是行政改革的发起者和推动者。中国的情况是，行政改革缺乏社会需求的标准，也缺乏外在推动力。所以，即使由于国情所限，不可能模仿沃尔克委员会的做法，但让社会力量参与行政改革的原则却是可以借鉴的。

三、教学资料建设不仅仅是整理授课内容和选译印制赠送材料，更重要的还是应该主动搜集、购买行政学教学和研究所必备的资料。

以上3点仅是我个人很不成熟的看法，仅供参考。以后请多多指教，希望在您的指导下，学问、人品均能更快地长进。

颂

秋安!

毛寿龙谨上

1994年9月6日

附件二　栾建平同志同年9月11日复信

方教育长：

您好!

上周五收到了于静寄来的您在夏季讲习班结业式上的小结及您写给我们

的信（复印件）。周五、周六两天我给于静打电话，她都未在办公室，故目前还不清楚她那里的情况。您对工作认真、负责、一丝不苟的态度，对工作投入的精神以及敏捷的思路、扎实的知识背景和分析问题的能力都让我深感敬佩。您的小结使我很受启发，我认为这是一份很好的材料。您让我对小结提些意见，对此我只有从命，略谈一点儿自己的看法。

——第 2 页，“这股行政改革大潮的潮流，触动了除日耳曼文化圈以外的许多国家”。我觉得作这一结论还应慎重些。我接触到的一些材料曾给我这样的印象。近年来，行政改革在欧洲大陆似乎是一种较普遍的现象，如瑞典动作也较明显，西欧各国遇到了一些相同的问题，都希望通过改革来解决这些问题。只是由于国情不同，改革的内容和方式有所不同，有一点是肯定的，即日耳曼文化圈国家在改革的程度、范围及其影响方面都远逊于英、美、澳、西等国。

——第 3 页，“……这两股看似反向的潮流同时并存”。澳大利亚把内阁 30 多个部合并为 15 个，这确实是一种集权的做法，但不宜把澳大利亚的改革动向单纯视为集权。我曾和加雷德教授谈到这个问题。他说澳大利亚的改革既有集权也有分权，并问我是否对此感到费解。我说，不，这些改革措施都取决于澳大利亚的具体情况。彼德斯教授在讲习班上曾介绍，澳大利亚正采取非管制的政府模式。我想，澳大利亚的改革既要分权、精简、提高效率、节约开支，同时，由于其国土面积大，又要保持足够的中央调控能力。这一点与我国类似。因此，我非常赞成您在第 10 页上的观点，“政府机构小型化和大型化并存的两股潮流，在中国或许有兼容性”。

——第 6 页，您用“五根支柱”分析了桑德斯博士的校徽图案示意图，从培训与教学的角度出发，这个分析无疑是精辟而正确的。若从更一般的角度来理解，桑德斯博士的“四柱”示意图，适合于行政管理领域的研究与实践，它说明政策的制定与执行是一个整体性的活动，说明了政策制定与执行的结构和过程。一般来说，一部较有影响的行政学著作都包含了价值体系、理论和模式 3 个部分，在实践中成为政策制定与执行的基础。《重塑政府》一书与美国副总统戈尔的《联邦政府调查报告》之间的关系就是一个很好的例子。

——教师、研究人员、行政官员同在一班培训，可以互相交流，取长补短。但是他们的工作性质、任务、小文化环境有所不同，因此在兴趣、需求、接受程度等方面也会有所不同。若明年培训班是上述几类人员交叉的，培训的选题以共同关心、感兴趣的问题为重，其他的为辅，则效果会更好。

以上草率谈了些个人的看法，班门弄斧，不恰当之处，请您包涵。

夏季培训班结束后，我曾在本所研究生和一些科研人员间较详细地介绍了课程的内容，对3位所长，我也简要地汇报了培训班的情况，但由于他们最近较忙，还未详细汇报。有了您的书面小结，我想把它复印若干份，送给3位所长、科研处和几个研究生，针对他们感兴趣的具体问题，介绍一下培训班讲授的内容。不知妥否。

今后希望您多予指导。

祝秋安!

栾建平敬上

1994年9月11日

附件三　江苏省委党校刘峰教授同年9月14日来信

方教育长:

您好!

中秋佳节来临，祝您和全家人节日快乐幸福、诸事顺达!

此次赴京有两大收获，一是向国外学者学到不少行政管理、人事管理方面的知识；二是有幸结识了您这位知识渊博、记忆惊人、平易近人的儒雅学者。在您身上学到了不少东西，比如对事业工作的全身心的投入，对学术问题和实际问题的更深入一层的思考，对方方面面服务对象的协调兼顾，敏锐的洞察和直觉，对别人的接纳认可，谦逊的风格，等等。谢谢您。

回院后将学习情况向院领导作了认真汇报。院领导安排我在教员大会上介绍了这次会议的收获，并把有关信息、动态写成文章登载在科研处编印的刊物上。总之，尽了一些力，按您的要求尽量扩大这次讲习班的影响。

寄来的小结至少细读三遍，确实写得很好，主要的东西都概括出来了。在那么短的时间内，把讲习班的方方面面的东西都概括出来，让我佩服得无以复加。

遵您所嘱，已将小结挂号寄浙江高抗同志。

有几点小建议：

第10页，“……小型化和大型化并存的两股潮流……”，容易引起误会，似乎存在政府机构扩大化的趋势。其实，这里的“大型化”在小结的前面已明确提出，是“部委机构合并”（澳大利亚等），简言之，“大型化”的实质是“小型化”，大和小是一回事，至少从简化机构的意义上讲是一回事。故上述表达可作适当修改，以免引起误解。

如明年再办，可否请专家多讲一点政策分析、政策制定的内容，讲一点行政管理的最新理论？行政—管理—领导是一个发展的大趋势。今年英格拉姆和桑德斯都已提及，那么管理的理论比行政（执行、操作）理论重要，管理理论中领导理论又显得特别重要了。据我所知，匹兹堡大学这方面的研究成果也很突出。

我从北京回宁，忙着给省组织部、人事局、司法局、民政厅的培训班授课。今天才稍微喘口气，下周校内的课又要开始，学习班的心得体会作了一些思考，还没及成文，待10月初写成寄您，请多指教。

欢迎来宁检查指导工作，我会不时地请教打扰您这位老师的。

即颂

教祺

刘峰

9月14日

民族地区干部行政与经济管理培训班班后需求分析[①]

今年4—5月，我院与中央统战部联合举办“民族地区干部行政与经济管理培训班”，历时40天（含参观和考察15天）。学员是11个省、自治区的16个民族的地、县级干部，共31人。这是上半年全院投入最多的一个重点班，也是6年来所办的第一个以地、县行政领导干部为主的地方班，结业后总结了4点收获、3点经验和5点认识，总的培训效果是好的。

我们从去年11月开始的公务员培训需求调研还在断续进行中。对已办过的培训班作班后的需求分析，是培训需求调研的有效形式之一。本文以民族地区干部班为“麻雀”，试作剖析。

一、学员所在工作地区的分析

（一）行政区划和经济区划——西南5省、区为主

11个省、区包括：西南的四川、贵州、云南、西藏，16人；中南的广西、海南、湖南、湖北，8人；华北的内蒙古，5人；东北的辽宁、吉林，2人。其中，西南和中南地区的学员人数占总数的77%。

学员中有的来自17个地、市、州、盟（下辖137个县、市、旗）级机关，有的来自另14个县、市、旗政府，所覆盖的县、市、旗总计151个。其中，西南地区占65%，西南、中南地区合计占82%。

按西南5省（区）6方经济协调会——贵州、重庆（缺）、云南、四川、广西、西藏的范围统计，学员人数占总数的67%，县级单位占80%。

① 成文于1994年10月30日。

（二）自然条件——山区、干旱区为主

11个省、区中有辽宁、广西、海南3个沿海省、区，吉林、内蒙古、云南、西藏4个沿边省、区，湖北、湖南、四川、贵州4个内陆省。地、县两级，除沿海的海南三亚市、靠海较近的广西玉林地区和辽宁北镇县外，都处于内陆地区。

西南、中南地区124个县，除玉林地区和三亚市外，大部分都在山区，包括深山区、石山区、高寒山区，有的在地方病高发区、水库库区。华北、东北地区27个县、旗，都在干旱、半干旱气候区。

（三）地理区位——沿边、内陆地区为主

除沿海省、区外，在8个沿边和内陆省、区中，以地、州为地理单位，按区位可分3个圈带：

一是沿边地、州。沿西南国境线，有同不丹、印度接壤的西藏山南地区（其西南有接锡金、不丹的亚东县），接印度的拉萨市，接印度、缅甸的昌都地区，接缅甸的云南临沧地区，接缅甸、老挝的西双版纳州等。沿北方国境线，有接蒙古的内蒙古锡林郭勒盟等。这是外圈，共60县、旗，约占151个县、旗的40%。

二是沿边省、区的内陆地、州。有云南的迪庆藏族自治州、丽江地区，广西的河池地区、玉林地区等，还有内蒙古的赤峰市、呼和浩特市、包头市等。这是中圈，共40县、旗，约占27%。

三是内陆省、区的地、州。有四川的凉山州，贵州的黔西南州、黔东南州，湖南的大庸市等。这是内圈，共50县、市，约占33%。

（四）经济发展水平——贫困地区居多

少数发展较好，大部分处在欠发达、不发达状态。

17个地、州，151个县、旗的地区分布，在全国22片贫困地区占了9片。其中，努鲁儿虎山区有赤峰市和锡林郭勒盟的一部分；武陵山地区有张家界市和贵州德江县；秦岭大巴山地区有湖北恩施市；九万大山地区有河池地区东部和广西三江县、贵州三都县；桂西北地区有河池地区西部和广西乐业县；乌蒙山地区有凉山州的一部分；滇东南地区有西双版纳州和临沧地区的一部分；横断山地区有德钦州和丽江地区的一部分；西藏地区有昌都地区、拉萨市、山南地区和亚东县。总体来看，西南地区是全国最大的贫困地区，这里的少数民族人口约占全国的60%，贫困人口接近全国的50%，财政补贴县、市、旗占全国的70%。

151个县、市、旗中，列入《国家八七扶贫攻坚计划》的贫困县有68个，约占总数的45%。

在作以上的大要分析的同时，还应当看到在11个省、区，17个地、市、州，151个县、市、旗之间的差异性。例如：地跨辽西丘陵和辽河平原的北镇县，53万人口，去年工业总产值30亿元，农村人均纯收入1310元；位于青藏高原东南部的昌都地区15个县，同样也是53万人口，但主要经济指标甚至低于西藏自治区的平均水平，差距是很悬殊的。

二、民族地区工作任务和重点的分析

（一）发展经济是民族地区的第一要务

邓小平同志指出："观察少数民族地区主要是看那个地区能不能发展起来"，"实行民族区域自治，不把经济搞好，那个自治就是空的"。这可以说是民族地区工作的纲，它在民族地区干部和群众中日益深入人心。

临结业时，本班学员自报了26个论文题目，其中，有22篇是瞄着经济发展或改革的。另4篇中，广西学员陆军写的"在市场经济条件下如何加强和改善党的领导"，其中谈到思想、政治、组织、工作等4个要点，都落脚到经济上；蓝炯标写的"转变政府职能，加强宏观调控"，分2个部分，主要讲经济；西藏学员詹玉旭写的"民族地区的政府宏观调控"，文中提出6项重点工作，也都是经济方面的；还有1篇题材与本班教学要求不相干。未报论文题目的云南学员樊国域留下了1篇座谈会上的发言稿，题为"边疆少数民族地区的经济发展应该引起充分的注意"。人同此心，绝大多数学员的关心焦点都在经济工作上。把经济搞上去，是他们任期目标的重中之重。

（二）发展民族地区经济，首先要抓扶贫开发

1992年全国农村人均纯收入783.99元。超过或接近这个水平的有辽宁

北镇县、吉林前郭县、内蒙古呼和浩特市、赤峰市郊区、广西玉林地区和宁明县等，约占151个县的10%。其余100多个县中，以农村人均纯收入550元为脱贫线（发展线），在这条线上下跳动的有湖北恩施市、西藏拉萨市和山南地区等，也只占15%左右。以农村人均纯收入400元为温饱线（贫穷线），在这条线上下徘徊的有河池地区、黔东南州、黔西南州、临沧地区、丽江地区、迪庆藏族自治州、昌都地区等，占70%以上。以黔东南州的施秉县为例，农业总人口占全县总人口的93.8%，农业总产值占全县工农业总产值的81.2%，农产品商品率只有30%，全县财政收入700多万元，农民人均纯收入不到400元。

当前对大多数地、县来说，要把扶贫开发、解决群众温饱作为中心任务。到20世纪末，要使绝大多数贫困户人均纯收入达到500元以上。《国家八七扶贫攻坚计划》要求“把计划的实施和解决群众温饱的成效作为衡量贫困县领导干部政绩和提拔重用的主要标准”。

（三）民族地区的扶贫开发，要从基本农田和支柱产业上实现“两个稳定”，搞好水、电、路等基础设施建设

《国家八七扶贫攻坚计划》对贫困县的要求是到20世纪末，有条件的地方，人均建成半亩到一亩稳产高产的基本农田，稳定地解决温饱问题，发展区域性支柱产业，使贫困户有稳定的经济收入来源。基础设施建设，要求基本解决人畜饮水困难，绝大多数乡镇通公路，消灭无电县。这就是说，要从救济式扶贫转向开发式扶贫。《国务院关于加快发展中西部地区乡镇企业的决定》提出这些地区的“地、县要一手抓农业，一手抓乡镇企业”，县城二、三产业的发展，“要逐步转到以发展乡镇企业为主的轨道上来”。安徽行政学院1992—1993年共举办6期“发展县级经济”研讨班，培训县级干部173名。他们在研讨中取得的第一条共识就是“发展县级经济必须以发展乡镇企业为突破口”。

本班学员所在的州、县，有的正是这样做了，收到了明显效果。吉林前郭县发展“两高一优”农业，以市场为导向，组织农业区域开发、农产品系列开发，摘掉了贫困帽子，正争取提前两年实现农村小康目标。广西宁明县以开发林果带动高产优质高效型农业发展，再造一个“山上宁明”，90年代全县造林135万亩，森林覆盖率从原来的32%提高到61%，农民人均纯收入由1991年的400元提高到1993年的750元。地处苗岭山区的黔东南州，80年代初农村人均纯收入仅100多元，全州16个县、市，列为国家和省级贫困县的有12个。1986年开始山区农林业综合开发，现在全州280万亩农田中已有1/3建成高产优质商品粮基地。辽宁北镇县在建设“两高一优”农业的同时，大力发展乡镇企业。去年乡镇企业产值20亿元，成为农村经济的主要支柱和财政收入的重要来源。

贫困地区的基础设施建设，以能源为例，云南、贵州、广西都属于全国8大片农村无电人口集中区域。为改变无电、缺电面貌，国家安排从1985年、1991年开始，主要依靠地方、群众集资，按照自建、自管、自用的方针，分两批建设农村水电初级电气化县。属于第一批已建成小水电县的有贵州镇远县，云南凤庆县、中甸县，四川盐边县，实现全县发电量、工农业总产值、财政收入、人均收入“四个翻番”；属于第二批在建中的有广西南丹县、三江县、宁明县，云南华坪县、丽江县、景洪县，四川米易县。两批合计约占151个县的7%，他们的经验，很值得也有条件推广。除西藏以外的川、滇、黔、桂等省、区，都属于中亚热带和南亚热带湿润区，有营造速生薪炭林的自然条件和适生树种，也有一批造林的先进县。

（四）以对内对外开放促扶贫开发

要变封闭式扶贫为开放式扶贫，实行对内和对外开放，面向国内和国际两个市场。少数民族大多聚居内陆偏远地区，在对内、对外开放中一般处于不利地位，但外引内联仍大有可为。呼和浩特市做“三沿”（沿大青山、沿包兰路、沿黄河）的大文章，上大项目，就是好例。

沿海开放，除三亚市、玉林地区（沿海经济开放区）和辽宁省北镇县（毗邻沿海的锦县）外，西南地区和两湖的出海通道，一是通过重庆、武汉口岸，从长江口出海；二是沿西江通过广州口岸从珠江口出海；三是通过南昆线，从北海港、防城港出海。缅甸愿以濒临孟加拉湾的皎漂深水港为云南省的出海通道，搞转口贸易，这只能是长远设想。

沿江开放，除长江、珠江外，西双版纳州临澜沧江的景洪，经批准设置二级口岸。澜沧江已开通临沧地区、西双版纳州航运，出国境入缅甸、老挝及以下为湄公河，是6国的国际河流，将来有希望形成从大理白族自治州功果桥向越南胡志明市的直达航线。

沿边开放，西藏亚东县是对不丹、锡金和印度的传统口岸；山南地区恢复了亚玛荣边陲国际商贸交易会；云南边境批准设置了16个口岸，其中包括西双版纳州的景洪、打洛两个二级口岸；广西宁明县正扩建对越南的边贸口岸。中缅、中越边境市场正扩展为全国市场。沿北方国境线，内蒙古锡林郭勒盟有二连浩特口岸和东乌珠穆沁旗的珠恩嘎达布其口岸，还有阿巴嘎旗、苏尼特左旗等边境旗；阿拉善盟额济纳旗有策克口岸（国家一类季节性口岸），开关一年多，边贸成交额近千万元。怎样把沿边地、县这一特有的区位优势发挥起来为经济发展服务，是这些地、县领导面临的一个紧迫课题。

三、民族地区发展的比较优势分析

国务院发展研究中心林毅夫博士在授课中提出，“比较优势发展战略”指导下的经济有竞争力，发展快。边远地区的优势是自然资源，过去在计划经济体制下，资源价格被扭曲，未表现为经济上的优势。在市场经济条件下，经济发展快，资源优势就会变成经济优势。

实行“比较优势发展战略”，先要认清自身的优势。在西南5省（区），比较明显的优势有：

（一）能源优势。红水河、雅砻江、金沙江、澜沧江都有一批水电“富矿”。如广西天峨县有新建的龙滩电站（装机400万千瓦），云南凤庆县有新建的小湾电站（360万千瓦），四川盐边县有在建的二滩电站（330万千瓦），中、小水电资源分布更广。黔西南州有重要的煤田。

（二）矿产资源优势。凉山州的黑色金属、河池地区的有色金属、黔西南州的金矿、昌都地区的铜矿等，在全国占有重要地位。适合地方开采的各种中、小矿藏更多。

（三）森林资源优势。川、滇、藏交界横断山脉林区是我国第 2 大林区。黔东南州有重要的杉木林区。凯里、西昌都有条件建设大型林纸基地。海南和西双版纳州的橡胶是全国仅有的。

（四）名、优、特资源优势。云贵的烟叶，湖北恩施市的药材，贵州道真县、兴义县、晴隆县等地的茶叶，都有很高的经济价值。云南凤庆县所产名茶“滇红”，一年出口创汇 400 万美元。另如临沧县的小粒咖啡，西双版纳州的大粒咖啡，广西宁明县的八角、茴油，凉山州的白蜡，还有畜种资源如丽江马、南丹黄牛等，也很有名。

（五）旅游资源优势。在三亚市，张家界市，广西桂平县、宁明县，黔东南州的镇远县、施秉县、黄平县，黔西南州的兴义县，丽江地区，迪庆藏族自治州和西双版纳州，山南地区，都有国家重点风景名胜区。拉萨市、呼和浩特市、贵州镇远、云南丽江，都是国家历史文化名城。

（六）区位优势。除沿边州、县外，民族地区目前大多处于劣势地位，随着经济的发展，也有可能出现相对优势，如黔西南州的普安县、兴仁县和安龙县，在南昆线投入运营后，可能出现新的经济走廊。天生桥一、二级水电站的建成，也将给这个州带来新的经济生长点。

（七）劳动力优势。以劳动换资金，是经济落后地区的一条重要出路。广西学员蓝炯标积极组织河池地区的劳务输出，搞得好，一举数得，多头受益。

四川学员严志华运用“比较优势”原理，把发挥自然资源优势当作发展马边县经济的突破口，今年围绕磷、林、电、土特产 4 个重点定了 8 项目标；贵州学员彭翔在认识德江县资源优势的基础上，研究调整产业结构，树立烤烟、油菜籽、天麻、蚕桑、桐木籽、白山羊、中药材等新的经济支点。他们的论文内容都比较充实。但德江县大抓烤烟，因结构过于单一、脆弱，成效甚微；而其北面不远，地处川、鄂、湘、黔 4 省交界的四川黔江（土家族苗族自治县），1985 年以来以“两烟”为支柱产业，则在全县经济起飞中起着举足轻重的作用。由此可见，在找准优势到发挥优势过程中全面规划、产业配套的重要性。

四、民族地区建立新的发展机制的分析

民族地区的社会经济运行系统普遍存在着先进与落后并存的二元结构，从中衍生出两者相互排斥、抵消的封闭机制。中央统战部叶小文局长提出它已成为民族地区经济发展的“瓶颈”，并列举由此引发的许多种负效应。这在本期培训班上也有反映，例如：

生产要素投入的“贫血”效应。云南临沧地区的财政补贴相当于自身财政收入的一半以上，仍入不敷出，只好一保吃饭、工资，二保个人收入部分，三保“拼盘”（上级各部门的专款下达项目，必须地、县财政“配套”），四保建设（实际上保不了建设）。这种难以为继的状况在民族地区中带有相当的普遍性。

“孤岛”效应。大厂锡矿、龙滩电站等国家重点项目所在的广西河池地区，小湾电站所在的云南凤庆县等，对怎样处理条块关系的问题至今没有摸出一套互惠、互补的办法。这在一定程度上表明“孤岛”经济或“飞地”经济现象值得研究。

政策投入的衰减效应。在学习、讨论中，有的学员一边转换观念，甩掉“等、靠、要”思想；一边担心，不是不想自力更生，实在是政策不落实，“会哭的孩子有奶吃”。

建立新的发展机制，要从发展乡镇企业和非国有经济，面向两个市场，促进东西结合、国家重点建设项目与地域经济结合等方面入手。辽宁北镇县以集体、个体、私营、三资多种渠道发展乡镇企业，瞄准全国最高点，大搞内引外联，攀亲结贵，实现跳跃式发展；包头市白云矿区政府，依靠国家重点矿山发展地方工业，逐步形成采—掘—选—炼—铸—加“一条龙”生产体系，走出了国家和地方联合开发、共同发展的路子，都是好的苗头。农业部第一批全国乡镇企业东西合作示范工程，共66项。它们的进展情况和辐射作用，也值得注意。

五、培训班的目标或功能分析

《中共中央关于新形势下加强党校工作的意见》中明确要求，“每一次研

讨班和轮训班，都要有针对性地切实解决几个问题”。这对行政院校同样是适用的。

内蒙古学员呼尔查在结业式上的发言，把参加这次培训班比作一项“洗脑”“补脑”工程。“洗脑”，指转变或更新观念；“补脑”，指增补或更新知识。本期培训班在一定程度上发挥了这两种功能，可以说是比较成功的一面。除此以外，培训班还应当发挥“启脑”作用，即有助于学员智能的自我开发，其重要性不亚于“补脑”。呼尔查没有谈到这一点，这恐怕是我们许多培训班普遍存在的一个不足方面。叶小文局长对贫困地区的“政策衰减效应”作了这样的描述：政策再好，“最后到了执行者那里，往往有一半不清楚，清楚的又有一半不会用，会用的还有一半不兑现”。通过短期培训，把政策原原本本地交给执行者，有可能解决或部分地解决“一半不清楚”的问题。解决“一半不会用”的问题，就不能停留在“补脑”上，还要拿出“启脑”的办法来。至于还有“一半不兑现”的问题，原因错综复杂，更不是简单地传授知识所能奏效的。

“启脑”，是传统教学的薄弱环节，需要我们在新的起点上进行探索。在教学内容上，一方面是深入发掘、交流参训单位自身的经验（从本期 151 个县的情况看，在不同角度上是有不少经验的）；另一方面是有针对性地介绍贴近本地区、本专题的典型经验，如位于武陵山地区（贫困地区）的四川黔江土家族苗族自治县，从 1985 年的国家级贫困县，到 1993 年被评为“中国明星县”，就可以起到“活教材”的积极作用。在教学方法上，要逐步摆脱灌输式、注入式，转向启发式、参与式。这有待于专、兼职教师的共同努力。

六、教学单元和课程分析

本培训班的教学内容分 3 个单元、7 个专题、24 讲。其中，第 1 单元：国际、国内形势，9 学时；第 2 单元：行政管理，27 学时；第 3 单元：社会主义市场经济，36 学时。为配合民族地区发展经济、扶贫开发这一中心任务，第 3 单元的课时还可以增多，特别要加大其中第 2 专题（农业经济和地区经济发展，原安排9学时，后减为3学时）的分量，以照顾学员的核心需求。

课程（或专题）内容要多联系一些民族地区实际。在24次授课中，叶小文局长讲的“新形势下我国的民族、宗教问题”对本班学员是最有针对性的一课，受到普遍欢迎。另有讲得很好的几课，联系民族地区实际就显得不够。如林毅夫博士用经济发展战略的转换来解释建立社会主义市场经济的理论背景和实践依据，同时提出“比较优势发展战略”不仅对国家的发展有意义，对国内不同地区的发展也有意义，但只是一语带过，没有分析少数民族地区的比较优势和发展问题。国家体改委王仕元副主任讲“关于党的十四届三中全会决定的几个问题”，认为在坚持以公有制为主体的前提下，少数民族地区、边远落后地区可以更多更快发展一些个体经济、私营经济和外资企业，也是点到即止（他在中央党校民族宗教问题研讨班的授课题目是“社会主义市场经济体制的建立和民族地区的改革”，就更有针对性）。少数民族地区怎样实行“比较优势发展战略”，怎样增加原始积累，怎样鼓励个体经济、私营经济和外资企业的发展，怎样更放开手脚，实行“多种轮子一起转，哪个转得快就让它转”，都有很多文章可做。在这些“热点”问题上适当展开一些，对启发学员思路、抓住机遇，会有直接的帮助。

西南5省、区背靠大西北和长江、珠江流域，面向东南亚。东南亚地区正处于经济高速增长期，有各种形式的“经济增长三角”，并将在10年内建成东盟自由贸易区。我国和东盟国家的贸易额由1978年的8.6亿美元扩大到去年的107亿美元，东盟国家在华投资总额已达到45亿美元。为本培训班讲国际形势，应当向东南亚地区倾斜。“行政管理体制和机构改革”“行政法与依法行政”两讲，总的内容不错，但对民族地区只是点了一下，也还有扩充的余地。

七、本培训班与中央党校民族宗教问题专题研讨班的比较分析

两个班的相同（似）点和不同点见下表（缺结业论文质量比较）。总体

来看，中央党校班是专题性理论研讨班，除了参观考察这个单项外，它在计划、层级、教学水平和学员的主体性等方面都高出一筹。就是在同这个班学员座谈时，李瑞环同志认为“大力发展经济”是“我国现阶段民族工作的根本任务”。他说：“当前，少数民族地区最突出的问题是经济落后。经济落后可以导致一连串的落后，经济发展可以带动一连串的发展……可以说，发展民族地区的经济是解决民族问题的根本途径。”可以说，这也是民族地区政府对于公务员培训的根本需求。

同年两个民族班教学活动比较表

		本院民族地区干部行政与经济管理培训班	中央党校民族宗教问题专题研讨班
相同（似）点	主题	民族工作	民族工作
	办班年月	今年4—5月	今年6—7月
	总课时	161学时（含自学45学时）	132学时（含自学45学时，占34%）
	分段	4个单元（含外出考察）	4个阶段
	学员	31名	35名
不同点	性质	综合培训班	专题研讨班
	层级	地级干部13名，县级18名	省部级干部14名，地厅级21名
	授课	24讲，72学时（占44%）	专题报告和讲座9次，27学时（占20%）
	研讨	3次，9学时（占5.5%）	研讨（含准备）、交流20次，60学时（占45%）
	参观考察	市内参观3天，外出考察10天	未安排
	教学内容	多数授课内容联系民族地区实际少	报告和讲座内容比较贴近民族地区实际

八、对今后办同类培训班的几点建议

（一）地方政府的高、中级公务员参训，往往带有各自的地方特点。要注意从地域分析中把握培训需求，并体现在教学计划中。

（二）在各类课程（或专题）中加大经济课程（或专题）的分量，在公共行政课程（或专题）中也要增加公共财政的内容。选择培养目标，应把“政府怎样促进地域或县域经济发展”列为第1位，而把“怎样当好州、县长”这样的宽泛题目放到第2位。

（三）适应20世纪内大部分民族地区的中心任务，培训班要多安排一些与扶贫开发有关的教学内容，包括乡镇企业、温饱工程、科技扶贫、边境贸易等，把“雪中送炭”的精神贯穿到各个教学环节中去。

（四）培训班的授课内容，既要讲清本专题范围的基本要领，又要尽可能贴近民族地区实际。大部分课程或专题，最好都能从讲解一两个民族地区的现实问题入手展开。

（五）校内教学的学时分配，从讲课、自学、研讨的学时分配大致是5.5∶3.5∶1的实施比例上看，讲课偏多，研讨偏少，如何发挥学员的主体作用仍是突出的薄弱环节。加强研讨的途径，恐怕要对传统教学程序进行方法论意义的变革，变“讲授—自学—研讨”为“研讨—讲授—自学”的不断循环。

（六）对学员结业论文（或学习心得）内容的基本要求，要把教学内容、参观考察、班组横向交流的主要收获与本地区、本单位、本人的实际情况结合起来。在入学通知中要说明自选题目的要求，在结业前要安排好论文写作和交流的时间。

（七）在办培训班的全过程中，不仅要提高管理和服务的水平，更要加强教学业务力量的投入。开班聘请兼课教师，应加强对学员情况、培训需求的介绍和教学计划要求的说明。对联合办班的党政部门，除了争取在招生、考察接待和经费上的支持，也要更多地取得他们的业务指导。

（八）不仅在班前要调研培训需求，班后也要作需求分析。向后看是为了向前看。

附件　中央统战部二局毛公宁局长电话记录（1995年1月14日）

通话单位：中央统战部二局

通话人：毛公宁

主要内容：

年前送来的“民族地区干部培训班班后需求分析”材料，叶小文局长和我都看了，你们的办学态度认真，对民族地区干部的需求分析得很好，我们赞成文中的观点，没有什么意见。

去年6—7月由中组部、中央党校和统战部3家合办的民族宗教问题专题研讨班，实际工作主要是我们操办的，这个班的规格比国家行政学院4—5月办的州县长班要高，9次讲课的内容同民族地区的实际结合得紧，如社科院民族所的郝时远（国内较有造诣的民族宗教问题专家）讲当今世界民族主义浪潮，中科院胡鞍钢主要是讲自己的研究课题成果，学员听了解渴，说在省里从来听不到这样有深度的课，普遍反映收获很大。临结业时，由锦涛同志主持，请瑞环同志讲了一篇重要讲话，很有高度，意义深远。

中央党校班结束后，浙江学员（副省长）回去仿照这个班的做法，在普陀寺办了一期分管宗教民族工作的地厅级干部读书班；全国政协民委也在中央社会主义学院办了一期各族政协民委干部培训班，都请原班教师讲课，效果很好。所以，中央党校班的影响比较大。

去年我们先后参加了国家行政学院和中央党校办的两期班，感到中央党校班有两个优势：一是班前准备工作比较充分；二是请教师的层次高。行政学院班办得也很好，广西学员回自治区的反映不错。

今年我们将在中央党校再办一期民族宗教问题专题研讨班，州县长班暂不安排，希望同国家行政学院长期合作，有机会再坐下来好好谈一谈。

在任职培训教学方案研讨会上的发言[①]

以一名教学人员的身份，就方案设计思想谈几点初步的看法。

一、从任职培训的性质和地位看它的重要性

晋升领导职务的任职培训，旨在提高公务员拟任或新任领导职务所必须具备的素质和能力。

（一）任职培训是四类公务员培训中最重要的一类

说它最重要，一是按照《党政领导干部选拔任用工作暂行条例》第7条的规定，它属于资格培训，在法定要求上带有刚性；二是承担这项任务的培训机构必先取得培训资格；三是它安排在学员公职生涯的转折时刻，对学员的个人发展也具有重要作用。

我院办过两期任职培训试验班，有6个月和3个月的，都是短期培训。学制6个月的，学制与德国、奥地利行政学院晋升资格培训班持平，长于泰国地方发展学院的省长班（4个月）。3个月的学制缩短了一半，但比香港高级公务员课程中心的在职人员培训（9周）、美国哈佛大学肯尼迪政府学院的高级文官培训（8周）、韩国公务员4级晋升3级（局长）的资格培训（6周）、美国联邦高级官员学院的高级文官培训（4周）、泰国地方发展学院的区长班（1个月）都长，因此，也有短中见长的一面。

（二）任职培训班是我院常设性流水班、主体班

我国公务员队伍庞大，晋升的绝对数量也大，并且新陈代谢，永无完结。1993年，晋升正副省部长以上及相当职务者223人，晋升厅局长及相

① 作于1995年2月24日，由任进整理。

当职务者 3094 人，晋升县处长及相当职务者 34605 人，总计接近 38000 人，任职培训的任务量很大。我院若全面承担晋升厅局长及以上职务的任职培训，合计 3000 多人，如每年办 3 期，就要超过常年在校学员（1000 人）的规模；即使只承担其中的一部分，它也可能成为我院占压倒性的主体班。

这类班是大批量的，但单班容量小，不宜开大班。它是多层级的，我们先从中层级（县处级晋升厅局级）突破，再向高层级（厅局级晋升省部级）发展，低层级（科级晋升县处级）的只办一点示范班。它是高频率的，如不能连轴转、紧运行，就要在选优培训上找出路。

（三）任职培训班是行政院校的特别班

这样讲，一是因为高层级的公务员任职培训人无我有，可喻为“独生子”；二是因为它最能体现行政院校的办学特色；三是因为在培训内容的综合性上，它高于其他 3 类短期培训；四是因为部委学员与地方学员因岗位不同而带来的培训要求的差异性，也高于其他 3 类培训。

今年继续办任职培训的试验班，意义很大，但起点低。跨 1991—1992 年的模拟任职培训班，在行政管理单元搞了 4 个决策案例，肯定了 3 点收获，提出了几个重点；在现代管理单元安排了政策分析专题讲授，学员也有收获。但是这个势头没有继续下去，说明我们的认识不稳定。去年 3 期试验班（含任职培训班）回收的 135 份教学评估资料有个总体分析：课堂教学体现的是理论性为主、讲授为主，实际上带有“任职教育”班的味道。在 3 期试验班中，任职培训班与综合性更新知识培训班“同构化”，主要是任职班“化”向了更新班。今年任职培训试验班的局部突破，就要从解决这些问题入手。

二、“任职培训教学方案”（讨论稿，2 月 10 日）简析

与去年任职班的教学方案相比，有几点进步：

（一）6 个单元不强调学科的系统性，知识面也有所扩大，增添了社会学的内容，有些专题看来比较实用。

（二）为加强管理能力培训，安排了案例分析、角色扮演、会议设计、

心理测试等课堂活动，约 10 次。

（三）加大学员参与度，授课与研讨的比例从去年的 1∶1.5 扩大到今年的 1∶2.5—3。

（四）印发专题讲义和学习参考资料，充实自学内容。

但是，6 个单元仍然是不同层级的多学科排列。这样做的道理似乎是：政治、经济、法律等基本的社会科学门类代表着相当普遍的培训需求；它们也是政府管理的知识基础；我们按学科划分教学单元已是“轻车熟路”；在国外也能找到近似的个别案例。

存在的问题：一是学科门类取舍的界限不清晰，忽略了公共政策、现代管理、信息技术等重要内容；二是学科层级关系不清晰，一、二、三级学科兼陈并列；三是学科内容分工不规则，如第 1 单元（政治）有科技，第 2 单元（经济）无科技，第 3 单元（行政管理）有决策，第 4 单元（领导方法）无决策；四是 6 个单元之间的内容也有重叠，如第 3 单元的行政协调与第 4 单元的协调人际关系，第 3 单元的干部人事制度改革与第 4 单元的怎样选人用人，第 3 单元对领导者素质能力的新要求与第 4 单元的司局长应有的素质修养和基本领导能力，第 4 单元的领导者综合分析能力与第 6 单元的提高调查研究能力等。问题的症结在于：学科门类少了不够用，多了容不下，对一些复杂的关系问题很难琢磨透。

第 2 单元“宏观经济管理”的内容是社会主义市场经济更新知识班 10 个授课专题的浓缩，能否适应提高任职能力的要求，也值得进一步研究。

三、结合任职培训方案设计，加深对 4 项培训原则的理解

（一）关于按需施教

前两年习惯于“需求—课程”的两段式理解，现在看，这里恐怕包含着相互关联的 3 个环节：

一是按什么需。政府工作、政府机关职位以及公务员自身对培训都有许多需求。我国公务员制度改革 6 个试点部门的 116 个司、处级职位提出了 21 门知识、10 种能力以及政策水平、思想作风等方面的需求；美国对行政主

管、部门主管、一般管理人员有22种管理能力的要求。

这不是一次短期培训所能满足的。因此，要进一步摸急需，首先是适应形势发展的宏观需求，《教学调研资料》(88)对此有较深入的分析；其次是对应于某一级职位的领导素质和任职能力的核心需求；个人需求另议。

二是从核心需求中引申出培养目标。培养目标既要有概括性，又应当具体化，正如中发〔1994〕5号文件所要求的，“每一次研讨班和轮训班，都要有针对性地切实解决几个问题”。这可以说是每一期研讨班和轮训班教学方案的“纲”或“脊柱”。

三是施什么教。短期培训不可能有求必应，也不能停留在“开卷有益”上。往往“需要一大盆，只给一小碗”甚至“一小勺”。因此，是有限施教、浓缩施教，要在培养目标分解的基础上明确教学重点。一方面，1994年《院长办公会议纪要》(9)要求“把本质的东西教给人家，使人学了感到解渴”，这应当成为选择教学重点的准则。另一方面，除了照顾参训者所需、所急，还要考虑培训者所能、所精。要把这两头结合好，无精品不施教。

从宏观需求、职位需求和个人需求的结合点着眼，对司局级任职培训的教学重点提出一些线索：

1. 行业国情或区情、市情分析。这是司局级职位必须面对的全局性问题。由此拓宽到本行业、本辖区的外部环境分析乃至国情、世情分析，则是司局级职位所应体认的开放性。

2. 市场经济条件下的政府职能。《院长办公会议纪要》(9)提出，“任职培训主要解决处长到局长在政府职能转变中如何适应问题”。这就要探讨市场经济运行规律，政府做什么、不做什么，政府与企业的关系、与市场的关系、与社会的关系，中央和地方的关系等，进而探索政府对经济、社会的宏观调控。美国SES 5种核心资格中的战略规划能力、资源规划和管理能力等都与此相联系。

3. 作为现代管理核心的决策能力。司局级公务员接近决策层，无论从领导角度的决策能力还是从参谋角度的辅助决策能力，都是这一级职位所要求的。其中包括美国SES核心资格中的项目开发、评估能力。

4. 政策和法律素养。政策水平是基本的领导要素之一。介于政治学和行政学之间的政策科学中有不少可学的东西，有助于提高政策分析能力。法律既是决策者的必修课，也是依法行政的知识基础和思维训练的重要途径。

5. 组织领导、协调能力。主要是领导、协调、沟通、授权、监督等，也包括美国 SES 核心资格中的人力资源管理能力。厅局级职位在这方面的要求比县处级更高。同时，还要注意区分部、委和地、市的厅局级学员对组织、领导和协调能力的不同要求。

6. 调查研究、统计分析方法和信息技术。这是公务员的基础功，对司局级职位来说似乎带有补课的性质。

上面谈到的领导、决策、政策水平，既是融意志、知识、经验于一体的综合素养，也有它的能力表现。任职培训既要兼顾这两方面，又要适度地向能力倾斜。

一期培训班的教学重点不宜多，经过论证，看能不能试着分单元配置教学内容，能不能突破“培训需求—学科—教学单元—课程”的技术路线，形成“培训需求—培养目标（教学重点）—教学单元—专题模块”的方案设计新思路，或取两者相结合的形式作为一种过渡办法。

（二）关于理论联系实际

从去年夏季研讨班上所了解到的马克斯维尔学院的经验看，教学过程中理论联系实际不是单渠道、一次性的跨越，而是多路逼近或者分步递进的（参见《在 1994 年夏季讲习班结业式上的小结发言》）。因此，这里也包括相互联系的 3 个问题：

一是对理论进行分解。理论五花八门，其中居于最高层次的是价值观念，其次是学科理论，再次是作为学科理论基础、介于理论和实际之间的概念模式。马克斯维尔学院教师对价值观念和学科理论讲得不多，大都点到为止，展开来讲的是模式分析，有的讲得相当精彩。

二是对实际进行分解。实际无所不在，引入教学中的应当是某些较为复杂、棘手的管理问题。已接触到境外公务员培训中联系实际的具体形式有：英国文官学院 123 处每月组织两次参观考察，伯明翰大学发展行政小组的

“实践学习法”，香港高级公务员课程中心的跨行业“行动式学习”，美国马克斯维尔学院在职文官培训的本行业“效率项目”，肯尼迪政府学院研究生以咨询项目取代学位论文，法国国立行政学院的 1 年制分段实习等。其中，可供短期培训班借鉴的是前 4 种。

三是在理论和实际之间起中介作用的“纽带”或“桥梁”。体现在课堂上的有：模式分析、案例分析、角色扮演、情景模拟、设计实习、个人心理测试、计算机模拟等，形式多种多样，各有一定的效用。

我们贯彻理论联系实际的原则，在这 3 个方面都有文章可做。值得注意的是，在我国由钱学森倡导的以智能化的人机交互系统为基础发展起来的“综合集成技术”，把专家群体、各种数据和信息与信息管理系统（MIS）、决策支持系统（DSS）等计算机技术结合起来，把各种学科的科学理论与人的经验知识结合起来，有助于缩短理论与实践之间的距离。这将为应用型公务员培训开辟一条新的现代化的技术途径，搞好了，也有可能为中国公务员培训增添一项新的特色。

（三）关于学用结合

学用结合含有学用一致、用其所学的意思，是对用人部门的要求。培训机构所注重的是另一层含义，即：学了管用，边学边用，其实质是把知识转化为能力，并要求速效、立竿见影。为此，任职培训的知识性内容要注重实用性和知识转化率，此外还要安排相当分量的能力和方法性培训，总体是为学员加快“转化”、实现知识和能力的融合创造良好条件。

通过培训提高任职能力，不仅指动手的能力，更要有动脑的能力。1993 年《教学调研资料》（52）强调“对学员改变思维方式、领导方式起重大启迪作用”，就提出了更高的要求；同年（53）也提出了行政思维逻辑的重要性。据介绍，自愿到肯尼迪政府学院参训的在职官员，大多是为着“削尖”（Sharpen）一下，也就是使迟钝了的头脑重新敏捷起来。因此，学用结合实际上包含学习、思维、行为 3 个层面，要勤学、多思、善用。“学而不思则罔，思而不学则殆”。用而不学则庸，学而不用则废。对这个大题目，还要作更多的探讨。

学用结合原则同理论联系实际原则有相通性。学用怎样结合的问题，如同理论怎样联系实际的问题一样，都涉及教学方法研究。去年 3 期试验班对 31 个课题教学方法（灵活性、参与性）的评估意见：好的和一般的各有 1 个课题，弱的有 29 个课题。可见教学方法已成为我院培训中最薄弱的环节。我们已办过 3 期教学方法研讨班，另 4 期行政学师资培训班也穿插着这方面的内容，但消化、吸收、转化得不够。要看到，参与式不仅是现代公务员培训的共同要求，也是政府改革的目标模式之一。《院长办公会议纪要》（9）明确要求任职培训“采取案例、模拟等教学方法，摸索新路子”。拿案例分析来说，它既带有参与式的特点，又是一种有效的发散性思维训练。

推广新的教学方法，首先是专职教师的责任，要一项一项地落实。

（四）关于讲求实效

这个问题比较复杂，难度也大。

培训有无实效，要看参训后的政绩。任职培训班的核心需求、培养目标、教学质量要同参训者较长周期的绩效考核形成闭路循环，才能得到真正的检验，中组部会同有关方面，去年形成了县区领导班子和领导干部政绩考核意见，其中设有 20 多项考核指标，这与任职培训方案设计有直接的关系，需要跟踪了解。

四、几个观念问题的讨论

在 4 项培训原则以外，有几个观念上的问题似应加以考虑：

（一）通用性培训

与专题性的或以专题性为主的其他 3 类公务员培训不同，任职培训内容带有综合性或通用性。在培养“专才—通才—领导者”的目标链中，我们现阶段对晋升厅局长的任职培训兼有后两种目标。

去年来访的英国高级文官 S. 肯尼斯爵士说过：为满足政府管理的要求，通才、专才都是需要的。关于通才和专才问题的争论已成过去，不是当前的热点。以色列的 Y. 德洛尔教授在“培训 21 世纪高级文官大纲”中提出高级文官必须职业化时也说，通才、专才之间的界限模糊。日本的公务员培训，是在通才的基础上发展专才，即“T型”人才或“复合”人才。而从我国中、高级公务人员的知识结构看，大部分是专才出身的，他们在行政管理中虽得益于专业性的逻辑思维训练，但补上通才培训这一课仍属必要。我们的培养目标，可以说是“倒T型”人才。再加上领导者培训这一块内容，都属于通用性培训。

对于通用性培训的原则要求：一是站得高一些，肯尼迪政府学院的高级官员培训，强调从政治上、战略上、宏观上看问题，使“专才”拓宽视野，是可取的。二是学科内涵放宽一些，尽可能地突出大管理、大行政、大社会，掌握基本原理和应用要领，不钻牛角尖。三是知识门类靠紧一些，多从政治经济一体化、经济科技一体化、经济社会协调发展上配置教学内容。

（二）学科交叉性

办公务员短期培训班，培训专题愈单一愈好，培训内容愈综合愈好。这一对矛盾恐怕要统一在学科交叉性（或渗透性）之中。

在教学实践上，先看一看法国国立行政学院1971年的改革。当时的《布洛克·莱纳报告》认为：“目前对百科全书派观点的奢望是一种诱惑，有损于培训的质量。即使是在入校时就受过扎实的高等教育，人们也不可能在ENA一下子获得足以使他同时成为全面的经济学家、富有经验的政治家、社会或国际问题专家的才能。”既然两年培养不出多学科专家，报告转而要求：“抛弃徒有虚名的‘多价’思想。真正的‘多价’不应该指教学内容的‘多价’，而是人的认识能力和观念上的‘多价’，即在分析和研究某一问题时能抓住它的各个方面：行政的、法律的、经济的、社会的、心理的、国际的等等。学校应该致力于这样培养学生的全面分析、研究、解决问题的能力。为此，要保持共同培训与分科培训之间的平衡、实习与教学之间的平衡。”这就是说，要以多学科交叉和聚合性思维提高认识能力的“多价”性。

肯尼迪政府学院对知识性课程内容的“拔高”也包含着这样的意思。如投资项目的评估，除了一般的方法和程序，还要从不同角度来考虑：从投资者的角度，能否赚钱；从银行的角度，能否按期还款；从政府部门的角度，能收多少税；从国家的角度，对其他产业的影响和社会效益等。

沃登管理学院1991年的改革，注重学生集体工作和领导能力，跨学科的课程代替了严格的专业划分。

在发展趋势上，叶海卡·德洛尔在“培训21世纪高级文官大纲”中强调“要有最基本的交叉学科的知识，不一定很系统、很先进，要对未来进行预测”。他列举了思想史、经济学、民法、注重于变革的社会科学、科学技术等学科。我院《教学调研资料》(112)等对此都有所阐述。

在学科属性上，公务员培训的几门重要课程如行政学、政策学、决策学、领导学等，都是交叉学科。

在研究对象上，交叉学科注重于问题领域，而不按传统的学科划分行事。在我国，提出“社会结构转型是既不同于市场调节，也不同于国家干预的另一种资源配置力量”即“第三只手”这一新论点的不是经济学家，而是社会学家。

以上几点，对于公务员培训、科研、咨询，都是有针对性的。为朝着这个方向努力，教学方案要从当前经济和社会发展的“热点”问题中精选一批有代表性的、能适合课堂运用的专题，并作好充分的资料和操作准备。学科交叉、渗透，也是我院学科建设和师资进修的方向。肯尼迪政府学院的多名教师，在专业上大都跨好几个学科。拥有6个博士点、15个硕士点的中央党校，拥有3个博士点、14个硕士点的国防大学，算得上是多科性成人高校。我院如按行政学是二级学科的思维定式，则是单科性成人高校，而从政治学、政策学、行政学、决策学、领导学等交叉学科群着眼，可不可以另辟交叉性成人高校的新路子，则值得研究。

（三）学员自我体验、开发和更新

公务员培训是人力资源开发的同义语。一期短训班所能教给学员的知识和能力是有限的，通过它的催化剂或孵化器作用帮助学员增新知识和释放潜能的幅度要大得多。因此，对短训班的功能既要求速成，又期待长效，而这两种过程都要以学员为主体、通过自我感悟才能完成。这正是“行为教育学”所提倡的。

为发挥学员的主体性，在教学方案设计中要多考虑：启发自觉，“开动机器”。第30期培训班学员李世俊抱着“升华经验、探讨问题、交流经验、提高技能”的目的入学，取得优异成绩，是一个有代表性的例子。我们要把这种自觉性尽可能多地普及到学员中去。

少教多导，或教、导并重。坚持启发式授课；凡能自学提高的、无师自通的不授课，有好教材、好读物的也不授课或少授课；把学时多用到选读引导、精读辅导、班组研讨、案例分析及其他课堂活动上。

在方法上引学员入门，而不在于掌握多少现成结论。提高分析问题、解决问题的能力，贵在得法。“授人以鱼，不如授人以渔。”这体现着对培训的深层次需求。搞好了，可以收到举一反三、一通百通的效果。美国麻省理工学院的斯隆管理学院深信经验和分析能力的重要性，认为世界上不断发生许多实际问题，帮助学生学习和掌握分析方法，是最好的解决实际问题的方法，就是一例。

我们在这方面实践得不多，要从国外经验中寻求借鉴国外大学的管理教育，哈佛大学重案例（也不放松原理），加州大学伯克利分校重理论，斯坦福大学两者并重，宾州大学重计算机模拟、国外考察和公司实习，我们要加以比较和鉴别。日本公务员培训，有同职能转轨相适应的思维转型的一套办法，也需要跟踪了解。

（四）培训“培训者”

合格的任职培训班不仅要安排必要的知识性授课，还要围绕能力开发组织一系列参与式课堂活动。这就要求培训组织者掌握相应的两支队伍：理论联系实际的授课教师（teacher）队伍和善于主持各种参与式活动的培训者（trainer）队伍，或者要求培训教师具备两种能力：课堂讲授（讲解）能力和组织案例分析、情景模拟、政策练习、心理测试等课堂活动的能力。目前，我国存在选聘授课教师的资源条件，而培训者资源稀缺。为使任职培训尽快走向正规化，我们要认真学习中组部干训中心造就国内第一代公务员培训者的经验，在我院中青年专职教师中培养出一批勇于开拓、创新的培训者。这是实现教学突破的当务之急。

对修改我院“图书馆建馆规划”的意见和建议①

“国家行政学院图书馆建馆规划”（征求意见稿）中有许多好的内容，也有一些问题需要进一步研究和修改。90 年代全国图书馆事业的发展，面临管理体制、资金短缺、人才培养 3 大问题。我院图书馆建设中除了这些困扰，还存在着办学模式的前提问题，这些都是“建馆规划”的制约因素。经 2 月 20 日、3 月 2 日、3 月 9 日同韩德昌等同志一起商量，提出以下修改意见和建议。

一、建馆宗旨

一是为读者服务。读者的构成：（一）在我院参训的高、中级国家公务人员和进修教师；（二）本院研究生；（三）本院教研人员（含兼职教师）；（四）本院职工。其中，以前 3 项为主。

二是为本院的教学、科研、咨询工作服务，这同前列（一）（二）（三）相衔接。

三是为“大行政管理”学科建设服务，这一点还拿不准，待研究。

二、建馆模式

在图书馆的性质和馆藏范围上，一要明确本馆不是综合图书馆，而是专业图书馆（Special Library），如何界定专业范围，还需要进一步摸索，这在研究采选计划中再加以讨论；二要明确本馆不是公共图书馆，而是研究图书馆（Research Library）。70 年代在美国兴起的“Conspectus 计划”，即记录

① 成文于 1995 年 3 月 10 日。

各成员图书馆馆藏规模和采访方针的细目表，有分 6 级的馆藏级别代码。其中第 3 级（指导服务型）、第 4 级（研究型）图书馆的内涵对我们有借鉴意义，要进一步跟踪并具体化。

本馆发展到 2010 年，如果实现 30 万册藏书量的既定目标，也只是个小馆。就算把藏书利用率提得高一些，也不能保证“三个服务”。因此，要设想一下它的功能：

（一）不仅提供图书、报刊、文献等印刷出版物服务，还要逐步提供以计算机存储介质为载体、采用机检技术的电子出版物服务。这样才能弥补馆藏印刷出版物总量的不足，而且图书馆在服务过程中还将发挥向读者普及某些计算机技术的教育功能。

（二）不仅提供馆藏和借阅服务，还要提供二次文献、三次文献开发（索引、文摘、预报等）的信息分析服务。我国自 1987 年成立部际图书馆和情报所协调委员会以来，图书馆与情报机构的合作进一步密切，在教学、科研单位，两者正向一体化方向发展。作为一个新馆的建设，要以兼有信息资料中心职能的第二代图书馆为起点，而不能停留在第一代图书馆上。

（三）不仅立足于本馆资源，还要就近利用外部资源。首先利用北京图书馆的书目数据盘，逐步开通京区的计算机局域网。再下一步，是利用计算机光盘系统海量存储，还是发展广域联网，要作比较论证。

这些功能，都是建设研究图书馆所需要的，从而对本馆的机构、编制、人员结构和素质提出了更高的要求。

三、采访计划

制订计划的核心问题是馆藏重点（或专业特色），这涉及我院办学模式和学科建设的方向问题，一时说不清楚。近期从“中图分类法”的 22 个大类（Division）出发，要考虑到：

A. 马列主义、毛泽东思想

B. 哲学中的思维科学、逻辑学、伦理学、心理学

C. 社会科学总论，含社会科学理论与方法论、统计学、社会学、人口

学、管理学、系统论、人才学

D. 政治法律，含政治理论、世界各国政治（中国政治部分含国家行政管理）、外交和国际关系、法律（含法理、国家法和宪法、行政法、经济法、财政法、民法）

F. 经济，含政治经济学、经济计划与管理、工业经济、农业经济、贸易经济、财政、金融

G. 文化、科学、教育、体育中的文化理论、科学和科学研究、教育（含教育理论、教育心理学、高等教育、成人教育）

H. 语言、文字中的汉语、常用外国语

K. 历史、地理中的中国史、亚洲史、世界史、传记、中国地理、世界地理

N. 自然科学总论

Q. 生物科学中的人类学

Z. 综合性图书

这 11 大类中，暂以 A、C、D、F、Z 为重点。二级类目（Category）和三级类目（Field）等待议。采选“国家行政管理”书籍，可参照耿焱（1993 年 10 月）提出的 46 种、毛寿龙（1994 年 11 月）提出的 64 种书目和马克斯维尔学院即将提供的一批书目重点配齐。

摸索馆藏重点，一要跟上学院培训、教育项目和科研、咨询工作的发展，二要借鉴兄弟院校同类图书馆、资料室的经验，三要适时进行馆藏综合评价，调整结构，少进闲书。

四、新技术水平

第一步，充分掌握 ILAS 系统，以磁带处理中文机读目录 CN-MARC，实现文献采编、流通、检索的计算机化。鉴于现有 ILAS 系统在技术上的局限性，某些性能也不如北图后起的 EWS 系统，要密切关注 ILAS 系统的更新版本能否适应本馆长远发展的需要。

第二步，在微机（或工作站）基础上引进 CD-ROM 光盘驱动器，逐步

扩大存储量。一旦新馆开馆，光盘建设就要起步。

第三步，CN-MARC 磁带不适用于多维的信息检索，要从长计议，建立数据库编制联合书目，与国家公共交换格式 CCFC 接轨，通过联机系统检索。

下一步，发展光盘多媒体技术，并与国内汉字信息处理技术结合，实现数据、文字、图像、音响的大容量兼储和交互式输出。

在引进新技术过程中，要处理好软件研究、数据加工、检索服务 3 者的关系，求得良性发展。

五、管理体制

在落实“建院方案”过程中，一要研究第二代图书馆的信息分析服务职能与学院计算机中心的关系，与有关教研部的协作关系；二要研究图书采储、管理与教材供应、管理的关系；三要研究电子出版物采储、管理与电教中心音像资料供应、管理的关系。

六、近期工作

今年 9 月前，在学院公寓楼开辟两间临时阅览室。

明年 6 月前，做好正式开馆、开辟 4 间阅览室的各项准备。

明年学院教育班学员入学前，移植北图的 CN-MARC 磁带、美国 OCLC 书目系统，选购部分港台书目软件，力求资源共享。

围绕 4 个重点培训项目，试编一部分文献索引和新书通报。

配合“关于我院教材建设的安排意见”，为两三年内逐步完成的五本教材尽可能提供书刊保障。

继续组织 8000 册图书的委托编目工作。

在农村怎样建立社会主义市场经济体制

——市场经济培训班专题反映[①]

6月22日下午，全班分组讨论农业问题。学员普遍反映：刘江部长备课充分，讲授内容丰富，运用投影手段优化了课堂效果；通过学习、讨论，提高了对农业基础地位、农村改革与发展的历史成就和当前存在的主要矛盾以及热点问题的认识。在讨论中反映出的几个重要问题摘报如下。

一、对农村市场经济体制的现状估计

一种认识是，农村已率先进入社会主义市场经济轨道，农业经济相对其他经济领域而言是市场经济成分较高的，它为我国经济体制改革打下了一个良好的基础。所持理由是：

（一）70年代中国市场经济的萌芽出现在农村，家庭联产承包责任制带动了农村商品经济的发展。

（二）农村的专业化分工（包括家庭专业户和承包专业户）和局部地区的适度规模经营，不同程度地走上了商品化生产道路。

（三）除棉花、橡胶等由国家统购外，90%以上的农产品都进入了市场，不仅农产品的市场成分高，农贸市场对国营农副产品商业的冲击也大。

（四）乡镇企业的经营、管理，百分之百地按市场机制运行，它为国有企业转制提供了经验。

（五）工业对市场的依赖性大，受计划经济体制的惯性影响也大，农业相对较小。

---

① 成文于1995年6月22日。

（六）城市改革至今没有一条像以家庭联产承包为主的责任制和统分结合的双层经营体制那样带根本性的成功经验。

另一种认识与此相反，认为农村市场经济体制处于滞后状态。理由是：

（一）我国农产品的商品率很低，60%—70% 的农产品不是商品。

（二）农业小生产与大市场的矛盾突出，全国 2 亿多农户，每家少养 1 头猪，城市猪肉供应就吃紧；每户多养 1 头猪，市场又承受不了。

（三）现货交易的农贸市场和城市农产品批发市场是初级流通形式，还存在着许多不顺的环节，如对有的农产品统得过死，粮油比价不合理等。在中国建立农产品期货市场还是将来的事情。

（四）农村社会服务体系的建设远远跟不上生产、流通的需要。

（五）农业部“拜八方”的现实表明国家对农业的宏观调控体系的主体缺位。

（六）一方面，农民受假冒伪劣农产品之害；另一方面，也有一部分假冒伪劣商品出自农村。

（七）广大农民包括相当一部分县、乡、村干部的市场意识、法制观念还很薄弱。

这两种认识，对我国农村初级市场化的标准问题都不完全明确。基于两种不同的估计，对在 20 世纪末初步建立起农村社会主义市场经济体制的目标和进程也将引出不同的见解（未进一步展开）。

二、在市场经济条件下农村工业化、农业现代化的道路和模式

小平同志指出中国社会主义农业的发展和改革要有“两个飞跃”。这个“很长的过程”与我国实现现代化的第三步发展战略目标怎样对应？作为“第二个飞跃”的“适度规模经营”与发展“高科技农业”（有同志反映，航天工业总公司正与农科院联系，利用航天器有限空间育种）的方向怎样统一起来？美国实现农业机械化和农业现代化用了大约 100 年，欧共体实现不完全的农业现代化用了大约 50 年。中国的农村工业化、农业现代化有哪些标准，要用多少年才能实现？

刘江部长对我国农村发展的方向与道路所讲的5条中，有一条“走以乡镇企业为依托，主要靠农民自己实现农村工业化的道路”，并强调“要继续发挥乡镇企业在吸纳农村富余劳动力的主渠道作用”。程极明先生“从世界农业发展经验看中国的农业”讲了7个概念，其中提出“我国工业的前途不能靠乡镇企业，而应靠高科技”，“目前农业剩余劳动力向乡镇企业的转移只是权宜之计”。两种不同看法，各有什么基本的依据？上海去年农民人均收入4300元，其中70%—80%来自乡镇企业，对此也要作具体分析。

三、在市场经济条件下怎样保护农业这个“质产业”

在中国建立社会主义市场经济体制将是政府主导型的，中国的农村市场经济体制更不能脱离政府的干预（或宏观调控），如“菜篮子”市长责任制、“米袋子”省长责任制都很重要。当前农村的6个热点问题大多同宏观调控有关，保护农业也有赖于国家对农业的宏观调控体系。目前，这个调控体系以谁为主体，农业的产供销一条龙、农村的贸工农一体化由谁来统一组织和综合协调，这些需考虑；“三不放开”的棉花购销政策由于现代棉花流通体制的弊端，很难实施；1995年取消了自70年代以来实行的对棉花的财政补贴，削弱了国家对棉花生产和调拨的调控力度。对于“农业宏观调控体系尚未完全健全起来，调控力度不够”这个突出矛盾，应当按什么思路去解决，都需要进一步思考。

四、在市场经济条件下农业的基础地位

在市场经济条件下农业的基础地位，与计划经济条件下的“以农业为基础”有哪些共同点和不同点？怎样看待和解决农业既是基础，又往往处于不利地位这个基本矛盾？怎样缩短强化农业基础地位的指导思想和所谓“三口百惠”农业（口号农业—口头农业—口粮农业，口惠而实不至）的实际之间的反差？有的认为，解决这个问题不能一件事一件事地发通知，不能一个人一个说法，要立法。

对于增加农业投入的两点看法：一是在看国家对农业的直接投入的同

时，还要看到对农业的间接投入，如财政对支农的补贴，农副产品价格补贴，国家对化肥生产和进口的投入和补贴（国家开发银行今年增加了40亿元的农业投入），农业银行对粮棉、中西部乡镇企业的专项贷款，还有一些免税优惠等；二是对农业不仅要增加投入，而且要注重产出，提高农业的资金使用效益。这些年银行对农业生产、流通方面的贷款金额在15000亿元以上，但信贷的资产质量不高，有1/3的钱转不动，如果把这一块（约5000亿元）搞活20%，就是1000亿元，相当于一年农业贷款的增量。

五、农村剩余劳动力的成因和出路

农村人多耕地少这个基本国情决定了农村劳动力过剩的必然趋势。除此以外，一些同志认为在不同发展阶段的市场经济条件下，农业的比较效益如何也是农村剩余劳动力的重要成因之一。如贵州三惠县16万人口，外出民工3万，他们通过邮局往回汇款总额超出全县财政收入的几倍，但农村只剩下“993861部队”这批弱质劳动力，不仅耕地撂荒，有的村寨死了人无人抬尸，只好组织“抬尸专业队”。

为农村的产、供、销全方位服务的社会化保障体系也是衡量农村剩余劳动力状况的一个重要标准。美国除了500万农村人口从事直接农业生产劳动，还有7500万人从事与农业有关的条件配套服务系统。我国4.3亿—4.4亿农业劳动力，除1.2亿在乡镇企业、6000万外出打工外，对留在农村的2.6亿，从围绕“精细农业”和农村二、三产业这两大块内容的发展需要有没有分阶段、分地区的人力测算？

六、对农村改革和发展大农业的建议

各组都提出了一些原则的或具体的建议，有记录或综合材料备查，在此从略。

第 2 期社会主义市场经济培训班教学质量问题探讨①

我院今年第 2 期社会主义市场经济培训班刚刚结束。从已掌握的初步情况看，参训学员收获较大，可以说是基本满意；一部分学员在某些方面有不满足感，应予以重视；围绕短期培训班的教学质量评估和保证，还有不少需要研究的问题。

一、以提高为主，把培训目标和要求具体化

初步理解我院《社会主义市场经济轮训班教学方案》（试用稿，1995 年 1 月 28 日）规定的培训目标和要求，可分解为 3 个要点：

（一）“进一步加深理解《中共中央关于建立社会主义市场经济体制若干问题的决定》精神，掌握社会主义市场经济的基本理论、运行规律和重大方针政策”，这是认识基础，是学习、工作的出发点。

（二）“了解经济改革和发展中的重点、难点问题”，这是主体部分。其中，重在经济改革，经济发展只起衬托作用。

（三）“更好地适应从计划经济向社会主义市场经济的转变，不断提高领导经济建设和宏观管理能力”，这是落脚点。

以上 3 者既有联系，又有区别。总体贯穿着“以提高为主”的基本要求，这在党的十四大确定建立社会主义市场经济体制这一改革的基本目标已逾两年半，对于经济管理部门从事经济管理工作的厅局级干部（在本班占 78%）是必要和适当的，作为“学习社会主义市场经济理论和基本知识的骨干培训班”也应当如此。具体分析本班学员以上 3 个要点的主要收获：

---

① 成文于 1995 年 7 月 23 日。

（一）比较弱；（二）相对集中；（三）有所提高，但有明显提高的是少数。在临结业前召开的学员代表座谈会上，学员班长提出了“理论与实际相结合、提问与答疑相结合、普及与提高相结合、讨论与总结交流相结合”的改进意见，并且认定本班属于普及班。对于普及与提高的属性问题，下文讨论。为使学员能有较全面的提高，最好把培训目标和要求弄得具体、明确一些。结合第 2 期培训班的试运行情况，对于厅局级干部通过这一专题性更新知识短期培训所应解决的观念和认识问题提出以下具体要求：

（一）认清建立社会主义市场经济体制的必然性与必要性。中国为什么要从计划经济向社会主义市场经济转轨？这对大多数厅局级干部来说应当是已经基本明白了的问题，但通过本班学员需求答卷反映，还有一些学员希望在这方面特别是从认识方法上得到提高。

（二）大体上弄清社会主义市场经济的基本理论、运行规律是什么，早期市场经济与现代市场经济有哪些异同，社会主义市场经济与资本主义市场经济有哪些异同，特别是社会主义公有制与市场经济这两个范畴为什么能够结合和怎样结合，这些是在教学中所要解决的核心问题。在学员需求答卷中，“寻找公有制与市场经济相结合的最佳形式”是重点需求之一。

（三）对社会主义市场经济的基本框架——现代企业制度、市场体系、宏观调控体系、收入分配制度、社会保障制度有比较全面、概略的了解，特别是对这 5 个主要环节在建置和形成中取得的初步进展、面临的障碍和困难、政府职能的转变、下一步改革的思路和政策要有比较清楚的认识。这也是（二）的延伸和充实。

（四）作为政府部门的厅局级干部，以（三）为基础，对宏观调控体系包括计划、财政、金融等调控手段，中央与地方的关系以及当前通货膨胀的严峻形势应当有更为集中、明晰的进一步了解。在本班学员需求答卷中，“市场机制与宏观调控关系的处理”“寻找国家宏观调控与市场配置资源的结合点”等都反映了这方面的需求。

（五）加深对社会主义市场经济的法制建设和精神文明建设的理解。这是市场经济的规范和保证，也是社会热点和难点，不能含糊。

对以上5点，不求全，不求系统、完整，但作为共性要求，应抓住本质和要领有实实在在的收获。至于提高领导、管理能力，主要是分析问题、解决问题的能力，也寓于5项具体要求之中。

二、试运行中对5项具体要求的满足程度和提高程度

初步衡量，对（四）（五）2项满足较好，（一）（二）（三）3项在不同程度上有欠缺。围绕（四）的授课分量较重。第5讲“加强与完善宏观调控体系”内容较好，被部分学员评价为最有理论深度的一课；第6、7、8讲和介绍西方经济学的讲座都是围绕宏观调控讲的；第1、3、4讲也有这方面的内容。（五）的排课适度，接着旁听经济纠纷案例的法庭调查又增加了实际感受，但授课人未讲精神文明建设，这就漏了中办〔1994〕11号通知所要求的3个方面收到实效中的一个方面，特别是在传达中办、国办关于王宝森事件处理通知的背景下尤其显得不足。所幸本班播放了朱镕基同志6月6日讲党课的录像，其中不仅对宏观调控有高屋建瓴的阐述，也给我们补上了反腐倡廉的重要一课。

前3项要求上的不足：关于（一），“建立社会主义市场经济的必然性和必要性”本来是第1讲的总题目，在授课人另立的“社会主义市场经济总论”（或“散论”）中改作一个分题目，没有展开来讲。在小组里对这个问题的讨论也不很多。在学员自我评估中，有88%的答卷人对必然性和必要性的认识有所深化，主要是阅读指定参考书的收获。

关于（二），西方经济学讲座没有介绍资本主义市场经济的基本理论、运行规律及其演变历程；第1讲原安排有这方面的内容，授课人未讲；第2讲第1节突出了“公有制与市场经济的结合”这个核心，也没有单列出来讲。这在课下和小组讨论中都是一个比较集中的议题，也暴露出不少模糊认识。经过交流和辅导，只在一定范围内解决了一部分问题。到结业时，约60%的人对社会主义与市场经济相结合的实现形式有比较系统的思考和认识，近40%的人对此仍“心里清楚说不清楚”或“不很清楚”。

关于（三），第 2 讲“新形势下搞好国有企业的思路”是全班的关心焦点。这一课讲得比较清楚（学员对教学内容的实用性、针对性评分最高），参观北京重型电机厂有助于感性认识的充实，通过小组研讨、大组交流、写心得体会也有一些提高，但一部分人对国有企业改革的信心不足问题并没有完全解决，围绕“政府对国有企业的改革应侧重于抓什么”的评估问卷，答案分散的近半数。对于市场体系，第 4 讲只讲了商品流通体制，未涉及要素市场（第 8 讲略讲了一点金融市场）、全面的市场规则和市场管理。对于收入分配制度和社会保障制度，第 6 讲安排社会保障体系的内容重于收入分配制度，而授课人以收入分配为重点，讲解社会保障的篇幅只占全篇的 16%，授课中有关居民收入分配的现状分析在学员中引起了不少争议，看来有些问题一时还说不清楚。

从普及和提高的关系上看，本班带有较多的普及成分：（一）多数学员认为启发性强的授课只有第 1、2 讲两讲，如果放宽标准，加上第 5、7、10 讲 3 讲，也只有一半；（二）小组研讨和大组交流以一般性内容居多；（三）写结业心得体会也以一般性内容居多；（四）参考书除《市场经济新体制重要政策法规指南》外，另两种基本上是普及读本。总体来看，满足“干部所需要的提高”还不很够。与此同时，也存在着一些提高的因素：（一）对经济改革的重点、难点问题的探讨，大多超出常识的范围；（二）学员自我评估有所提高（这只能看作一般的提高）；（三）少数较有深度的发言在小组研讨和大组交流中起了很好的带动作用；（四）几篇较好的学习心得反映出他们在培训中的确打开了一点新思路。贯彻“以提高为主”要求的不利条件：（一）学员结构不整齐，来自非经济管理岗位的占 22%，基础有别，需求不一；（二）学习动力也不整齐，有的对提高的要求不甚迫切，少数学员还受工学矛盾的困扰；（三）社会主义市场经济这个大专题的覆盖面较广，“宽”对“深”起着制约作用（有学员建议举办宏观调控、金融体制、行业管理、企业改革等专题研讨班，又当别论）；（四）在授课中介绍的新情况、新问题不少，但学员从中能获得的新知识、新方法不多；（五）每期 22 个学习日，时间短了一些（这是常数，目前不存在增长因素）。但是，也要看到并存的有利条件，如果在突出重点、加强理论与实际结合、搞好各教学环节的配合上多下功夫，在现有水平上再提高一步，是有可能的。

三、授课内容怎样把握理论与实际的关系

本班教学内容的设计，以经济改革和发展中的重点、难点问题及其对策、政策为主线。全班 12 次授课和讲座的教师阵容，官员占 83%，学者占 17%。这个结构比例保证了培训方向的现实性和应用性。

在紧密联系改革实践方面，一是授课内容比较实，各讲都以丰富的实际资料为依据，信息量可观，个别授课人还用上了多种图表；二是取材比较新，大都立足于 1993—1994 年的新情况，畲健民同志讲经济形势，以 6 月 15 日向政治局的汇报提纲为脚本，胡代光教授讲西方经济学，用到了萨缪尔森原著《经济学》第 15 版（1994）；三是集中阐述面临的热点、难点问题及其对策分析，重点比较突出（但不均衡）。

不足之处：一是漏了一些热点问题。如今后我国培育市场体系的重点，王梦奎、王春正同志在授课中都提到了要素市场的重要意义及其市场化比较差的问题，但第 4 讲授课人未予涉及。二是对某些难点问题描述多、对策分析少。如王春正同志讲个人收入分配问题，要求进一步完善个人所得税法，加强个人所得税的征管工作；畲健民同志讲经济形势，提出个人所得税流失 200 亿元；刘向东同志讲对外经贸工作时提到用关税调节进口最透明也最简便。但第 7 讲授课人只讲了工商税制改革，对个人所得税一笔带过，未涉及关税等问题，在回顾和评价 1994 年工商税制改革概况中对存在的 5 个问题也没有讲下一步的解决办法。三是不同授课人对解决某些难点问题的思路和对策说法不一。如第 3 讲对农村富余劳动力转移问题指明 3 条出路，其中首先是“要继续发挥乡镇企业在吸纳农村富余劳动力的主渠道作用”；而第 6 讲则提出，“80 年代曾经接受大量农村转移劳动力的乡镇企业近年来出现了明显的资本代替劳动的倾向，使其对农村富余劳动力的吸纳能力减弱”，事实上，1992 年乡村两级乡镇企业中每万元固定资产所吸收的劳动力比 1988 年下降 50% 以上。这两讲对如何增加农民收入的思路和政策措施，侧重点

也不完全一样。

本班授课内容的理论分量不多，从两类任课教师的不同情况看：

一是两位学者所讲的都有相当的理论内容。王家福研究员讲了建立社会主义市场经济法律制度应当解决的 6 个理论问题，分量较重（但其中也有一些值得商榷的概念问题）。胡代光教授讲西方学者对市场经济的重新认识和对我们的启发思考，色彩鲜明，富有论战性。

二是官员的授课。授课需有一定的理论性、知识性，而为本班授课的 10 位官员中做到这一点的还不多。其中，第 1 讲是从理论、历史、综合角度概括地讲解的，比较全面、客观，层次也高，对学员的启发性最大；第 5 讲、第 8 讲或多或少有一点理论性、知识性；第 6 讲在介绍个人收入分配的差距时联系到基尼系数、5 等份法和倒 U 形假设等作了初步分析（学员在讨论中对此有争议）。其他各讲，很少涉及理论问题。如第 3 讲强调了小平同志“两个飞跃”的观点具有重大的理论意义和实践意义，但接下去论述我国农村改革与发展的总方向时并没有涉及“第二个飞跃”问题（而第 6 讲中突出了这一点）。第 4 讲、第 9 讲基本上是内、外贸的部门工作报告，与“讲课”的距离更大一些。这样估计，与学员对各讲的理论深度的评价意见基本相符。

在本班学员需求答卷中，要求“从理论上加深对在我国建立社会主义市场经济体制的必要性、必然性的理解”“从理论上弄清如何使社会主义与市场经济结合起来”“开阔视野、拓宽思路、提高理论政策水平”的接近 1/3。在结业评估答卷中，认为理论联系实际较好的和理论欠缺或联系不够的分别占 54% 和 45%。按现行教学方案，只能在个别辅导、推荐课外读物、要求少数学员提高学习心得的理论含量等方面采取一点局部性的补救措施，受益面不大。为帮助学员真正从理论上提高一步，还要对授课专题、教师结构、提高授课质量标准等问题作通盘考虑和必要调整，才能实现，这也是落实“以提高为主”的要求所需要的。

四、怎样改进授课方法

11 次课堂面授中，有 5 次（第 4、6、9、10 讲和经济形势讲座）满堂讲授，另6次当堂（不含课下交谈）有21人次提出36个问题，跟得比较紧凑。总体看来，问答都具有一定水准，有助于提高教学质量，但课堂参与度不算高，提问者的范围局限于学员的1/3左右。其原因一是学员素质参差不齐，二是留的时间少，一般只有10—30分钟，与学员作1小时对话的只有胡代光教授1人。

改变这种课堂格局的关键在教师。有位学员提出，王梦奎主任讲社会主义市场经济总论的22条是一篇好文章，如果先把这篇文章发给学员看，到课堂上就不必逐条讲，可以集中几个重要问题讲深一些，再同学员一起研讨，效果必定更好。这就要大幅度压缩课堂讲授的时间，每节课拿出一半左右的时间用于课堂研讨。在先发教材（教案）的前提下，为逐步创造课前预习—课堂简要讲授—师生充分对话的参与式课堂模式，还要做进一步的工作。

五、怎样提高小组研讨水平

对于培训组织者来说，这是办好培训班的永恒课题。

本班围绕这个课题做了以下工作：

一是对两种形式的小组研讨进行了初步探索。

第1种形式，按计划在4周内安排的6次专题性小组研讨，特点是：分3组全员参加研讨；以学员为主体，由学员组长主持；有思考题，有预习、准备时间；无固定教师参加。学员反映这种小组研讨“很有启发”“有所帮助”“收获一般”的分别占30%、54%、15%。

第2种形式，后2周在计划外发起的3次非正式的座谈会，特点是：打破小组界限，跨组研讨；利用晚上时间，自愿参加；预告研讨专题，不出思考题；由学员班长主持，有教师参与研讨并起辅导作用。近半数的学员认为这种形式更有启发性，希望纳入计划，全程安排，多开几次。

经比较认为：

（一）这两种形式都有必要，是互补的；

（二）后1种形式比较灵活，参与者的积极性、主动性更高，在研讨过程中思想敞得开，提问题比较集中、尖锐，对疑难问题大多能有解答或加深理解，因此，比前 1 种形式的收获大；

（三）小组研讨要以学员为主体、以教师为主导，最好在每个小组各配 1 名教师全程跟组活动。

二是对学员提出的问题，除整理了 3 期专题《情况反映》外，正进一步筛选、汇编，争取围绕教学重点，在原定“思考题”的基础上，摸到学员的“兴奋点”，逐步掌握引导研讨的主动权。

三是鉴于小组研讨时间不足，有学员建议改每次授课、对应研讨为集中几次、重点研讨。这样做有利于深入，可留待下一期试验。

六、重视自学环节

参与式教学或互动式教学，都以学员的自学为基础。本班沿袭上一期培训班所指定的 3 本教材和几篇参阅资料，在入学教育中请教师作了简介，指明阅读重点，并对自学提出了要求。在 3 次非正式的专题座谈中，也解答了一些自学中提出的问题。到结业时，约 70% 的学员通读了《建立社会主义市场经济体制》一书，大都感到有帮助。在通读的基础上精读的是少数人，还有抓紧时机读了七八本书的，只是个别人。

总体来说，围绕对自学的辅导和答疑，我们刚刚起步，这方面的工作容量相当大，下一期还可以多做一些。根据部分学员的要求，最好多发（或多列）一些有针对性的参考书和参阅文献，供选读。

七、对更新知识短训班的文字成果要求

一期培训班要出一定内容和形式的成果，大体上可分 2 类：

一是学员的个人成果。本班学员写学习心得体会的选题分布是：国有企业改革（11 人），宏观经济调控（含地区经济调节，9 人），行业管理和改革（9 人），对市场经济的全面理解（2 人），审计、监察（2 人），对外开放（1 人），后勤服务（1 人）。作为结业考核的基本形式，学员大都是认真对待的，一部分人感到压力大，占用时间多，其中，认为“要求过高，影响了后一阶段的自学和小组研讨”的占 24%。初步掂量全部成果的内容，有一定

深度、写出了一点新意的约占 1/4。从这里反映出一个短训班的学用关系问题：一种主张以学为主，打好基础，重在后效；另一种主张以用促学，重在能力，要求立竿见影。究竟怎样掌握适度，待进一步研究。交流学习心得，不仅是检阅成果，更重在启发思路，这样的活动可以适当提前，如能进一步加以评析，对学员的帮助会更大。

二是全班的集体成果。本班没有预定共同的研究专题（去年 10 月同类班次有个“关于上海市企业优化资本结构试点的考察报告”报送国家经贸委后，未出简报），在学员选题分散、小组研讨水平一般、学习成果质量也以一般居多的基础上恐难写出一份向国务院的政策建议报告。拟以一部分学员心得为基础，搞一份综述性资料报审。

八、在教学方案及其实施中需要研究的两个问题

教学方案总体来说是好的，大体上也具备可行性。从本班学员的需求和建议看，在以下几个方面似有进一步研究的余地：

（一）10 个授课专题的配置，专题性的各论多，综合性的总论相对不足。这不利于加深对社会主义市场经济的全面理解。对全班 20 多场次的小组研讨中积累下来的重点疑难问题，如果最后能有 1 次集中的串讲或综合解析，可能收到良好效果。

（二）有些授课专题与社会主义市场经济这个总题目扣得不够紧。如第 3 讲、第 4 讲、第 9 讲在不同程度上都存在着讲行业的倾向，没有完全把握以经济体制转型为中心。此外，还缺了现代科技这一专题。经济、科技一体化是现代市场经济的特征之一。企业的科技进步、市场体系中的技术市场和信息市场、高科技产业在国家产业政策体系中的支柱地位等都要求在经济体制转型中同步实现“科技是第一生产力”的观念转换。

（三）授课内容的体例不规范。如对十几年来或近几年来的经济体制改革，讲已取得的进展、面对的难点、下一步的对策和思路这 3 块，应当有比较全面的把握，第 2 讲、第 5 讲和经济形势讲座大体上是这样处理的。而第 7 讲主要是讲进展，没有讲后 2 块；第 6 讲主要是讲对当前存在问题的认识，

讲后一块很少。

（四）理论含量不高。参见第 3 个问题，不复述。

既定的教学方案在实施过程中暴露出一大问题，即计划与实施局部脱节，使方案变形。这个屡见不鲜的现象，不仅对授课的整体质量，而且对准备汇编成册的教学资料都有影响。

如第 1 讲，授课人对大题目和 4 个小题目都有变动。其中，有改得好的，如加了一个“市场经济与中国现代化”的小题目，颇受听众欢迎；也有本应突出却被淡化了的，如“建立社会主义市场经济体制的必然性与必要性”。

第 2 讲，原有一段总论——建立社会主义市场经济体制的核心问题是公有制与市场经济的结合，授课人未讲。

第 4 讲，原有一段“今后我国培育市场体系的重点（金融等要素市场）”，授课人未涉及。

第 6 讲，原安排收入分配制度与社会保障体系这两大块的内容配比是 2 : 3，授课人把它倒过来，讲收入分配多，讲社会保障少。

第 7 讲，财税体制改革。授课人只讲了工商税制改革，未讲财政体制改革和分税制，也未讲其他税制改革。这一讲的课堂效果较好，学员对其表述能力、逻辑性、灵活性、参与性几项评分最高，但从总体内容上看似乎过专、过细。

第 9 讲，原定的外汇体制改革、复关形势和对策等小题目，前者未讲，后者也讲得不多。其中指出了世界经济区域集团化的大趋势，但对 APEC 未予涉及。

第 10 讲，社会主义市场经济的法制建设与精神文明建设。授课人只讲了前一半，未讲后一半。

西方经济学讲座，有些学员对讲座的题目和内容有不同的需求，待进一步斟酌。

对于教学方案在实施中能有多大程度的灵活性还需要研究。如果要做到大体上按计划实施，靠同授课人个别联系未必能够解决，恐怕要有一个统一的要求才行。

在 1995 年夏季讲习班的两次小结发言①

第 1 次小结发言

第 2 届中美公共行政讲习班第 1 单元“绩效管理和评估”的讲习活动到此告一段落。

这 5 天，3 位美国教授和官员为我们讲了公共组织绩效管理的原理及比较分析、组织机构和小组的绩效管理、小组和个人的绩效评估以及公务员培训方法，共计 28 课时。我参加了 4 天的学习，有不少收获，其中，印象比较深的有以下 4 点。

一、理论联系实际的两座桥梁

桑德斯教授在第 1 节课开头讲了马克斯维尔学院在教学领域的 5 个支柱：（一）指导原则；（二）理论；（三）模式；（四）实践；（五）战略。其中，指导原则和理论（学科理论）属于意识形态、学术理论范畴，实践（其中包括以理论为背景的案例）和战略属于实际工作范畴，而模式则介于两大范畴之间，是由理论和实践双方共同建立的。从这一周的讲习活动中可以体会到，在理论联系实际的链条中有两个起重要作用的中间环节：一是模式，二是案例教学。

关于模式，这几天接触到的有：

（一）以美国、英国、新西兰政府为代表的行政体制改革模式

这些国家在不同年代发起的行政体制改革，各有自己复杂的经济和政治背景，大都以分散权力、压平层级、削减公共预算和公职人员、推行绩效管

① 第 1 次小结发言作于 1995 年 8 月 18 日，第 2 次小结发言作于 8 月 25 日。

理为共同目标，奉行的理论和指导原则是相通的，而改革的模式不同：

美国的公共管理正经历着一场革命性的变化，它所采取的方式是渐进式、改良式的，现在仍维持韦伯的科层制（据杰拉德女士介绍，纽约州政府所属的60个公共管理机构，大多已扁平化了）和传统的公务员制。对克林顿、戈尔推崇备至的《重塑政府》的评价，与去年夏季讲习班的说法有所不同，两位教授认为美国政府以“本本”“教义”指导实际改革，产生了许多问题，是美国行政改革的一个教训。

英国保守党内阁从70年代末期开始下力气引进市场机制，对政府进行了一连串大刀阔斧的改革，80%的政府机构已改组为享有很大灵活性的“执行机构”，通过公开竞争和合同制选任首席执行官，其工资的20%与绩效挂钩。从10多年的运行情况看，这场激进式的改革已经不可逆转。

新西兰工党政府从80年代末期开始的改革，简单明了，又与众不同：把政府机构规模缩减一半以上，改组成类似于英国“执行机构”的一系列国家企业或“皇冠”企业；层级扁平化，强调机构的灵活性和责任制；通过立法，在全国废除公务员制，由首席执行官决定人员任用。这是一种“大爆炸”式的改革。但要看到，新西兰是一个小国，其人口总数只有英国的6%、美国的1.3%、中国的0.3%；公务员总数只有英国（1979）的12%、美国的4.2%、中国的1%左右，与大国不能简单类比。

讲政府的改革模式，是为绩效管理作铺垫的。通过行政体制改革提高政府绩效已成为一种世界性的潮流。

（二）美国公共机构的绩效管理综合模式

绩效管理是每个组织机构的中枢神经，其综合模式（或整体模式）由4个要素组成：1. 高级官员的领导艺术；2. 公共机构的产出和效能；3. 对雇员（官员）的绩效工资制；4. 持续性地改进管理（或全面质量管理）。

绩效管理的综合模式有3个特点：一是注重组织使命和绩效标准，并强调产出、结果和顾客满意度这几个管理目标的统一，把组织的使命同个人绩效联系起来，个人绩效以服务对象满意为立足点；二是在管理目标和手段的关系上，倾向前紧后松（即明确使命，缓和规制），不倾向于前松后紧（即使命模糊，规章制度严格）；三是力求把整个机构、小组、个人这3个层次的活动整合在一起，提倡小组、个人对组织机构多作贡献，发扬团队精神。

（三）“可雇用性合同”模式

这是处理公共机构与雇员的关系、公共机构内部利润分配的基本形式之一。它以集体绩效为标准，其内容与下一单元（公共预算）相联系。

（四）阿吉勒斯沟通模式

主要内容有三：1. 下级对上级——提问与表态相结合，上级对下级——让人家讲话；2. 上级倾听下级意见，达到双向交流；3. 上级对下级——正、负反馈相结合（非决断式），达到上下融合。这属于技能性模式，其原理不仅与全面质量管理相通，而且高度一致。

（五）分析模式

绩效管理的分析方程式可概括为，“使命→顾客→标准（投入→过程投入→产出→结果）”。

这几种模式具有共同的理论前提：一是抛弃传统的绩效评估制；二是抛弃绩效奖励制，保留绩效工资制；三是推行参与式（全面质量管理也是一种参与式）。以上可参看教学资料中丹明对传统绩效评估制的批判，英格拉姆对60—90年代OECD国家绩效奖励制的批判等。围绕这些模式，还有一些方法性介绍，如：约哈里窗口、360度全方位评估方法等。

关于案例，在课上既有简要的说明，又注重于实际演练。

英格拉姆教授介绍公共行政案例的分类：一是哈佛案例——对多层次的复杂问题进行多视角的分析，这类案例的主题比较笼统，篇幅为15—20页；二是马克斯维尔学院通常使用的主题明朗，内容相对单一、简短的真实案例。这两类案例的共同点是：1. 案例作为某种实际场景的模拟，是具体的，不是抽象的；2. 案例的情节带有隐晦性、曲折性，不是一览无余的；3. 对案例的讨论不给答案。此外，还介绍了编写（小）案例的5个原则和组织案例讨论的4个步骤。

在这一单元讨论得比较多的一个主要案例是“工贸部工业生产局的绩效管理”，这是马克斯维尔学院自编的50个案例中的优秀案例之一，15日上午讨论第 1 部分（A），17 日下午讨论第 2 部分（B），从全过程看，基本成功。此外，15 日下午讨论了绩效管理和评估方法的 5 个微型案例，16 日下午讨论了“交通部东南局桥梁设计组的沟通问题”案例和“约哈里窗口”的应用案例，18 日讨论了“国家行政学院 1986—1987、1988—1989 年度课程设置”案例。通过多次的初步运用，大家对案例教学从不了解到有所了解。由于时间所限，这几次案例讨论不可能充分展开，只是浅尝辄止。但一部分学员对案例教学的认识正在加深，从这里逐步开辟一片片我国行政案例教学的新园地是有希望的。

二、以社会为课堂，以企业为课堂

17 日在 IBM 中国公司的信息技术中心，由地区公司的部门经理徐振芳博士讲企业人力资源管理与运用。

公司的人力资源管理以目标为前提（公司、部门、个人 3 层次的目标不是同心圆，但必须是圆套圆、圆内圆），以有形或无形的绩效评估为核心，以组织架构为保证。绩效评估的要素：一是业绩，二是助人（附加值），三是时效，四是出了差错怎样应付，五是接受上级干预的程度（这种干预愈少愈好）。绩效评估的指标化，以品质、数量、费用、时间为基本衡量标准，从好到差，分为 4 等。这些正是两位美国教授介绍的绩效管理综合模式的具体化。再看一看该公司人力资源绩效管理的 7 项考核标准：（一）新进人员品质；（二）每人平均培训日数；（三）每人平均培训费用；（四）生产力；（五）直接人员率；（六）员工离职率；（七）重要干部离职率，以 1994 年与 1993 年相比，除 1 项下降、1 项持平外，其余 5 项都有改进。这说明绩效管理和评估是可操作的，也是有效的。公司把员工培训看作一种人力投资，以员工个人的发展潜力排名为基础考虑培训安排，对高级主管布置专门的密集培训等，作为绩效管理的重要环节，给人以深刻印象。

授课人在这一堂课上用了 40 幅投影，大大提高了课堂效率和信息量，是一种成功的、可借鉴的教学方法。

这一天参观 idc 演示中心，主要看了 IBM 与全球联网的亚太地区人事管理系统、网络管理系统、客户机服务器、两端之间的实时性传输的多媒体演示等，也很开眼界。

三、信息技术在人力资源管理中的应用

桑德斯教授以美国国防部文职人员管理系统为例，介绍了从招募（评审、录用）雇员、内部调动和提升、职位分类、制订绩效标准，直到解雇以及人事档案管理中运用信息技术的程度和效果，其投资回报率是 1∶5。信息技术的发展和应用，已成为美国政府和企业管理改革的重要动因。在美国，没有一个高级培训机构不教信息技术。这个动向，值得我们重视。

徐振芳经理从实践中得出了“1 人 + 电脑 =5—6 人”的等式。他们应用信息技术的成效：（一）节省人力，该公司管着 800 名员工和 300 名合同人员，只有 7 位人事管理干部；（二）提高了准确性；（三）节省 2/3 的纸张；（四）操作简便，好处显而易见。

四、转换培训观念，培育“培训者”

这一单元的教学资料中有一页“小组发展阶段”的提纲，把一个小组分作组成（forming）、纷乱（storming）、规范（norming）、行动（performing）4 个阶段。如果把我们这一期讲习班看作一个大组，回顾一下这 5 天的历程：第 1 天“开班式”，是“组成”；第 2 天下午课后开会征求意见，多数学员感到不适应、不满足、“学不到东西”，个别学员反映跟不上，要求退学，一时陷于“纷乱”状态；第 3 天继续授课和讨论，晚上召集住校学员开会，请贾曙宁、张绍春介绍公务员培训的新观念和实际体验，特别是刘耀臣（去年第 1 届夏季讲习班学员）系统介绍天津行政学院去年 10—11 月试办河西区科长任职培训班在教学方法上取得很大突破的成功经验，引起不小震动，学员之间的经验分享、自我教育起了重要的“规范”作用；第 4 天在 IBM 进入“行动”阶段，下午的案例讨论出现了高潮，第 5 天全天也比较顺畅。很有意思的是，我们正是沿着这 4 个阶段一步步地走过来的。从 storming 经过 norming 达到 performing，关键在于培训观念的转换。愈来愈

多的人逐步认识到新型培训的目标，不仅是让参训者知道什么（怎么回事），而且侧重于会做什么（怎样去做），尤其重要的是在前人的基础上创造什么（怎样萌发创意），也就是追求卓越。

组织新型培训，不仅要有教师，还要有一批“培训者”（trainer）。这一单元的任课教师、纽约州政府雇员关系办公室主任助理 C. 杰拉德女士就是一位有丰富经验的培训者。她有条不紊地组织教学进程和驾驭课堂活动的能力在我们心目中留下了较深的印象。我们期望，在各地的行政学院中都能涌现出各自的“培训者”，这是现代公务员培训所需要的。

最后，我们按照英格拉姆教授在 16 日所讲的“培训项目的绩效评估”对这一单元作一番自我检验：顾客——参训的教师、少数研究人员和一部分公务员，其中坚持得比较好的主要是教师和研究人员；投入——马克斯维尔学院组织教师的投入，IBM 中国公司的资金投入和一部分人力投入，国家行政学院的管理投入和一部分资金投入；过程——授课，研讨，参观活动；产出——更新知识、提高能力的幅度，两者兼有，侧重于提高能力；结果——重在转换培训观念，积极、慎重地组织试验，参加去年夏季讲习班的两位天津学员在天津行政学院领导的支持下这样做了，取得可喜成果，希望在座的 10 所行政学院的领导和教师中，也将涌现一些新的开拓者，创造出新的经验来。

第 2 次小结发言

第 2 届中美公共行政讲习班第 2 单元（公共预算）经过 5 天的授课和讨论，今天结束。

这个单元的讲习内容主要有：

一、政府的职能，其中包括公共财政职能，它面临的 3 个基本问题：一是满足公共需求，二是考虑政治因素，三是保障社会公平。

二、美国政府和议会的预算过程。奥基夫教授在 23 日上午画的流程图起到了提纲挈领的作用，针对苏联攻击性直升机的武器研制项目的举例令人印象深刻。据课下介绍，国会审议预算虽有很大影响力，但改动的幅度一般在 5% 以内。

三、预算的资金来源，主要是税收。介绍美国税收的经济学原理、税收的 4 个原则和 3 种税制。

四、美国的财政改革。具有历史意义的 1921 年改革，奠定了预算管理的基本框架，建立了两个常设机构，但带来政府开支和机构的爆炸性增长；1974 年针对政府项目膨胀的重要改革，执行不理想。

五、政府间财政关系。介绍转移性支付、补贴制度、匹配性专项拨款办法等。

六、1978 年的零基预算（ZBB）。以绩效为标准，但难以运作。

七、计划预算系统（PPB）。

八、滚动式长远计划。里根提出的“星球大战计划”逐步收缩，是滚动式计划的一个典型。

九、通货膨胀的成因和对策。

围绕这些内容，采取了多种形式的教学方法：

一、授课，有单讲，也有串讲；

二、案例讨论，共 10 次；

三、计算机辅助案例分析的演示，有 5 次；

四、IBM 正崛起技术的产品展示，如数字电视、大容量光缆多路传输、桌面电视会议系统、MRP 应用软件、PC 服务器等；

五、结业后的延伸练习，如日托中心电脑练习第 2、3 部分。

我作为初学者得到的主要收获有以下几点。

一、在公共行政课程中讲授公共预算的必要性

（一）预算过程是一种资源（含财政资源）配置过程，是公共管理的重要组成部分，也是政府功能的逻辑延伸。预算能力是一种公共开支，也就是资源使用的能力，它连同作为公共收入也就是汲取资源的能力即税收一起，同属基本的政府能力之一。国家预算既是整个政府活动的全面反映，其执行

情况也是评估政府业绩的一个重要标准。由职能—项目安排—资源配置—调整—政治介入—绩效检测等环节构成的工作链条，尽管在实际运转中年复一年地暴露出许多矛盾和问题，却有其存在的必然性和普遍性。

（二）奥基夫教授提出，资源管理是一种催化剂，也可以说是引发公众争议的大论坛，它要求广泛参与。围绕预算问题的争论实质上是关于优先权、价值观的争论，贯穿着鲜明的政治色彩。要树立“大预算”观念，不能把它看成单一的经济行为、只交给几个专家或会计去办的“小预算”，尽管中美两国的社会情况有所不同，作为行政管理人员都不能置之度外。

（三）处于领导层和管理层的公务员应当熟悉预算过程，以提高增收节支、提高效率的自觉性和主动性，这是公务员培训中把它列为常设课程的基本依据。英国把上百个政府部门改为“执行机构”后，对公共预算的培训需求大大增加。这在中国也将成为必然趋势，参加天津行政学院最近 3 期公务员培训班的学员对此都有旺盛需求就是一例。

二、配以计算机演示的案例分析对公共预算教学的有效性

5 天中先后搞了兰德国游戏Ⅰ，为州长评估零售税，迈阿密市征收餐厅税帮助无家可归者，达德郡政府的相同课题，印第安纳州议会提高卷烟税资助日托服务，联邦政府交通部对 5 个城市地铁建设项目的预算平衡，泽罗库兹市新增日托中心，不平衡状态预算协调办公室备忘录等案例分析，基本上把学员发动起来了。以兰德国游戏Ⅰ（国家的工作重点和预算分配）为例，3 个小组都把国家的工作重点归结为政治、经济、社会 3 大职能：第 1 小组对 3 者的预算配比是 35 : 30 : 35，其对外、对内的国家安全费用居于高位；第 2、3 小组比较接近，其 3 者配比是 15 : 35（40）: 50（45），体现出小政治、大社会的职能布局。由此，在 3 个小组之间引发出有关预算指导原则、全局观念、项目排序和投入量的关系、政策重点的选择及其动态性、如何看待公平等一系列复杂问题的争论。来自财政部的一位学员认为，通过案例讨论，不仅普及预算知识，而且使参与者普遍意识到预算过程的复杂、艰难，是一大收获。

还有计算机辅助案例分析的演示：泽罗库兹市日托中心电脑练习第1部分（敏感性分析），纽约州政府利用税收项目（卷烟税、个人所得税、消费税）平衡预算赤字的比较分析，兰德国沿海缉私部署的4种方案选择，兰德国教育项目的预算分配、能源供给项目的绩效预算等，在一定条件下作为一种辅助决策工具，是有说服力的。这既显示出向公务员普及适用信息技术、用于辅助决策的必要性，又启示我们，行政院校一定要下力气开发自己的教学软件，为提高教学质量服务。

三、公共预算在公共行政课程中的定位

近20年马克斯维尔学院为公共行政系研究生开设40学时、为在职官员开设8学时的公共预算课程。在公共行政课程中的公共预算，是微观层次上的分析工具，不着力于经济学理论。讲授这些课程，是公共行政专家而不是经济学家的事。据了解，中国人民大学行政学系的课程设置：行政学、经济学、法学课程各占1/3，在4门必修的经济学课程中，有2门（公共财政、政府经济学）可由本系教师开课；北京大学政治与行政学系教师开设的课程中除财务行政（含公共预算）、政府经济学外，还包括公共政策类的财政与税收、金融体制及其改革等。我国行政院校的行政学教师要不要把公共预算或公共财政这门课程担起来？

此外，在学员结构多元化、程度不整齐的条件下怎样把握好他们的共性需求安排授课内容，对于短期讲习班是一个重要前提。奥基夫教授在开班伊始就注意到这一点。第1天午间在普查学员需求的基础上集中了4点意见及时与教师沟通，也起到了反馈和导向的作用。

同去年夏季讲习班一样，马克斯维尔学院官员培训部为我们派出了学者与官员相搭配的教师小组。在本周的3位任课教师中，就有2位是从外校延聘的客座教授。对他们的辛勤执教和马克斯维尔学院官员培训部的负责精神，我谨表示诚挚的谢意。

这一期讲习班的工作也有明显的不足，留待下一步总结中研究改进。

附件一　财政部王绍双同志同年 10 月 1 日复信

方老：

您好！

非常高兴收到您的发言小结，您的敬业精神和严谨的治学态度令我非常敬佩，也是值得我们晚辈学习的。

我认为您的总结是全面的、准确的，我也同意您的观点，政府预算应及时列入我国公务员的培训教学计划之中，原因有以下几点：

一、国家预算实际是整个国家政府活动的全面反映，而公务员是政府活动的管理者和执行者。

二、预算执行情况也是评估政府活动业绩的一个重要标准。预算执行情况良好，说明政府活动效率高，否则说明政府管理不力，没能取得预期效果。

三、让公务员学习政府预算，有助于他们了解自己的本职工作与国家预算的关系，促使他们自觉增收节支，提高工作效率和积极性。

此外，让公务员学习政府预算，让他们理解编制预算的科学性、严肃性和复杂性。这样在工作中有助于他们走出部门利益、地区利益的狭小圈子，树立全局观念，加强协作意识。

作为一名财政管理人员，我衷心地感谢您所做的工作，您第一次把这项工作提到了日程上来。事实上，这项工作极具迫切性。在实际工作中，有些地方也进行了一些尝试，让财政系统之外的干部学习财政管理。记得我在 1993 年参加华东地区财政厅（局）长年会时，福建省财政厅长潘兴诚（现为副省长）在提及增收节支措施时，其中一条就是举办“县长培训班”，让他们了解财政，支持财政工作。实践证明，这种做法是有效的，也是很受欢迎的。

最后，我想说点建议，我有幸参加了这期培训班，在短短几天内，3 名国外专家较系统地介绍了财政、税收方面的知识，能做到这一点的确不容易。但我的感觉是，时间短，教授们只能以点带面，难以全面、系统地讲解。我能理解，这毕竟是第一次。

我的想法是，在公务员培训时需要一套全面的学习资料。编写这样一套资料也许不难，但也不容易。如果您认为有必要，我愿意找财政部的一些专家同您一起编写一套资料，与财政部合编资料，一方面能保证将理论与实践相结合，另一方面也便于及时修订。

当然，这只是我的想法，如果您有计划，需要我们帮助的话，我愿意效劳。

很抱歉，方老，由于健康原因，我休息在家，所以没有及时给您回信。上班后，我会与您联系的。

祝您：健康，愉快！

王绍双

1995 年 10 月 18 日

附件二　江苏行政学院刘峰教授同年 11 月 2 日复信，附文《国外行政改革的新动向》

尊敬的方教育长：

您好，问全家人好！很想念。

上封信收到没有？浙江高抗同志给您回音了吧？

现托胡宁生同志带去拙作一篇，算作完成您交给的任务。另有一篇关于案例教育的论文，自认为比这一篇好得多，待发表后寄您指正。

我本学期在几个县处级班进行了案例教学的试验，收获不少，感到在暑假参加马克斯维尔学院讲习班是非常值得的。谢谢您！

我认为，案例教学和角色扮演、敏感性训练等方法是可以结合在一起运用的。

另一个重要问题是教员必须功底深厚，技术老到，能启发学员思维，能作漂亮的小结。这一点我从英格拉姆教授那里学到了不少东西。还以上个案例为例，我在分组讨论、合组演练后作了如下小结：

艾羚[①]之所以有误，主要在哪些方面？应如何解决？如何提高领导艺术？思路如下：

一、人际沟通

二、关系协调

三、相互激励

四、用权用人

五、及时决策

六、绩效管理

上述各个方面不仅是艾羚问题所在之处，而且是领导者应该掌握的主要技能，也是领导科学应该研究的主要内容。有了这些线索，学员可以把案例讨论及前后学到的观点、心得模型、理论等串联起来，实践证明，效果不错。

案例讨论的气氛、环境至关重要。教员要设计、创造一个富有创造性的氛围，才能启发学员从多角度思考问题，刺激学员从案例中挖掘更多、更新、更深的东西。

还有不少体会，有机会见面再向您汇报，请您指教。

江苏行政学院总算启动运转了，行政学教研室可能由我主持，我会尽力去做，并经常向您、向国家行政学院的其他同志请教求助！

啰嗦了，欢迎您有机会来宁指导工作！

祝好

秋安

您的学生刘峰

11 月 2 日

国外行政改革的新动向

形成并完善于工业化时代的西方行政管理制度已很难适应今日的信息时

① 笔者注："艾羚"为案例教学法某个案例中的虚拟人物。

代了。唯有改革，才有出路。英国、美国等工业化国家近20年来先后进入了行政改革的活跃期，新观点、新理论、新模式层出不穷，新方案、新试验、新举措接二连三，真是令人眼花缭乱。

一、公共行政的改革

在西方，公共行政改革大体上有4种模式：市场模式、参与模式、解除管制模式和灵活模式。美国匹兹堡大学比较行政学教授彼得斯认为，没有哪一个国家是单独使用哪一个模式的，通常是以一种模式为主，并吸收其他模式的优点，从而形成一个适合本土行政文化的改革方案。

（一）市场模式

市场模式主要解决“政府机构庞大，花费多，效率低，管得宽甚至垄断”等行政管理问题。

市场模式的主要目标是引入市场机制，通过竞争提供经济有效的服务，扩大服务领域，提高服务质量。

尽量明确服务对象，把公众作为顾客。英国的口号是“客户为中心”，美国的口号是“顾客至上”。

尽量使政府机构变小。主张将过去由国家管理的公用事业交由私人管理，即私有化；将政府内部的环保、卫生、保安等工作出租给私营部门管理。1992年，在英国甚至出现了第一个私人监狱。通过私有化和出租业务可以使政府雇员减少，机构变小，效率增高。

鼓励竞争，政府各部门之间、政府与社会之间的竞争。

行政管理工作要树立经济意识、成本意识和效益意识。

尽量借用私营部门的经验来提高行政管理工作的效率。

（二）参与模式

参与模式主要解决行政管理机构“对公众的反应不敏感，公务员责任心下降，管理工作质量下降”等行政管理问题。

参与模式的主要目标是通过公众参与介入决策管理活动来提高行政管理工作的效能。

还权于社会。鼓励公众介入管理活动，政府与公众共同协商，寻求可接受的决策方案。

政府要民有、民治、民享，而不是专家有、专家治、专家享。注重民众利益。利益分散化。

鼓励建立一些社团自治组织，鼓励民众做一些志愿的公务工作。

对政府的影响力不仅来自内部、底层，而且来自外部，来自“顾客”，对“顾客”的反应要敏感。

政府中下层的公务员自主决策的机会多了，但责任和风险也加大了。要着力加强公务员的责任心、事业心。

分权和权力下放。把过去的一些主管层、中间层取消。把官僚机构的金字塔压扁拉平。

强调小组管理、全面质量管理、目标管理、绩效管理等等。重视团体精神，重视团体的评估和奖励。

仔细思考一下，参与模式和市场模式实质上有着很大的不同。参与模式代表革新派的观点，而市场模式则代表保守派的观点。保守派的观点认为政府不仅不能解决问题，反而制造出许多问题。解决这些问题的根本途径只能是市场。参与模式是信任政府的，主张通过民众的参与帮助自己的政府把管理工作做好。

（三）解除管制模式

解除管制模式主要解决政府的“规章制度太多，效率低下，公务员地位低下”等行政管理问题。

解除管制模式的主要目标是建立一个富有时效的值得信任和尊重的政府，把政府的活力充分释放出来。

传统的科层制是以控制为取向的，因而官僚机构有许许多多的规章制度。公务员在这太多的规章制度面前缩手缩脚，舍本求末，因此工作效率非常低下。现在要取消太多的规章制度对政府的管制和对公务员的管制。

关注的是如何把管理工作真正做好，而不是原来的规章制度。重点由行政转向了管理。

关注的是行政管理的结果，而不是管理的过程；关注的是效果，而不是效率；关注的是产出，而不是投入。

对公务员高度信任。公务员的素质一般说来高于私营部门的管理人员。既然私营部门管理人员的自由度较大，那又有什么理由把公务员控制得那么死呢？要相信公务员，让他们自我控制。

解除控制、取消规章以后，公务员主要靠自己的使命感、伦理道德驱动。

解除控制、取消规章以后，政府中下层部门的公务员有着更大的决策权、自主权。公务员的作用在增强，政治家的作用在相对减弱。因此，公务员的素质、技能、责任感要随之大大增强，否则适应不了新的局面。

非管制模式并非一点不要管制，而是控制关键点，其他方面放开；在财经上重视大钱，小钱则放开。非管制模式主张政府多一点企业精神，多一点竞争创新，多一点活力，主张政府扮演一个积极有效的角色，而不是市场模式主张的让政府扮演一个被动的无所作为的角色。

（四）灵活模式

灵活模式主要解决“科层制僵化守旧，适应不了变化了的形势”这一行政管理的难题。

灵活模式的主要目标是提高政府机构的灵活反应的能力，追求一致性和多样性的统一。

政府可以建立一些临时机构，雇用一些临时人员，等任务完成以后就解散这些临时机构。这样做的好处是可以减少政府的开支，节约经费；缺点是临时人员素质可能较低，经验缺乏，从而影响管理工作的质量。

管理中出现的问题用临时措施加以解决，而不是用一大堆规章制度去解决。临时措施针对性强，时效性强，灵活方便。

灵活模式必然导致分散决策，因此要特别注意部门之间利益的协调、观点的协商、决策的一致。

高层掌舵而不划桨，中下层划桨而不掌舵，这样既有宏观的一致性，又有微观的多样性和灵活性。

高中下层要建立很好的合作关系。1993 年 1 月，美国就根据克林顿总统的命令成立了“全国合作关系委员会”。该委员会的任务之一就是协调公务员与高层政治家的关系。

从以上介绍可以看出，每一个模式都不是十全十美的。一个模式解决了原有行政管理的一两个难题，却随之又产生了数个新的难题。这启示我们，行政改革是无止境的，要对改革进行再改革。此外，我们可以看到，用模式作为分析评估的工具是有用的，但把它生搬硬套到现实的改革之中却是行不通的。

二、公务员制度的改革

美国从1883年颁布《彭德尔顿法》以来，公务员制度一直没有什么变革。1978年卡特政府颁布了公务员改革法案以来的16年间美国却先后经历了3次较大的改革。英国的情况也大致如此。从1854年的《诺斯科特-屈维廉报告》到1968年的《富尔顿报告》的100余年里公务员制度基本上没有什么变动。1968年以后尤其是近几年英国的公务员改革迈出了很大的步伐。

（一）计划方面的改革

以往录用公务员以及日常的人事管理非常重视计划。计划规定各机构的人员编制、经费预算等等。计划很有权威性，强调统一的模式、统一的标准、统一的规章等等。计划有控制的功能。此外，以往的计划定得太细太死。

现在依然重视计划，但计划很宽泛，较灵活。现在的计划关注的是部门的“使命是什么”“任务是什么”，至于需要多少人，需要什么样的人则是各部门自己决定的事情。

现在的计划更注重产出而不是投入，更注重结果而不是中间详细的过程。

现在的计划是掌舵，定方向，定大致的线路，而不是过去关心的如何划船、谁去划船以及划船的具体路线。

（二）录用方面的改革

过去录用公务员中央统一出考题，内容、程序、标准千篇一律，很难适应用人部门的具体要求。

现在录用公务员的方法、程序、标准灵活多了。每个用人机构可以根据自己的实际情况决定如何录用公务员。据美国马克斯维尔学院英格拉姆教授和桑德斯博士介绍，现在在美国有287种方式可进入公务员系列。

录用方法的多样性以及用人机构的自主权，并不妨碍功绩制原则的推行以及公务员制度核心价值观的体现。

以往考试的内容比较单调，与实际工作脱钩。现在录用考试重在考察受雇人员的分析问题能力、沟通技能、整合技能以及解决实际问题的能力。

现在录用公务员非常重视考核其经历。过去工作的成绩辉煌，则预示着其将来的工作极有可能大有作为。这比纸笔考试要有效得多。

录用公务员还要注意照顾退伍军人，照顾少数民族。近年来，越来越多的黑人进入了美国公务员队伍。

（三）培训方面的改革

在旧的行政管理体制下，公务员的培训是随意的、不经常的、不重要的。政府机构常常把培训看成一种负担，从而把它排在各项工作最后一位。

在旧体制下，培训的内容是具体的、单一的技能，如怎样打字，怎样处理公文，等等。

现在在行政改革的大潮推动之下，公务员的培训工作受到了前所未有的重视。人们已不再把培训当成一种额外的负担，而是看作一种投资；不是追求一种短期收益，而是追求一种长期回报。

附件三　北京大学周志忍教授同年11月4日复信

方教育长：

您好！

来信收悉，迟复万歉！

与王绍双一样，我对您的敬业精神和严谨治学态度深表钦佩。

关于夏季培训班小结，我已认真拜读。只是由于当时忙于翻译，自己没有认真作笔记，所记的很不完整，所以很难提出具体意见。总的印象是您的总结是全面、准确的。

关于第 2 封信中提出的几个问题，我个人意见如下：

一、英美、新西兰等国行政改革应放到什么位置？我同意应放到从属地位，因为第 1 期的主体是绩效管理。据本人的记忆，几位教授也提到过讲几国的改革是为讲绩效管理作陪衬。但放到“绩效管理综合模式”之下，作为“具体模式”，似又欠妥。我认为应放在绩效管理“主题”之下。几国的改革应视为一些例子，说明绩效管理的重要性，即通过改革提高政府绩效是时代性的潮流。不应视为综合模式之下的具体模式，实际上我们也很难概括“具体模式”的特点——比如美国的渐进式，新西兰的激进式改革，能说它们是绩效管理的一种模式吗？此外综合模式可译为整合模式，其特点是把政府的使命与个人绩效关联起来，把个人绩效的立足点放在服务对象满意上，如此等等。所以，综合模式只是一种模式，与过去的绩效管理旧模式相对立而言，既然综合模式只是一种模式，而非几种模式的综合，那么，把几国改革放在里边也不合适。

二、关于绩效管理的 4 要素，我认为这一提法是正确的。虽然它们是在讲澳大利亚改革时被提及的，但教授提到这是各国改革的共同点。此外，第 4 个要素——强调全面质量管理——本来是美国的提法，其他国家用的是持续不断的改进。这也许可以作为一个佐证，说明它不仅是澳大利亚的战略。

三、关于绩效管理分析模式，可以提一下，分析方程式可为：使命→顾客→标准投入→过程投入→产出→结果。

以上看法，多凭记忆，仅供参考。附上论文一篇，请予指正。

安好

周志忍

1995 年 11 月 4 日

任职培训班教学方案设计中若干问题探讨

任职培训是国家公务员培训的重要类型。1991 年以来，我院办了 6 期厅局级公务人员任职前后的此类培训班，即：

第 1 期处长培训班（1991 年 10 月—1992 年 4 月）；

第 2 期局、处长培训班（1992 年 8 月—11 月）；

第 3 期司局长培训班（1994 年 9 月—12 月）；

第 4 期司局长培训班（1995 年 9 月—12 月）；

第 5 期财政厅局长培训班（1995 年 9 月—12 月）；

第 6 期安全厅局长培训班（1996 年 3 月—5 月）。

累计投入 600 个工作日，培训 151 人。从 1995 年开始把任职培训列为我院的主体班次之一，并从院外转到院内办班。在 4 年多时间里，从无到有试办任职培训班，出了系列成品（或半成品），是有成绩的，但对它缺乏科学评估，因而在认识上的表面性、片面性和差异性在所难免。目前，从培训机制、观念、需求、目标到教学内容和方法，都存在着需要进一步研究的问题。

这份草稿作为内部分析资料，侧重对某些问题作很初步的探讨，略求深入，不计其余。

一、任职培训的分类

任职培训作为公务员培训的一个大类，按照不同培训对象的不同情况和需求，必须进行再分类。

我院已试办的 6 期任职培训班，按培训性质划分：

（一）已任职厅局级公务人员的职后培训或补培训（94 人）。

（二）待晋升的处级公务人员（57 人）的职前培训（据对 1991—1992 年分别接受两期任职培训的 44 名处级学员的跟踪调查，大多数已晋升厅局级）。

从正规化上看，应以（二）为主。安全部去年曾办过这类职前培训班（有人认定为专用型任职培训），学习强度很大，收效显著。北京行政学院正筹划今年下半年办一期晋升正处级公务员的职前培训班。

按生源和学员结构有两种分类。一是生源来自各部、委还是各地、市。这两者培训的内容既有共性，也有差别。我们只办过前一种，未办后一种。二是部、委的生源出自多部门还是单一部门：（一）对跨部门、多部门学员的任职培训，其教学内容讲共性，属于通用型培训或称“通识教育”；（二）对单一部门学员的任职培训，其教学内容增添了部门培训的个性，属于通用和专用相结合型培训（安全部代培班的通专课时比例为 2∶1）。通用型和通专结合型培训有明显的差别，不容混淆。它们在教学管理和后勤服务上也各有特点，需要区别对待。另外，学员所在机关的岗位是否对外（对下）行使职能，也是值得考虑的分类问题。北京行政学院这两年办了两期正处级公务员任职培训班：第 1 期学员来自岗位工作限于机关内部的职能处室，第 2 期学员来自对外（对下）行使职能的业务处室。鉴于这两类学员的气质和需求不同，院方为他们开设相同的公共必修课和不同的专业必修课。这可以说是另一种形式的通专结合，但按两类学员分班或合班各有利弊，待比较分析。

按办班主体划分：（一）学院自办，如我院办的 4 期通用型任职培训班；（二）与对口部门合办，如我院与安全部合办的安全厅局长培训班。另，北京行政学院办正处级任职培训班是与市人事局合作的。

按学制划分：（一）半年制（第 1 期）；（二）三个月制（第 2—5 期）；（三）两个半月制（第 6 期）。另，北京行政学院办正处级任职培训班有 7—8 周制的，天津行政学院办了 8 期科级任职培训，每期只有 4 周。

按培训期分段及其组织形式划分：（一）集中在学院进行的一贯制培训（其中包括短期、分散的外出实习或考察），第 1 到 5 期都如此；（二）在学院集中学习和回原单位分散作业相结合的穿插式培训（其中，分散时段的培训主要由原单位组织管理），如尚在进行中的第 6 期。

分类组织任职培训，是贯彻“按需施教”原则的必然要求，在培训实践中也是可行的。无视这些差别，搞“一锅煮”的任职培训，很难说是“讲求实效”的。在去年，第 5 期（应属“通专结合型”）跟着第 4 期（“通用型”）搭班参训，交了学费，到今年第 6 期开班时终于取得了共识。这是对任职培训分类的理解上的一次深化。

任职培训除了分类，还有一个分级的问题。限于这 4 年实践的范围窄，留待将来讨论。

二、厅局级任职培训的几个特点

我院不同种类的任职培训具有某些共性。其中，有的属于各类公务员培训的共性，有的则是任职培训区别于其他类型公务员培训的个性。

（一）应用性

任职培训一定要理论联系实际，并注重实际。要学用结合，教的和学的都管用。

任职培训课堂是政府工作的外延，在一定程度上也是当今社会的缩影。要围绕政府管理的现实问题安排若干专题和教学内容，从中选出一批热点、难点问题。重点组织讲解和研讨。要把从理论到应用、从知识到行为的转化贯穿于任职培训的全过程。

强调实际应用，不是不要理论。授课和研讨要有一定的理论性、知识性，使这个课堂同时又是学术界、理论界的一面折射镜，成为有关政府管理的最新研究、咨询成果的交汇点。

（二）较高层次性

厅局级职位处于中级公务员的上层，有可能参与一部分决策或者为决策起参谋、辅助作用。在历届班次的少数优秀学员中，有的发挥这样的作用相当明显。

据 5 个班学员（缺第 1 期）的统计，平均年龄 46.3 岁，可以说基本上定型。除财政厅局长班外，学员获大专以上学历的都在90%以上，有的达到100%，他们已在不同程度上成才，但素质差异性相当大，学习收获的差距也大。

以上两点，在我院的各类公务员培训班中是带普遍性的。其中，任职培训由于与政府机关的职位要求有很强的对应性，其“应用性”特征可延伸为“职业性”，同其他类型的培训就不一样了。

（三）综合性

综合性培训的内涵：一是着眼于提高学员包括品德、观念、知识和能力在内的综合素质；二是在整个课堂教学中注意理论知识和实际经验之间，政治、经济、行政、法律等多学科知识之间的交叉、融合，其中包括适度的文理兼容；三是在单科或专题教学中也体现这种交叉、融合，如讲领导科学，就要综合运用政治、经济、哲学、社会等各方面的多学科的知识；四是组织跨行业、跨部门学员的综合考察，即使同行业学员外出考察，也提倡从多视角观察和思考某个经济、社会或行政管理问题；五是尽可能配置复合式的教师结构和学员结构，以利优势互补和经验共享。3个月的任职培训，其教学内容要求上的综合程度，明显地高于较短期的更新知识培训和专门业务培训。这既适应政府管理的实际需要，也符合未来教育的发展方向。搞好了，学员的受益面和提高的幅度都大。可以说，任职培训需在综合，贵在综合，效在综合。

但是，难也在综合。现在从任职培训班教学方案的设计、教学单元的划分到相当一部分授课和研讨的组织实施，无不受到理论和实际脱节、教学和研究脱节、教学内容和教学方法脱节、学科分割、单元分离等诸多因素的制约。这对知识综合化、整体化的发展和学员综合思维能力的锻炼和提高是很不利的。要在正确估量现状的基础上寻求改进办法。

（四）以通用型培训为主

在相当长时间内，我院对高、中级公务员任职培训的方向，主要不是从通才向专才的复合，而是从专才向通才的复合。在3个月内要补充政治、经济、社会、行政、政策、法律等多方面的知识，以满足高、中级职位的共性需求。因此，课业安排的总体部署，主要是拓宽知识面，重广博而不强求专深。对有条件的学员，可以让他们宽中求深、由博返约，而不是细中求深、由专而约。即使是通专结合型的任职培训，其专门业务选取的范围也是专中之通，以通为主。任职培训在通专关系上的这一特点，同更新知识培训、专门业务培训也有明显区别。至于以专用型为主的任职培训，可以由各部、委去办，不作为我院的重点。

讲综合性和通用性不是无边际的。行政院校的任职培训都要以“政府管理”为总框架，这也是设置教学内容的主题和重点。

（五）在短期培训中学制较长

任职培训不少于 3 个月的培训期，在各类公务员培训中是最长的，并具有刚性。这在教学活动安排上有特殊要求，在学员的选调和管理上都比较复杂，要求学院在各方面的投入也多。我院 6 期任职培训班占全院累计办班总数的 13%，所培训人数只占全院总数的 8%，却投入了占全院总计 40% 的培训工作日，可见其成本之高，我们不能不认真对待。

三、任职培训目标

任职培训是分层级晋升的资格培训，旨在提高某一级职务所应具备的素质和能力，以有效履行岗位职责。对此，可以从 3 方面去理解：

一是以提高综合素质为前提。

人的素质是其先天生理条件与后天社会实践中的心理发展的叠加。针对多数厅局级学员在素质上的缺陷和不足，在短期培训中予以补偿和提高的方向：一是通过个人测评和不同形式的考核，深化自我了解和自我把握；二是开阔视野，转换观念，拓宽知识面；三是在总结实践经验的基础上开发潜能。

素质是综合的。有人提出对跨世纪领导人才的素质要求：一是政治上的成熟性；二是知识上的综合性（在信息万变时代具备通才素质）；三是思维上的多元性和能力上的全面性（含决策能力，指挥能力，有辩证性、逆向性、整体性、超前性的思维能力）。政治上的成熟性，要以十四届四中全会提出的政治家 5 条要求为最高标准。对于知识上的综合性的理解，有人认为应是“T 型（通才 + 专才）+K 型（懂得市场经济）+X 型（掌握相关联的软科学、边缘科学和信息技术）”的复合式人才。上海市要求在 90 年代培训 100 名既懂政治又懂经济的“政治经济型干部”就体现了这两者的综合。此外，在心理上还要有高度稳定的心态、积极的成功动机、较强的挫折容忍力等。

从提高综合素质出发设定厅局级任职培训目标，就要把观念、知识、能力、行为（规范）这几方面有机结合起来而不能偏废。这是当代公务员培训设计的制高点，也是教学方案的针对性、适用性所要求的。因此，任职培训不仅要解决“应知”“应会”的问题，还必须明确“应觉”（思想领先）、“应循”（身体力行）的要求：

应觉——进一步牢固树立正确的世界观、人生观、价值观，讲政治，为适应两个根本转变和政府职能转变的要求而更新观念；

应知——完善知识结构，有针对性地拓宽知识面，在理论和实践的结合上充实必备的知识；

应会——调整能力结构，转变学习和思维方式，重在提高分析问题、解决问题的能力；

应循——恪守行政法规和公务员行为规范。勤政廉政，依法行政。

这 4 个环节之间是有内在联系的。如果将其比作一棵树，品德、观念是根基，知识是躯干，能力是树冠。以应觉、应知、应会、应循为教学定位点，提高基本素质就有了依托。再把它们具体化，还要体现出从处级到厅局级职位的角色转换。

二是以注重能力培训为特色。

能力是人的素质的外延。“具有较强的领导能力”是对政治家的 5 条要求之一。厅局级任职培训作为应用性培训着力于能力开发是很自然的。

初步归纳我国公务员制度建设 6 个试点部门 116 个职位对司、处级公务员任职能力的要求，按出现频率的百分比依次为：（一）思维、分析、判断能力；（二）文字表达能力；（三）综合协调能力；（四）口头表达能力；（五）组织领导能力；（六）外语能力；（七）调查研究能力，可并入第（一）

项；（八）监督指挥能力；（九）与人合作能力；（十）计算机能力。此外，还有对“政策水平”的要求，可归入素质。3个月培训期不可能“十全大补”，应以（一）（三）（五）（八）（九）为重点。集中起来，也有概括为“敏锐的观察与逻辑思维能力、组织与协调能力、信息沟通与表达能力”的。有重点的能力开发，应当是我院区别于中央党校和一般高校教育的重要特色之一。

尽管对这些职位能力要求的分析还有待于深入，但从中不难看出对高、中级公务员能力的理解，应当是广义的能力（ability，capacity，capability，competence）或才能、才干（calibre，talent），而不是狭义的操作性的技能（skill）。夏书章教授去年1月来信提出，行政学科“要求理论密切结合实际和言行一致，这是生命力、说服力之所在……才干、才干，才必须与干联系在一起，因而才和能又应该是一致的”，进一步阐明了知识和能力的相关性。再从英国文官高级开放结构（1—3级）的3项核心标准“（1）素质——领导能力、个人能力、才智和创造能力；（2）技能——战略思考和规划能力、沟通能力、专业知识；（3）管理——管理人力资源、管理财务和其他资源、完成工作任务”看，不仅把技能定位在较宽的范围，而且能力与素质也融通在一起。这进一步表明，脱离素质教育的“能力培训”难以成立，要把两者结合好。

三是寓长期回报于短期培训之中。

显而易见，提高综合素质的多方位需求同短期培训的时限之间是有矛盾的。解决的办法，除了把握好教学重点，还要把任职培训纳入终身教育体系之中，使它起到启动、促进终身学习的积极作用。这就是说，在以“应觉、应知、应会、应循”为培训期目标、实现“速成”、取得“速效”的同时，还要着眼于培训后效应，努力把“知其然”和“知其所以然”、短期回报和长期回报很好地衔接起来。北京行政学院正处级任职培训，把“持久的学习动力和方法”列为6条培训目标之一，作为对这样的长短结合的一种探索，是有意义的。

四、通用型任职培训方案的总体框架

6期任职培训班的教学方案，前3期按学科体系划分教学单元。如第1期培训方案所列的单元或专题，有“马克思主义基本理论与国家学说”“行政管理导论”“现代管理学绪论”“法的一般理论”“社会主义法的理论”等。后3期改按工作专题划分教学单元，向政府管理实践靠近了一步，但还保持着自成体系的学科拼盘式架构。在专题设置上也不定型：有的专题一直空缺，如政府对社会的管理；有的专题时有时无。如行政决策（第1、4、5、6期有，第2、3期无），政策分析（第1、4、5期有，第2、3、6期无），办公自动化与计算机应用（第1、4、5期有，第2、3、6期无）等。

初步考虑划分教学单元的原则：一是继续按政府管理的实际问题分模块组织教学内容，结合新的形势和任务。要把江泽民同志《正确处理社会主义现代化建设中的若干重大关系》和我国《国民经济和社会发展“九五”计划和2010年远景目标纲要》的精神贯穿进去。二是按通用性、综合性的要求，覆盖大的方面，避免总体上“缺胳膊少腿”，如李鹏总理指出政府的三大职能，不仅要把“管理社会”这一大块补上，在“管理经济”方面的漏项也要填补。三是大框架宜粗不宜细，第4、5期培训方案的1—6单元就显得细了一点。四是每个单元内部的专题设置要突出重点，不求系统性，不求全。

据此，对今年下半年通用型任职培训班提出5单元（或专题）的初步轮廓设想：

第1单元——中特理论和基本国情、国策。内容包括两个“根本转变”，“九五”计划和2010年远景目标，世界经济、政治格局等。1.5周，约40学时（由待建的中特理论教研部负责）。

第2单元——公共管理（一），宏观经济调控。侧重于公共财政：税收、预算、财政与金融、经济政策等。2周，约55学时（由经济教研部负责）。

第3单元——公共管理（二），社会发展与社会管理。内容包括：可持续发展战略、科教兴国战略、社会保障体系、社会政策等。1周，约27学时（如何分工，待定）。

第 4 单元——公共管理（三），政府自身管理和领导方法。内容包括：政府职能转变、人力资源管理、管理决策和政策分析、领导艺术等。2.5 周，约 65 学时（由行政教学部和待建的领导教研部共同负责）。

第 5 单元——法制建设和依法行政。内容包括：行政和依法行政、行政监察、经济法和涉外经济法等。

据此，对今年下半年通用型任职培训班提出 7 单元（或专题）的初步轮廓设想：

第 1 单元——中特理论和基本国情、国策，1 周，约 35 学时（由待建的中特理论教研部负责）。

第 2 单元——两个“根本转变”及相应的政府职能转变，2 周，约 65 学时（以经济教研部为主，行政教研部参与）。

第 3 单元——公共行政或公共管理，3 周，约 100 学时（以行政教研部为主，待建的领导教研部参与）。

第 4 单元——法制建设和依法行政，1.5 周，约 55 学时（由法律教研部负责）。

第 5 单元——办公自动化与计算机应用，1—1.5 周，30—50 学时（由教保部计算机中心负责）。

第 6 单元——办公自动化与计算机应用。对初学者安排计算机入门知识、简便的汉字输入方法、某些应用软件的使用。1 周，27 学时（由教保部计算机中心负责）。

参照北京市将计算机应用知识与能力达到国家教委计算机一级 B 类及以上水平作为党政机关年轻干部上岗任职资格的必备条件之一，国家人事部机关从明年起也有类似规定，拟保留这个单元。

第 7 单元——社会考察，2 周，约 65 学时（由培训部负责，各教研部参与）。

一头（入学教育、自我测评）、一尾（撰写论文、个人小结、鉴定），都由培训部负责。

以上，第 2—6 单元教学内容的集成要体现出“政府整体能力”的内涵，防止畸轻畸重现象。

另，钱学森先生强调“领导干部需要广博的知识”：（一）指导思想，要懂得马克思主义哲学、科学社会主义、政治经济学；（二）理论联系实际，要了解中国和世界现状，也了解中国、世界的历史；（三）熟知现代科技概况；（四）对于文学艺术要有一定的修养；（五）要懂一些军事知识；（六）要有健康的身体。以上 6 条，有的已纳入前述“7 单元”之中，可在安排选修课、讲座和课外活动中加以考虑。

五、教学模式

由于对公务员“基本培训模式”的内涵理解不深，这里只能就 6 期任职培训班的一些表面现象略作综述。

（一）在总课时分配中，授课多，自学少，研讨更少

除第 2 期安排自学和研讨的课时比较多、超出授课时间外，其他各期安排授课与自学、研讨的比例大体上在 1∶1（第 6 期为 1∶0.6），其中，授课与自学的比例保持在 2∶1（第 3—5 期）到 3∶1（第 6 期），授课与研讨的比例保持在 3∶1（第 4、5 期）到 6∶1（第 6 期）。

限于对历届教学质量的评估力度不足，现在还不能从课时量的多少上判断各班的优劣。但要看到，授课与自学和研讨的课时比例不甚协调的现状同以参与式教学为目标模式之间还有相当的距离。这是由相对传统的教学内容和教学方法决定的。

（二）授课以讲大课为主，灌输式多于启发式

6 期任职培训班共有 270 次授课（含讲座），学制 3 个月的平均每期排课 36 次（其中第 3 期排了 49 次，是特例）。

以授课为任职培训班主要的教学形式，就要力求体现启发式这个必然要求。初步估计，能列入这一类的：一是理论与实际结合得比较好，对学员启发性比较大的高质量课程（或讲座），约占 1/5，在有的班可能占到 1/4；二是近年来在课堂教学改革中出现了少量专题讨论课和初级案例分析课，有的已显示出相当的活力，这虽带有试验性，但很值得提倡。其他的授课，有的

偏于说理，结合现实的紧密度不够；有的偏于描述（以介绍工作情况为主），信息量大而知识性不足；还有偏离任课题目的要求，针对性不强的，总体看来，仍以灌输式居多。

讲大课这种具体形式对任职培训的一部分教学单元是有效的，而搞得过多，就有悖于能力培训的要求。在授课手段的运用上，大多是单一的口授，在第 2 期曾试用过少量音像教学资料，受到学员欢迎，以后没有继续下去。

（三）自学时间少，弹性大

自学是学员主体行为的中心环节，也是培训班全盘活动的基础。建立和推进参与式教学模式，要求加大自学的分量；从第 4 期开始选编 65 万字的《教学参考资料》，丰富了自学的内涵；建立健全学员自我管理，在一定程度上是对自学的组织保证。

但是，在“先任职、补培训”机制的作用下，学习驱动力很不均衡，学员对自学掌握的弹性相当大，有些教师对自学的引导也不够，在通专结合型班次常有班组集体活动挤占自学时间的现象，因而总体上的自学效果不够理想，“消化不良”成为培训班的常见病。

（四）对研讨的安排不到位，质量不稳定

多种形式的班组研讨（或课堂活动）在参与式教学模式中居于主体地位，学员从中开发潜能、分享经验，是提高素质和能力的重要源泉。在 6 期任职培训班中，都有一些组织得好的研讨，对学员有启发作用。第 2 期发动学员编写案例，第 3 期组织学员上台串讲，法学教研部选编了 10 个涉及行政复议、行政诉讼、申请强制执行、国家赔偿的典型案例，行政管理教研部正在编写 7 个专题案例教程，起势都好。

然而，班组研讨和有关的课堂活动开展的现状，在品种、数量、质量上都不适应任职培训的目标要求。准备和组织好这些教学活动，不比灌输式授课容易。而我们在这方面的重视和投入程度及其规律性认识都滞后于授课环节。怎样扭转这个薄弱环节的问题具有很大的现实性和紧迫性。

（五）其他教学环节，另议

从总体上看，我院的任职培训还处在教学模式缓慢转换过程中。之所以慢，一是对新模式的认识不甚清晰，二是责任制不完善，三是一些重要环节的设计和实施还不够精细。模式作为具体的教学行为规范和指南，既是为实现培养目标服务的，又是可操作的。只有适应培训目标的一整套课程开发，特别是许多教学单元的案例开发和辅助决策的计算机手段跟上了，才能加速新旧转换，体现特色。为此，在总结自己的经验的同时，也要跟踪国内同类院校的培训进展。对中组部干训中心已有多年实践的参与式或经验分享式教学法，天津行政学院用于科级任职培训的参与式教学法，北京行政学院用于处级任职培训的行动式教学法，上海行政学院用于局、处级公务员培训的“五管齐下”教学模式等，都要留心体察，有选择地借鉴其中有益的成分，求得共同提高。

六、社会考察

第 1 期半年制任职培训班，安排了 1 个多月的实习，让学员跟班见习，给予任务，参与工作，体验岗位。学员普遍反映有收获，但嫌时间短。以后的 4 期改为两周分组考察。

任职培训班拿出 1/ 6 的时间用于社会考察，其积极作用是：（一）学员通过考察接触社会，接触地方政府，尽管时间不长，仍然是培训期间联系实际的一种重要形式；（二）与综合性的课堂教学内容相衔接的综合性社会考察，不同于学员在原单位的专业调研，有助于拓宽视野、横向交流；（三）发挥多部门学员联合考察的优势，有可能形成分析问题、解决问题的新思路；（四）在历次考察中，各有少数或个别较好的考察报告。

组织社会考察过程中存在的问题：（一）两周考察只是“蜻蜓点水”，接触实际不多，对学员的帮助不够大；（二）出去考察花钱多，组织工作复杂、繁重；（三）考察费用由学员所在部门担负，考察题目、路线容易被学员左右，一部分学员从兴趣出发，借考察之机游山玩水；（四）从总体上看，对政府工作有实用价值的考察报告不多。

权衡利弊，两周的院外考察作为课堂教学与社会实践相结合的重要一环不宜轻易废除，但必须改进。对今年下半年的任职培训班有几种可供选择的试行方案：（一）与国务院研究室、国家计委、财政部和人事部等部门的研究室（政策法规司）以及国办信访局等提前联系，为其当前研究课题承担一些具体调研任务或定向搜集若干急需的专题资料。这样做，有利于加大社会考察的刚性和效益，也有利于学用结合。安全部代培班把今年国家安全工作调研提纲中所列 20 个调研参考题目作为该班学员结业论文的选题范围，是一种值得借鉴的办法。（二）由学院集中选题，这也有两种初步的比较方案：一是到苏南地区作综合考察（参见今年《教学调研资料》第 4 期）；二是到北京市周边的河北、山西、内蒙古（乌盟、锡林郭勒盟、昭盟）或辽西等地的贫困县（河北省有 39 个贫困县，次于云南、陕西、贵州、四川、甘肃，居全国第 6 位；山西省有 35 个贫困县，居第 7 位；内蒙古自治区有 31 个贫困县，居第 8 位。以上合计 105 个贫困县，占全国贫困县总数的 17%）作综合考察，学员在了解社会、体察民情中的收获可以渗入到本部门工作中去，也可以向这些县、乡传递多方位的信息。这既能节省时间、经费，又能同发展县域经济的科研相结合。其中如果有的逐步发展为常设考察点，年年有学员下去，形成梯队接力，就更好了。（三）从结业论文安排上着眼，试探学员自带论文题目入学的路子。为此，可以由学员自选与论文配套的考察课题和地点，用考察成果充实论文内容。这在通专结合型班次比较容易做到；通用型班次如有条件，可选择少数或极少数学员试点。以上 3 种形式的考察费用，仍由学员自行解决。

七、学员考核

这也是一个复杂问题，现在仍说不清楚，留待 6 月中英管理开发研讨班后再议。

从第 6 期的情况看，有用人部门的人事干部的参与，对学员考核、考察以至整个学员管理，都起了促进作用。下半年办第 7 期，如能争取中组部干教局、人事部考核培训司的同志驻班或巡视，或有帮助。

八、教学（质量、效果）评估

这又是一个难题。现在能做的：一要抓紧第 4、5 期评估问卷的整理统计，拿出结果来；二要在原有问卷基础上，吸收财政部培训中心、香港公共机构等评估问卷的长处，加以改进；三要注意了解天津行政学院对 300 多名科级任职培训学员进行跟踪反馈的成果，并考虑我们的下一步工作安排。

九、抓紧第 7 期的准备工作

经过这 6 期的实践，我们加深了对任职培训的认识，也取得了初步的经验，但要估计得当。如果把搞好任职培训看作国家行政学院的真正立足点，时至今日，不能说我们已经找到了自己的立足点。为使第 7 期任职培训向正规化、规范化前进的步子大一点，除了拿出比较好的教学方案，还要有各教学单元的实施纲要，各专题的教学大纲和相应的参考教材，第 2、3、4、5 单元的案例选编，要在把握好教师结构的前提下选准授课人，推广新教学方法，提高学员参与的广度和深度。做到这些的关键在于加大教学改革和教师投入的力度，提高学员自主管理水平，从而推进新模式逐步到位。

要在 4 个月时间里把开班前各方面事情做好，有必要建立目标责任制，并绘制一个准备工作流程图。

在本院法学教学研修班开班式上的讲话[①]

列入国家行政学院今年培训计划的“法学教学研修班”今天开班。这期研修班是我院筹建以来的第 7 期师资培训班，在学制上是其中最长的一期师资培训班，又是 1994 年召开学院成立大会以来的第 1 期师资培训班。我谨向来自全国 26 所地方行政学院的各位老师表示热烈的欢迎。

借这个机会讲 3 点意见：

第一，组织师资培训是国家行政学院的重要职能之一。

组织地方行政学院进行业务交流，承担部分师资培训任务，是国家行政学院的主要职责之一。1 个多月前国务院印发的《国家行政学院办学工作的若干意见》又重申了这一点。

确立这项职能，一是由国家公务员培训的大任务量决定的。全国现有 500 多万政府机关工作人员，其中将近 92% 在地方。对他们的培训任务，大部分也在地方。分层级看，在全国的高、中级公务员中，厅局级以上的有 2 万人，“九五”期间平均每年培训 4000 人，其中如有 1/3 到国家行政学院接受培训，一年就有 1300 人，这是我院近中期的培训能力所不及的，有相当一部分厅局级公务员的培训任务也将由地方承担。二是现设 40 多所省、市行政学院，有专职教师一两千人。这支相对年轻的多学科的专业队伍是地方公务员培训的中坚力量，他们对自身的进修、提高有旺盛需求。三是各地公务员培训正处于起步时期，有些地方行政学院虽然建院较早，但对公务员的分级分类培训还是近两年开始的，在地方行政学院之间、地方行政学院和国家行政学院之间，也很需要组织业务交流。

---

① 作于 1996 年 11 月 6 日，由虢亚雪整理。

本着“边筹建、边培训”的原则，我院从1988年下半年开始筹建，1989年就试办师资培训班。6年中办了6期师资培训班，有234人参训，加上另几期推行公务员制度骨干培训班和国际合作培训班的部分学员，累计培训师资650人次，接近8年多来全院培训总人数的1/3。随着学院落成和正式开学，我院今后师资培训的规模还将进一步扩大。

第二，法律知识是国家公务员培训的公共必修课。

这首先是因为国家公务员必须守法、依法。《国家公务员暂行条例》第6条列举国家公务员的8项权利和8项义务中，各有3项直接涉及法律的规定性。其次，国家公务员必须知法、懂法。《国家公务员培训暂行规定》第13条把“法律法规和政策”列为培训的公共必修课。

各级领导干部更要努力学习法律知识。党的十四届四中全会决定，把“法律知识”列为县以上党政领导干部学习内容之一。江泽民同志今年进一步指出：“学习法律知识要形成制度。在这方面，各级党校、干校应充分发挥作用，要把邓小平同志关于加强社会主义民主和法制建设的理论以及法律的基本知识，作为党校、干校必设课程。”这对行政学院是完全适用的。

从高、中级国家公务员培训目标看，它的4个重点都同法律有关：一、提高政治素质。公务员政治素质的重要内容之一是法律素质。提高公务员特别是高、中级公务员的法律素质是讲政治的体现。二、提高政策水平和行政能力。驾驭经济、社会发展必须依法管理，处理政府事务必须依法行政。提高决策本领也要做到改革决策、发展决策和立法决策紧密结合。三、学习掌握4大类知识，其中包括法律知识。四、牢固树立马克思主义世界观、人生观和价值观。当前要突出包括法制教育在内的廉政教育。由此可见，国务委员兼国家行政学院院长李贵鲜同志发表在上月28日《人民日报》上的重要文章，把“强化高、中级国家公务员依法行政的观念”列为培训应当着力解决好的4个问题之一，是有深刻寓意的。

在国家行政学院的课堂上，不仅在法律专题，而且在经济、社会、行政管理专题中也讲法制建设。例如：中国人民银行陈耀先副行长上周二在社会主义市场经济培训班讲“金融体制改革”课，就银行信贷资产质量问题分析不良贷款的成因之一是法制不健全，形成“赖账机制”，其对策建议之一是政府支持“依法收贷”。国家计委王春正副主任上周五讲“个人收入分配和社会保障体系”课，特意提到基于“分项所得税”的现行“个人所得税法”存在着弊病，新的“个人所得税法”将在明年出台。高检院赵登举副总检察长昨天在厅局级任职培训班讲“廉政建设”课，也着重讲“深入反腐败，必须深化改革，健全法制”。

我院去年12月成立了法学教研部。全院包括法学师资培训班在内的各类班次的法制教育只会加强，不会削弱。它在全国多层次、多形式、多规格的法学教育体系中不仅占有一席之地，而且要发挥越来越重要的作用。

第三，依托有利时机，共同办好本期法学教学研修班。

这期法学教学研修班是在全国掀起学习党的十四届六中全会决议的热潮中开办的。上月10日，中央全会通过了《关于加强社会主义精神文明建设若干重要问题的决议》(以下简称《决议》)。其中规定我国社会主义精神文明建设的主要目标之一是实现3个“显著提高”，首先是“实现以思想道德修养、科学教育水平、民主法制观念为主要内容的公民素质的显著提高”。在这一段表述中蕴含着双重法律含义。《决议》第13条着重提出：“社会主义道德风尚的形成、巩固和发展，要靠教育，也要靠法制。”在《决议》的另8条规定中也都涉及法制问题。我们现在开班可以说是适逢其时。

这期研修班是在八届全国人大四次会议将“依法治国，建设社会主义法治国家”确立为基本的治国方针的背景下开办的。江泽民同志明确指出：“实行和坚持依法治国，就是使国家各项工作逐步走上法制化的轨道，实现国家政治生活、经济生活、社会生活的法制化、规范化；就是广大人民群众在党的领导下，依照宪法和法律的规定，通过各种途径和形式，管理国家事务，管理经济和文化事业，管理社会事务；就是逐步实现社会主义民主的制度化、法律化。”这对我国实现第二、三步战略目标，具有重大、深远的意义。今年是实施“三五”普法规划的第一年，不久前出版了全国普及法律知识干部统编读本《社会主义法制建设基本知识》，这既为国家公务员培训提供了一本必读的教材，又大有助于提高学习法律的自觉性。

这期研修班是在国家行政学院隆重举行落成暨开学典礼的喜庆声中开办的。8天前，李鹏总理亲临祝贺、剪彩，并讲了题为“中国将长期保持一个良好的发展势头”的第一课。在校园、校舍初具规模的条件下，这一课可以说是我院软件建设的“奠基石”，对今后的办学方针、培训选题和教学重点将有长远的指导作用；同时，在所讲10个方面的问题中几乎都包含与法律有关的内容：

一、坚持邓小平建设有中国特色社会主义理论和党的基本路线。

——充分发扬社会主义民主，加强社会主义法制建设，实行和坚持依法治国，是邓小平同志建设有中国特色社会主义理论的基本组成部分，也是党的基本路线的重要内涵。

二、建立社会主义市场经济。

——新的经济体制需要新的法制基础和法律秩序，必然要求有与之相适应的完备的社会主义法制。两者必须同步发展。

三、坚持实行对外开放政策。

——这就要学习、研究国际商贸法律制度，统一和健全我国对外经济法规，并继续制定和完善“促进对外开放”的法律。

四、正确处理改革、发展、稳定的关系。

——发展是目的，改革是动力，稳定是前提。三者都离不开法律的引导、推进、规范和保障。

五、最终需求的增长是中国经济发展的基本因素。

——无论消费需求、投资需求还是外贸需求都与《消费者权益保护法》《中外合资经营企业法》《外资企业法》《对外贸易法》等一系列法律、法规相联系。

六、努力缩小三大差距，逐步实现共同富裕。

——保护合法收入，取缔非法收入，调节过高收入，保障低收入者的基本生活，都有赖于法律的到位和完善。对于缩小城乡差距和地区发展差距来说也是如此。

七、坚持以公有制为主体，多种经济共同发展。

——坚持公有制，就要继续贯彻《公司法》《全民所有制工业企业法》《全民所有制工业企业转换经营机制条例》等法律、法规；允许和鼓励非公有制经济发展，也要"依法管理"。

八、发挥中央和地方两个积极性。

——我国《宪法》规定了中央政府的主要职权，《地方组织法》规定了县级以上地方政府的职权。为进一步合理划分中央与地方经济管理权限，做到权力和责任相统一，也有一个规范化、制度化的问题。

九、妥善解决发展道路上的难点问题。

——首先是新旧体制转换期间出现的各种困难，要在深化改革中去解决。这就要"改革决策与立法决策紧密结合"，用法律促进改革顺利进行。

十、加强精神文明建设将促进经济的发展。

——"在全国范围形成物质文明建设和精神文明建设协调发展的良好局面"，是我国社会主义精神文明建设的主要目标之一。不仅实施"科教兴国"战略必将直接推动经济发展，而且社会主义思想道德和文化建设有利于"形成健康有序的经济和社会生活规范"，对经济的发展也会有促进作用。

总体来看，把这一课列为法学教学研修班的第一课，既是顺理成章的，又使该研修班有了一个高起点。

提高公务员的法律素质，是建设高素质公务员队伍的必要条件。我们办这期研修班的宗旨，是围绕提高公务员的法律素质，组织师资进修，研究如何改进法学教学。整个班采取分段式的办法：第一段"行政法基本理论"，占总课量的70%以上，是单科独进；第二段"法制建设与依法行政"，与厅局级任职培训班合班运行；第三段"全国行政学院法学教学研讨会"，则是班会结合。本班15位任课教师，都是在法学的某些方面有造诣的教授、研究员，也有少数官员。参加本班的28位学员，在各校都是法学教师，从今天开始的这一个月里，大家既是进修，又有研讨和交流，还将起咨询作用。我相信，通过群策群力，必将把教学和研修引向深入，达到共同受益的目的。

预祝研修班圆满成功。

交流借鉴篇

肯尼斯爵士在我院午餐席上的答问①

问：您作为资深高级文官，具有丰富的行政经验。这些经验主要是从实际工作中还是从培训中获得的？您担任3级文官以后曾有多少次接受培训的机会？

答：很不巧，我很少有接受培训的机会。繁忙的工作也不允许我离职接受培训。我的行政经验主要是在实际工作中积累起来的。

问：英国政府对内阁大臣、部长是否进行培训？

答：在撒切尔内阁有过这样的高级培训。培训时间短，有时只用一天，主要是让他们及时掌握某些必要的情况。由撒切尔首相、财政大臣、内阁办公厅主任等出面讲解，我也曾参与讲解。撒切尔首相卸任后，这种培训就没有了。

问：近年来出现了一条新的政府管理原则，即不再把政府看作供方，而把政府看作买方。这对文官培训有没有发生影响？

答：过去的政府只着眼于提供服务，文官作为供应者必须掌握提供服务的本领；而按新的政府管理原则，文官作为采购者应当弄清谁能提供更好的服务，怎样组织好这样的社会服务。这就要求文官具备与原来不同的知识和能力。

问：从文官的角度而不是从教育家的角度出发，您对法国ENA的培训有什么评论，对美国的MPA教育有什么评论？

答：法国ENA的培训在英国还没有做到。我希望有朝一日英国也能像

---

① 作于1993年3月17日，由本院（筹）外事处有关同志整理。S.肯尼斯爵士曾任撒切尔首相的首席秘书。

ENA 那样做。美国的 MPA 教育，内容杂乱无章，我对它的评价很低，这也许是我的一种偏见。

问：英国的文官培训与法国 ENA 有什么不同?

答：各国都是从本国的情况演变过来的。法国自从有了《拿破仑法典》以后，公务员一切依法办事，政府管理行为比较精确，这已成为传统。他们的公务员培训是从行政法出发的，比较划一。英国的文官也是依法行事的，但要灵活一些。现在，英国正向欧洲靠近，将更多地吸收欧洲法的统一规定。所以，到一定时候，英国有可能更多地采用法国的某些办法。

问：德国的公务员结构和管理是否同法国相近?

答：德国是联邦制国家，各州有立法权，大部分行政管理活动在州和地方政府。这同法国、英国不一样。从中央政府的情况看，德国的确同法国比较接近。

问：1968 年的《富尔顿报告》抨击英国文官的通才体制，但没有取得实际效果。它提出的主张是否偏离了英国的传统?

答：《富尔顿报告》的内容有正确的方面，但它在前后顺序上犯了一个致命的错误，开宗明义对英国文官制度的批评过于激烈，立即招来文官队伍的极大反感，以至于在总体上无法付诸实施。这份报告中有些内容，如对文官的统一分类、建立能对自己管理行为负责的执行机构等，到后来才逐步得到执行，但它对通才的批评有过头的地方。为满足政府管理的要求，通才和专才都是需要的。关于通才和专才问题的争论已经过去，不是当前的热点。

问：伊布斯爵士的“下一步行动方案”到今年就要结束，1995 年或1996 年有没有新的下一步行动?

答：“下一步行动方案”在许多方面取得了进展，但在行动中也碰到许多困难，改革是渐进的，有些改革措施要花好几年工夫才能真正成形，进而逐步完善。今后还有许多改革方案将陆续出台。但在不少基层单位有这样的反映：要求我们现在做的还没有完全做到，可不要再出新要求了。

问：梅杰首相推出的“市场检验”运动是不是企业的“全面质量管理”用于政府的一种表现形式?

答：这个运动不是把“全面质量管理”移植到政府中来，而是政府变供方为买方的观念转变的产物。

问：您有过在卫生和社会保险部任常务次官的经历，该部共有 3000 多种法规条例，您是怎样把握它们的？

答：有趣的是除我之外，没有第二个人发现这个部有这么多的法规条例。我是靠 15 名助手分层级地控制它们的。

肯尼斯爵士在问过国家行政学院同人事部高培中心有什么区别后表示：今天的讨论是一次很有意义的交流，也是其这次中国之行的最高潮。

一些国家、地区行政学和行政学院的若干情况①

2月下旬到4月上旬，在同英国海外开发署、美国科罗拉多大学公共事务研究生院、法国国立行政学院、美国锡拉丘兹大学马克斯维尔公民与公共事务学院（以下简称“马克斯维尔学院”）、香港城市理工学院等单位来访的顾问、院长、主任、教授、讲师等交谈中获得一些信息，综述如下。

一、美国的行政学正处于相对停滞状态

行政学研究的大本营在美国，而美国的行政学，其学科基础或组织理论的严谨程度都不如经济学和社会学，属于“不发达学科”。政治学的情况与行政学类似。

据马克斯维尔学院苏利文教授（在职与官员培训主任）和陈瑞华教授介绍：当今美国的公共行政学不仅相对停滞，实际上比停滞更麻烦，存在一系列矛盾。共和党执政12年，今年移交民主党，公共行政学的现状，一是混乱，二是观念冲突，三是变动。不仅政府机构在改革，社会各层面都参与变革中。目前面临以下几大问题：

（一）联邦政府向州政府下放权力。美国最好的公共政策一般都出自基层，因为基层最熟悉实际情况。里根-布什政府一直致力于缩小联邦政府机构，下放权力。联邦政府通过许多法律向地方政府放权，却从来不给钱。这是联邦政府—州政府—县政府之间老闹矛盾的症结所在。

（二）1989年末，美国经济出现衰退，这几年一直不景气。国家通过税赋的收入减少，财政赤字增加，不得不缩小政府规模。公众本来指望政府提

① 成文于1993年4月25日。

供更多服务，却发现一些政府机构被撤销了。现在有些局部的经济正走出低谷，但整体经济未见全面回升，也不可能扩充政府机构。

（三）公务员管理中有漏洞。里根-布什政府对联邦公务员的作为不满意，除要求减少层次、下放权力外，有时还公开予以抨击，造成高级公务员士气不振。一些大学毕业生中的优秀人才不愿意到政府供职，影响政府的职能。

（四）美国的公众要求政府尽多尽好地提供服务，却不愿意多纳税。这是一个突出的矛盾。

（五）政府管理的技术手段跟不上，对行政效率也有很大影响。

产生这些问题的根源，一是美国经济不能独立于世界经济之外，有时一个小国的某种行为也可能成为美国的热门问题，所以必须顺应世界潮流的转变而转变，不能按空洞理论指导政府管理或管理行政人员。现在课堂上讲的、书本上写的都跟不上情况的变化，所以行政学的内容要不断更新。行政学比较复杂，不是一门纯学科，它正从过去比较机械化的管理转向以人为中心、注重协调人际关系的管理模式。二是当今社会的发展、变动相当快。以往的社会发展比较慢，可以用五六年时间进行研究，写成书再教给学生，现在这种方式跟不上社会发展，已经不行了。中国开人民代表大会通过了许多新的章法，美国也有类似情况。克林顿政府比较注意反映群众的情绪，新政府有一套新方法，例如，请了代表不同阶层利益的四五百名专家一起研究公共健康和医疗政策，这是过去没有过的，也是书本上没有的。

香港城市理工学院公共及社会行政学系陈汉宣讲师介绍国外“公共行政”教学大纲的主要内容：一是自我了解；二是宪法（宪政）、行政法；三是法律应用研讨，很有实效；四是编制项目预算（概算），也组织讨论。

国外重要的行政学期刊，美国有《公共行政评论》《公共人事管理评论》《行政与社会》，英国有《公共行政》，法国有《公共行政杂志》。

二、国外公务员攻读学位和接受培训的分级

美国普通公务员分 1—15 等，高等公务员分 16—18 等。一般大学毕业生进入 5—8 等，公共行政硕士生进入 8 等。普通公务员从 5 等晋升到 15 等，

大约要用 20 年时间，基本上不可能进入 16—18 等。公务员深造或培训分五级（Degree）：

（一）公共行政博士（DPA）或政府管理博士（DGA），学制 2—3 年。

（二）公共行政硕士（MPA）或公共政策硕士（MPP），是近 20—25 年间发展起来的，学制 1.5—2 年，修满 30—40 学分，学习强度大。

（三）文科（政治学、行政学）硕士（MA），学制 1—1.5 年，修满 30 学分，学习强度稍弱。

（四）公共行政证书（Certificate），非学位，学制 1 年左右。

（五）访问学者（Visiting Scholar），学制 2—6 个月，也有 1 年的，自由听课，不修学位，不写论文，结业时发给证明（非证书）。

在英国，也有文凭课程、证书课程之分。

据陈汉宣博士介绍：香港公务员分通用类（一般文官，跨部门流动）和专业类（工程师、医生、警察、海关人员）。从欧美招聘的政务官，试用期 4 年，在本地招聘的政务官，试用期 5 年（其中 1 年送往英、美进修）。港府每年选派 30—60 名 40 岁上下、有发展前途的公务员进修，其中一部分到英国牛津大学；一部分到美国加州大学伯克利分校，每期 3—6 个月，自由听课，不参加考试，不写论文；一小部分到美国锡拉丘兹大学马克斯维尔学院接受 3—6 个月比较正规的培训（MIB，与 Certificate 相近），除组织理论、公共法律、公共预算、计算机管理等必修课外，还有选修课，少数人攻读学位；个别人到哈佛大学肯尼迪政府学院或马克斯维尔学院攻读博士学位。香港大学、香港城市理工学院都办 MPA 学位班，每星期三下午、星期六上午开“公共行政导论”“行政法”课。前者学制 1.5 年（1 年听课，半年写论文）；后者学制 2 年零 9 个月（2 年听课、研讨，半年多写论文）。招收对象中公务员占 2/3，其他人员占 1/3。

在澳门，澳门大学也为公务员办学位班，政府补助，报名踊跃。

美国科罗拉多大学公共事务研究生院院长卡布兰教授断言：在欧美各国的公务员培训中，美国的培训方法是最好的。

英国海外开发署公共事业管理及培训顾问福肯提出：关于公务员培训的

通才教育和专才教育之争，是由来已久的，要取长补短。

三、国外几所著名行政学院及其办学特色

据美国大学（院、系）年度评估报告，近年全美名列前茅的行政学院大致的排序是：

（一）锡拉丘兹大学马克斯维尔学院，成立最早，与政府的联系紧密。主要培养政府中常任制的事务官。

（二）哈佛大学肯尼迪政府学院，注重理论，长于国际关系研究，学术地位最高，与政府的联系也很密切，主要培养与政党共进退的政务官，即政治家。

（三）印第安纳大学公共环境管理学院，与第三世界国家联系密切。

以上前 3 名顺序相对稳定（据赛明思教授补充介绍，前 3 名顺序时有交替换位，3 院之间的教师流动也是经常的）。

（四）南加州大学公共行政学院，在里根–布什当政的近 10 多年间发展比较快，有起势，主要培养西部地区的政务官和事务官。

（五）普林斯顿大学威尔逊学院，注重国际关系，是美国培养外交官的主要场所。

此外，加州大学伯克利分校、得克萨斯大学奥斯汀分校、麻省理工学院的斯隆管理学院等也有相当的实力。

对行政学院的评估标准主要是：

（一）学院聘任的教师每年在重要学术期刊上发表论文的数量。

（二）每年培养博士研究生的数量。

（三）每年进入政府供职的毕业生数量。

按以上的第 2 项指标，马克斯维尔学院每年约有 3 名，肯尼迪政府学院每年在 10 名以上，名列第 1；按第 3 项指标，马克斯维尔学院进入公务员序列的应届毕业生数量名列第 1；按 3 项指标综合评估，马克斯维尔学院排名第 1。

位居榜首的马克斯维尔学院，据该院苏利文教授、赛明思教授和陈瑞华

教授介绍，建院于1924年，现有专职教师25—30人，兼职教师125人。它的主要功能：一是培训公务员，吸引优秀人才进入政府；二是研究中心，重在研究政府管理；三是行政管理教育中心，培养公共行政博士和硕士；四是思想库，为政府面临的新问题提供咨询。现在每年培养DPA约3名，MPA约100名，MA约50名，CPA 20—50名，还接受一批外国访问学者。

该院在半个多世纪的办学过程中形成了自己的特点：一是把社会科学的主要学科（政治系、经济系、社会系、历史系、地理系）集中在一个学院里，全院统一预算，可以组织多学科的交叉教育和培训，这在美国的大学中只此一家；二是行政管理学的教学水平高，到这里接受培训的学员懂得怎样管理政府，或怎样改进政府工作；三是主要为政府培养公务员，美国政府中有许多高级官员是该院毕业生，在日本、韩国、南非和中东等国家的政府以及企业的高级岗位上也有不少该院毕业生；四是与政府的关系密切，请高级官员来院兼课或座谈、派学员到政府部门实习都很方便，同联邦高级官员培训中心的关系也很密切；五是在华盛顿建立了培训设施。

马克斯维尔学院课程设置的强项，在经济学方面有地方政府财政、税收、公共住宅，在社会学方面有社会福利和社会保障，行政学必修课有领导学、组织理论、管理经济学、统计学等，在教学过程中注重数据分析、能力评估，这恰好弥补了政府管理中的不足。每节课程的教学方式，讲课一般只占半小时，大部分时间用于研讨，讨论很活跃、很激烈，学员从经常的研讨中收获最大。另外，在大学校园里设有全美老龄问题研究中心、纽约州环境与森林学院（主要研究美国东部地区的环境问题）；在地理系的环境信息系统，有全美较大的数据处理中心。

公务员培训，过去以长期培训为主，短期培训是近年来的发展，增长比较快。对高、中级公务员（15—16等公务员）有一套为期两周的封闭式强化培训的成熟办法。选择僻静的培训场所，不受外界干扰，切断各种联系，学员白天晚上都专心学习。集中培训期间，让每位学员挑选本机关工作中的一个专题，设计出一套如何解决问题的战略构思和具体方案。两周结业回原单位后再给四个月时间验证这个方案，并作效果评估。通过学习、实践，让学员掌握新观念、新技能，教师也从中受益，达到双向交流。

英国大学办的第一流的公共管理或行政管理学院有：伦敦政治经济学院、伯明翰大学、约克大学、曼彻斯特大学（注重国际公共事务）、设菲尔德大学经济与行政管理学院。此外，英国文官学院在培训文官方面也是第一流的。该院获得的财政补助只占全年开支的一小部分，大部分财源要通过培训收费解决，因此，其课程设置必须随时满足用户的需求。为培训高级文官后备力量设有“尖子班”，在校培训10—15周，另有较长时间的实习，生源分两种情况：一是通过严格的竞争性笔试和面试录取一批大学毕业生（一、二等荣誉学位获得者），二是各部门选拔有晋升潜力的在职文官。

关于法国国立行政学院（ENA），据该院校友会主席阿洛马介绍，该院从建院至今经历了发展和演变过程，在初期也是理论型的，后来逐步转变为实用培训型，这同学员大都有比较丰富的实际经验有关。在培训环节中安排比较长时间的实习，这也是逐步发展形成的。全院绝大部分教师是兼职的，其中大约一半是本院的毕业生，除了语言课程外，很少从大学聘请兼职教师。接受外国留学生，最初只限于西欧、美国、加拿大少数几国，后来扩大到日本、朝鲜、中国等亚洲国家。

四、港澳地区的公务员培训机构情况补志

香港公务员培训中心是港府铨叙司的一个组成部分，工作人员不到30人，负责对一般公务员的短期培训；香港高级公务员培训中心是一个独立的实体，设主任1名、教师8名，每年办2期培训班，每期3个月。两个中心之间有竞争。

香港工商专业联会今年完成的大型研究报告《香港21：展望香港经济10年路向》建议，当局应委聘顾问，研究为本港及邻近地区设立公务员训练学校的可行性。

据《澳门日报》文讯，1988年，澳葡政府通过澳门基金会收购私立东亚大学，改名为澳门大学，设置法律、公共行政、教育等课程，着力培养澳门严重缺乏的法律和公共行政的双语人才，现有学生2000人。

国外行政学院情况片段参阅材料[①]

国内对世界各国（地区）行政学院（管理学院，或文官学院）的介绍或分析资料，散见于《外国人事制度》《世界各国公务员制度》《各国公务员制度比较研究》《比较人事行政》等专著和近几年的一些考察报告中。除美、英、法等少数国家的少数机构外，目前掌握的资料零散，缺乏系统性。

一、国外行政学院建立和发展的 3 个时期

（一）一战、二战之间的 30 年左右，是私立行政学院（管理学院）创建时期，相当于行政学形成的传统理论时期的晚期。

同行政学起源于美国一样，第一批私立公共事务或公共管理学院也诞生在美国。1924 年，在锡拉丘兹大学和纽约行政管理研究所的支持下，马克斯维尔公民与公共事务学院（以下简称“马克斯维尔学院”）成立。它建立在泰罗的“科学管理”制（1903—1911）、法约尔的《工业管理与一般管理》(1916)、斯隆的“事业部管理”制（1921—1922）形成之后，怀特的《行政学导论》(1926)、威洛比的《行政学原理》(1927)、费富纳的《行政学》(1930）等行政学奠基著作问世之前，受管理科学和商学院的影响大于行政学的影响。1929 年，南加州大学建立公共管理学院，主要担负美国西部各州公务员培训的任务，之后又在华盛顿、萨卡拉门托和奥兰治等地办起了 3 所分院。

1936 年，哈佛大学建立了里特尔行政管理中心（1964 年改称肯尼迪政府学院），它为毕业生授予公共管理硕士、公共政策硕士、公共哲学博士和政府管理博士 4 种学位，也培训一部分政府官员和国会议员。在这些先驱者

① 1993 年 6 月 6 日草稿，由赵东宛组长布置起草。

带动下，一批大学相继设立了行政学院（系）。

（二）二战后从 1945 年到 1970 年，是国家行政学院（文官学院）创建时期，约相当于行政学发展的行为科学时期。

国家行政学院（文官学院）是公务员制度改革的产物。这项改革发轫于欧洲，以后波及世界。二战前，法国大多数公务员出自私立巴黎政治学校，这所学校学费高昂，平民子弟不能问津。戴高乐将军的战时临时政府，专设“战后委员会”研究文官制度和有关教育制度改革问题。1945 年创办国立行政学院，集中培养国家高级公务员。同时改私立巴黎政治学校为国立，培养一般公务员。二战后，英国工党政府和保守党政府都很注意改革文官制度。1968 年，富尔顿委员会对 19 世纪中期以来英国文官制度的调查报告，历数非专业化的“通才”治国观念、一两所名牌大学毕业生对高级文官职位的垄断性、文官体系的封闭性等弊政，建议改善文官队伍素质和构成，使官员具有现代化管理和科技知识。1970 年，工党政府决定建立文官学院，为在职官员开设行政学、管理学、经济学等课程，并要求各部分别组织现职官员培训。美国国会 1958 年通过《公务员培训法》，1968 年，联邦政府设立了高级官员学院（培训中心）。翌年，德国联邦行政管理学院诞生。国际行政院校联合会（IASIA）也是在这一时期成立的。

（三）1970 年至今，是培训机构多元化发展时期，约相当于行政学发展的系统理论时期。

二战后，随着各国政府职能愈来愈大、对社会生活的覆盖程度愈来愈高，出现了所谓“行政国家”，国家公务员数量也急剧膨胀，国际政治经济竞争日趋激烈，又对公务员素质提出了更高要求。对此，各国政府一方面改革行政体制，压缩政府机构和人员；另一方面，鉴于政府举办的公务员培训机构不敷全员培训的需求，不得不兼靠社会力量和多渠道培训。这就要形成从总体到部门、从中央到地方、从现职培训到离职深造的公务员培训、教育网络。

国外行政学院的 3 个发展时期，与行政学发展的 3 个时期大体上对应，但要滞后一些。它们同行政体制，特别是公务员制度改革的关系可能更为直接。

二、国外培育公务员的两种渠道

第1种渠道是由基础教育—大学教育—大学后教育组成的国民教育体系，它着眼于人的全面发展，提高受教育者的基本素质，在教学内容和方法上注重学科的系统性；第2种渠道是以公务员职前培训或职后培训为重点的成人教育或继续教育体系，主要是大学后教育，它围绕公务员的职位需求，配置灵活多样的教学内容和方法，达到提高受培训者的行政能力、直接改进政府工作的目的。

在经济发达国家，不仅公务员制度比较成熟，而且已普及国民中等教育，并在不同程度上实现高等教育大众化，各种门类的成人教育也有很大发展。其中多数国家，如英、美、加、日等，都以第1条渠道即国民教育（学历教育）体系为培育公务员的主渠道，而以公务员的在职短期培训为必要的补充。国家公务员得益于国民教育（学历教育）体系的，既有职前的大学教育（加上一部分大学后教育），又有职后的大学后教育（学位教育或深造培训）和一部分在职短期培训。英国的高级文官，有50%出自牛津大学、30%出自剑桥大学。这个现象虽受《富尔顿报告》的抨击，近20多年来并未改观。美国独立前就有的哈佛大学、耶鲁大学、普林斯顿大学，日本东京、京都的两所帝国大学法律系等都被看作“高级官员的摇篮”。教育、培训、科研、咨询相结合的传统，雄厚的师资力量和在高强度竞争中脱颖而出的生源基础使它们的教学活动和效益长盛不衰。从六七十年代兴起的公务员深造培训（取得公共行政或政府管理博士、公共行政或公共政策硕士学位，或取得公共行政证书）大多以这些名牌大学的行政学院或管理学院为依托，又在新的发展势头上加强了它们本来就有的优势地位。这些国家也各有一些国家和部门的行政学院或公务员培训中心，担负着对现职公务员进行实用培训的重要任务，其实力、规模和功能都占次要地位。

以前期培育为主环节，以第2条渠道为主渠道的法国公务员培育模式在世界上独树一帜。其特点是：以国民教育体系为基础；以法国国家行政学院（ENA）及其预科（财政部培训中心和巴黎政治学校）为培育A类公务员的主渠道；法国国家行政学院既是公务员培训基地，又是培训管理机构，实行预选—复选—正规培训—考试录用相结合；强调实用型培训，注重案例教学、研讨和实习，旨在提高学员的行政能力；授课教师以聘任兼职人员为主；法国国家行政学院与地方行政学院、部门培训中心共同组成公务员培训网络。法国国家行政学院（ENA）是一所“超尖子”培训学校。龚祥瑞教授提出，法国“设立国立行政学院作为研究生院，任用高级文官只限于受过训练的该院毕业生”。在近半个世纪中，法国政界高级职位的80%是ENA毕业生，其高才生包括：1956届的德斯坦，1958届的尚德那戈和佩雷菲特，1962届的雅克·多哈梅和伊夫·盖纳，1967届的希拉克，1968届的奥托里、马洛、勒龙等，还有现任总理巴拉迪尔。这样的培训纪录是世所罕见的。印度的夏斯特里行政学院是一所对新录用公务员施行两年制培训的学校，其入学考试的录取率为1/300，与法国ENA有相似处。

这两条渠道各有长短，要在掌握更多资料的基础上进行比较分析，以利博采众长，同时也应关注两种主渠道以外的其他培训形式，如英国政府的行政受训人员“快升系列”（近年来重视程度不如以前）、美国政府的“白宫学者”计划等。

三、国外的两类行政学院（管理学院）或文官学院

从建院的时间顺序上看，一战后出现了大学的公共行政或公共管理学院，二战后才有政府创办的行政学院或文官学院。

大学办的公共行政或公共管理学院，大多集教育、培训、研究、咨询等多功能于一身，对公务员教育、培训的全程性比较强，组织多学科的交流、渗透也比较方便，因此，优势明显。美国约有250所大学设立公共行政或公共管理院系，据《古尔曼报告》（1989）所列名次，排在前5位的是：

锡拉丘兹大学马克斯维尔学院，是美国成立最早的行政学院，也是最早授予公共行政硕士学位的学院。该院教师每年在重要学术期刊上发表论文的数量、每年进入政府供职的毕业生（行政管理硕士）数量独占鳌头，主要培养事务官等实用型公务人员，其3000多名毕业生在美国联邦、州和地方政府以及某些外国政府中任职，有的形成“势力集团”。

哈佛大学肯尼迪政府学院，实力最强，学术地位最高，全球意识最浓，授予学位的博士生最多。主要培养政治家、政务官和教授、学者，对美国政界、学界有广泛影响。

印第安纳大学公共环境管理学院，适应全球性环境保护和环境管理的潮流，在国内外的社会影响愈来愈大。

南加州大学公共管理学院，建院历史悠久，除为西部各州培训公务员，还在华盛顿设有分部，与联邦政府高级官员学院的关系密切，近年来其地位不断上升。

普林斯顿大学威尔逊学院，以行政学创始人、美国前总统伍·威尔逊命名，专长国际事务，是培养外交官的主要场所。

美国这 5 所冒尖的大学行政（管理）学院，同政府的关系都比较密切。这是它们办学获得成功的决定性因素之一。

其他名牌大学的行政（管理）学院有：英国伦敦政治经济学院、伯明翰大学、约克大学、曼彻斯特大学、设菲尔德大学的公共管理或行政管理学院、法国第三大学（埃克斯-马赛）行政学研究中心、毕卡迪大学行政与政治学研究中心、法国第二大学（巴黎）行政学研究中心，日本东京大学、京都大学始于 20 年代的行政学讲座等。

政府举办的行政学院或文官学院，按培训层次和生源范围可分 3 类：一是高层次的面向全国的国家行政学院；二是部门的行政学院（或培训中心）；三是中、低层次的地方行政学院（或培训中心）。

在国家行政学院中，有侧重于前期培训的，如法国、巴西、越南的国家行政学院，印度的夏斯特里行政学院；有侧重于后期培训（在职培训）的，如英国文官学院、奥地利联邦公共行政学院、日本人事院研修所、新加坡公务员学院等。德国联邦行政管理学院似属后者，但据《比较人事行政》（国家公务员制度参考教材）介绍，该院有 3 年制的长期培训项目，它与法国 ENA 的 2 年或 3 年制培训有何异同，尚待查考。

在中央政府公务员中，能到国家行政学院进修的是少数，大多数公务员都在各部门办的管理学院（或培训中心）参训。

四、两类国家行政学院（文官学院）的课程设置

职前培训（含一部分晋升前培训）的学制较长，课程相对集中，也比较稳定。职后培训（或在职培训，不含离岗深造培训）的周期短，适应不同培训对象的需求而设置的课程门类多，有的形成“菜单式”的模块，有偿服务。

法国的国立行政学院开设以下 7 门必修课程，在主要课程中大量运用案例教学。

（一）法律文件写作课程。要求学员熟练掌握政府的财政和法律文件、法律草案等，不是教授法律知识，而是培训如何起草法律文件，有些学员还接受司法部的委托试拟法律文件。

（二）经济课程。侧重于宏观经济管理，不是传授经济学基础知识，而是要求学员了解国家财政金融状况和经济政策，在分析国内外环境的基础上，评估这些政策的后果。还组织学员集体研究提高工资、法郎升值等实际问题，提出解决办法。

（三）公共管理课程。主要内容包括：财务管理、会计、组织理论、公共市场、人事管理、公共组织战略等。不是通过理论讲授而是通过案例分析使学员提高决断能力。还围绕环境污染、城市交通等涉及几个政府部门的带有共性的问题，在研讨中提高学员的协调能力。

（四）国际问题（含欧共体问题）课程。增进学员对国际政治、经济、军事等重大问题的了解。请外交部的高级官员不是作形势报告，而是组织学员讨论欧共体一体化、《马斯特里赫特条约》及其对法律的影响、海湾战争等重大国际问题，使学员提出分析意见和对策。

（五）社会管理课程。对法国面临的诸如移民问题、吸毒问题等重大社会问题进行分析、研究，寻求对策，也为政府决策提供咨询。

（六）语言课程。设专职教师，可传授 13 国语言。除法语外，要求学员熟练掌握 1 门外语，另熟悉 1 门外语。

（七）体育课程。设专职教师任课。

法国国立行政学院以其集中、强化的精英教育，显赫的人才效益，享誉全国、全世界，但也不是“白璧无瑕”。该院毕业生、法兰西学士院院士，

阿兰·佩雷菲特在《官僚主义的弊害》一书中专有一节“国立行政学院，团结梦”。其中写道：“国立行政学院的确有那么一点成了团结的熔炉。但是，学生也在那里学会了争夺和分等，同学之间，斗争十分激烈……争夺激起的不是进取精神，而是行业精神。”

英国文官学院开设6个系列的培训课程。

（一）管理与开发课程。

（二）政策管理与技能。

（三）欧洲与国际化。

（四）信息技术。

（五）为通才开设的专业培训课程。

（六）为专才和专家开设的培训课程。

共150多门，科目有1370多个。其中，以（四）（六）的课程门类最多，分量较重。总体看来，课程的分科细，实用性强，有的专业性也很强。

这些课程以短期授课为主，除信息技术（英国计算机协会一类、二类考试课程，国际信息处理联盟制定的信息系统设计理科硕士课程）有1、2年制的课程外，全部是短期课程。在短期课程中，除语言培训和快速晋升官员培训的若干门课程要用10多天，英国计算机中心证书课程“系统分析与设计”要用20多天时间外，绝大部分课程都不超过5天。

同类课程，对不同层级、不同才识、不同专业的官员区别对待。如管理与开发课程，为最高级文官、高级文官、中级文官和快速晋升官员分设不同的培训科目。有些课程，把培训需求分析或问卷调查作为课程内容的第1单元。

现设课程按重要性分两类。

（一）核心课程，包括组织、资源管理、人事管理、与工作有关的知识、个人工作管理、组织资源管理、信息技术等。

（二）重要课程，包括表达技巧、文字技巧和行政技能、政策管理、经济、财政和会计、统计和定量分析技术、法律、工业关系、国际问题等。

龚祥瑞教授认为：英国文官学院设置的3类课程，“同实际脱离，内容较肤浅，学习的人不很满意。作为一个整体，英国文官学院所开设的课程未能形成体系，对学员已有的知识估计不足，因而不能满足学员的要求”。

“总之，把专家提拔到领导岗位上来的建议无从谈起，英国的文官学院未能成为改善政府工作的推动力。”从深层次上看，19 世纪中叶建立起来的英国文官制度扎根于本国的精英教育体系而不另立专门的官员培育系统，以职后训练为主要功能的英国文官学院自然不起多大作用。1980 年停止免费培训后，生源减少，前景不测。

新加坡公务员学院的课程设置接近于英国文官学院，强调实用性而不追求正规化。负责管理发展的一级公务员课程有：实用激励研讨会、创新思维技巧、大众演讲术、人力发展途径、问话技巧、横向思考法等。学习时间 2 到 4 天不等。

以上几个国家，既有集权制的，也有分权制的，但都在精英社会的基础上形成了精英教育体系，并有全国统一的文官考试。这与美国、德国等联邦制国家重能力而不重精英教育，不搞全国统一的文官考试，有所不同。

五、世界各国的两种市场经济体制及其对公务员教育、培训的影响

市场经济国家在遵循市场经济规律方面具有共性，同时，在市场经济体制方面又各有特色。从经济发达、准发达国家的情况看，主要有两种模式：一是分散型或相对放任型市场经济体制，也有叫作个人主义市场经济的，以美国、英国为代表。二是协调型或适度干预型市场经济体制，如二战后法国对经济的计划化管理，德国兼顾有效率的市场和“公平”的社会保障的“社会市场经济”体制，日本以“官民协调”或称“日本合作”为特征的“社团市场经济”，韩国经济企划院以计划为中心的宏观调控，新加坡按政府的设想发展的利伯维尔场经济等，都是这样的实例。所谓“亚太模式”市场经济，即市场经济加上有力的政府干预（韩国经济学家称为“政府主导型的市场经济”），也是如此。

据中国行政管理学会第二届代表大会学术研讨会论文资料，所谓分散型市场经济，主要特征是：

（一）国家不制定统一的经济发展计划，只制定以经常项目为主的财政

预算计划。

（二）国家不制定产业政策，但在不同时期对某些行业实行保护性关税政策。

（三）企业资金的来源以直接融资为主，以间接融资为辅。

所谓协调型市场经济，其主要特征是：

（一）国家制定统一的经济发展计划，包括中长期计划、年度计划和专项计划在内。

（二）国家根据不同时期经济发展的任务，制定产业政策，并在财政、金融政策上给予扶持。

（三）企业资金的来源以间接融资为主，以直接融资为辅。

这两种市场经济体制在运行中各有利弊。各国在政治、经济发展的不同时期也有经济体制模式的变换或调整。从发展上看，似有兼取两者的长处、建立混合型市场经济体制的趋势。

对市场经济持相对自由放任态度的国家，在行政管理体制上一般奉行“小政府”原则，要把政府管理的幅度和范围缩到最低限度。里根-布什政府坚持缩小联邦政府机构，向州政府下放权力；英国政府60—70年代组建“大部”（超级部）的机构改革和目前把企业精神引入政府机制的探索，都是从“小政府”思想派生出来的。近年来，英国文官学院向市场化、企业化过渡，也是这样的延伸。采取适度干预型市场经济体制的国家，由于政府对经济和社会事务调控作用的增强而出现行政职能扩张，总的趋势是政府机构数量增加和专业化管理水平的提高，但在这类国家中，也有像日本这样的以“小政府”著称的成功实例。法国学者认为，法国公务员培训模式是适度干预型市场经济国家的优化模式，美国的公务员培训模式则是相对放任型市场经济国家的优化模式。这样的判断是否符合实际，值得注意。国际行政院校联合会1992年维也纳年会专题讨论了“行政院校在计划经济向市场经济转型中的作用”，1993年墨西哥年会又把“对中央计划经济转型的管理：行政院校的作用”列为分组议题之一。我们对市场经济体制与行政体制（含公务员制度）之间的相互关联和影响，似有必要进一步考察和比较。

我国正处于实现四个现代化的第二步战略目标、从计划经济向社会主义市场经济体制转轨的关键时期。新经济体制的目标模式将是协调型（或适度干预型）的。为经济发展和改革服务的公务员培训工作，在兼收并蓄各国公务员培训之长的同时，是不是要更多地注意协调型（或适度干预型）市场经济国家组织公务员培训的成功经验，以利于行政体制与经济体制之间的衔接，也很值得研究。

据瑞士日内瓦经济论坛和洛桑国际管理与发展学院最近对世界上20个向市场经济体制转型国家的国际竞争力的评价结果，中国名列第一。按照瑞士这2家权威机构的评价指标体系中的8大要素，中国在国内经济实力、经济的国际化程度、政府作用、科学技术商品化、人口结构与素质5个方面都高于包括俄罗斯、印度在内的同类转型国家，这是我国14年改革、开放的积极成果。值得注意的是，我国在金融环境、基础设施、管理水平这3大要素方面居印度或俄罗斯之后，这已成为制约经济发展的“瓶颈”；即使在占优势的大要素中作具体分析，我国也并不占绝对优势，如人口结构与素质要素中的“教育体制满足经济发展需要”一项，我国就落在印、俄的后面，排名倒数第一。国家公务员培训与上列8大要素息息相关，特别同其中的政府作用、人口结构与素质、管理水平等更有直接的关系。由此可见，对发达国家和准发达国家市场经济体制与公务员培训的关系进行深入比较研究，既有长远意义，也有现实针对性。

附：国外公务员培训院校概况表（30页）。

附件　夏书章教授同年7月21日复信

克定同志：

7月15日手书暨“片段”参阅材料于7月21日晚收到。谢谢！但稿末“附：国外公务员培训院校概况表（30页）”未见，顺告。

“材料”可以看出已作了不小的努力，不易。分析中旨，结论性的意见尤值得深思。对各家之长兼收并蓄完全有必要，但又必须从国情出发，充分体现中国特色，以为然乎？当务之急仍在提高素质与工作效率。

因手头另有任务，尚未及细致考虑，有两点先补充谈谈。

一是除正规院校（所、中心）外，尚有其他方式。较之美国的“白宫学者”计划（外交部可能有详细资料），学员均为各州当年官员中挑选出的苗子，培训后工作安排仍回原单位。我曾接待过几次。

二是哈佛“全球意识”确浓，过去曾有苏联将军到该院接受培训。该校商学院每年暑期有大学校长班等。而该校与 Syracuse、USC 等均属私立大学。

筹备工作系已有较大进展？念之。

余容后叙。即复。并问

近好！

问镜源同志等好。

夏书章

1993 年 7 月 21 日灯下

参加国际行政院校联合会 1993 年年会的工作报告 ①

国际行政院校联合会（IASIA）1993 年年会于 7 月 20—24 日在墨西哥特卢卡市举行。院领导指派我们 3 人组团出席本届年会。这是我院继 1990 年、1992 年之后第 3 次派团赴会。

一、本届年会概况

参加本届年会的有亚、非、欧、北美、南美、大洋洲 66 个国家、地区和 1 个国际组织的 145 名代表，连同其他人等，与会总人数在 200 人以上。大会主题和 9 个小组（实际上只有 8 个）议题都是 IASIA 去年在维也纳年会上布置的。主题“追求公共行政管理的卓越：迎接挑战”比较突出，小组议题相对稳定，都有讨论提要，讨论的范围广泛，但收到的论文不多，据年会“论文目录”所列，只有 29 篇。在东道国政府的重视和支持下，这次年会开得隆重、紧凑，组织工作做得严密，为许多代表所称道。

二、我团的活动

我 3 人代表团赴会总行程 13 天，因途中遇阻，未赶上年会开幕式和主旨报告，在国外时间减为 9 天（其中，与会活动 4 天，有效工作日从原计划的 6 天缩为 3 天）。

与会期间，大体上按照“参加国际行政院校联合会 1993 年墨西哥年会的活动安排预想”，主要做了以下几项工作：

---

① 《研讨会纪要》节录：“国家行政学院教育长方克定同志向与会代表介绍了国际行政院校联合会 1993 年年会的情况，使与会代表开阔了视野，拓宽了思路，增长了见识。”

（一）报到，交会议费。从报到名单中获悉，中国台湾代表列“中国”名下，不存在去年维也纳年会上曾出现过的“两个中国”问题。对此，及时向我驻墨使馆（政研室）作电话汇报，确认我团正式参会。

（二）出席一次中间性大会和闭幕式大会。按原定计划，以主要精力参加第 6 小组（“对中央计划经济转型的管理：行政院校的作用”）。临时旁听第 1 小组（“公共行政管理的培训课程与培训方法”）、第 9 小组（“环境管理的教育与培训”）。

（三）拜会 IASIA 主席、欧洲发展政策管理中心主任琼·科克里女士，通过友好交谈，增进了相互了解，并带回一份 IASIA 章程（未定稿）。参见附件一：同国际行政院校联合会主席琼·科克里女士交谈纪要。

（四）以亚洲国家为重点，与亚、欧、拉美 10 多个国家、地区的代表进行了长短不一的会下交流。

原计划顺访墨西哥国立行政学院、经济研究与培训中心、拉美发展行政学中心等单位，均因旅途延误，中断进行。

三、参会的主要收获和有待研究的问题

参加这次年会的时间虽短，仍有相当的收获：一是了解到一些国外公务员培训工作面临的问题和新的发展动向；二是了解到国外行政学研究的若干信息；三是在同行中结交了一些朋友，有的在会后继续有往来（如瑞典斯德哥尔摩大学工商管理系庇兹多夫副教授寄送论文和资料等）。有关情况，参见附件二：参加国际行政院校联合会 1993 年年会的情况汇报——方克定同志在第 5 届全国行政院校教育研讨会上发言。

与此同时，也感到有些问题需要进一步研究。

首先是怎样提高我团参会的地位和影响。

我院不是 IASIA 的正式会员。在这次年会上没有提交和宣读论文，也没有正式发言，参加小组讨论的范围比较局限，虽然在会下主动开展了一些交流活动，但在会上表现不活跃，总体没有什么影响，也很难说有什么地位。为逐步改善这种局面，除了力争尽快入会外，最根本的是要增强自身实

力，提高整体素质，在培训内容和方法上有新的探索，并取得实实在在的培训效益。二是要提早准备，按期提交专题论文，这样才有法定的发言机会。从本届年会印发的论文概貌看，像“学院简介”一类的宣传材料是不能充当学术论文的。三是组团人选多数应具备外语交流能力，缺乏这种基本能力的业务人员在必要时可选派出国考察，而不宜派出开会。我院“参加国际行政院校联合会 1990 年年会的报告”出于翌年在亚洲国家举行年会的考虑，“建议明年可否多派几名代表参加”。我们认为，在经济能力允许和外语水平过关的前提下，多派几名代表参加是有益的，如果外语能力不胜任，多派不如少派。人员少而精，于全团的活动和形象较为有利。从本届年会的代表构成看，大多数国家只有一两名代表，有 7 个国家派得多一些，一个单位同时派好几名代表的只有沙特阿拉伯公共行政管理学院、南非公共行政管理学院和我院 3 家。

其次是与会期间怎样对待外国（地区）学者以中国为题材的学术论文。

提交本届年会的论文中，有 3 篇的内容涉及中国。

（一）美国旧自治领大学 P. 金博士的论文《中国的行政管理改革》（未宣读）。

（二）香港理工学院管理学系张启枝讲师的论文《环境政策规划在中国的实施：问题与展望》。

（三）加拿大古尔夫大学政治学系德外维迪教授的论文《环境管理框架：政策、行政管理及培训》，其中提到中国某个环境保护中心的建设问题。

前两篇论文作者都有一部分关于我国情况的资料，如 P. 金博士的文章附了 68 篇参考文献，张启枝讲师的文章抽样采访了广州市环保局 10% 的员工。两位作者对我国存在的现实问题也都有一定的了解，如 P. 金博士的文章列举了我国推行公务员制度需要解决的问题：一是撤销现政府中不合理的机构；二是公务员教育和培训问题（政府官员的知识结构不合理，师资严重不足，一些行政院校与党校合办）；三是考试和升迁制度有缺陷；四是政府决策信息管理落后。其文同时提出公务员激励中的问题：一是收入下降；二是腐败；三是以权谋私。张启枝文章认为 1978—1988 年经济高速增长时期，中国的环境付出了惨重代价；中国环保计划目标与政策之间存在着差距，其原因之一在于行政管理方面：缺乏环保研究和相关知识，缺乏合格的管理人员，缺乏新的组织形式等。这两篇文章中提出了若干政治性论点，有些我们可以接受，有些则是不能接受的。行政管理和行政管理学不可能脱离政治。在民间学术会议上出现针对中国的政治性评论，我们在同一个会场上应取何种态度，是针锋相对，还是求同存异？我们希望有所遵循。

四、几点建议

（一）继续申请成为 IASIA 的正式会员单位

IASIA 联系着 70 多个国家（地区）的 200 多所行政院校及有关机构，历届年会聚集了一大批行政管理及培训方面的专家、学者和管理人员，在同行业中有一定的权威性。正式入会有利于我院的建设和发展，已无疑义。今年抓申请工作晚了，一碰到新问题就被卡住。这次带回一份联合会章程，可按程序速报人事部、外交部备审，争取早一点通过这道关口，避免因我们的工作滞后造成新的延误。

（二）为明年出席年会提早进行准备

在申办 IASIA 1994 年年会的韩国（后因故撤回）、芬兰、西班牙等国家和中国香港等地区中，中国香港入选。我院 1990 年、1992 年、1993 年 3 次派团出席年会，均未提交论文，这是有损我院的地位和形象的。今后要看远一点，一定要提早作好明年参会的各项准备，首先是论文的准备。按年会的一般程序，要提前报送论文，我们组团、选人都要讲究时效性，再不要空手赴会。

（三）争取人事部的支持，由我院派一个代表团出席两个年会

IASIA 是国际行政学会（IIAS）的下属分支组织。按历年惯例，两者的年会都安排在同一地点接连开会。今年 IIAS 大会的代表人数 3 倍于 IASIA 年会，会议内容更丰富，规格也高得多。我们在特卢卡市接触到一些参加 IASIA 年会的外国（地区）代表，大都一身二任，连续参加两个年会，这样既省时、省钱，又扩充了信息量，一举数得。从 IASIA 今年年会主题（“追

求公共行政管理的卓越：迎接挑战”）的讨论情况看，围绕“迎接什么挑战”的5个问题，题义比较宽，围绕“怎样迎接挑战”的5个要点，对策容量比较小，上下不对接，两者之间存在着“断层”，估计应对挑战课题的一部分答案，已超出IASIA年会的题材范围，而体现在IIAS大会的议程（主题：“为社会和经济的发展与变革重新设计国家形象”）中。我院派赴IASIA的代表团如能延长几天，继续参加IIAS的年会，就能把两个年会的有关内容贯穿起来，获得较为完整的认识。不这样做，派团只管一段，带着局限性回国，是很吃亏的。人事部赴墨西哥国际行政科学学会第二届国际大会代表团工作总结的建议二提出：“国际行政科学学会是一个学术性国际组织，日常活动以专家学者和实际工作者组成的各工作组的科研项目、学术研讨为主……建议组织我部有关研究单位和人员尽早参加工作组活动，利用这些活动加强对外宣传和交流合作，更好地发挥我们的作用。”这和我们的想法一致，建议积极疏通一下。

（四）拓宽行政学院教师的出国进修渠道

泰国国立发展行政学院，是我院1989年4月赴泰考察团曾接触过的泰国文官培训学院、泰国政府管理与地方发展学院之外的又一个高层次的行政学教育和研究机构，其师资实力和学术地位高于以上两院。与会期间，我们除结识该院杰出教授华马那博士（王家学会成员）外，还同该院的华裔副教授陈克存博士取得联系。陈负责公共行政研究生院的发展行政学博士学位国际计划，表示愿接收中国留学生，如有适当的报名人选，他明年可来华招生。建议抓住这个机会，争取为地方行政学院有条件的行政学师资开通一条新的出国进修渠道。

以上报告妥否？请指示。

方克定　韩德昌　焦健

1993年9月19日

附件一　同国际行政院校联合会主席琼·科克里女士交谈纪要[①]

我院代表团在墨西哥开会期间，于7月23日拜会了国际行政院校联合会主席琼·科克里女士，团长方克定同志简要叙述了代表团参加两天会议的情况后，提出了两点希望：一、我院拟申请加入国际行政院校联合会，成为正式会员，希望得到一份大会章程；二、中国正在从计划经济向市场经济过渡，要求公务员的培训工作跟上这个步伐，希望科克里主席介绍世界上哪些国家在这方面解决得比较好，有哪些培训机构的经验对我们比较适用，并希望听到科克里主席对中国公务员培训的建议。

科克里女士说：我非常高兴与您和您的同事相见，1990年我曾去过中国，感到很荣幸，也很感谢贵院的盛情款待。你们迟到一天，没有听到第一天的大会报告。报告中谈到要建立全国性的公务员培训网络问题，这在中国已经开始了，我很高兴，但在有些国家还没有进行。你们想要获得IASIA的章程，我想没有问题，这个章程在会后还要作些修改，但变化不会很大。就经济转型培训问题来说，我认为波兰、捷克、斯洛伐克、也门、越南、蒙古等几个国家都做得比较好。转型的问题不仅表现在经济体制上，同时还有旧公务员向新型公务员的转型，这次会议和下次年会都会讨论这个议题，但每个国家的情况不一样。当然有的国家没有从中央计划经济向市场经济的转型问题。至于哪个国家搞得最好，手头还没有详细资料。

关于对贵国公务员培训的帮助，联合国教科文组织和OECD组织都愿意提供援助，尤其是OECD组织内部有一门特别的公共行政管理课程，这次会后你们就要回国，不再参加下一个会议，如何利用国际资助的问题，我可以把它带到下一次会议上，OECD会议有这个专题。

当谈到中国经济转型步伐比较快，公务员转型则较慢时，科克里女士说：这是普遍性问题，即使对于没有经济转型问题的国家，公务员转型也是比较慢的。我们最关注的是中国建立的中央行政学院，同时也希望把各地方

① 由韩德昌记录整理，1993年8月23日。

的院校培训工作开展起来。

当方克定团长谈及中国政府总理非常关心国家行政学院的筹建工作，新校舍争取今年10月破土动工时，科克里感到吃惊，并说，“那好极了，祝你们成功”。

附件二　参加国际行政院校联合会1993年年会的情况汇报——方克定同志在第5届全国行政院校教育研讨会上发言[①]

国家行政学院（筹）上月派团出席国际行政院校联合会（IASIA）在墨西哥特卢卡市召开的1993年年会。因旅途受阻，未赶上大会开幕式和墨西哥州州长作主旨报告，只参加了7月21—24日的会议和活动。

一、国际行政院校联合会和本届年会概况

国际行政院校联合会于1962年由英、法两国发起成立，是国际行政学会（IIAS）的下属学术机构之一。现有代表70多个国家和20多个国际组织的200多个团体会员，他们主要是各国从事公共行政的教育、培训、管理、咨询、应用研究、出版发行及其相关活动的各行政（管理）院校、科研单位和政府的人事行政部门，还有联合国系统的某些组织。我院作为非正式会员，1990年、1992年曾参加过两届年会。

本届年会的主题是“追求公共行政管理的卓越：迎接挑战”，还分设了9个专门小组议题：

（一）公共行政管理的培训课程与培训方法；

（二）国营（公营）企业管理的教育与培训；

（三）不明（未活动）；

（四）公共行政管理中的妇女（在已提交的论文中，包含少数民族

① 成文于1993年8月16日。

问题）；

（五）小国、岛国的行政管理；

（六）对中央计划经济转型的管理：行政院校的作用；

（七）公共政策的教育与培训；

（八）公共行政管理的创新与新技术；

（九）环境管理的教育与培训。

另有5个临时小组议题：（一）跨国组织和地区性组织对国内行政管理的新挑战；（二）各种文化交融与有效的行政管理；（三）增强管理能力和改革管理结构；（四）公务员制度改革及其现代化的新进展；（五）行政院校组织机构和管理的最新变化。开会期间，未见临时小组活动。

大会由国际行政院校联合会主席、墨西哥州州长、墨西哥国立行政学院院长、拉美发展管理中心主席等共同主持。与会代表145人。我院3人除出席两次大会外，主要参加第6小组，旁听第1小组、第9小组，还拜会了IASIA主席琼·科克里女士（欧洲发展政策管理中心主任），并同亚、欧、拉美10多个国家和地区的代表进行一般性交流。

二、有关公务员培训的一些信息

（一）公务员培训的重要性和培训的限度

大会的主题介绍表明：在任何一个以私营企业为基础的增长或发展战略中，高质高效的公职部门都是必不可少的组成部分。除了传统的职能，政府需要保证充分地发挥市场的作用和有计划地实现社会目标。墨西哥州帕格查州长在《论改进墨西哥公共行政管理人员培训的需求》的主旨报告中提出：公共行政管理是社会的天职，公共行政管理中人力资源的开发与培训是一个持续而重要的课题。在拉丁美洲，政府仍将继续成为发展的推动者。尽管政府的作用受到质疑，它正在重新认定其自身的作用，但政府仍将是经济与社会发展的推动者，在为其人民谋福利方面将起到至关重要的作用。对公共行政管理人员培训的任何削弱，其代价都将是巨大的。

我们在同来自亚洲“四小龙”（不含新加坡）和东盟国家的一些代表交

谈中比较深切地体会到，后起国家或地区的经济发展同相对健全的市场经济体制密不可分，这样的经济体制在一段时期内离不开政府的干预甚至主导，而政府的正确干预又有赖于一支高素质的得力的公务员队伍。

亚洲“四小龙”都在60年代发展外向型经济起飞。韩国在前3个5年计划（1962—1976）期间实行“指导性资本主义”，构筑计划与市场结合的混合型经济，80年代才放宽经济活动。中国台湾奉行“有计划的自由经济”，新加坡按政府的设想发展市场经济，都通过计划和政策对经济进行干预。它们都拥有一定数量的国家资本，如基础设施部门、掌握经济命脉的国营（公营）企业。它们都设有由专家组成的经济决策机构，如韩国的经济企划院、新加坡的国家发展部等。唯有中国香港作为“有限自由港”，对经济采取相对“自由放任”或“积极不干预”态度，但港英政府对经济的调控也在增加。据国际管理发展研究所和世界经济论坛今年6月对15个新兴工业国家和地区所作的国际竞争力比较，新加坡连续5年居第1位，第2、3、4、6位依次是：中国香港、中国台湾、马来西亚、韩国。

政府干预（或计划、指导）的优劣取决于公务员素质的高低。韩国在政府中集中了一批优秀人才，其公务人员的义务，既有守法、尽职、服务等“积极义务”，又规定了“三不准”的“消极义务”。对公务员的纪律要求和精神训练很严，特别是高职等公务员的政治责任很明确。台湾当局1949年检讨战败的主要原因是官员腐败，从50年代开始培训合格的党政干部，公务员培训的主要内容是：1. 能力训练；2. 忠贞训练；3. 关系训练。80年代进一步要求公务员政治立场中立，做“便民”“利民”的“人民公仆”，党政要员和高职等官员已实现高学历化。中国香港公务员以训练有素、富有效率著称，1974年建立“廉政专员公署”后，整肃了警察、劳工和卫生事务中的贪污腐败问题，公务员形象进一步改善。中国香港总商会主席郑明训认为，“英国模式的公务员制度是带动香港发展的火车头”。新加坡经济欣欣向荣得益于素质优良的公务员队伍。李光耀在1978年国庆献词中强调“领导层的素质决定一切”。1980年在《温故知新》一文中又说：“新加坡的生存，全赖政府部长和高级官员的廉洁和效率。”在80年代，新加坡公务员制度又有新的发展。

此外，马来西亚经济在80年代发展较快，这同近15年来其公务员素质有明显提高是相辅相成的。1981年，IASIA年会选在马来西亚的沙巴州召开，可以看作马来西亚的公务员培训水平得到了国际认同。

在肯定公务员培训的必要性、重要性的同时，也要看到培训是有限度的。培训或训练（training）不能代替（人力资源）发展（development），培训不能代替在岗锻炼和提高。培训效果必然受公务员制度的制约。因此，英国皇家公共行政管理协会首席顾问保罗·科林斯提出：培训不是解决公共行政管理中各类问题的万能灵药。

（二）大会主题——“追求公共行政管理的卓越：迎接挑战”简介

帕格查州长的报告是这样提出问题的：最近10年，拉丁美洲国家高级行政管理人员的工作内容发生了变化，现在所有的人为活动，特别是政府活动都按市场和竞争原则来进行，要通过私营化、放松管制、由私营企业提供公共服务、公权化（非集权化），把政府的干预降低到最小限度，让市场机制充分发挥作用。这对行政院校的培训提出了新的课题。

迎接什么挑战？一是经济体制转型，作为调节者的政府比作为生产者或操作者的政府要有更高的素质。二是国际一体化趋势，包括即将缔约的“北美自由贸易区”等，使政府的作用从国内延伸到国外。三是公共行政部门失去了应有的社会地位和威望。人们批评政治家和公务员超越了社会和政府所允许的范围，在提高人民生活水平方面也没有大的建树。四是公务员不会消亡，但其形象和价值观处在必然的深刻变革的前沿，对原有的“正直”“中立”等传统观念提出了新的问题。五是公务员培训的课程已经过时，需要找出新的课题和方法来进行培训，以满足建立小型、高效、减少干预的政府的需求。对高级政府人员的培训处于停滞状态，也有待于突破。

怎样迎接挑战？一是向私营机构的经营者学习，包括行政管理活动中的资源配置、堵塞浪费、降低成本、全面质量管理等，同时要注意公、私营机构之间的差异；二是在实施培训、教育之前必须明确培养目标；三是保证培训机构的教学和科研人员是合格的、有经验的、稳定的；四是加强各国行政院校之间的交流和合作；五是行政院校要有解决现实问题的可操作的研究计划。

加拿大魁北克公共行政学院院长塞莱斯负责对大会主旨报告作出评论，对以上要点表示认同。

（三）第6小组议题——“对中央计划经济转型的管理：行政院校的作用”简介

这是1990年年会以来的延续性议题。本届年会设第6小组的宗旨：一是推动转型培训的经验交流；二是探讨转型培训的课程设置；三是增强各国培训机构的能力；四是对调整中的困难及其影响互通情况。小组会上，有波兰、英国、法国、瑞典、美国、捷克代表宣读或提交论文。小组讨论和会下交流中反映出以下几个值得注意的情况：

一是经济体制转型问题在世界各国具有广泛性。市场化、再市场化的浪潮席卷全球，但在不同的国家和地区具有不同的性质和特点，如中央计划经济国家的转型，正不同程度地处于剧烈转折时期；亚洲的经济后起国家，如韩国六七十年代实行“指导性资本主义”，80年代开始由政府主导、民间配合转向民间主导、政府配合，由国家统制为辅；有些拉美国家曾经搞过一段“计划经济”，正在加大市场经济的调节作用；在一些传统的市场经济国家，也出现了公营企业和公共服务的私营化问题，这就在广阔的背景上发生了不同类型的经济转型。

二是小组讨论的内容侧重于东欧-独联体国家。小组主席保罗·科林斯在《独联体国家公共行政培训与再培训》中提出：独联体国家原有人力资源、教育和技能训练的基础好，很先进，但不适应市场经济体制。公务人员习惯于接受上级指令，缺乏决策能力，在新、旧利益的冲突中，往往成为经济转型的障碍。英国皇家公共行政管理协会与莫斯科大学、瑞典斯德哥尔摩大学商业管理系、圣彼得堡大学已建立起合作关系。

三是在亚洲国家中，对越南、蒙古、也门的评价较好。在这些国家，政府的培训政策起了重大作用，如蒙古政府投大量资金于公务员培训，用来聘请教师、组织外语训练、鼓励函授教育等。

四是培训的市场化、竞争性有增强趋势。科克里女士提出：所谓转型，不仅仅是经济体制的转型，也包括行政体制及培训机制的转型。一般前者领先，后者相对滞后。在英国、丹麦、芬兰等国，都出现了培训市场和有偿培训，英国皇家公共行政管理协会已改称英国皇家公共行政管理国际有限公司。

五是注重转型培训的国际合作。已经或正在进行的有：英国、丹麦帮助东欧转型国家，法国帮助波兰、乌克兰、越南，瑞士帮助一些亚洲国家，加拿大帮助南非、东非国家，埃及帮助阿拉伯国家的转型培训。在这些国际合作中，援助方竞相选择有决定性影响的培训机构为受援对象，也提倡合作中的“双向决策”，还要求制订近期计划，合作进行案例研究。

有关转型的问题经 IASIA 好几次年会的讨论，已普遍引起重视。当前的实际情况，就像墨西哥行政院校联合会副主席所说的，“变化的速度远远超出对它作出反应的速度”。本届年会反映出来的各种现象和问题，也大体上印证了这一点。

（四）第 1 小组议题——“公共行政管理的培训课程与培训方法”简介

参加这个小组的人数较多，讨论也很热烈。除了培训的作用、培训的复杂性等一般命题外，我们接触到的几个重要概念有：

——政府的培训政策。政府在公务员培训中的作用不可忽视，它在整个培训活动中起决定性作用。马来西亚、新加坡政府高度重视并支持培训，把它看作一种投资而不是一种花销。如果得不到政府支持，培训工作就会滑坡。

——培训的要素。一是培训类型，包括入门培训、在职培训（知识更新、晋升预备）、在岗培训（类似日本企业的现场培训）。二是培训对象，在经济转型中优先培训政府部门中负责经济、计划、财政、金融方面的高级官员，其次是地方政府主管官员、中央政府的中级官员以及新提升或新当选的官员。在人员组合上，把政府官员和企业经理放到一起培训，有利于增进理解、消除隔阂。三是对培训的管理，包括对培训的需求调查（关键性步骤）、培训计划、课程设计、教师选配、培训方法、培训效果评估、对有效培训的循环管理等。四是培训资金，包括成本核算。五是其他。培训能力的建立和提高，靠的是这些要素的保证及其优化组合。

——实施全国性培训计划的几个前提：一是在建立新的行政管理体系的过程中，要适应政府职能、人事管理的变化；二是区别各类官员的职责，建立人员评估制度；三是建立按功绩考评、升迁的原则和机制（接受培训回工作单位可获得相应的报偿）；四是公务员任职条件（职位说明）；五是明确政府结构及其作用，据以制订全面的培训或教育计划；六是公务员制度立法。此外，特别强调对培训者的培训。

——处理好几个关系：

一是培训和教育的关系。培训人员认为：教育从学科出发，期望涵盖所有知识，培训则从需求出发，不强调学科系统性。在莫斯科大学建立 MPA 课程、在圣彼得堡大学建立 PA 第二学位课程的英国、瑞典学者都认为：在一个全无 PA 课程的国家，有必要创办学位教育，只靠短期培训是不够的。有些代表大学观点的学者则认为：培训与教育不是分离的，而是相关的，每个培训或教育机构都应当既能从事培训又能从事教育（对此，有人持异议）。

二是通才教育与专才教育的关系（综合培训与单一培训的关系）。有位法国学者认为：培训内容宜宽不宜窄，好的公务员应当在普遍化教育的基础上接受专门化教育。一位巴西专家认为：行政院校不能只讲行政管理，还要开经济（财政、预算）课程。这条意见，得到世界银行代表的赞同。

三是在职官员培训和精英教育的关系。在讨论中常常感受到法国国家行政学院（ENA）的深刻影响，除巴西、越南、波兰、乌克兰明确接受法国模式外，墨西哥、马来西亚以及中国台湾等也注意从中汲取营养。对此，持不同意见者提出了两个问题：1. 怎样照顾到在职官员中的精英？ 2. 经济转型国家忙于在职官员培训，来不及组织精英教育。

四是理论和实践的关系。重实践者强调案例教学、实习、考察的积极作用。重理论者则认为：任何实践都是在一定理论假想指导下进行的，没有理论的实践必然是盲目的。还有人提出理论与实际脱节的反差，如印度、菲律宾都有好的行政学家，但政府管理不行，印尼也比较差。据台湾地区学者介绍，美国行政学的几个新流派传到台湾地区，在实际工作中没有什么影响。

五是传统培训方法和新型培训方法的关系。许多发言者称“满堂灌”为“天灾式的培训”。英国伯明翰大学商业与社会科学系的代表介绍了“公共行政培训中的实践学习法”，它以现实问题为研讨核心，注重整个组织的需求，强调参与式，提倡学员、教师及有关机构的人员共同寻求解决问题的可行方法。经评估有好几项优点，并提出传统培训方法的6个缺点。这种新方法在印度、墨西哥试行效果不错，但在小组讨论中褒贬不一。总的趋势是：既要积极开发新的培训方法，也要改造、利用传统培训方法。在一些发言中，对采用新方法可能出现的费用增加问题表示关注。对以上几个关系问题，科克里女士认为：提问题或建议容易，做起来难，这些问题要过5—8年以后才能总结清楚。

这里附带介绍了第8小组议题——“公共行政管理的创新与新技术”讨论的几个要点：增强培训能力，需要公共行政管理的创新；衡量培训能力的标准，包括支持能力和创新能力；创新不一定是有计划的，它可能出自偶然因素；要调整培训机构的时间表，以加速采用新技术。

（五）一些亚洲国家、地区的公务员培训机构

韩国中央公务员教育院，负责训练第5职等以上高级行政人员。为现职市长、郡守、区厅长开设高级政策课程，学制1年。为现职副市长、副郡守、副区厅长开设高级培训养成课程，其中素养教育（历史、哲学、艺术、音乐、舞蹈、体育等）占30%，专门教育（地方行政和都市行政、地方财政和地域经济活性化、都市和农村开发行政等）占70%，学制1年。还有中坚干部养成班（6个月），专门教育（4周），一般教育（4周）。其训练与升迁密切结合，并严格执行。地方公务员教育院负责训练6—9职等行政人员。

中国台湾“行政院人事行政局”下设公务人员训练班，负责新进人员基础训练、现职人员短期训练，规模小。“政治大学”公务人员教育中心举办行政管理研究班，接受“台湾地区人事行政局”委托，训练高、中级主管人员。还有“台湾地区考试院”，各部、会的训练班，组织机构五花八门。拟建立“台湾地区行政研究院”，以显示其为高级训练机构，隶属于“台湾地区行政院”，最高训练容量400人。总体着眼于人力资源发展，其主要训练构想：1. 政策研讨，增进高阶人员决策、规划、管理及领导能力；2. 主管人员在职训练，以提升公务人员素质；3. 行政管理训练；4. 初任高、中级公务人员培育训练。

中国香港对公务员的训练严格，现有两个公务员培训中心。一是港府铨叙司所属的公务员培训中心，负责一般公务员的短期培训；二是实体化的高级公务员培训中心，每年办 2 期培训班，每期 3 个月。此外，对政务官调迁频繁，也给予参训和进修的机会。

新加坡公务员培训学院，属财政部，负责：1. 职前训练（有招募的用意）；2. 在职训练，备有各种类型的训练班。开设课程，每年培训人次在 2 万以上。

马来西亚国立行政学院，直属总理府，有 4 个分支机构和 20 所分校，学制长的 1 年，短的 1 天到 2 周，每年培训 2 万人次。其中，接受长期培训的毕业生大多取得高官位。马来西亚公务员培训带有强制性，国立行政学院以“卓越”和“质量”为培训的目标。

三、有关行政学研究和教育的一些信息

（一）中国台湾和中国香港学者谈比较行政学，认为美国行政学院保持世界领先地位。美国地大物博，人口和公务员数量多，行政管理中的问题也多，这为行政学研究提供了广阔的对象和环境。美国行政学研究的历史长，研究人员多，加上学术思想活跃，弹性大，有利于弃旧图新。当前的研究热点有：政府的全面质量管理、公营部门与私营部门的关系等。

日本的行政管理很好，其行政学研究注重行政效率，但在学术思想上比较传统，不如美国“活泼”。

欧洲各国的行政学研究，首推英国，但它最近一个时期发展不快。欧洲大陆国家的行政学实际上是行政法学，讲究程序化、标准化。公务人员依法行政，比较单调、刻板。

他们认为：中国的行政学研究，首先要学美国，其他方面可作补充。当然，对美国的东西也不能照抄照搬。

（二）一些亚洲国家、地区的行政学研究和教育机构。韩国有120所大学，大多设公共行政学系。行政学研究力量比较分散，未形成明显的研究中心。

中国台湾行政学研究集中在几所大学：一是台湾大学，崇尚学术，培养政务官多，其政治学系强而行政学系弱；二是政治大学，作风严谨，比较听话，培养政务官多。这两所大学都招收行政学博士生。三是中兴大学，比较务实，培养事务官多，每年招4个班，约240人，另招MPA 50—60人。此外，东吴大学、东海大学等也有相当的实力。

中国香港行政学研究也集中在几所大学：一是香港中文大学，1972年设公共行政学系，追随美国传统，注重学术理论研究，接受公务员培训任务少；二是香港大学，1980年设公共行政学系，侧重政治学；三是香港理工学院，1984年设公共行政学系，重在管理及应用，主要培训中层管理人员；四是香港城市理工学院（后更名为香港城市大学），1986—1987年设立公共及社会行政学系，沿袭英国的传统模式。

马来西亚公务员现代化研究所，是一个大型研究机构，直属总理府。它与国立行政学院的关系密切，一部分研究成果及时用于培训活动。

泰国的国立发展行政学院，是由美国印第安纳大学援建的高层次研究和教育中心。全院200名教师中，行政学师资占1/4。其行政学研究范围很广，每年承担200多项课题，还面向亚洲国家招收行政学博士生。

本届年会收到论文29篇，以第2小组的论文最多（10篇）。语种以英语最多，也有法文、西班牙文本。无论小组讨论还是会间交流，都比较务实，也比较敞开。会议活动的组织，既有紧凑的一面，也有松散的一面。以上情况，是我们参加4天会议活动和会下交往中获得的，是挂一漏万的。有不准确或有疑问之处，请提出来，我们再作一番核对。

有关高级公务员或高级文官培训的资料摘编①

对高级公务员的培调，是我院职责所在。作为这个艰巨任务的前期工作之一，将手头有关材料归拢如下。

一、高级公务员或高级文官培训的发展趋势

各国政府的公务员中，高级公务员或高级文官职位和人数均少。设置高级职位较多的美国，其高级文官约占文官总数的10‰，新加坡（按超级公务员计）接近8‰；在高级职位较少的其他国家，这个比例更低，日本为4‰，加拿大接近4‰，英国包括常务次官（1级）、副常务次官（2级）、次官（3级）这3个等级的高级文官为1‰（港英当局为2‰），韩国包括1—3级的高级公务员为1‰。我国政府的高级公务员（按部、省级副职及其以上职级计）只占0.2‰。居于这些职级的公务员虽少，但能量极大。在国外，高级文官被看作文官系统的大脑和心脏。

西方各国高级文官或高级公务员来自中、上层的占60%—80%。其中，除法国外，以中产阶级出身的居多，占到40%—70%。具有大学及以上学历的占70%—99%。专业背景方面，欧陆国家和日本，法律专业的占30%—70%；英国，人文科学和社会科学专业的占99%；美国，这个比重不到30%，而自然科学专业的占到40%以上。

西欧各国对高级文官的管理，如英国的高级行政官员职位、法国A类（Catègory A）公务员中的行政法官、财政稽核员等特殊职类，均有严格的专责体制。美国国会设立的第2届胡佛委员会（1953—1955）提议建立高级

① 成文于1994年3月6日。

文官制度，后经1978年文官改革，把8000多名局长以上的常任文官（GS-16、17、18级文官）单独组成“高级文官班子”，亦即SES体系。从公务员制度结构看，不论在实行品位分类的国家，还是实行职位分类的国家，对高级公务员或高级文官实行品位分类已成共同趋势。但在过去，主要为即将晋升到高级职位的后备官员开设正规的系统培训，而对高级文官的在职培训很少。“以往主管人员只是训练他人而不受他人训练，但近年来此一观念已有大的改变，各国设班办理主管人员训练者，已极为普遍，如美国、日本、菲律宾，均设有不同层级主管人员的训练。训练课程则以管理之理论、国家情势、政府施政及政治经济方面各种问题之研究与讨论为主，使参加者对这些问题有更深一层了解，以利对所属人员的领导及各种业务与施政计划之拟订。”（傅肃良：《各国人事制度》1986年版）

“现代各国政府极重视如何发展高阶层管理才能，即所谓高级人才的训练与发展。所谓高阶层管理人才，系指各公私机关中，居于领导或管理层级的高级主管或管理人才（不包含政务官），是各机关组织的管理核心。现代学者均强调高阶层管理人才应具备行政管理与专业知识，具备广博的知识，善于推理思考及分析判断，并具备激励员工之技巧。”“……就各国制度的趋向而言，二次世界大战以来，有关高等文官之考试、任用、训练以至人力资源发展体制，较受瞩目，是取才用人制度的核心。”（许南雄：《人事行政学》1992年版）

对文官队伍必须进行整体培训。据联合国的一次文官制度改革研讨会的材料：关于培训的对象，一致认为必须进行整体培训，即无论高、中级文官，还是低级文官，均需培训。在职培训和职前教育都需要全面发展。

培训高级和行政干部对发展起关键作用。联合国技术合作发展部行政司的《文官改革中的若干问题》提出，“在许多国家，行政和管理培训活动有一个明显的上升趋势。在管理和中级官员的训练继续保持其重要性的同时，近几年来，重点转移到高级和行政干部身上，他们对发展起关键作用。人们愈来愈认识到，鉴于高级管理人员对贯彻发展政策起着催化剂的作用，改进他们的工作对达到全国的目标是必不可少的。所以，对高级管理人员反复教育要有适当的形式进行训练，在提高制定政策的能力方面提出更高的要求。一个有意义的结果是建立文官学院和行政发展中心”。

在西方国家，居于领导职位的高级官员也要接受职前培训和在职培训的观念形成较早，高级文官的参训率日渐升高。亚洲国家，如泰国政府制定了“公务员发展政策”，重点是确定对高级官员进行系统、有效、不间断的培训。

二、高级公务员或高级文官培训的途径和种类

提升高级公务员或高级文官的素质和能力，一靠院校培训，二靠岗位高频轮换中的职业养成。院校培训又分两类：一是职前培训，亦即高级文官职位的后备人员培训；二是现职高级文官培训。

职前培训，以法国国立行政学院最具声誉。该院在全国性考试的严格选拔基础上实施2年制的系统培训。第1年在校外实习，包括行政实习、企业实习各半年。第2年在校内学习，接受3大类科目的教育。其中，公共培训课程有：法律文件起草、国际关系、经济、公共管理、微机、量质技术、口语表达和谈判技能；集体形式的应用科目有：社会问题、专题研讨；带有个人性质的科目有：外语（要求每个学员掌握两门外语）、体育。近半个世纪以来，已培养出4000多名A类公务员，其中有相当一批法国政府、议会的领袖人物。这使它获得“超尖子学院”“象牙之塔——恃才傲物的小天地”的称号。

夏斯特里行政学院是印度公务员入门基础培训和行政公务员入门专业培训的中心，其培训项目中有一部分是为拟晋升为高级中央公务员人员提供的专业培训。专业培训时间大约1年零8个月，分3个阶段：（一）掌握最初几年工作所需基本知识和技能，共24周，其中前9周外出考察；（二）带着学习任务和作业，到将要任职的邦去实习1年；（三）回到学校进行10周总结性学习。

英国对进入3级以上的高级文官，在上岗前都要接受管理培训。这种培训通常由公、私营机构联合组织，把24人编成一班，其中，政府官员和企

业经理人员各占一半左右。培训内容包括管理技能、领导艺术、表达技巧等，以适应政府管理日趋复杂和多样化的新格局。

在德国，凡未经过正规大学教育的上等公务员经过选拔、符合晋升条件、拟晋升为高级公务员的，必须经过联邦行政管理学院6个月的培训。其中，先用4个月的时间学习法律知识、管理知识、经济知识，了解法律学家和经济学家的工作方法、思维方式以及行政管理学中的一些重大问题；另有1个月时间复习，并经过1个月实习，再进行考试。考试合格者，才能晋升为高级公务员。

现职高级公务员或高级文官培训，大都是短期培训，也有少数长期或较长期培训的，如韩国对高级公务员有一种1年制的通用培训，其适应对象是助理部长和中央政府机构的局长。培训目的是帮助参加者改进韩国在走向21世纪过程中实现国家繁荣和发展战略的能力。在此期间，参训者要分析和制定有关行政管理、经济和社会政治等方面挑战的对策，预测和制定应付不断变化的世界情况的办法。课程以研讨会为主要形式，所有的学术活动都在该院专职教师的指导下进行。在这一年内学员还被安排到海外考察。

三、国外现职高级公务员或高级文官培训

这里主要介绍现职高级官员的短期培训情况。

英国文官学院（CSC）的管理开发类培训，为最高级文官开设5类课程：（一）普通管理课程：高级管理技能（3天），管理能力开发（1天）；（二）信息技术课程：信息技术讲习班（4.5天）；（三）人事战略与技能课程：高级编制与人事管理、高级谈判技巧等；（四）财政与资金管理课程：提高投入的产出价值等8门；（五）企业管理课程：国营企业战略等4门。每期培训3个月，一般有6周的课堂教学，其余时间用于讨论或研究。

美国联邦政府高级官员学院（FEI）培训美国高级文官的人数占高级文官总数的一半。其高级行政官员培训班，每期7周。开设课程涉及的范围：（一）联邦行政工作的环境（行政当局的外部环境和内部组织环境）；（二）管理体系和管理程序（例如项目/规划管理，管理实践和管理行为包括领导

风格以及自我评估和自我更新）。研讨课题：（一）进一步了解国家的需要和重点；（二）更多地掌握管理体系和管理程序方面的知识；（三）更好地了解行政人员的作用；（四）加强个人能力。

哈佛大学肯尼迪政府学院为行政官员的职业再教育举办 7 种培训班。其中包括：高级行政官员研究班（13 周），高级政府管理人员培训班（3 周），州和地方政府的高级官员培训班（3 周），国家安全高级官员培训班（2 周），高级国防官员培训班（8 周）等。

加拿大设在渥太华西北部的杜伦高级培训中心，每年办 2 期助理副部长培训班（5 天），设 18 个专题：（一）总理办公室的日常业务；（二）政府的权力；（三）当前国际形势；（四）80 年代的联邦政府管理；（五）处理问题的准则；（六）生产管理（1986 年 2 月康瓦会议精神）；（七）80 年代以来的财政经济状况；（八）政府的劳工关系；（九）科学技术；（十）政府与宣传工具；（十一）私营企业的管理；（十二）部长的作用；（十三）部长与官员；（十四）加拿大联邦；（十五）贸易协商办公室；（十六）人力资源管理；（十七）结业午餐演讲会；（十八）学员发言。另，每年还办 18 期高级行政管理班（局长培训班，每期 15 天）。

法国在上议院大厅举办的卡伯培训班，也可以说是“未来部长培训班”，专门从部长的视角讨论法国的社会和现实问题。国立行政学院的语言学顾问皮埃尔·诺阿罗教授专为中央高级官员开设了电视演讲、电台讲话、答记者问等系列培训班。

德国的高级管理人员培训（4 周），主要内容有：领导艺术、财政、计划、经济、组织理论、信息技术。其中，案例分析占很大比重。德国联邦公务员研究院的第一研究所，负责培训高级公务员。设在莱茵地区的斯拜耶尔行政管理学院为将任高级领导职务的公务员开设领导研讨班。

奥地利联邦行政学院为公共行政部门办的高级管理人员培训（5 周），主要通过社会调查，研讨下列专题：人事管理、组织理论、计划与市场、个人处理事务能力等。

韩国高级（1—3 级）行政官员通用培训（10 天），由中央公务员教育院

（COTI）负责组织。

菲律宾公务员的第3层次培训，即高级行政主管的培训与发展，在公立或私立的培训与教育机构以及专业学会进行。通过11周的集中培训，讲习发展的前瞻、社会文化的变革、人群关系与沟通、国家行政制度、国家和地区发展与发展管理等课程。结业后还要接受回任工作6个月的跟踪及进步情况的考核。

拉丁美洲国家目前还没有准备为较高层级的行政管理人员提供培训。

四、中国台、港地区的高级公务员培训

台湾地区对高级公务员的训练，以简任第11职等（副司长）为上限，每期4周，主要课程：（一）政策分析；（二）政治；（三）行政管理。主要由台湾地区“行政院人事行政局”委托“政治大学”（公务人员训练中心）办理。对简任第12—14职等（司长、常务次长）的高级公务员未作训练安排。

去年8月，据傅肃良（台湾中兴大学教授，人事行政学会常务理事）介绍：台湾地区一般公务人员由各部、会办训练班作短期训练，但高级公务人员退职后很难找到合适人选接替，出现人才“断层”。这类精英分子，不仅在才识上而且在气质上都有高的标准和要求，靠短期训练是不够的，对高级公务人员要有长期训练计划，训练内容要以学术与能力相交融。所以，从人力资源发展角度出发，正考虑筹建一所直属台湾地区“行政院”的“行政研究院”，参考法国国立行政学院的做法，通过一两年的训练，培养公务人员的中坚力量。

台湾地区拟议设置“行政研究院”的目的：（一）开展政策研讨，增进高阶人员决策、规划、管理及领导能力，沟通政策观念，以提高行政效能。（二）因应未来国际形势变迁、建设发展以及职能日趋繁重之需要，培训行政干部，以提升公务人员素质。（三）负责改进训练方法及内容，提供并辅导各训练机构运用，以提升整体训练能力。该院预计最高训练容量400人。其主要训练构想有四：（一）政策研讨，施训对象为荐任第12职等以上人

员；（二）主管人员在职训练，施训对象为晋升荐任主管人员；（三）行政管理训练，施训对象为荐任第 9 职等到荐任第 12 职等人员；（四）初任中高级公务人员培育训练，参考法国国家行政学院做法，实施 1—2 年长期培训，以造就思虑均衡、心胸开阔，能权衡大局、照顾整体之行政干才。据张润书（台湾政治大学法学院院长，人事行政学会常务监事）介绍，在郝伯村执掌“行政院”期间，“行政研究院”筹备进展较快，连战上台后，暂被搁置。

香港地区 1984 年试办高级公务员课程中心（1991 年正式成立），培训普通工薪级 38 点到首长级 2 点的中、高级职位公务员，也吸收一部分企业管理人员。每年 2 期，每期 14 周。其中 2 周讲授最新管理理论，2 周海外考察（主要是与香港地区有经济联系的周边国家和地区以及英国、加拿大等），其余时间进行案例分析和课题研究。每个学员完成 3 项课题研究：一是课程中心指定的课题，二是学员所属部门的课题，三是个人自选课题。其中，67% 的研究成果被采纳。

五、国内高级干部学习的有关情况

我党历来重视高级干部的学习。早在 1938 年，毛泽东同志在党的六届六中全会上的报告就已指出：“在担负主要领导责任的观点上说，如果我们党有一百个至二百个系统地而不是零碎地、实际地而不是空洞地学会了马克思列宁主义的同志，就会大大地提高我们党的战斗力量，并加速我们战胜日本帝国主义的工作。”1941 年，中央作出关于高级学习组的决定。1964 年，又有关于组织高级干部学习马、恩、列、斯著作的批示。

在以实现四个现代化为中心任务的新时期，中央党校从 1986 年下半年开始举办省部级领导干部读书班（后称进修班），每年 2 期，现在办到第 16 期。第 7 期以前，每期 50 人，学制从 5 个月到 100 天不等。从第 8 期以后扩大到每期 100 人、3 个月。学员包括党、政、军、企和民主党派人士，混合编班编组，要求当好普通学员，遵守校风校纪。1992 年前的培训内容主要是“老五门”——哲学、政治经济学、科学社会主义、党史、党建。经 1993 年教学改革，打破原学科界限，贴近现实，从通读《邓小平文选》第 3

卷（近半个月）开始，围绕建设有中国特色社会主义理论进行专题研究（近2个月），分3个单元：一是党的思想路线和基本路线，二是社会主义市场经济，三是社会主义民主政治建设、法制建设和党的建设；在此基础上，研讨当前重大理论与实践问题（10天）。教学方法以自学和研讨为主，辅以必要的讲授和辅导，还有就近的参观考察（约1周）。

国防大学也从1986年开始举办以军省级领导干部为对象的国防研究班，一般每年1期，每期3个月，其中有20天国内、外考察。培训内容既有理论教育，又有国防教育。教学方法，以自学、研讨为主，专题讲授为辅。

要求参训人员做到“三普通”，即：普通党员、普通学员、普通干部。

中央社会主义学院从1989年开始办过3期省部级领导干部进修班，每期30人，学习1个月。

建校较早的中央党校和国防大学已形成我国高级干部教育的基本阵地，也积累了丰富的经验，但以理论教育或军事教育为主，不属于公务员培训系列。作为国家公务员制度的重要组成部分之一、符合《国家公务员暂行条例》要求的对高级公务员的正规培训正待起步。

国外公务员培训课程设置和师资配置的参考资料①

在建院几年的对外交往中，我们陆续接触到国外公务员培训课程和师资方面的少量资料，其中，只有一部分中译本。现略加整理，作为局部的背景材料，供参考。

一、公务员培训和教育的两个系列

公务员培训和教育，一般以时间为坐标，按任职前后分为职前培训教育和在职培训教育两类。在职培训教育又以环境为坐标，按在岗与否分为离职培训教育（亦称脱产培训培育——OFFJT）和不离职培训教育（亦称不脱产培训教育——OJT）两类。这在世界各国已成通则，我国不例外，无须重述。

此外，国外公务员培训和教育按其性质的不同可分为两个系列：

一是培训，也称作“行政官员的职业再教育”。它包括职前培训和在职培训。职前培训，指新进入公务员序列的人员培训，或称初任培训，如英国文官的指导训练或定向训练（Orientation），这是职前培训的常规做法。还有一种新进入高级公务员序列的预备培训，如法国国立行政学院为培养A类公务员的系统培训，它带有资格培训的性质，则是职前培训的一种特殊形式。在职培训，泛指供职于各级政府机关的公务人员在任职期间接受不同层级、不同种类的培训。如英国文官学院的高级管理人员培训（4周）、科级管理人员培训（6周）、副科级管理人员培训（4周）、执行人员培训（4周）等。这类培训量大面广，内容多样化，一般以短期培训为主，有的在结业时

① 成文于1994年2月20日。

发给证书。

二是进修，主要是通过较长时间的在职或离职学习，攻读学位。这在一定意义上可以说是造就新一代公务员的重要途径。国外有几百所大学针对政府工作需要办研究生教育，大多围绕以下几个项目开设学位课程：

公共行政（或公共管理、公共事务）硕士（MPA）、公共行政博士（DPA）；

政府与政治硕士（GYPT）、政府管理博士（DGA）；

公共政策（或政策科学）硕士（MPP）、公共政策博士（DPP）；

工商管理-公共管理硕士（MBA-MPA）；

管理科学硕士（MMS）、管理科学博士（DMS）。

公务员培训课程和学位教育课程，职前培训课程和在职培训课程，其性质都属于大学后课程，但内容要求各有不同，不能混为一谈。比较而言，西欧各国重在行政官员的职前培训和在职培训，美国更着眼于新一代公务员的培育，使公务员获得比较全面的政府管理和政策研究的素质。

此外，法国公务员的深造培训，英国文官的休假年、奖学金和研究休假，美国公务员的“休职计划”，日本的行政官研修员制度，韩国公务员的特殊培训（政府奖学金培训），兼有以上两种系列的内涵。

二、公务员培训课程设置及其门类

同属政府办的行政学院或公务员学院，其课程设置情况有相当大的差别。以下仅举数例。

（一）法国国立行政学院的 3 类课程

1. 公共课程 ——法律文件起草、国际关系、经济、公共管理、微机、量质技术、口语表达和谈判技巧；

2. 小组研讨课程 ——社会问题、时势问题、选择课题；

3. 个人性质的辅助课程 ——外语、体育……

与法国国立行政学院某些培训项目相近的印度夏斯特里行政学院，常设7门共同课程：历史与文化、政治与宪法、经济、社会管理与行政管理、法律、语言、计算技术。其他辅助课程有：体育、讲演、行军野营等。

（二）美国联邦政府高级官员学院的培训课程

每年办 10 期高级官员培训班，每期 4 周、60 人。其中一个班的主要课程（研讨内容）：美国宪法及其意义、联邦政府常任官员的作用、未来的领导、人际关系、在相互矛盾的多元价值观念与权力中心的冲突中进行管理、电脑操作等。

据 E.A. 伯克教授介绍，该院最受学员欢迎的课程是：1. 政府政治（内容包括政府部门之间的谈判技巧、同新闻媒介打交道）；2. 当代经济问题（包括税收、贸易政策）；3. 官员的心理风格及其测试、评估；4. 组织机构的变革管理。

该院下设东、中、西部 3 个地区培训中心。每年都办各种类型的培训班，以两个班为例：

新提升的中层行政管理人员培训班，设 3 类课程：1. 如何在工作中体现个人作用方面：情况处理，个人负责问题，谈判技巧，指导与协商，时间的安排与利用，时间紧迫时如何管理；2. 如何体现团体的作用方面：行为及效果管理，团体的作用，沟通问题——口头与文字表达，决策与解决问题；3. 组织程序方面：工作表现与能力，管理技术的变化，管理方法的创新。

人事管理问题培训班，设以下专题：当前联邦政府人事管理中存在的问题，精简政府机构与改进管理的建议，政府全面实施以实绩为标准的管理和奖励办法，编制问题，改进领导与管理，政府的劳工关系问题，保护功绩制及“功绩制保护委员会”。

美国科罗拉多大学公共事务研究生院为高、中级官员开设的培训课程内容主要包括：1. 技术培训方面：统计及统计分析，信息系统管理，计算机的综合运用，预算与财政及有关研究方法；2. 人际关系方面的能力培训：管理人员的自我测试，心理技术，伦理和公共行为道德，交流、沟通能力以及调解矛盾、解决冲突的能力；3. 思维能力培训：解决复杂问题的对策，对未来的战略构想，全面质量管理，如何调动下属的积极性，如何适应变革，对不稳定因素如何把握等。

（三）英国文官学院的6类课程

1. 管理与开发课程。分4个档次：最高级文官培训，设5类25门课程；高级文官培训，设6类36门课程；中级文官培训，设7类37门课程；快速晋升文官培训，设5类24门课程。

2. 政策管理与技能课程。设政策与政策管理（6门）、决策技术（2门）、社会政策（2类8门）。

3. 欧洲与国际化培训课程。设欧洲概览（2门）、欧共体介绍（9门）、国际关系（2门）、欧洲考察培训（5类12门）。

4. 信息技术课程。设信息技术的开发与培训、战略规划、信息技术概要、信息技术项目管理、计算机采购与标准、系统分析与设计、个人计算机与办公系统、信息技术讲习班、程序编制与软件包、电信、计算机安全、信息技术基础设施的管理与控制，共12门。

5. 为通才开设的专业培训课程。设会计（2门）、经济学（4门）、法律（2门）。

6. 为专业人才和专家开设的培训课程。设通用培训课程（7门）、会计师培训课程（3门）、审计师培训课程（2类）、经济师培训课程（7门）、律师培训课程（3门）、政府运作研究人员与科学家培训课程（9门）、人事官员培训课程（4门）、采购与供应人员培训课程（与政府采购署合作）、统计师培训课程（4门）、培训教师与培训负责人培训课程（5类22门）、其他专业人才培训课程。

与英国文官学院相近的新加坡公务员学院，为负责管理发展的一级公务员开设的课程有：实用激励研讨会、创新思考技巧、大众演讲术、人力发展途径、问话技巧、横向思考法等。

（四）发展中国家的行政管理培训课程

据袁亦清（陕西省财贸管理干部学院）的材料，所设置的课程大多集中在政治、法律、组织人事、财务会计等方面。近年来，培训课程中增加了工程管理、工程评估和与行为科学有关的管理理论等科目。

三、适应政府工作需要的学位教育课程及其门类

据1989年调查美国173个大学的公共行政硕士学位教育项目，普遍开设的基础课程有：

（一）公共行政学、行政理论或行政行为；（二）公共行政研究方法或定量分析；（三）公共财政、财政管理或政府预算；（四）政策分析或政策制定与行政；（五）人事行政或人力资源管理；（六）美国政治或政治与行政；（七）经济学或经济学与公共政策；（八）信息系统或计算机科学；（九）法律过程。

以上前6门更具普遍性，可称为“核心基础课程”。

供选修的专业课程有：公共财政，公共行政或公共管理，人事行政或人力资源管理，公共政策分析，卫生行政，地方政府或城市管理，司法行政。

感到不足的课程有：政治过程和政治制度，信息系统或计算机技术，非营利管理，伦理和道德。

就个别学校来说，哈佛大学肯尼迪政府学院开设的MPA课程中，有9门课程的选读频率最高。它们是：（一）决策分析；（二）微观经济学和公共政策；（三）宏观经济理论和政策；（四）管理人员用的数据分析；（五）政治和组织分析；（六）公共管理人员用的政策分析；（七）公共管理Ⅰ和公共管理Ⅱ；（八）财政管理、预算和控制；（九）伦理学和公共政策。

锡拉丘兹大学马克斯维尔学院公共行政系的MPA学位项目有9门必修基础课程。它们是：（一）公共事务研讨会；（二）组织理论；（三）统计学原理；（四）定量分析的辅助手段；（五）公共行政人员管理经济学；（六）公共行政和民主；（七）公共预算；（八）公共行政学硕士专题研讨会；（九）行政领导学或华盛顿马克斯维尔公共政策研究班的讨论会。

日本筑波大学的经营、政策科学研究科和崎玉大学的政策科学研究科，招收具有3—6年工龄的行政官员，攻读修士学位，以期获得高度复杂化的行政管理知识和能力。

四、各国行政院校的两种模式

政府办的行政（管理）学院从不同角度可以划分为不同模式。其中，对课程设置有直接关联的模式有二：

一是功能模式。现设行政学院大多以培训为主要功能，兼有不同程度的研究、咨询活动，不搞学位教育。欧、美、日等国的行政学院基本上属于这种相对单一的培训型。其中，葡萄牙行政学院国际关系合作部为澳门行政官员办了 7 期培训班，开设电脑工程、国际经济组织的谈判、人才资源管理、地方市政工程等 16 门课程，结业时学员能拿硕士学位；英国文官学院开设个别学位课程（信息系统设计理科硕士课程）等，在此类中只是局部的特例，无关全局。另一类如德国斯拜耶尔行政管理学院，其主要任务是行政管理科学的教学与研究，属于兼办学位教育和现职官员培训两个系列的双元培训教育型。其中，一个系列是博士、硕士、法学学士学位教育和以补充知识为目的的专题讲座，开设法学、行政学、经济学、社会科学（含历史学）等 4 大类课程，约 100 种；另一个系列是包括各类官员、各种班次的培训，除标准课程外还有专题研究班、学术讨论会、领导研讨班等。

二是调控模式。各国行政学院按培训机制大体上可分为政府主导型和市场导向型。前者以法国国立行政学院为代表，特点是：在培训类型上注重资格培训，实行选一学一用结合；常设课程门类有限（法国国立行政学院 10 多门，泰国文官培训学院 55 门），相对集中和固定；这种课程系统基本上是封闭式的，对培训对象来说，属于“卖方市场”；排课方式仍然是传统的或常规的；培训经费主要来自政府拨款。后者以英国文官学院为代表，特点是：开展多样化的能力和知识培训，不强调资格培训；开课（含专题）门类多达几百门、上千门（瑞典公务员培训学院 500 多门，新加坡公务员学院 1089 门，英国文官学院 1370 门，另如私立哈佛大学可供肯尼迪政府学院学生选修的课程有 3000 多门）；课程系统是开放式的，学员对公共课程以外的其他课程有自选性，属于“买方市场”；排课方式是模块式或“菜单”式的；培训开支主要靠收费补偿。在政府主导型和市场导向型这两种模式之间，也存在着过渡形式，如美国联邦政府高级官员学院基本上是政府主导型的，但它开设的课程最大限度地容许学员自选。

五、培养目标与课程设置

培养目标是公务员培训的根本问题，它涉及许多方面。限于资料储备，这里先讨论两个问题。

一是通过培训造就什么人才。

（一）通才。实行“品位分类”制度的欧洲国家，以人文科学为公务员培训的基础。英国的文官培训历来崇尚通才，在择优录用中注重候选人的一般教育程度和基础理论知识。1968年富尔顿委员会主张“行政人员专业化，专业人员行政化”，以打破“通才”体制，但收效不大，“通才”格局至今未变。法国国立行政学院1945—1958年曾设行政、经济、法律、国际关系等专业。经1958年改革，撤销4个专业，转向培养通才。德国公务员培训大体上也是这个路子。

（二）专才。首创并实行“职位分类”制度的美国，在教育和培训中注重自然科学基础，学科分化细，大量培养专才，已形成专门化、职业化、技术化的深厚基础；在公务员考录中注重应试者职务上的专业技能。1955年，第二届胡佛委员会把专业化培训教育视为提高政府工作有效性的一个重要因素（对此，也存在着不同见解。马克斯维尔学院前院长G.S.勃克海德教授去年8月曾说，美国公务员培训历经3个阶段，都是通才教育）。

（三）T型人才。“－”指通才，“|”指专才。日本的公务员培训兼收并蓄，在通才教育的基础上发展专才，可以说是独辟蹊径。上海纺织大学周世述教授去年5月来信主张走这一条路。

（四）TT型人才。指基础知识比较广博、有2门以上专业知识的复合型人才。与此相近的X型人才，指广博的基础知识与多种专业知识的交叉。还有与X型人才配套的其他类型。

二是怎样处理学科上的文理关系。

在当前科技飞速进步、思维高度综合的时代，提倡立体思维、强调文理结合已成为公务员培训的一股潮流。在英国文官学院开设的6类课程中，

“信息技术”类课程的分量最重，“管理与开发”类、“政策管理与技能”类和为政府运作研究人员和科学家开设的培训课程中也有大量或相当比重的理科内容。法国国立行政学院常设的12门课程，包括“微机”和“量质技术”，另在“公共管理”课程中含有决策和决策辅助系统、诊断、评估等内容。日本对高级公务员的培训注重文理科渗透，要求技术职公务员的培训中有人文科学科目，非技术职公务员的培训中有自然科学科目。

这里也有两个问题：一是怎样处理行政（管理）培训与经济（管理）培训的关系。

在法国国立行政学院，经济学在7门公共课程中占重要地位。其内容包括宏观经济、国家与企业、工业经济、国营经济等。

英国文官学院为最高级文官开设的管理与开发课程中，经济管理类课程约占一半，人事管理类超过1/3；高级文官培训的同类课程中，经济管理类占一半，普通管理类占1/4；中级文官培训的同类课程中，管理类占一半，人事管理、经济管理类也占相当比重；快速晋升文官培训的同类课程中，政府管理及其外部关系类超过一半，经济管理类占1/3。为通才开设的专业培训课程包括经济学、会计学和法学。

日本公务员培训课程中常设预算、审计等5门经济科目，其比重约占课程总量的40%。

美国许多大学的MPA项目普遍开设的9门基础课程中，公共财政、财政管理或政府预算，经济学或经济学与公共政策等占有重要地位。哈佛大学肯尼迪政府学院，在选读频率最高的9门课程中就有微观经济学与公共政策、财政管理、预算与控制、决策分析等4门，接近一半。锡拉丘兹大学马克斯维尔学院的9门基础课程或公共课程中也有公共行政人员管理经济学、公共预算等。据该院G.S.勃克海德教授介绍美国公务员培训的演变趋势，在70年代，财政、预算、信息技术等成为热门课程，其中，有的是最有用的决策手段，有的可用于辅助决策。高级官员认为这些课程特别有用，因而上升为重点培训内容。他预计，这种发展趋势在90年代还将延续下去。

二是怎样看待行政（管理）学与几个相关学科的关系。

在美国，公共行政学独立于政治学、社会学和管理学，自成一支。二战后相当一段时间，在行政学中有管理的内涵。80年代以来，两者已明确分开。但有些著名大学，如康奈尔大学、麻省理工学院等，是把工商管理和行政管理合在一起的。

在英国，公共行政学从属于政治学，与管理学、社会学也结合得比较紧。

在欧洲大陆国家，行政（管理）学大多与法学结合在一起，行政学与行政法学不分。

日本股长级公务员培训课程分甲类（以自然科学为主）、乙类（以社会科学为主），另设行政管理、法律、经济、管理能力等共同课程。

关于公共行政硕士学位课程，P.W. 罗德（肯德基大学）和 G. 惠特克（北卡罗来纳大学）对80年代美国有关基础课程作了要素分析，提出其中两个重点或走向：一是制度——管理性的公共行政，着眼于政府的完善和行政能力的提高，课程内容注重政治、社会、法律制度和过程、组织和管理理论；二是分析性的公共行政，着眼于公共选择和经济分析，课程内容注重定量方法和统计学、财政和经济制度以及经济过程。前者反映了大学政治系所代表的传统公共行政观点，基本倾向是亲政府的；后者从工商和公共管理学院的视角出发，立足于政策分析，基本倾向是亲市场的。

六、培训课程的样式及其活动特点

与一般学校相比，培训型院校对课程形式和教学方法给予更多的关注。

法国国立行政学院常设的3类课程中，列第1类的4门公共课程，门门都搞案例教学；列第2类的集体性质的应用课程，都以研讨班形式进行；列第3类的个人性质的辅助课程，如谈判技巧、快速阅读等，也以短训班形式进行。

德国斯拜耶尔行政管理学院为各类官员办的短期培训，设5类课程，除第1类标准课程外，另4类都是不同形式的研究班或讨论会。

在英国文官学院开设的许多课程中，大量运用讲座、研讨会、小组活动等教学形式，有的课程（如演讲术、考场面试、培训技能等）采用闭路电视进行教学。

美国联邦政府高级官员学院常用的教学方式有课堂讲授、案例分析、阅读材料、小组讨论、实地参观等。

从教育观念到方法上都值得重视的是，公务员培训的课堂教学，除占一定比例的系统性不一的授课外，还有许多师生共同参与的课堂活动。一般培训对象的层级愈高，研讨活动占的比重愈大。高级官员参加培训，大都以研讨为基本的活动形式。日本课长级公务员培训没有授课，全部时间用于自学和研讨。

哈佛大学文理学院为肯尼迪政府学院学生开设的行政管理课程，在25门课程中就有4个研究班，研究题目包括政治发展、当代中国、国家安全和军事政策、国际政治的意识形态因素。肯尼迪政府学院学生选修频率最高的10门课程中也有1门“部门政策讨论班”。

以上只限于传统或经典培训方法的表象介绍，不包括新的非经典培训方法，也没有涉及许多种培训理论和教学模式问题。有关常规培训活动方面的材料比较多，动向比较清楚，但我们的实感不足。国内有些培训机构（包括某些地方行政学院）在实践中已作了一些有意义的探索。

七、与培训课程相适应的教师队伍

课程性质和在更高层次上的学校总体功能，决定着教师队伍的规模、结构及其在全校工作中的地位。这里，仅从教学活动角度略举教师队伍建设的3个参数。

一是教学人员占工作人员总数的比例。呈正比关系的有：英国文官学院，全院230人，教学人员与管理人员之比为2∶1；德国斯拜耶尔行政管理学院，全院150人，教学（含教学管理和辅助）人员与行政管理人员（含工人）之比为2∶1；泰国文官培训学院，全院81人，教学人员与行政管理人员之比为5∶3。呈反比关系的有法国国立行政学院、新加坡公务员学院等，大都与兼职教师队伍庞大有关。

二是专、兼职教师的比例关系。大体上有 4 种情况：（一）以兼职教师为主，专职教师极少，如法国国立行政学院、西班牙行政学院、葡萄牙行政学院等。（二）以兼职教师为主，有一支人数不多的专职教师队伍，如奥地利联邦行政学院、印度夏斯特里行政学院、新加坡公务员学院、日本人事院公务员研修所、通产省研究所研修部以及自治大学校等。（三）专、兼职教师并用，兼职教师略多一些，如美国联邦政府高级官员学院。另如韩国中央公务员教育院的官员培训，其教学活动的主要形式是研讨会，都在该院专职教师指导下进行。（四）以专职教师为主，也聘用一些兼职教师，如英国文官学院、意大利高级行政学院、德国斯拜耶尔行政管理学院。

三是专职教师的内部比例关系。除了通常谈到的学科（专业）结构、职称结构和年龄结构外，值得注意的是教师（teacher）与培训者（trainer，或称培训教师）、指导者（instructor）的关系。公务员培训是一种特殊类型的教育，培训活动的诸多环节要求起组织、指导作用的是一种特殊类型的教师，即培训者或指导者。有些国家的培训机构，一般由教师（teacher）负责课堂（class）教学，培训者（trainer）负责研讨会（seminar）教学，指导者（instructor）负责讲习班（workshop）教学，教授（professor）负责课程（course）教学，教学人员（faculty member）负责培训计划（program）。美国联邦政府高级官员学院的专职教师大多来自高等学校，聘任期 3 年，兼职教师都是有博士学位的大学教师或曾任高级文官的政府官员。该院要求教师不仅是信息传递者，而且要领导小组讨论，教师既是讲演人，也是计划人、参与者。日本人事院公务员研修所的专职教师既授课，又辅导讨论，并从事教学管理。夏斯特里行政学院的专职教师（40 人）大都由从政 14—15 年以上的高级文官担任，每 4—5 年轮换一次。泰国各行政学院的专职教师通称培训官员，不评学术职称，在本院兼做一定的管理工作。新加坡公务员学院的专职教师（14 名）和兼职教师（200 多名），均称培训者。是否拥有一支懂得并胜任培训教学工作的培训者或指导者队伍，是行政院校区别于其他类型院校的人力资源特色之一。

八、重视对培训者的培训

这在公务员培训起步较早的国家已引起普遍重视，培训已成为一门专业。在此仅举一例。

据《英国文官学院1990—1991年培训课程大纲》第6章第10节，该院为培训教师与培训负责人开设以下5类培训课程：

第1类，培训教师核心能力课程。（一）培训技术与技能（10天）；（二）成人学习理论；（三）参与式培训方法（10天）。

第2类，培训官员培训课程。（一）培训管理：培训介绍；（二）培训管理：培训教师的挑选、考核和培养（2天）；（三）培训管理：评估（2天）；（四）培训官员讲习班（1天）；（五）政府部门培训官员与培训机构负责人研讨会（2天）；（六）培训评估方法设计讲习班。

第3类，培训教师需要的其他技能课程。（一）使培训更卓有成效的技能；（二）教师的函授学习技能；（三）借助计算机进行培训介绍；（四）计算机辅助培训的设计；（五）教室中的闭路电视与教师技能；（六）教师的面试培训技能；（七）兼职教师的培训技能。（学习目标、内容和时间长短由教师与学员及其所在单位商定）

第4类，教师提高课程。（一）教师平等机会培训（5天）；（二）教师研讨会（培训需求分析、反馈技能、课程设计、培训课程的推销等，1—3天）；（三）教师的咨询作用（4天）。

第5类，咨询服务课程。（一）咨询服务；（二）预约与教材服务；（三）平等机会培训咨询。

附件　唐代望教授谈公务员培训的几个问题

1994年3月8日、11日下午，与参加“全国干部教育理论研讨会”（济南）路过北京的广东行政学院副院长唐代望同志两度交谈。所谈的部分内容补记如下：

在中组部干教局召开的全国干部教育理论研讨会上普遍反映，我国公务员培训工作当前面临的最大困难是调训学员难。调训难有多方面的原因，从培训机构来说，主要是缺乏吸引力。没有吸引力的培训，是难以为继的。

国家行政学院办案例教学法研讨班很有必要。国家公务员的培训，贯彻理论联系实际的原则。行政案例教学是理论联系实际的重要桥梁。我在中山大学看过他们从日本引进的一个管理学案例录像带，大约40分钟，学员能接受，有很好的教学效果。

应用行政案例教学，首先要解决教师的观念更新问题。有些高校教师认为案例教学只有操作性，没有学术性，上不了水平。这种认识不转变，案例教学很难搞起来。

再就要弄清楚什么是案例。现在国内案例成册成书的不少，我有十来本。但这些案例中企业管理的多，行政管理的少；轻量级的多，重量级的少；正面经验多，反面经验少，换句话说，单向思维多，双向或多向思维少；就事论事多，分析说理少，上升到理论高度的更少，这反映出案例编写人的政治学、行政学知识不足。一个好的行政案例不是简单的“流水账”，而应当是疑团重重，像个“数学迷宫”，进去难，出来也难。

案例教学是在普及理论知识基础上的提高。有一定的理论知识基础，才谈得上案例教学。发达国家和地区的公务员，一般具有相当的知识水准，围绕案例的讨论比较容易展开，讨论的气氛很浓。我国公务员大多数缺乏行政、政策、法律知识，面对一个案例有时讨论不起来，或者深入不下去。应当看到这个历史差距，我们运用案例教学将会有一个逐步提高的过程。

案例教学的形式可以多种多样。有的先讲理论，再讨论案例；有的边讲理论，边讨论案例，形式不拘一格。重要的是理论讲授和案例讨论这两者应当互补，而不应当互斥。

广东行政学院在省政府办公厅牵头下组织了一批离退休的老干部分工编写全省改革开放十多年的案例集。选出了十几个行政案例，已经形成初稿。但有的写成了一篇总结，不是案例，所以还要修改加工。为配合国家行政学院3月底办案例教学法研讨班，我们可以先把“广东省三闯物价关”这个案例改好，带到研讨班上来。

国家行政学院建院伊始，万象更新，要做的事情很多。希望能组织各地行政院校精选一批有代表性的行政案例，搞出一套录像带，面向全国发行。

贯彻理论联系实际的原则，还要增强理论的吸引力。建议在挖掘我国古代传统文化上多下一些功夫。日本和亚洲“四小龙”都以孔孟之道为共同的思想理论基础，对中国古代儒家学说，都按原著—注释—应用“三部曲”进行教育。我们应当比人家做得更多、更好一些。

关于课程设置，国家行政学院的主干课程中有一门政治学。政治学与建设有中国特色的社会主义理论是什么关系，与马列主义基本理论是什么关系，值得深入研究。总体希望拿出一个上、下、左、右都能接受的教学方案。

在教学改革过程中，希望逐步建立一套科学、合理的教学机制、激励机制、管理机制和评估机制。对于公务员培训效果的评估问题，建议尽快立一个科研课题。评估问题不解决，对提高培训质量很不利。

广东省公务员培训的长处：一是初步形成全省的培训网络，以广东行政学院为基地，今年建起东（梅州）、西（湛江）、南（茂名）、北（韶关）、中（佛山）5所分校，明确了培训任务，明确分工，不扯皮。二是在培训中注重观念更新，思想解放，核心是求实、唯实。讲市场经济体制，这在全国是超前的。在改革部署上，经济体制改革比较猛，政治、行政体制改革比较稳，这同内地省份相反。培训内容和教材重实用，讲实效，不拘泥于课时多少。三是培训制度建设，如佛山市试行培训成绩与奖金挂钩的办法，起到明显作用。四是广东行政学院人员、机构精干，编制166人，实有90多人，任务饱满，教师以硕士生为起点，还进了几个博士生，总体素质较好。五是对外对内开放的步子比较大，积极开展学术交流，考察互访，受益颇多。以上只是几点浅见，供比较。

关于行政管理、人事管理、政策科学的教师人选，具体内容从略。

中英行政改革与机构发展研讨会第 1 阶段小结

——研讨会第 1 阶段：回顾，评估，比较，延伸[①]

受主席先生的委托，我以中方与会代表的身份作一个小结性发言。

一、对第 1 阶段的简要回顾

中英两国的 48 位代表参加了 20—23 日的活动。这 4 天，除用半天举行开幕式和中方介绍中国政府行政改革的规划和实施外，另 3 天半围绕二战后英国行政改革和发展，以专题讲座和问答形式进行。英方讲演 9 次，中方有 38 人次提出了 50 多个问题，总计讲演和问答时间各占 6 个半小时左右。

总体说来，第 1 阶段的日程饱满，安排紧凑，气氛融洽。由于与会代表大多来自管理岗位，因此整个内容侧重于实务而不是理论研讨。在中方代表中，有不少人是第 1 次参加国际研讨会，他们反映，这 4 天愈往后接受得愈好。

在短短 4 天里取得的主要收获，可以归结为以下 3 点：

一是增进了双方的相互了解，主要是中方人员对英国行政改革和发展情况的了解。

尽管巴拉斯先生介绍英国的政治结构是从 17—18 世纪讲起，鲁宾逊先生介绍英国的文官制度是从 19 世纪中叶《诺斯科特-屈维廉报告》讲起的，但这几天讲演的主要内容较多地反映在近 15 年来撒切尔、梅杰两届保

① 中央编委办公室与英国海外发展署于 1994 年 7 月 19—26 日在厦门召开行政改革与机构发展研讨会。研讨会以英国的行政改革为主要内容。出席会议的中方代表有 42 人，英方国际咨询专家有 6 人。本文由左然整理。

守党内阁的行政改革上。对这一段的主要议题，又相对集中到4个重点，即：1979年开始的效率评审（Scrutiny Programme），1988年“下一步行动”中推出的执行机构（Executive Agencies），1991年出台的“市民宪章”（Citizen’s Charter），1992年出台的市场检验运动（Market Testing）。特别是对引人注目的1979—1990年，巴拉斯先生说，1979年改革所要解决的问题都是从来不曾解决过的问题。斯蒂尔博士说，对于撒切尔首相所拥有的难以置信的权力，我们至今还在分析研究。以上一些描述和概括，都给我们留下了印象。

把这些印象加以延伸，可以看出英国的行政改革同其他发达国家行政改革的现代潮流是一致的。撒切尔内阁在经济政策上奉行货币主义、供应学派的主张，以紧缩银根、减轻税负、私有化等举措刺激经济回升，这同美国人所称的“里根经济学”如出一辙；在行政管理上引入经济分析方法，接受公共选择理论，而又有所创新。这项改革以“变官僚政府为企业政府”“变公共行政为公共管理”为基本走向，同克林顿、戈尔“重塑政府”的轨迹也很近似，例如政策的制定职能和执行职能相分离的原则，同政府应当“掌舵”而不是“划桨”的主张，可以说是完全相通的。

现代政府管理在英国本土起步较早，依托英联邦国家又具有吸纳多元文化的有利地位。从近25年来特别是近年来英国行政改革的目标、方向或观念中，也许可以概括出一些有普遍意义的东西来。因此，对英国行政改革和发展框架的认识，即使是粗略的或浅显的，对我们仍是一种有用的知识储备，作为一种参照系，是有助于增强改革意识、培植创新观念的。

二是值得进一步消化的几个要领。

（一）提高效率。布里尔顿先生介绍对效率项目的评审要素有5个方面：目的是什么，代价多大，谁是用户，能否简政，是否增加效益。这对传统的行政管理提出了挑战。

（二）树立标准。要求把具体、清晰的公共服务标准放到明处。在英国，建立执行机构，一是目标，二是标准；制定“市民宪章”，一是标准，二是透明度；选择私有化的具体形式，也取决于标准。这些标准，随工作进步而

“水涨船高”。

（三）转换机制。相信市场的力量，必然引进竞争机制。公共管理和服务的竞争是分层次的，既有完全或局部的市场化竞争，也有内部竞争。市场检验运动，就是“为质量进行竞争”。即使对垄断性组织来说，情况也是如此。斯蒂尔博士以泰晤士河水管理公司为例，列举其质量、价格问题的竞争机制有四：股份制——股东的意见、用户的满意度、若干水公司之间的横向比较、管理部门的监控。

（四）机构创新。中央政府建立一系列执行机构是英国行政改革的一个突破口。其要点是：以最大限度地扩大政府的实际执行功能为目标；实行政策的制定和执行相分离的原则；扩大执行机构的自主权，使它们不拘一格地提高效率；每 3 年进行 1 次评估。对于布里尔顿先生 21 日所作的表解，还有待进一步研究。

（五）行政文化。鲁宾逊先生说：撒切尔主义给英国带来了不同的文化。按照马休斯女士的解释，在行政文化方面的核心观念是“用户中心论”，即政府不直接提供服务，而要确保公共服务的实现，并制订标准以保证服务的质量。今年 3 月，我在参与接待曾任撒切尔首席秘书的 S. 肯尼斯爵士时，听他讲过英国新的政府管理原则是，政府从原来的“供方”变为“买方”，文官从原来的“推销员”变为“采购者”。我想，这是从另一个角度对“用户中心论”的说明。

三是在会下还有一些小范围的个别接触，如马休斯女士和我就有这样的同行交流。对这些局部性的收获，就不多说了。

第 1 阶段的不足在于，对英国行政改革的介绍、问答内容大都属于知识性范畴，深度和系统性不够。这从客观上看，一是因为受到时间的限制，这 4 天里总的有效工作时间不到 14 个小时；二是因为参与人员彼此之间了解不够，也存在一些沟通上的障碍。从主观上看，是因为对会议的准备欠充分，这在今后是可以改进的。

二、中英两国行政改革的初步比较

这是一个大题目，眼下只能作一点粗线条的扫描。

（一）共同点

1. 国家结构

尽管英国有较高程度的地方自治，中国有民族区域自治制度和“一国两制”的构想，但两国同属单一制国家。

2. 国家机构的体制

中国实行人民代表大会制，这同英国的内阁制有区别，但在“权力混合”这一点上比较接近，而同总统制区别很大。

3. 行政改革目标、方向

——都为适应市场经济发展而改进公共管理和服务，在经济领域的市场化或再市场化的影响下，一部分政府职能企业化、半企业化。

——变封闭系统为开放系统。英国的文官体系与年前文官考选制、功绩制的改革相比，已更加面向社会、面向公众。中国的公务员制度从一开始就建立在为人民服务和人员交流的基础之上，也要扩大公共服务和公共参与。

——把精简和效能结合在一起。在撒切尔执政的前5年，政府裁减16.5万人，占文官总数的22.5%。中国政府已定下精减25%的3年目标。

4. 行政改革的方法

80—90年代，两国都保持改革的连续性、渐进性。英国政府按先易后难的顺序分批建立执行机构，在执行机构供职的人员仍纳入公务员系列，都体现了这一点。从更大跨度看，25年前的《富尔顿报告》中，根据瑞典经验提出的包含政策制定与执行分离的管理改革思想，20年后在“下一步行动”改革方案中复活和再现，可以看作有间断、有曲折的整体连续性。中国改革的成功，得益于“摸着石头过河”的艰苦探索，也就是整体渐进和重点突破相结合的战略，其效果是人所共知的。

5. 行政改革的任务和制约因素

如何利用市场的力量扩大公共管理和服务，同时保证管理效率和服务质量，是两国面临的共同挑战。在改革的长期过程中，又都存在着如何处理好政治性、科学性的相互关系问题等一系列内、外部制约因素。

（二）不同点

1. 行政改革的背景

这包括国土、人口、社会制度、经济发展水平等基本国情上的差异。所谓“小政府”或“大政府”，如果加上占人口比例的因素，就会变得更加复杂化。政府的分级管理，也因幅员大小不同而异。听说英国准备在 1996 年把郡、区两级并为一级，这在中国恐怕难以考虑。

2. 文化传统

这也是行政环境的重要方面。中英两国都有对外来哲学的凝聚力，能够融多民族文化于一体，但两国分别代表的东、西方文化差异是明显的，这对行政管理思想也有深刻的影响。

3. 行政管理的沿革

英国中央和地方政府是各司其职的两套系统，分工比较清楚。中国政府的分级管理，除了国防、外交等特殊事项，政府的职能几乎是“上下一般粗”，地方政府实际上起着中央政府分支机构的作用。英国政府行使的经济手段、法律手段比较完备，中国还停留在以行政手段为主的阶段。改革要从问题开始，而两国的起点不同。

4. 行政管理的发展阶段

英国是一个比较成熟的市场经济国家，中国正从计划经济向社会主义市场经济体制转型。与此相对应，两国在行政发展上也处于不同的阶段，改革的任务和重点有所不同。英国致力于改进、完善公共管理和服务，改革的方向相对单一，转型时期的中国行政改革则是双向的：既要减少对经济的过度干预，又要加强宏观经济调控；既要分权、放权，又要适度集权；既要精简机构和人员，又要扩充政府职能，发展公共服务。这是很不一样的。

5. 公共行政理论

英国作为现代文官制度的发源地，100 多年来在公共行政理论研究上是有建树、有影响的，对于公共行政或公共管理的理解也有自己的特色。中国近 15 年的改革行动获得很大的成功，也积累了丰富的经验，但总结、研究得不够，理论滞后于实践，从长期看，对解决改革向纵深发展的问题是不利的。

事实上，两国行政改革的共同点和不同点都不止这些。把它们逐步厘清，相互吸收、借鉴对方经验的过程将使两国共同受益。

三、第1阶段议题的延伸

为把第1阶段的研讨内容引向深入，请允许我提出以下3点。

一是对几个重点问题的补充提问：

（一）效率评审

据报道，英国政府1979—1985年通过266项效率评审，废除了3万种表格，节约9.5亿英镑的开支。这项工作是否仍在继续进行？效率小组是否继续存在？它与"下一步行动"队、市民宪章办公室、市场检验办公室是何关系？在提高效率的同时，如何对待社会公平问题？

（二）执行机构

布里尔顿先生把现有80多个执行机构按工作性质分成5类。执行机构按其性质可不可以说是政府（或准政府）与企业的混合体？有没有按垄断性和营利性进行分类？执行机构如何定级，拥有6万员工的就业署与只有十几人、几十人的女王陛下文官办公室或威尔逊公园会议中心是否同级？就业署执行长官是直接向首相负责，还是先向就业部长负责？从执行机构的发展前景看，它们或它们中的一部分将会变成企业或社团吗，将会私有化吗？

（三）市民宪章

在英国这个无成文"宪章"的国度，"市民宪章"并非议会通过的法案，而只是政府发布的政策指南，它将来可能变成法律吗？按我的理解，在7条共性要求下制定出来的税收宪章、警务宪章、铁路乘客宪章、父母宪章、病人宪章等只是一种行业性的公约。这种公约将遍布各行各业吗？"宪章标记"将覆盖所有行业包括政府的核心机构吗？

（四）市场检验

把政府工作中的一部分放到市场上进行检验，为质量进行竞争，这里是否引进了企业管理中的PDCA原则？市场检验标准是统一的还是分门别类的？对于垄断性服务，如何进行市场检验？

二是放宽一点的引申提问：

（一）行政改革的理论指导

从19世纪中叶到二战前的英国行政管理，奉行公共服务模式（Public Service Paradigm），是出自英国本土的创造。二战后的英国行政管理，60年代借鉴新公共行政理论（New Public Administration），70年代借鉴公共参与理论（Public Participation），80年代借鉴公共选择理论（Public Choice），就受各种外来思潮的影响。而在60—70年代，以英、美的人类学者（M.Douglas，M.Thompson，R.Ellis，A.Wildavsry等）为核心，在总结人类社会的5种生活方式的基础上，创立了“文化理论”，成为同公共选择理论相抗衡的新学派。它在当代英国受到怎样的评价，对英国的行政改革有什么实际影响？这是中国公共行政学界所关注的。

（二）行政改革的发展趋势

撒切尔首相发起了对传统观念的一系列挑战。这种挑战已经触及从19世纪延续至今的英国文官制度的核心价值观念，如政治中立、匿名原则、永业原则等，发展下去会不会形成更大的冲击？管理主义思潮的蔓延，在政府、企业的角色、功能和关系上将会建立什么新的形象和定义？梅杰内阁继承了撒切尔的改革，但又担心撒切尔走得太远，下一步的改革将会加速还是减速？由于梅杰的亲欧共体态度，英国的行政改革会不会较多地接受法国、德国的影响？“下一步行动”计划今年就要结束，有没有新的综合性的“下一步行动”？

（三）行政改革实践中的具体问题

——英国的中央政府及其贸工部、运输部等经济部门如何控制市场经济？

——中央政府如何运用财政手段约束地方政府行为？

——行政改革的目的之一是减少政府的公共开支，但改革本身花钱很多。在英国怎样处理这个矛盾？

——80年代以来，在英国政府的内部怎样组织目标陈述和绩效评估？

三是希望继续提供一些资料：

——1970年《中央政府机构改革白皮书》和《中央与地方关系白皮书》；

——对70年代建立"大部"的综合评估资料；

——1980年环境事务部的"部长信息管理系统"（MINIS）；

——1982年财政部的"财务管理新方案"（FMI）；

——1991年以来若干行业性的"市民宪章"；

——1992年《为质量进行竞争白皮书》；

——1993年贸工部"一站商店"计划及其实施情况资料；

——1994年《公务员的继续与变革白皮书》。

我把这个发言看作听取各种意见和批评的一次极好的机会。

谢谢大家。

巴拉斯：

我代表英方所有人员向方先生刚才的讲演表示最真挚的祝贺。这篇很优雅、很清晰、很有意义的讲话表明，他对我们的制度有深刻的理解，并作了精彩绝伦的有独到性的深入分析。这为下一阶段的研讨提供了丰富的题材。

布里尔顿：

我先要重复一遍对方先生所作的精彩绝伦的讲演的赞赏。他讲的内容不仅仅来自这次研讨会第1阶段的信息，实际上，他对欧洲行政管理和改革的情况早就了解得很清楚。现在，我从方先生提出的问题中选一两个双方都很关注的题目来回答……我对中、英两国行政改革的比较没有更多可说的，方先生比我更有发言权。他刚才讲得很有趣，并且有很大的信息量。行政改革是渐进的过程，我非常同意方先生讲到的"摸着石头过河"的观点。石头与石头之间的距离可能很大，你得鼓起勇气拼命往前蹚……

附件一　赴福建参会情况汇报

7月19—26日参加中央编委办公室与英国海外开发署在厦门联合召开的行政改革与机构发展研讨会。中方代表42人，大多来自编委系统，另有中国社科院、中国行管学会、人事部行科所、国家行政学院、广东行政学院的少数专家学者。英方代表6人：G.S. 巴拉斯（英国库柏·莱布朗特国际咨询公司国际事务高级顾问），T.J. 鲁宾逊（同上），S. 马休斯（英国皇家公共行政学院国际部培训局局长），A. 斯蒂尔（英国皮特·马威克公司公共行政改革咨询部主管），D. 布里尔顿（英国社会保障部政策制定负责人），D. 帕拉姆（英国驻华使馆二秘）。他们大多是国际咨询专家，其中，巴拉斯原是英国外交部和内阁办公厅高级官员，布里尔顿曾在英国首相顾问机构——效率小组任组长。

研讨会分两阶段进行。第1阶段（4天）主要由英国专家介绍英国行政改革情况并解答问题；第2阶段（2天）由中方专家宣读4篇论文，英方继续解答问题。研讨内容总体以英国的行政改革为主。

在第2阶段开始时，我受中央编办委托作了对第1阶段的综合评估发言（有不妥处，请批评）。会上，涉及英国公务员培训的信息不多，只略作整理（见附件二）。会下，曾同布里尔顿、马休斯交谈，也略作整理（见附件三、四）。在中方宣读的论文中，上海市城市排水管理处副总工程师许沛池（应英国ODA特邀的与会代表）有关“城市排水设施管理机构改革”的论文受到较高评价。许总熟悉业务，掌握资料多，分析较为透辟，我已同他商量在这个基础上共同制作一个行政案例。此议如获准，我可同他进一步联系落实。

参加这次研讨会，增加了对英国行政改革与发展的了解，接受了英方赠送的两本白皮书，对如何组织好一次涉外研讨会有了更多的实感，在与英方人员接触中也得到一些对公务员培训有益的信息。

28—29日在福州，应省人事局王兴喜副局长和省经济干部管理学院苏玉泰、江玉顺副院长邀请，参观了经管学院，并就如何筹建福建行政学院的问题参加了两次座谈会。

方克定

8月9日

附件二　研讨会上有关英国公务员培训的零星信息

布里尔顿（20日）：

由效率小组开始、以后通过“下一步行动方案”展开的机构创新，改革政府只管花钱、不计成本的财务制度，改革以年功为标准的公务员工薪制度，这都给公务员带来很大的压力，5年以后将更加明显。因此，对公务员的培训占有重要地位。只有通过培训，才能应付改革带来的压力。

马休斯（23日）：

新的行政文化要求新的公务员素质、新的工作方法。50年前所要求于公务员的主要是：严格执行规章制度，服从命令听指挥，自愿超时工作，办公室整洁有序。现在对公务员更强调：明确工作目标，提高服务质量（包括义务感、礼貌、因人而异的特殊服务等），计算时间成本。这并不是要把原有的公务员统统赶走，而是要重新培训。例如：在欧洲享有盛誉的伊丽莎白女王二世会议中心改为执行机构以后，其执行长官认为，由于受公务员级别制度的影响，原有工作人员结构以办公室工作人员为主体是不适应任务要求的，必须招进一批有举办大型会议经验的专门人员，并组织专门性很强的业务培训，所有员工也都乐意接受这样的培训。

许多国家面临公共服务现代化的挑战，这是因为：

一、技术进步——计算机多了，通信快了；二、私营机构日新月异；三、教育程度提高，人人都不是棋盘上的棋子，而要实现自我价值；四、对公共服务的期望值更高，要求开辟新的公共服务领域。在这个现代化进程中，组织培训的业务量很大。

布里尔顿（23 日）：

公共管理科学化包括：……四、培训收费，这笔钱用于招聘培训者。

巴拉斯（25 日）：

70 年代中期，英国经济处于极度困难状况，公务员系统面临一场危机。改革势在必行……在新体制下，有资金方面的极限，有更严格的管理纪律，但也有不同的反映。过去财政部干预政府行动的每一个细节，现在所有机构都有明确的职能说明书。

斯蒂尔（25 日）：

发达国家在本国范围内的政府活动量正在逐渐减少，一部分原有的政府职能被转移到私营机构。这说明政府的角色有了变化，人员将继续减少。在这些国家，对政府的最大挑战是如何改变一些公务员的知识和技能，使他们有朝一日也许转入私营机构任职。随着世界经济发展的速度愈来愈快，个人能力与发展需求之间常常出现缺口，我们都在想办法填补缺口，以适应需要。

对通才与专才的问题要慎重地分析。一纸文凭不足以证明某个人能管好一个机构。所以，在发达国家愈来愈注重对管理能力的考核，这是用人的重要参数。

马休斯（25 日）：

对某些执行机构争论得最多的是让它们继续留在政府内部还是分离出去，特别是涉及敏感性的政府职能时更是这样。英国文官学院是继续作为执行机构还是私有化的问题争论了很长时间。今年 3 月决定，让它作为执行机构继续存在 4 年。在此期间可以在行政管理、财务管理方法和制度方面积累更多的经验。

英国文官学院已提出了自己的“市民宪章”。

另外泰国朱拉隆功大学公共行政系主任伯尔恩瓦兹那的《日本、美国、英国的行政改革进程及其研究》披露：英国文官学院作为执行机构，定员 245 人。

附件三　在7月20日晚宴和21日工作午餐席间与布里尔顿先生交谈

问：我赞同您今天下午所说的，1968年的《富尔顿报告》只是一份报告，而不是一场改革。可不可以说《富尔顿报告》提出的改革建议在战略方向上是正确的，但在策略上犯了错误，其结果是执行率很低？

答：情况是这样的。

问：1979年J. 霍斯金爵士的改革建议遭到失败，是不是同富尔顿爵士一样过于激进了？

答：《富尔顿报告》是在系统调查的基础上经过深思熟虑的结果，霍斯金建议的成熟性更差。

问：首创效率评审的D. 瑞纳爵士还健在吗？

答：他现在活得很好，还在Marks & Spencer公司任总裁。

问：R. 伊布斯爵士作为瑞纳的接任者，他们的见解是否基本一致？

答：我想可以这样说。

伊布斯爵士（原帝国化工公司总裁）的接任者是A. 弗雷舍爵士（原海关与消费税负责人），他的下一任是P. 累温爵士（原掌管金融与国防工业）。我曾在这3位首相顾问的领导下工作过。我的感觉是，累温爵士主持市场检验运动办公室，同前几任领导人协调得不大好。

问："下一步行动"从形成方案到正式出台经过了大约1年时间，这1年里争论的主要问题是什么？

答：一、1987年就提出了"下一步行动"方案建议，但有很大争议，财政部强烈反对。争论的主要问题是哪些政府职能可以转移到执行机构，哪些不能转移出去，这中间有许多的讨价还价。二、财政部担心加大执行机构的自主权后，可能导致公共服务费用的过度增长，造成失控。三、事关白厅重臣的利益再分配。

问：判断政府职能保留下来和分离出去的界限在哪里？

答：被分离出去的执行性职能，主要是耗资量大的和非政府性的。如社会保障部的计算机中心，20年前作为该部直属单位，在技术和装备上都处于领先地位。但计算机技术更新很快，耗资巨大，是政府难以承受的，后来委托给一个跨国集团公司，它完全有能力更新，技术上有优势，成本也低。

问：英国公务员培训以增长知识为主，还是以提高能力为主？

答：传统培训主要是增加知识量，从后来的发展趋势看，着重在提高他们的工作能力。通常从参训单位各抽一人接受培训，只达到个人提高的效果，即使学到了本领，回到本单位也不一定能起多大作用。最好的办法是一个小单位的人员作为一个团队整体参加培训，这样回去后见效比较明显。

问：组织集体参训，就要把一个单位的工作暂时停下来，是不是会有矛盾？

答：的确存在着矛盾，但可以说服他们这样做。

问：这就只能搞一周或两周的短期、单项的培训了？

答：是的。大约用一周时间完成一项专题培训。

附件四　马休斯女士谈英国公务员培训

7 月 22 日中午，与英国皇家公共行政学院国际部培训局局长希娜·马休斯女士交流公务员培训问题。所谈要点如下：

公务员培训分 6 个环节：需求—目标—计划（包括培训课程和方法）—实施—考核—评估。它们构成一个封闭的循环。

一、培训需求

需求调查是培训的起点。不仅向培训对象调查需求，更要注意上级指令部门下达的培训计划和长期目标。对国家行政学院来说，这些指令部门就是：国务院、人事部、国家教委、国家行政学院。

这是全国性、多层次、多视角的调查，可建立一个有多方面参与的委员会来组织此事。不同部门、不同岗位有不同的任职条件。通过对个人的需求调查，要弄清对公务员的任职要求和现有能力之间的差距。对高级公务员进行的通才培训，要提高 3 种能力，即管理自己的能力、管理部属的能力和现职工作能力。

在全员调查的基础上分析培训需求，应取得 6 方面的资料：

（一）公务员的现职工作能力，了解其部属是否努力工作，教育长要及时了解政府的长期计划，观察、分析公务员现职能力是否与政府的要求同步；

（二）政府对任职条件的要求；

（三）新颁布的政策和新的行政实践的要求；

（四）改革进程中的关键问题，例如：工作分类、工作分析、工作计划等；

（五）公务员工作表现的考核报告（可利用人事部制定的工作考核表式）；

（六）除问卷调查外，可作一些个别访谈。

对培训需求把握的程度，取决于需求调查的目标、规模和深度。

二、目标

在需求分析的基础上确定培训目标。要以提高工作效率为中心，把握好 3 种目标：知识、能力和态度。这 3 种目标都是重要的。按不同的培训对象可选择不同的侧重点。在特定时期对高级管理人员来说，第 1 步要懂得市场经济知识，更新观念，把提高管理能力放在第 2 步。如对财务管理，只要求他们了解，而不要求他们操作，更不要求担负具体责任。

总之，培训重在产出，而不在投入。

三、计划

对于学术性课程的设计，要有很专门化的知识基础才能胜任，可交由一个专门的学术委员会负责制订。设置短期培训课程也有专门的设计模式。这要在明确培训需求和目标的前提下进行。

提高管理能力，除了管理目标和管理要素，还要考虑到管理改革的要求。必备的管理能力，既包括管理资源（人力、财力、物力）的能力，也包括自我管理能力。

四、实施

知识性培训，侧重于对某个问题的理解和分析，通过案例讨论（如决策前的多方案比较）、角色扮演（如劳资关系谈判），都可以达到这样的培训目的，但要占用较多的课时。

技能性培训，一是讲解，二是演示，三是实际操作，重在提高实践效果。

培训方法多样化，包括采用直观、生动的电化教育手段，可以增强吸引力。这都要求良好的师资条件，如果教师不能很好配合，就可能功亏一篑。

五、考核

考核的形式因培训目标而有不同的选择。

一是结业时的考核。知识性培训可进行书面考核；技能性培训不能停留在书面考核上，而应注重表现能力的考核；对态度和观念的考核更难，要从培训的全过程中观察和掌握。

二是日常性的考核。要求学员每天填表，对每一节课分内容、讲解、理解、实用性四栏记分（1—5 分），>4 分为合格，<4 分就要设法改进。这同时也考核了培训方法：每一节课讲解的好坏体现教师的素养和教学方法，理解力的提高程度同教学方法也有密切的关系。

六、评估

一期培训班是否符合培训需求，是否达到培训的目的，要靠评估来判断。

最重要的是，参训人员怎样把学习中的收获转化到实际工作中去。这要让他们在培训结束后向学院反馈信息。对高级公务员的跟踪考核，最好在培训结业 6 个月以后进行。

答问内容：

关于英国文官学院，其主要功能：一是培训全英5%的高级文官；二是培训培训者（trainer）；三是着手进行科学研究（过去没有）。

英国文官学院的师资来源，包括中央政府、地方政府的高级官员，大学教授，私营机构的高级管理人员，都是既会做又会讲的。

英国文官学院不采用法国ENA的模式，是不对的。

波尔特教授谈哈佛大学肯尼迪政府学院的办学特点①

11月8—18日，应邀来访的美国哈佛大学肯尼迪政府学院政治学研究所常驻研究员B. 波尔特教授（1986—1989年曾任众议员）在国家行政学院授课4次，与教学人员座谈4次。据介绍，美国第一流的公共行政学院或研究生院约有20所，其中最好的是肯尼迪（John F. Kennedy）政府学院（以下简称JFK学院）。

一、为国家培养未来的领导人

JFK学院在培养学生的通用能力（包括分析问题、开发潜质的能力）上与其他院校相近似，所不同的在于它更注重提高学生的领导能力，也就是对某种事件的发生和发展进行控制的能力。它所培养的不是一般的管理者，而是领导者，不仅是通才型人才，而且是领导型人才。他们不仅要保证所属组织机构的正常运转，而且要适应周围环境的变化，对组织机构进行改革。如果把这个组织机构比作大海上的航船，船长既要让它不沉没、不掉队，又要及时调整航向，驶往既定目标。同时做到这两方面很不容易，而这正是JFK学院的不懈追求。它相信，一个好的领导者是能对历史进程施加影响的，并且聘请持相同观点的人任教。在这里工作的所有教师都深入研究重大决策背后的真正动机（机制）是什么。为国家培养领导人，在哈佛大学已成为传统，作为美国建国之父的一班人，大都是在哈佛大学接受教育的。

领导者产生于公众之中，应当成为社会的公仆。这是一个具有挑战性的问题。实际上，公仆教育是一个必须付出十分艰苦的努力的斗争过程。真正

① 原载中国行政管理协会《行政研究信息》(18)，1994年12月23日。

的领导者必须是对家庭、组织机构、社区、国家抱有使命感、责任感的人，而不是传统观念中的战斗英雄或美式橄榄球队的四分之一后卫那样的角色。领导者应当具有诚实、不自欺欺人、不文过饰非、高瞻远瞩、未雨绸缪等基本品质。而在现实生活中，一些领导人并不具备这样的品质。这是官员培训所面对的实际状况。

二、立足于学位教育，兼办高级官员培训

进入 JFK 学院学习的主要有 3 种人：

（一）初进政府不久的 20 多岁的青年男女，凭考试被学院录取，主要学习各种管理技能，用 2 年的时间攻读硕士学位。

（二）30 多岁、有 7 年以上年资的在职官员，所学的内容很灵活，除两三门核心课程，由学员自己设计学习内容，既可以在本院、本校也可以到外校选修课程，用 1 年时间拿下硕士学位。

（三）35—55 岁的高级官员，有专业知识、管理能力和实际经验，在职业生涯中曾被多次擢升，是事业上的成功者。在 8 周的培训中要求他们把自己的工作经验同国家的政治目标、政治概念结合起来，建立整体战略的宏观思维，拓宽视野，适应外部世界的最新变化。这对高级官员是巨大的挑战，也体现出 JFK 学院的培训特色。参训的高级官员包括：1. 联邦政府官员；2. 州政府官员；3. 地方政府、市政府官员；4. 军官；5. 私营企业经理人员；6. 外国政府官员。这个班有 3 门核心课程：经济学、管理、统计。此外，还有对新当选国会议员的短期培训（3—4 天）。

三、多门类、交叉性的课程（或专题）

JFK 学院不分系，开设的课程（或专题）门类很多，主要分布在以下 3 个领域：

（一）应用政策分析——对现行政策问题进行分析和评估；

（二）战略管理——涉及经济、国防、国际关系等许多方面；

（三）政治领导艺术——包括政治主张的阐述和宣传等。所开设的课

程（或专题）大多属于交叉学科，要求任课教师有深厚的学术功底。这也是JFK 学院区别于其他院校的一个特点。

以领导（Leadership）和职业伦理（Professional ethics ）为例，这是国务活动和个人生活中至关重要的问题，几乎所有课程都会触及这两个问题。

在美国，尽管宪法要求经选举产生的政治官员领导国家，但政府中的职业文官往往对当选的和政治任命的官员持蔑视态度。JFK 学院着力于扭转这种态度，强调政治是一种高尚的事业。实际上，美国政府面临的许多管理问题不能及时得到解决，其原因主要不在于技术上，而在于政治、政策方面。因此，高级官员培训要求学员更多地从政治上考虑问题，从政治领导艺术上提高自己。

领导者的使命感、责任感和服务精神中都贯穿着伦理道德观念。如果职业伦理问题处理不好，再好的使命也会落空。林登·约翰逊总统 60 年代中期为解决贫困问题推出的“大社会”计划就是这样的例子。按这个计划，政府花巨额开支给穷人发食品券，让他们填饱肚子，同时却使不少身强力壮的懒汉和拥有汽车、彩电的家庭跟着受惠；还给单亲家庭的婴幼儿发专项补贴，这不仅没有使未成年的母亲摆脱贫困，倒使社会上的私生子愈来愈多。实施“大社会”计划近 30 年，花了 1 万亿美元，反而形成了三四代人持久性的贫困阶层。出于帮助公众的动机，却产生了损害公众的结果，这种政府行为成了一些“肮脏的手”（Dirty hands）。本来谁都知道像单亲家庭这样的社会问题不是用钱所能解决的，但由于官僚机构中有“众多的手”（Many hands）插入，许多理性的官员一起作出了非理性的决策。这就使每个官员都面临道义上的选择，JFK 学院很注意把这样的道德问题纳入官员培训的内容中，引导他们认识并摆脱“肮脏的手”和“众多的手”的影响。

四、实用性、参与性的教学活动

JFK 学院的课程既有精深的学术内容，也很强调实用性。例如谈判技巧，是应用经济学中的重要专题。在讲授谈判技巧中常常用到“囚徒的困境”模式，这是进行心理分析的有用工具：被拘留在不同牢房中的两个嫌疑犯，在背靠背地接受警方的提审中，如果互相揭发对方的不轨行为，往往两败俱伤，都被判刑；如果坚不吐实，很有可能都无罪释放。但在警方掌握确凿证据时，嫌疑犯因拒不认罪将受重判。因此，敢冒风险的，缄口不言，落得无罪释放；不敢冒风险的，两害相权取其轻，抢先揭发，免判重刑。这好比在谈判中互相摸底：对方是一个敢冒风险还是不敢冒风险的人？成功的谈判者都善于摸清对方的真正动机和意向，而避免“零和游戏”（一方是大赢家，另一方是大输家）那样的结局。

无论学位教育还是高级官员培训，都采用参与式、互动式的教学方式，安排大量的案例分析，把实际的管理问题带到课堂上来，通过研讨，找出解决办法。此外，还请有关方面的高级官员和专家作专题讲解，参与研讨，共同提高。

学位教育班的学生在结业前不写毕业论文，而从政府或企业中承包一个咨询项目，在教师指导下，研究、回答一个有待解决的实际问题。如现在JFK 学院学习的一位上海女学生，正受 IBM 委托调查中国的市场情况，由公司担负其全部费用。这是 JFK 学院学位教育的又一特色。

五、学术研究和政府实践并重

JFK 学院现有教师 100 多人，在专业上大都跨好几个学科。其中，15%是从政府官员、国会议员、律师等实际工作岗位转到这个学院的，60% 是职业学者，但有在各级政府任职的经历，两项合计达 75%，这是其他院校不可比的。另 15%—20% 的教师都是通过承担科研和咨询课题，对政府工作有间接的了解。学院不设教研室。教师以课程（专题）为单元临时组合在一起，他们都把极大部分时间用在同学生的接触和交流上。

学院下设若干个学术研究中心，如军事研究中心、中东问题研究中心、州政府和地方政府研究中心、政府和企业关系研究中心等，分别由一位终身教授主持。

JFK 学院以其崇高的学术地位，同历届联邦政府特别是民主党政府有频繁的人员交流。这两年，学院有 19 位教授请假在克林顿政府担任内阁级成员或非内阁级成员职务，大都属于政治任命官员。在布什政府任职的人数也差不多。有一位老教授曾经为好几届联邦政府效力。这也是 JFK 学院之所以出类拔萃的原因之一。

六、创造浓厚的政治氛围和环境

为使全院乃至全校学生懂得政治运作的实际过程，并加深对现实政治问题的理解，学院特设政治学研究所，还有许多自发组织的政治问题学习小组。政治学研究所作为 JFK 学院的核心和窗口，是杰奎琳·肯尼迪创办的，有自己的董事会和单独的预算，其董事会成员包括爱德华·肯尼迪和另几位议员。现有 6 名常驻研究员中，民主党研究员 4 名，共和党研究员 1 名，另 1 位是加拿大政府前总理坎贝尔，她的研究课题是“加拿大和美国的相似性”。该所每周举办两三次论坛，分别请副总统、内阁部长、名作家、名教授、名记者，以及外国元首和政府首脑讲演。讲演厅设环形座席，容量 800—900 人，常常爆满。这样的研究所是其他大学没有的。

元简博士谈耶鲁大学政治学系的若干情况[①]

12 月 21 日下午，从美国耶鲁大学学成归国的元简博士来访。在交谈中得知耶鲁大学政治学系的片段情况。

耶鲁大学创立于 1701 年，设政治学系。该系重在培育美国政治领导人、高级决策人，不着意培训职业文官。布什、克林顿都是耶鲁大学毕业生。在美国，国家领导人大多有硕士学位，而不需要博士学位。培养博士，是为了做学问、当教授，要用 5 年到 7 年时间。有博士学位的政治领导人或政治家比较少。

政治领导人或政治家要有比较全面、广泛的知识，不仅学政治，还要学经济、外交、历史（本国史、外国史）、哲学等。在耶鲁大学政治学系，所开设的主要课程大体上分 6 类：美国政治、国际关系、比较政治、政治哲学、当代理论、政治经济学。

政治学的教育比较重视研究政府结构对决策过程和结果的影响。政府结构是否合理，关系到行政效率和政府的稳定性。这里包括政府各部门之间，联邦政府与州、地方政府之间的权力和经济关系等复杂问题。

政治经济学：主要是研究政府与市场的关系。在市场逐渐变大、政府相对缩小的发展进程中，政府怎样有效地控制经济？这是一个需要研究的问题（中国从计划经济向市场经济体制转型，将来不可避免地也会碰到这个问题）。

比较政治：评判美国政府结构的优劣，不能只看自身，就事论事，而要从与英国、法国、日本政府的对比中看出问题和高低。这是美国学者通用的一种研究方法，他们很注意从比较学中求真理。

---

① 由笔者整理，成文于 1994 年 12 月 27 日。

政治哲学：政治哲学的一些基本理论同古典哲学有关。这门课富于哲理性，很难学，却是国家领导人必须懂得的最高造诣。它不是政治学系的必修课，但校方鼓励学生对此有所了解。西方学者对哲学的注重是有传统的，一系列美国政治争议问题，最终都要归结到政治哲学上来。

这些课程很重视理论教育，同时也注重培养学生用现有理论分析实际问题的能力，并鼓励学生从经济、社会和历史角度分析政治问题。在美国，政治学或政府学的内容，都是同经济、社会问题乃至哲学思想相联系的，它的综合性、交叉性很强，覆盖面很广。政府管着什么，公共行政学就研究什么，不存在什么纯粹的政治学或政府学。国际关系专业的学生都要修读经济和国际贸易课程。

美国的名牌大学，不是所有的院、系都好，而是各有自己的强项。耶鲁大学的文科院、系，多数是比较强的。这些院、系的声誉，一是来自第一流的教授阵容，二是招录学生的分数线高，三是图书资料典藏丰富，信息流通畅。耶鲁大学主要靠专职教师，不怎么聘兼职教师。教授每隔几年可带薪进行半年或一年的研究工作，其间不需授课（具体规定，各校不同）；也可根据个人的需要，隔一段时间申请停薪留职半年或一年，用来作研究或著书立说。在停薪期间的生活费用和研究费用，多是有关基金会提供的。美国有不少资助政策研究的基金会，多是非官方的。名牌大学的校园建设，并不一定胜过普通大学。它们最重视的是人才资源方面的投资，把大部分财力花在礼聘第一流的教授，为他们提供科研、著述、出版条件上，从多方面鼓励、支持有实力的教授出成果，出观点，开新课，出新书。美国名牌大学学生中，有些人从小立志要当政治家，当国会议员，在中学时代就关注国会辩论，上大学也有长远打算。

耶鲁大学同哈佛大学在培育国家的政治领导人和政治家这一点上有共同性，也都很讲究学术性。与其他大学不同的是，哈佛大学肯尼迪政府学院的一些教授不仅是学者，还曾担任过政府高级官员，学生中也有不少人在入学前有一定的政治活动或政府工作经验。有人认为这种传统表现了大学的实力。耶鲁大学聘用教授和招收学生，则不注重经验资历。耶鲁法学院的学生，毕业后多数成为法官或律师，少数后来进入政府。该院有重视法理学教育的传统，这被认为同它能培养出较多的高级法官和律师有关。哈佛和耶鲁这两种传统各自的优点和局限性，有待进一步比较研究。美国大学或同类院、系之间的竞争，主要表现为争取提高本校（或院、系）在全国排名中的位置。这类排名，重在教学效果，大都是根据各校毕业生水平作出的。教授的名望，则主要来自著作的学术水平。

在耶鲁大学，教授通常为上百名学生开大课，助教为24人的小组开小课，作辅导，主要是组织学生讨论并帮助他们理解教授所讲的内容，改作业和批考卷也是助教的工作。我在耶鲁大学任助教的两年里所开设的课程有：

当代理论。部分内容是研讨较难解决的政治、经济和社会问题，如贫富差距、种族矛盾、政府与利伯维尔场之间的关系、移民政策、福利和医疗制度的改革等。这些都是国家的政治领导人必须面对的课题，也是美国长期以来解决不了的难题。要让学生明白：为什么会有这些争议，分歧的实质在哪里，争议各方分别代表哪些集团的利益，这些问题在选举中以何种形式表现出来?

比较政府。主要比较西方各国的政府制度和政治结构，如美国、西欧各国、日本政府的行政效率和政府的稳定性，两者相互制约，怎样摆好位置，还会深入分析“苏联军事政治”等问题。

我选修的专业包括政治经济学和发展经济学。前者主要研究政府和市场的关系，包括经济平等与经济效益之间的关系；后者主要研究非西方国家的经济发展及其对社会、政治发展的影响。发展经济学不单是发展中国家的经济学，在发达国家也有贫困地区，也需要研究发展经济学。各国在发展中往往既有正面的又有负面的效应。对于政府同市场的关系问题，各国政府在不同的发展阶段持有不同的观念。一个国家对世界经济不开放当然不好，但并不是愈开放愈好，如果开放的步子太急，也会出现问题；国内经济应当放开、搞活，但也不是一下子都放开来，愈活愈好。不少国家有过这类教训，其中有许多深层次的问题值得好好研究。

在美国上大学，主要是学其观察、分析问题的方法，这对我们有用处。美国大学涉及提高教育质量的以下几点，似乎值得注意。

一、扩大学生的知识面

美国没有法国那种为培养政府官员而设立的专门学校，但多数学校设有政治学系，一些学校设有政府和行政管理学系。主修这些系所设课程的学生，一部分人计划毕业后直接到政府或政党机构中谋职，也有不少将为企业界或社会团体工作。他们除学习本系的课程外，也到其他系选课，很多人有法律、经济、历史、外交、社会学和心理学方面的知识。非政治或行政专业的学生，也有不少到政治学系选课。他们中的一些人，将来也有可能成为政府官员。

二、重视师资力量

哈佛大学、耶鲁大学、芝加哥大学等大学的政治学系，普遍被认为较有实力。主要原因是教师队伍强，不乏名教授；其次是这些学校招生（本科生）分数线高，学生平均水平高。在有实力的系里所开设的课程既注重深度又注重广度。耶鲁大学政治学系每学期能开 30—40 门课，供学生选择，同一学年两个学期所开设课程基本不重复。

三、研究外国情况

政治学系的课程普遍重视对外国有关情况的介绍和研究。多数教授对至少某一外国或世界某一地区的有关情况有相当深刻的了解，主讲美国政党发展、政府结构、选举制度及经济政策的教授也不例外。他们在介绍美国情况的同时，也介绍其他西方国家的有关情况，以作为比较，使学生对本国政治制度的特点有较透彻的认识。

四、研讨实际问题

有关美国政治的课程注重研讨美国政治中存在的问题和有争议的政府政策。这些课程使学生了解政府面临的主要挑战和一些难以解决的政治、经济和社会问题。教授引导和鼓励学生对这些问题进行研究，提出自己认为比较可行的解决办法，并与持不同意见者进行讨论。

方克定教育长在中英管理开发研讨会上的发言①

关于“国家行政学院培训中高级公务员的任务和现有能力”，在会上印发了一个提纲。其中前四个问题用不着讲了，现在就后两个问题讲一点个人看法，同大家一起研讨。

一、转型时期的培训观念

总体要把“人力资源开发”的现代培训观念和我国经济体制转型时期的实际情况结合起来。在学习、试用的过程中有以下几点初步考虑：

（一）公务员培训与公务员教育并举

公务员培训作为对不同层级和年龄段在职公务员“再教育”的一种常规手段，是“短、平、快”式的。它以实际问题为中心，要求学以致用，立竿见影。

公务员教育以经过优选的一些大学生、毕业生和年轻公务员为对象，是对新一代公务员的养成和塑造。这要经历较长的学制，需要他们掌握较为系统的专门知识，联系实际，打好基础。

以上两个系列，对政府的建设和管理都具有战略意义。

（二）教学的总体安排：理论与实际并重、知识与经验并重

这里包括培训课程（或专题）、授课和研讨的内容以及各个教学环节的安排。我国的教育有传道、授业的历史传统，我院已办过的绝大多数培训班也都以知识传递为中心。这同以经验分享为中心的现代观念有很大差距，是需要改进的。

---

① 作于1995年4月24日。

公务员培训不是理论型培训，而是应用型培训。就理论和实际这两个方面来说，本应偏重于实际方面，而从公务员对培训的现实需求出发，还要仔细斟酌、处理好两者的关系。我刚刚看到一份去年 3 个司局级公务员培训班调查问卷的分析报告，它反映出这 70 多名学员的 3 个突出问题：一是知识结构老化，多数人的文科知识停留在哲学、政治经济学、科学社会主义这“老三门”上，2/3 的人没有学过经济学、管理学，对现代化理论、世界经济、行政学、社会学、心理学、领导、决策、公关等也不熟悉；二是能力以经验型为主，缺乏用理论指导实际工作的能力、开拓创新的能力、运用新技术手段的能力；三是在参训中的主体意识不足。有鉴于此，在我国经济体制转型时期，考虑到公务员对更新知识的大面积、大幅度的紧迫需求，加以提高理论素养对于高（中）级公务员的极端重要性，似有必要把培训的基点放在理论与实际、知识与经验并重上。或者说，在以实践性、经验性内容为重点的同时，不放松理论性、知识性培训。

（三）课堂结构：以教师为主导，以学员为主体，实行两个“为主”

以传授知识为中心的传统教育，离不开以教师为中心。这同以学员为中心的现代成人培训也有明显的区别。

我们所面对的学员，大都有较丰富的实际经验、较强的社会责任感，也有自学能力和自我管理能力；他们接受培训的过程，是在特定环境中自我吸纳、自我感悟的过程。因此，组织公务员培训，不能不以学员为主体。参训者的层级愈高，这种主体性愈强。这是一方面。

另一方面，在培训中传授知识（包括讲解政策）的功能还是要靠教师。相当一部分学员在心态上，对有造诣的知名专家、学者的授课，是很欢迎的；而从经验分享的角度考虑，我们请了一批官员任课，经验也很丰富。以教师为主导，发挥他们在知识和经验上的优势，对学员是有益的。

这里补充介绍一点中国的传统文化特征及其优劣比较，进而从宏观上讨论公务员培训的需求取向和重点选择问题。

从总体上看中国传统文化，其知识系统偏于经验型，而不属于思辨型或理论型。在思维方式上，其比较注重系统、总体思维，但有笼统性、模糊性的不足；注重综合，而忽视分析；注重定性，而忽视定量；注重直觉意象和体悟，而忽视实际测试和逻辑论证；注重知、行合一（或知、德、行合一），知以致用，但求知、求真的理性主义不足。其管理方式方面，由于儒家思想影响而带有家族式管理色彩，上级注重对下级的言传身教、情感教化，个人坚持对团体效忠、尽心尽职，等等。这些传统特征，在近代外来文化的冲击下进行了许多革新，但还保持着很大的惯性。我们要注意它所蕴含的优势和劣势对于公务员培训的正、负两方面的影响，在教学内容的取舍或轻重安排上力求扬长避短，而不要舍长固短。

如对知识和经验的关系，培训的教学内容要以实证、案例为基础，避免空谈理论，同时又要通过逻辑分析、归纳推理，把经验提升到理性上来，而不流于狭隘经验主义。对于传统思维与现代思维的关系，作为一种民族性格特征的系统、总体思维虽有某种优势，却不反映时代特征。为此，在公务员培训中导入适当分量的系统论、控制论、耗散结构论、协同学、超循环论的原理及其应用专题，对学员思维方式的转换会有积极作用。对于科学性和艺术性的关系，组织我国公务员学习行政学、决策学、政策学、管理学、领导心理和领导行为等，都应当把科学性的内容放到第一位，艺术性的内容放到第二位，至于那些较多地依赖于个人直觉和内心体验的非结构式教学内容或环节，为发扬民族传统优势，也要有一套科学、直观的载体才行。

两个“为主”怎样对接？一是要求学员扮演两种角色：既是听众，也是演员，既有输入，也有产出；二是要求教师扮演多重角色：既是演员，又是导演，在一定程度上还是剧作者，当然也是听众；三是在某些高级研讨班，教师和学员之间的界限模糊，主要是在互教互学中集思广益。

（四）教学方法：启发式、参与式并用

授课少用灌输式，多用启发式。19世纪的德国教育家第斯多惠曾经告诫：差的教师“奉送真理”，好的教师“教人发现真理”。我们要向后者看齐。

授课过程中允许学员参与、发问、质疑，有备的研讨要有更广泛、充分的参与。这种参与发展到高级形式，也可以由学员上台授课。

根据成人教育的特点，在授课和研讨中提倡实证、分析和归纳，即从个别到一般、从特殊到普遍的认识过程，有非必然性推理的归纳法，辅之以必然性推理的演绎法。组织集体研讨，不必过多追求人际关系的和谐与均势，而要提倡竞争性、论战性。

（五）教学材料：选、编、译、著渐进

已参训的历届公务员大都需要教材，对我们编印的几种教材也表示欢迎，因此，要把教材建设坚持下去。围绕培训项目的目标要求，首先是选一批必读或可读的图书、文献、材料，向学员推荐和评介；其次是有计划地编一批、译一批；待条件趋于成熟，再有选择地著一批。无论选、编、译、著，都以本院教师为主，组织有关行政院校和社会力量进行。

二、从培养目标看现有培训能力

高、中级公务员短期培训的目标，总体是提高参训者的领导素质和任职能力；对大学毕业生和年轻公务员的选优深造，总体是培养专才与通才相结合的复合型、创造型行政管理人才，对其最终衡量标准是到职半年或一年的岗位绩效。

素质和能力都是综合概念，这个目标可分解为：（一）个性心理品质（包括观念、情感、品格、意志等方面）；（二）知识；（三）思维能力；（四）专门技能。这4个方面各自形成体系，又互相渗透。我们要在个性心理品质上把方向，在知识上打基础，在能力上见效果。

在体制转型时期对这4个方面的培训需求：（一）要更新观念，即使像“人民公仆”意识这种长期、定向修养也存有在新时期如何适应新要求的问题；（二）要促进知识结构的新旧转换和迁移；（三）促进思维方法的更新，特别是要培育创造性思维能力；（四）要补充新的专业技能。一言以蔽之，培训要有新的思想、新的内容，要达到更新、增新、创新的目的。

按照这样的目标要求，我们现有的培训能力还有许多不适应的方面：

（一）传授知识的能力

我们在几年的实践中已初步具备这样的能力。不足在于：针对政府工作和学员的急需，考虑知识结构的合理配比不够；跟上迅速变化的时代要求，掌握和传递新知识、新信息的及时性不够；聘请学者或官员授课，各有自身的优势，但前者往往联系实际不够，后者从经验上升到理论不够。

（二）辅导自学的能力

不少学员反映，平时在岗公务繁忙，没有多少时间读书，上培训班的目的之一是好好读几本书，这是合情合理的。我们以往对于读书的指导不够，今后要把这个责任承担起来。

（三）提高管理能力的能力

这是我们的弱项。对所谓“可培训的管理能力”缺少有针对性的操作训练；对综合思维能力（或一体化能力）、决断能力、决策能力、人际交往能力，还有创造力、灵活性等，这些可谓“不可培训的能力”，更缺乏有效的培训方法。

（四）提高个性心理品质的能力

其中包括“人民公仆”意识、改革开放观念、开拓进取精神、公务员行为规范等。60年代的焦裕禄、90年代的孔繁森，都是领导干部的楷模。我们不仅要学习他们可贵的思想作风，而且要研究他们成长的轨迹和塑造品质的脉络，逐步找到有针对性的行之有效的培训方法。

（五）培训管理能力

对培训运行（包括校外考察）的一般组织管理，发动学员自我管理，有一套初步的办法。深入到教学过程中的科学管理和TQC管理，还很不够。

（六）对教学活动的辅助和支持能力

可供阅览的书刊很少，计算机和电化教育手段方面还没有形成能力。

（七）对培训的评估能力

（八）长学制培训和教育能力还在筹备中

总体来看，提高培训能力要在优化两个主体上下功夫：

（一）要有一批适应中、高级公务员培训要求的教师

一是形成多元化、复合式的兼职教师结构。英国政府决策愿意接受学者的影响，这已成为传统。而日本政府文职官员与大学教授属于两个完全不同的圈子，在彼此互不交流、互不信任的格局中仍互有影响。中国的情况接近于日本。在开放式的公务员培训中聘请适当比例的教授、学者授课，有助于在政界和学界之间架起一座桥梁。二是为把学员培养成专才与通才相结合的T型（或倒T型）人才，我们的专职教师应先成为X型人才，即系统地掌握两门专业知识，其间要有明显的交叉点和结合点。

（二）要有学习动力和发展潜能较好的学员

一是全国2万多名司局级公务员，如按15%的新陈代谢率，每年约有3000人需要接受任职培训，我院近几年只能选训其中的1/10。选好1/10，对提高培训质量有重要作用。二是优化学员组合。学员结构单一化，较有利于精、深，学员结构复合化，较有利于宽、通。除专门业务培训外，应取复合式结构，这有利于提高经验共享的水平。

三、勾画办学模式的蓝图

国家行政学院办学的方针、原则已定，在今后几年要逐步形成有自身特色的办学模式。下面试作一些轮廓性的分析和展望：

（一）基本属性

国家行政学院是政府的培训机构，公务员培训是国家公务员制度的一个组成部分。培训直接服从于、服务于政府。

（二）多功能、多产出

围绕政府的建设和管理，一是具有培训人才、教育人才、发现和推荐人才、造就一支优秀教师队伍的功能，这要出人才；二是具有学科建设、教材建设、科学研究、咨询服务的功能，这要出成果；三是具有全国公务员培训网络中心的功能，要起示范效应，这要出经验。这些功能和产出，既相对独立，又彼此依存，具有互补性。

（三）教学活动多样化

以公务员培训为主，兼有教育；以短期培训为主，兼有长期培训；短期培训以任职培训为主，兼有其他几类培训。培训和教育，都以应用型为主，也面向未来。

（四）教学内容和学科建设

贯穿以建设有中国特色的社会主义理论和社会主义市场经济这两条主线，落脚到政府管理。围绕政府管理的3条支线：1. 管理经济、调控市场；2. 管理社会；3. 管理自身等，配置教学内容，安排学科建设。政府管理对象、内涵的跨领域和综合性，决定了对应学科建设的边际性和交叉性。

（五）学员结构

以现职高、中级公务员为主，也有少量新毕业的大学生和年轻公务员。总的格局和态势是高层级的。

（六）师资结构

专、兼职结合，数量上以兼职教师为主。功能上是否以专职教师为主，待研究。

（七）科研、咨询

都以应用性为主，待建成博士点，就要有相应的学术性、理论性。

（八）教学、科研保障

以校园计算机网为基础，建立书刊文献和信息系统、电化教育系统、办公自动化系统，经过若干年的努力，先同 CERNET、再同 BITNET 和 INTERNET 联网，把学院建成高技术化的“智慧角”。

（九）开放式办学

课堂向学员开放，讲坛向政府和社会开放。以研讨为第二课堂，以社会为第三课堂。请进来，走出去，开展对外交流合作。

（十）社会化办学

不仅在师资上利用社会资源，而且出包某些管理、服务任务。

这样设想，是否符合“三个面向”和建设新型培训基地的要求，是否符合实际，还有待于进一步思考和论证。

四、公务员培训机制问题讨论

从公务员培训供需和调节的4种“角色”——需方（参训者）、需方（用人部门）、供方（培训机构）、组织（协调）者（培训主管部门），及其相互关系看，我国现阶段既存在着计划培训，也出现了培训市场。

计划培训的特征是：（一）计划管理。培训主管部门按计划调训学员，培训机构按指令办培训班；（二）某些培训任务带有刚性，由指定培训机构承担；（三）纳入国家计划的培训任务，由政府拨给经费，属于非营利性培训。

培训市场的特征是：（一）用人部门出于部门要求、参训者出于个人追求选择培训机构和培训项目；（二）培训机构出于利润动机推出培训项目，培训机构之间互相竞争；（三）供、需双方均受成本约束。

培训市场分为两类：（一）体制外培训市场，已基本上市场化。市场主体对市场需求的反应灵敏；营利性、竞争性明显；市场行为和市场管理还不规范。（二）体制内市场，只是不完全市场化或微弱市场化。其市场性表现在：在计划管理体制下，供、需双方均有一定程度的灵活性；参训者结业时获得培训证书。其内部性表现在：供、需双方服从计划管理；内部结算培训经费；培训机构不是培训市场的“法人”单位。一般地说，参训者的层级愈高，培训的内部性愈强。

随着包括人才市场在内的社会主义市场体系的发育和完善，我国将逐步放开培训市场，竞争办学。不论体制外还是体制内培训市场，培训机构招生、施训的自主性将会扩大，以需求为导向的培训机制趋于强化。与此同时，必然加强市场监督管理：建立对培训机构的资格认证和质量评估制度，逐步像管制医疗市场那样管制培训市场；培训与考试分离，任职培训与发放证书分离；建立培训咨询、考试、评估、监督的“中介”服务机构。

五、全国公务员培训网络建设问题讨论

各级政府现有中级公务人员20多万人，其中，司局级公务人员有2万多人。对他们的任职培训、专门业务培训和更新知识培训任务，必须在统一规划下按行业、按地域分流。建立全国性的公务员培训网络，既是完成各类培训任务的需要，也符合网络型社会的发展潮流。

这个网络的结构，在横向上包括国务院各部、委所属管理干部学院和培

训中心，近200所，它们在管理教育和专门业务培训上具有优势；在纵向上包括各级政府所属行政院校，现有省级行政学院30所，有的已有10多年的办学经验，目前还在发展中。还有一些与公务员培训有关的事业或企业培训机构，也可以成为这个网络的松散层。

在培训主管部门的指导下，这个网络可望在培训任务分工、教学计划及其实施和示范、教材建设、学科建设、师资培训、科研协作、信息和经验交流、学历（学位）和专业职务评定等方面起到一定的作用。

附件　英国伯明翰大学伊塔·奥德诺万同年5月9日来信

亲爱的方克定教育长：

在我为ODA项目的第一年度访问期间，对您给予的学术指导，我表示衷心的感谢。

发展行政学工作小组（DAG）和香港理工大学期望与贵院进一步合作工作。

我相信您会同我一样，对学术论文和工作框架对话，表示满意。同时请您转达我对尊敬的张德信教授和徐理明教授的敬意，我对他们的论文非常欣赏。

我将在6月份寄上评论性报告草案，同时也希望您能预先表明您对这一报告的兴奋点。

最后请您转达我们对孙克非的谢意，感谢他的出色翻译。

再一次感谢您和国家行政学院对我们的热情、友好的款待。

伊塔·奥德诺万谨上

1995年5月9日

访问美国锡拉丘兹大学马克斯维尔学院的初步印象①

1995年5月，国家行政学院与天津、黑龙江、安徽、四川的行政学院联合组成赴美访问团，在我们访问的11个政府和民间机构中，以同纽约州锡拉丘兹大学马克斯维尔公民与公共事务学院（以下简称“马克斯维尔学院”）的接触为最多。

马克斯维尔学院成立于1924年，是美国最老的一所公共行政学院，也是公共行政硕士研究生（MPA）教育的发源地。70年来，这个学院累计培养了大约6000名毕业生。现任联邦卫生部部长、副部长和国防部副部长等，都是该院的毕业生。全院现设9个系和一批研究中心，其中以公共行政系最负盛名。

一、70年代以来美国公共行政学的发展和马克斯维尔学院的地位

起源于美国的公共行政（学）本来是政治学的一个分支，在相当长时间内没有摆脱对于政治学的相对单一的依附性。之后随着政府管理内涵的扩大和科学技术的进步，愈来愈多地吸收了管理学、经济学、社会学、心理学、历史学、系统论、计算机和信息技术等诸多门类的知识和技能，成为综合性的交叉学科。

二战后，在大量的微观经济分析活动的基础上，70年代出现了公共政策分析这一新的专业领域，它与公共行政（学）既有分化又有融合的趋势。立足于分化，有人把它看作介于政治学与公共行政（学）之间的中间学科，称之为政策科学；立足于融合，有人把它纳入公共行政（学）体系内，从而

① 原载中国行政管理协会《行政研究信息》（13）1995年9月12日。

促成了公共行政学的独立地位。从合流的角度看，公共政策分析为公共行政学注入了新的专业内容，把它的研究范围扩大到就业、住房、医疗保险、退休养老、妇女和少数民族地位等社会政策领域，也带来了方法论的改变，即从定性研究转向定性研究与定量分析相结合。现在一本公共行政杂志，有30%—50%的论文包含一系列统计分析资料。马克斯维尔学院教师的研究课题中能获得上百万美元巨额资助的，研究者大都在经济分析、统计分析方面有所专长。

70年代以前，在美国一些大学里虽有公共行政院（系），但有的设在商学院里，有的与工业发展结合在一起。到70年代，许多大学的公共行政院（系）独立出来，课程设置的框架趋于规范化，学生和教师人数都增加了。

美国的公共事务和公共行政院校联合会（NASPAA）也是70年代成立的。1975年，它为公共行政硕士教育制定了核心课程标准，对任课教师、招生和分配、图书馆也有原则性要求。

据公共事务和公共行政院校联合会前任主席、马克斯维尔学院公共行政系新任主任A.E.默格特教授介绍，全美225所大学的公共行政院（系）按专业发展方向和侧重点可分为3类：

一是公共行政类，注重政府施政、政策执行、人力资源管理和预算管理，印第安纳大学环境管理学院、南加利福尼亚大学、北卡罗来纳大学等属于这一类；

二是公共事务类，注重政策研究（含国内政策、外交政策），通过政治学、社会学等科目，加深对政策和历史的理解，并具有全球眼光，普林斯顿大学威尔逊学院、得克萨斯大学约翰逊学院是这一类的代表；

三是政策分析类，注重政策评估，其中包括大量的经济、统计分析，卡内基·梅隆大学海因茨学院、加利福尼亚大学伯克利分校等属于此类，这在哈佛大学肯尼迪政府学院也是强项。

早期的马克斯维尔学院可以说是第一类的代表，后来它把3者兼容起来了；现在对于公共行政的理解是全方位的，不仅有政府，也包括各种非营利机构。再一个特点是重视公民的价值观念。

二、公共行政系的学位教育

（一）公共行政硕士（MPA）教育

每年招生 80—100 名，主要是年轻的大学毕业生，要求在 1 年半以内修满 40 个学分。据公共事务和公共行政院校联合会主席 P.W. 英格拉姆教授介绍，学院为他们开设 5 类核心课程：

公共行政与民主类，介绍政府运行的政治环境；

统计分析类，教给学生对各种数据、信息进行分析、评估的知识和技能；

经济分析类，主要是管理经济学，而不是公共经济学，即管理人员而不是经济学家所应具备的经济知识，往往从私营公司讲到政府工作，这在美国的大学里都被列为必修课程；

预算和公共财政类，让学生了解变量与固定成本之间的关系等基本知识和管理技能，这也是必须掌握的；

公共管理类，内容分 3 个层次：一是组织理论和公共人事管理，二是分组进行政策练习或咨询服务，三是领导艺术和官员伦理等。

另有领导艺术、公共政策 2 个核心研讨班（3 周），由学生自选 1 个。

（二）文科硕士（MA）教育

每年招收 70 名有 5—10 年工作经验的现职政府官员，他们来自美国和一些亚洲国家，可以离岗学习 1 年，也可以在职兼读到修满 30 个学分为止。其核心课程门类大体同上，而选修课更具灵活性。

（三）公共行政博士（PHD）

人数很少，要用 3—5 年修满 72 个学分。

三、现职官员教育与培训

除上述文科硕士教育项目外，还有为联邦政府部门、州政府和地方政府、军队专属机构、非营利组织中不同层级的在职官员举办的各种短期培训，每年培训 400 人次以上。

培训内容相对集中在以下方面：

——公共部门的管理战略；

——公共部门的信息资源管理；

——人力资源开发与管理；

——环境保护政策及其财政支持；

——公共管理及其伦理；

——黑人行政官员管理培训。

同一课程的内容因学员的不同层级和不同需求而异，培训时间和方式都很灵活。

四、科学研究和咨询服务

马克斯维尔学院的教师将较大精力用于科学研究，按业务活动时间来说大概占到 55% 或更多一些。教师晋升除了教学质量评估，一般以科研成果为主要的衡量尺度。

检验科研能力的标准：一是出版专著和在全国性学术刊物上发表论文的数量及其社会影响，二是向社会各界寻求资助、获得科研项目和经费的能力。年过 90 岁的德怀特·沃尔多教授在 40 年代完成的博士论文曾与赫伯特·A. 西蒙教授论战，名噪一时，60 年代又发表了《革命时代的公共行政》这一著名论文，成为新公共行政学派的立论人之一。P.W. 英格拉姆教授正为联邦政府劳工部所作的行政官员 360 度全方位考核是有 100 万美元以上资助的大研究项目，已取得很好的进展。新从亚利桑那大学转来的密尔得沃德教授是“空心政府”（Hollow Government）这一最新理论的提出者。

为政府提供咨询、建议是研究成果的逻辑延伸，回过头来又充实了相应的教学内容。一个好的教授，必然介入政府的决策或政策评估并具有影响力，从而促进“研究—咨询—教学活动”的良性循环。马克斯维尔学院新聘的 T. 凯特尔教授，原供职于布鲁金斯学会，是戈尔副总统主持起草的改革报告《重建一个工作更好、开支更省的政府》的执笔人，其作用的力度不难想见。

五、教职员和学员

马克斯维尔学院有150多名专职教师，大都是通过高度竞争和反复评议才被聘任的，其中，正教授占1/3以上。每个系一般有3名左右的全国知名教授。公共行政系现有的20名教师中，大多是知名度很高的教授，这是它能在全国保持领先地位的主要原因。

对在职官员的教育与培训，仅有好的教师（teacher）还不够，也要有好的培训者（trainer）。教授必须有博士学位，有研究成果，社会地位也高，但未必是好的培训者。培训者不一定有博士学位，而要求知识面广，熟悉政府运作，并有控制课堂的能力，善于同学员沟通，具备教育学和心理学知识，但知名度并不高，这是一个待解决的问题。据介绍，匹兹堡大学的G.彼得斯教授是典型的学者、教授，不属于培训者；马克斯维尔学院公共行政系的J.D.斯特劳斯曼教授和P.W.英格拉姆教授同时又是优秀的培训者。我们在访问纽约州政府雇员关系办公室时会见的G.凯瑟琳助理主任（洛克菲勒大学兼职教授）也是一位著名的培训者，她写了一本介绍怎样培训“培训者”的专著。

马克斯维尔学院的职员（staff）人数不多，但很干练。担负着每年500人次任务的官员教育与培训部，只有5名正式工作人员。职员不评专业技术职称。

该院招生对象包括大学本科生、研究生和现职官员。其中，公共行政系主要为各级政府培养行政管理人才。美国政府雇员的晋升不以接受培训为前提，但硕士学位对公职人员的个人地位和威望是起重要作用的，这成为报考研究生的很大驱动力。另外，美国社会重视专才的风气很盛，而受雇于政府的专才普遍缺乏管理知识和技能，因而现职官员参加培训的积极性很高。

六、务实的学风

马克斯维尔学院以务实的传统著称。作为一所为政府培育职业文官的高等学府，它同政府始终不渝地保持着密切的联系。近10年来，美国政府管理发生了很大变化，变化的幅度超过以往的三四十年。学校只有同政府声息相通才能跟上日新月异的发展。该院联系实际的主要渠道有：

（一）有系统地进行培训需求调查，着意于政府和官员面对的现实问题，特别是用人部门需求和个人需求的结合点。

（二）对专职教师的科研选题既要求学术性又强调应用性，鼓励教师承担政府的研究课题，为政府提供咨询。

（三）同联邦政府的联系经久不息，今年，又在华盛顿新设高级管理中心（CAPM），以加强这种联系，也便于短期培训业务的开展。

（四）与地方政府的联系也很广泛。1981年曾组织研究锡拉丘兹市政府如何增加预算外收入的问题，时隔14年，现任市长正考虑应用这一研究成果。

（五）注重课程的实用性，在教学内容上把模式分析作为从实际通向学科理论的桥梁。

（六）选聘一部分政府官员作为兼职教师讲授某些课程或专题，有些核心研讨班也请政府官员参与指导。

（七）在教学方法上，不搞说教式讲课，在一部分课程中采用案例教学法，把政府管理中有代表性的具体案例引入课堂。

（八）在公共行政硕士教育中，研究生组成6人小组，每组承担1项政府管理的现实问题研究，提出课题的政府机构派1名高级官员提供支持和帮助，本院的指导教师也从中受益。

（九）发挥其毕业生在政府供职人数多的优势，强化校友会组织，结成有影响的关系网，定期或不定期邀请他们返校介绍政府管理的现实情况和动向。

（十）对于外国政府管理，开设专门的比较研究课程，如比较政治、比较公共行政、比较文官制度等。

附件　马克斯维尔学院授予笔者的“MAXWELL FELLOW”荣誉证书

THE MAXWELL SCHOOL
OF CITIZENSHIP AND
PUBLIC AFFAIRS

*In recognition of your career in public service,
your contributions in the field of public administration
and your efforts to establish a collaborative institutional
relationship between the
National School of Administration of
The People's Republic of China and
The Maxwell School of Citizenship and Public Affairs
at Syracuse University, we bestow upon*

Dr. Fang Keding

the title of MAXWELL FELLOW
*and formally welcome you to the
Maxwell School community of scholars,
practitioners, alumni and associates.
May 9th, 1995*

John L. Palmer
Dean

赴哈佛大学肯尼迪政府学院访问报告[①]

应美国哈佛大学肯尼迪政府学院（HKSG）P. 泽摩曼副院长的邀请，我们3人于5月20日—24日到该院作为期两天的正式访问。在22、23日参加了该院安排的18项活动，美方有包括大学副校长兼KSG院长C. 卡内塞尔教授、P. 泽摩曼和D. 伦奈德副院长、J. 库尼助理院长、梅森计划项目主任C. 格罗琼丝女士、哈佛大学国际发展研究所（HIID）D. 帕金斯所长等在内的54人次出面接待。

一、美国行政学的发展和肯尼迪政府学院沿革

美国的行政学是政治学的一个分支，公共行政这个词是政治学者创立的。早期的公共行政文献受政治学、管理学理论如泰勒的科学管理、韦伯的科层制等的影响很深。20世纪20年代出了一本有关行政效率问题的名著。30年代公共行政的理论框架主要是古里克的组织理论，他提出了计划—组织—人事—指挥—协调—报告—预算这7个要素，即POSDCORB原则和方法。当时的研究者把注意力集中在行政效率问题上，对政府应当做什么、不应当做什么关注不够。40年代，西蒙教授全面分析了古里克、厄威克等人的论著，发现对已建立的每一个原则都可以提出相反的论点，认为公共行政不存在可预测性，不具备依托规律、形成一门科学的条件。此后，行政学与政治学仍然不可分割。

美国的公共行政教育始于20年代，最早开设公共行政课程的是锡拉丘兹大学马克斯维尔学院。30年代中期，在哈佛大学建立了Littauer公共行政学院

① 方克定、徐鸿武执笔，孙克非翻译。

（研究生院）或称 Littauer 中心。它没有沿用马克斯维尔的模式，而是设了两个系：经济系和政府系。当时只有 20 名学生，同时学这两个系的课程。到 60 年代改名为肯尼迪政府学院（JFK 学院，或 KSG），开设经济、统计、政治、历史等一系列课程。为更有效地培训公务人员，KSG 提倡面向实际，以解决实际问题为主，在教学中大量采用案例分析，学院日益兴旺发达。公共管理（Public management）与公共行政（Public administration）是两个不同的概念，前者的范围宽于后者，KSG 立足于公共管理。

二战时，一批美国科学家用数学模型分析微观经济活动，如运营研究、后勤保障等，以提高效率。二战后，这种经济分析方法得到更广泛的应用。越战时期的联邦政府国防部长麦克纳马拉（1969—1971）在国防预算管理中引入成本 - 效益分析方法获得成功，进一步扩大了它的影响。70 年代中期，福特基金会、斯隆基金会等资助创办了 15 所行政学院、系，以此为基础，发展成一批应用型政策分析专业。这样就出现两个分支：一是传统的公共行政，其研究领域是公共人事管理、财政管理、组织理论和官僚机制等。这个分支以马克斯维尔学院为代表，其他还有普林斯顿大学、南加州大学、威斯康星大学、匹兹堡大学等；二是新兴的公共政策分析，以统计分析、政策评估、决策研究为主要内容，以卡内基 · 梅隆大学海因茨学院为代表。这个分支的影响愈来愈大。马克斯维尔学院不能一成不变，也开始应用公共政策分析方法。哈佛大学肯尼迪政府学院、加州大学伯克利分校、杜克大学、密西根大学都把两者融合起来。

HKSG 的主要功能：

（一）研究生项目

包括 2 年制公共政策硕士生（MPP）、城市和区域规划硕士生（MCRP）、公共行政硕士生（MPA），在职官员 1 年制公共行政硕士生（MPA），还有 3 个博士研究生项目。

（二）高级官员教育

为联邦政府、州政府、地方政府和国家安全部门的高级管理人员举办 3—13 周的培训项目。培训对象包括职业的、任命的和选举的高级公职人员，还有新当选的国会议员和市长。

（三）研究中心（研究所）

现设科学与国际事务研究中心，社会政策研究中心，企业和政府研究中心，新闻、政治和公共政策研究中心，州政府和地方政府研究中心，住房研究中心，战略运筹研究中心，刑事司法政策与管理研究中心，科学、技术和公共政策研究中心，中东社会与经济政策研究中心，环境与自然资源研究项目等。

（四）政治学研究所

该研究所是联结哈佛大学与外部政治世界之间的桥梁和纽带。

另外还有哈佛大学国际发展研究所，核心功能是为发展中国家提供专业咨询和帮助，并出版和发表有关发展中国家的研究成果。

哈佛大学艺术与科学学院设有政府系（政治系），其学术性较强，规模不大，与 HKSG 没有组织上的联系。

二、在职官员短期培训

二战时，哈佛大学商学院、斯坦福大学等就如何组织资源支持作战对官员进行培训。当时国家处于紧急状态，不可能搞正规培训，只教授必需的核心内容。二战后，哈佛大学商学院在此基础上为企业高级经理人员开设了高级管理课程，发现在学员之间、师生之间彼此都可以学到许多东西。这个培训项目在哈佛成为上升的产业。接着，其他大学的商学院也都开设这类课程。

HKSG 在 70 年代末期借鉴商学院的经验开办了在职官员短训班，这在各大学中还是比较早的。现在每年培训在职官员 800—1000 名，这个培训能力可能是全国同类培训能力的总和，但不是很肯定。

据泽摩曼介绍，官员短训分两类：一是相对固定的课程，培训对象主要是政府中有可能晋升的 GS15 级官员、军队的上校，每期 4 周，每班 50 人，已办了 10 年；二是针对不同需求临时组织的短期课程。伦奈德提出，有的公务员的工作业务面比较狭窄，思考问题受到局限，不能从宏观上和外部环境上考虑问题，像“从烟囱里上来的”。通过培训，他们能更好地了解周围环境，增强全局意识，适应外界的变化。

据 E. 尼尔女士介绍，HKSG 的短期课程分 3 类：一是为联邦、州、地方政府高级官员开设的为期 3 周的短期课程；二是为高、中级官员开设的为期 8 周的短期课程；三是为其他各国如阿根廷、巴西、以色列等国政府官员专门设计的短期课程，每年有 750—800 人参训。这些课程内容相似，有 3 类共性的课程：（一）政治与管理；（二）政策分析；（三）管理能力。短期培训采取“经验共享”的方式。这些学员都有比较丰富的经验，在校学习过程中相互交流，取长补短。他们出来接受培训，同时送来了经验，学院从他们身上也学到了不少东西。

三、2 年制 MPA 教育

HKSG 是一所研究生院，2 年制 MPA 教育始于 70 年代初期。基本做法是从各国名牌大学吸收优秀毕业生，其专业背景多种多样，考试成绩出众，一般在 25 岁左右，有 2—3 年实际工作经验，入学后施以 2 年制的硕士研究生教育。基本模式是应用型，面向解决实际问题，经济学（含微观经济学和宏观经济学）和公共管理并重，普遍采用案例教学。第 1 学年开设 10 门核心课程，每学期 5 门，所有学生必修。秋季学期：经济学（Ⅰ）、经验性分析（Ⅰ）、选举政治、公共行为的责任、政策入门课程；春季学期：经济学（Ⅱ）、经验性分析（Ⅱ）、政治与组织分析、政策分析、如何管理公共组织。

这些学生毕业后的岗位工作涉及一系列实用能力，如政治分析能力（美国及其他各国政府是怎样运作的），政府管理的做法（体验政府活动、模拟、练习等），经济分析和统计分析能力，对公共机构的管理能力（使他们实现一定的组织目标），还要在 12 个政策领域（住房政策、卫生保健政策、安全政策等）具备某一领域的专长。

第 2 学年为强化分析能力和管理技能至少选修 8 门课程，有的学生选课更多。其中有 1 门在教师指导下的公共政策练习，课时拉得很长，约占 7 个月时间，主要是选择某一公共部门（也有少数选择私营部门）的具体政策问题进行分析研究，提出几种可供选择的解决方案，作为特定条件下的政策建议，为决策者提供咨询服务。这个综合性的政策练习报告相当于过去的学位论文。

对MPA的培养目标，可分解为依次递进的3个方面：在70年代强调提高分析能力，从80年代初开始注重提高公共管理技能，之后又认识到提高公共伦理、价值观念作为入门导向的重要性。现在把它们综合起来，三头并进。

四、1年制MPA教育

为有10年以上实际工作经验的在职官员开设的教育项目，学员平均年龄40岁，用1年时间攻读MPA学位。每班40人左右，其中美国学员20人，外国学员不到20人，最近几年才开始有中国学员。学员从业背景多元化，有来自政府、军队、外交界、银行界、非政府机构的，结构复杂。他们大都担负相当重要的职务，由原机构赞助入学。

对这些比较成熟的官员，不设统一的核心课程，学习内容也是多元化的，但有一套指导原则，至少选修8门课程。约有90%的学员选读微观经济学和管理学课程，选修频率高的课程还有：统计学、领导艺术、其他管理课程以及某一政策领域的课程。1位教师指导4—5名或10—12名学员，主要是帮助他们选课，提供信息指导，最终由学员自选、自决。结业时不要求完成1篇报告或论文，但每门课都有书面考卷，或按传统要求写1篇小论文，在教学过程中高度重视学员在课堂参与中的贡献。

HKSG 1年制MPA教育不同于其他学校的主要特点在于其灵活性。每个机构派官员来学习都有自己的目标，不可能强求一致。对这些有自己的哲学见解、有职业成就和奉献精神的官员，给予相当的自主权和选择性，是很有必要的。在灵活性这一点上，外界也有一些批评意见。

这个项目的毕业生，有的通过选举政治获得很高的职位，其中包括美国国会的12名议员，哥斯达黎加、墨西哥的前总统，秘鲁的前总理等。

五、2年制MPP教育

二战后在美国兴起的政策分析专业逐渐成为与公共行政并列的一个新的分支，反映在教育上就是与MPA相对应的MPP。

HKSG 2年制的MPP教育，每年250学时。其生源以美国学生居多，占

80%，外国学生占20%。公共政策分析的技术性比较强，适合于年轻人毕业后的岗位工作，与熟练官员的管理决策角色有所不同。

据泽里克教授介绍，公共政策课程有别于但接近于公共行政。开设这门课程首要考虑的是思维和逻辑推理方法及其对公共行政的影响。公共政策逻辑思维能力建立在互相联系又互相区别的5门知识基础上：（一）哲学，特别是政治哲学；（二）历史，培养学生从历史角度进行思考的能力；（三）法律；（四）经济学；（五）社会学。政治学从交叉角度最容易被理解，除了政治学理论部分，它在发展过程中还吸收了许多社会学的内容。这门课程利用已有学科的知识和思维方式，通过政治情景和组织机构分析，结合学生的局部经验，帮助他们掌握分析实际问题的工具、手段和能力，用以解决具体的政策问题。案例分析是常用的教学方式之一。

MPA、MPP教育的区别及其演化，一般学生不懂得，通常来说只有博士研究生才明白。

六、案例教学

HKSG的案例教学是从哈佛大学商学院移植过来的。现政治、管理、决策、公共政策类的大部分课程都使用案例，就某个现实的政策问题或管理问题，提供背景情况介绍，指出面临的困境或几种选择性，没有唯一正确的答案，给学生留下发挥创造性解决问题的练习机会。学生在课下阅读案例资料，在课堂分组讨论解决问题的思路和办法。这样做的好处是有助于改变学生思考问题的方法，把年轻人从抽象概念引向具体情景；同时，课堂模拟比现场观摩和实际演练的代价也小得多。科学性、系统性较强的经济类课程大多采用统计、定量分析，不常使用案例分析。

在HKSG有个专门的案例编写小组，有6名雇员（case writer）。全院现有300个案例，除少数由任课教师自编以外，绝大部分是这个小组的专业人员采编的。其中最受欢迎的案例约有100个，例如：美国西部高速公路案例；亚利桑那州人体器官移植案例；伊利诺伊州教堂收养儿童案例；××州环境保护案例等。像加勒比海导弹危机这样的优秀案例，配合前院长所著

《决策的实质》一书还在使用；而猪湾登陆案例由于历史背景过于复杂，加上中央情报局的组织结构有了很大变化，学生难以理解，已不再用。案例经常更新，每年新编 30—40 个案例，并注意开发国际性案例。HKSG 搜集案例素材，注意照顾不同方面的观点，力求客观公正，比一般报章杂志的报道要实在得多，所以容易得到支持，至于某些涉及工作消极面的案例，就不容易得到支持。情节简单的案例，1 周就能编成，而有些长达 50 页的大型案例，要用半年才能完成。案例的版权归学院所有，设办公室负责销售案例资料，现在是亏本经营。

把高技术引入案例教学，目前还处于试验阶段。该院专业人员利用光盘为我们展示的一个题为“纽约市 231 街地铁站现场经理的管理方式”的多媒体案例，是以真人真事为背景制作的。微机上显示出交通流量统计表、地铁站布局图、地铁网络设置、警察机构设置、新闻媒体报道资料等，为学员研讨提供依据，让学生讨论：授权地铁站经理现场解决所管辖的一切问题的可行性和优劣比较。它与传统案例的不同点：（一）非线性组合式，而不是单项材料的鱼贯陈列；（二）多媒体包括音像、图表、数据，因而更直观、更逼真、更一目了然；（三）信息量大增，学生要从多种多样的大量信息中快速筛选出关键性资料来，也是一种实用性训练。此外，围绕农村发展问题也可以制作一系列多媒体案例。这样的案例虽受学生欢迎，但很昂贵。这个案例的制作，费时 4—5 个月，由于程序设计和软件开发费用高，成本 4 万—5 万美元。以后软件开发出来后，成本可大幅度降低，但还是要比普通案例贵 1—2 倍。

案例教学不是自然产生的，对教师要进行专门的培训，使他们熟悉并习惯于这种教学法。一位教师从不熟悉到熟悉案例教学，要花 2—3 年才能运用自如。几年前 HKSG 一位教授在基金会资助下，每年夏季筹办 1 期开发国际事务案例的培训班，每期 2 周，每班 20—25 人，让学员自编案例，回去应用。美国、加拿大参训的 125 名教师已形成网络，每年还召开 1 次国际学术会议以交流经验。

七、师资队伍

伦奈德副院长介绍：我们很幸运，聘任了许多高水平的政治学者、经济学者、统计学者等作为专职教师，但不容易找到既是经济学者又精通公共组织理论及其运作的复合式专家。怎样把政治、经济、社会学科的知识结合起来解决某些实际问题，对我们而言是一个长期的挑战。我们致力于形成一批跨学科的人才，追求多学科知识的“有机的融合”。另外，由于成人教育不同于大学生的培养，对有经验的官员培训要让他们相互交流经验，教师也能从中受益。所以，从事官员培训的教师必须懂得怎样与学员沟通与互动，这对教师而言又是一个挑战（泽摩曼也说，怎样使传统型教师转向参与式课堂，是经常面临的难题之一）。总起来说，我们的教师面临着这样的双重挑战。

教师不仅学术背景多元化，有政治学家、经济学家、教育学家等，他们的经历背景也是多元化的，有学者，有律师，也有官员等。由于对公共伦理的重要性有新的认识，HKSG 从普林斯顿大学请来一位知名教授主持伦理学课程。另外，院方逐步意识到，许多毕业生都将参与选举政治，就请像前国会议员波尔特这样的局内人授课。

参与式教学的最大推动力是学生，教师为满足学生的要求不得不这样做，学生填写授课质量评估表并加以公布，对教师事先摸清学习需求、有针对性地备课并同学生密切联系，起很大促进作用。教师受学生制约，学生对教师也有所顾忌，不至于找教师的岔子。如果从学生填写的评估表中发现有某种程度的片面性，就派资深教授随堂听课，帮助院方作出判断。在传统式学校里，绝大部分教师采取灌输式授课，如果有个青年教师在课堂上单搞一套研讨式，逆潮流而动，恐怕难以行通；反之，在 HKSG 的课堂上，如果倒过来做也行不通。

八、设施和服务

HKSG 据有 3 幢教学楼的一组楼群。所到之处，感到教师和职员的办公用房相当拥挤，但设施先进，微机很多。

我们参观了一间计算机实验室，内设 42 台 IBM 微机、10 台苹果微机。IBM 微机的主要功能包括文字处理、数据库、工作站、电子邮件等 7 项。

全院有4间高技术讲演厅，我们参观了其中最好的一间。这间讲演厅设114个座位。正面有可升降的分段式黑板，背后为宽幅式屏幕（13×9平方米），播映电视、录像、幻灯都很方便。讲台麦克风、课桌麦克风，均可调节音量，便于课堂讨论。这里有同声传译设备，还可以召开电视电话会议，如哈佛大学与新加坡国立大学有合作关系，有时在美国东部时间21:00与新加坡方面召开电视会议，这样可以避开时差的问题。讲演厅首先满足授课需要，课余时间也为师生安排一些其他活动。

学院的设施管理、维护和服务机构，有20人。其职能包括：楼宇维修（每隔5年粉刷1次，去年总共发现305个大大小小的问题，大都及时处理），楼宇清洁（每周检查，分1—10等计分评估），教室管理和装修（要求黑板、灯光等随时保持完好状态），学员餐饮服务（方便就餐，但收费较高）等，其中，有许多项目承包出去。哈佛大学是开放性大学，HKSG的上述设施从星期一到星期五，每天7:00—23:00开放，并且保证安全。

九、国际化

注重教学、研究、咨询内容和交流，合作范围以及各类生源的国际化，是整个哈佛大学也是肯尼迪政府学院的一大特点。

在HKSG开设的课程中，国际政治、经济、贸易、组织以及某个专题的各国比较等占有较大比重。在校园里，几乎每周都有外国国家元首、政府首脑或部长、高级谈判代表等知名政界人士来院演讲。23日晚，我们应邀参加为英国内阁北爱尔兰事务大臣P. 梅休爵士举行的宴会和演讲会，规模不大，但层次较高。教师的科研方向除国内选题以外必须有针对某个外国的专门研究，如HIID的帕金斯所长对中国的农业问题很有研究。许多教授除了本国政府，都有为外国政府咨询的经历，J. 萨克斯教授作为几个拉美国家政府以及叶利钦总统的经济顾问就是著例。

培养外国留学生。MPP、MPA教育都有外国留学生。50年代曾任驻外大使的E.S. 梅森教授深谙发展中国家的情况，卸任后发起制定了1个1年制的在职官员进修计划，每年从发展中国家招收50名处级以上官员，修完

8门课程（其中4门必修、4门选修），可获硕士学位。巴基斯坦总理贝·布托就是这个项目的毕业生。梅森计划办公室主任格罗琼丝女士为我们组织了6名中国留学生参加午餐座谈，都反映收获大。对于不同国家的学生，在培养方式上也随情况发展作适时调整。如在七八年前，每年为墨西哥培养大批留学生，墨前总统、现总统都是梅森项目的毕业生，现在转向攻读学位，每年都有7—8人毕业后回国办学，收效更好。

与外国大学合办学位教育。与新加坡国立大学有5年合作计划，已进行3年半时间。HKSG派一名教授常驻新加坡主持MPP项目，其他教授不定期前往授课，为东南亚和东亚国家培养硕士研究生，学制1年半，每班20人左右。学习课目：经济学、政治经济学、统计学、公共管理、政策分析、东盟国家间关系等，注重实用性，引导学生运用所学知识解决实际工作中的问题。与玻利维亚天主教大学的5年合作情况类似，培训对象（35名）以在职官员为主，一般利用假期授课，实际上是一个“周末项目”。MPP有核心课程要求；MPA没有核心课程要求，但官员自选课程相对集中在微观经济学、统计学、公共管理上，与MPP的核心课程相近。

在以上项目中，都有帮助合作伙伴开发本国案例的内容。泽摩曼教授在与南非大学的5年合作中，每年在那里办1期以案例教学为主题的讲习班，每期1周。南非大学正在改变说教式授课的传统，引进案例教学方法，今年已出第2本自己的案例教材。

HKSG与法国国立行政学院（ENA）各有自己的办学模式。ENA把HKSG誉为“美国的ENA”，而HKSG不接受法国式的“精英教育”。ENA每年派6—7名高级公务员到HKSG接受短期培训，内容包括案例分析；HKSG也派教师到ENA学习有关欧共体和欧洲贸易方面的课程。

十、国际发展研究所（HIID）

该研究所1954年建立，侧重于对外经济领域。现有200名专职人员，其中有一半是财政、预算方面的专家，其中又有一半在海外工作。HIID的年度预算为4000万美元，由受援国政府、世界银行、荷兰政府等分担。其核心功能是为发展中国家提供咨询，再把发展中国家的情况和问题带回来，形成研究成果。

对外国的援助项目包括为该国政府的财政部、中央银行等提供咨询。曾在印度尼西亚完成过大的合作项目，现正帮助俄罗斯政府重新起草一整套商业法律。

HIID 从 1973 年开始为发展中国家办了 6 类短期讲习班或较长期课程，大部分学员来自发展中国家和国际组织。培训主题包括：

（一）公共部门预算管理（6 周）。主要内容：一是深入了解预算过程及其对本部门和有关部门的影响；二是可行的替代做法；三是预算工具和手段，如成本-效益分析、计算机手段怎样应用于预算过程、预算手段怎样应用于宏观经济管理等。教学方式：授课与案例相结合，案例经常更新。

（二）宏观经济管理（6 周）。内容涉及：怎样从发达国家向发展中国家转移技术，国际收支，经济政策与经济稳定、调整的关系，怎样从经济稳定向经济增长过渡，怎样建立宏观经济调控体系，世界银行、国际货币基金组织的政策与做法等。每天有 1 个主题讲演，然后分成小组讨论，既有案例分析，也有微机和建模。

（三）环境经济政策分析（5 周）。这是一种新开的培训项目，旨在把环境问题纳入官员的理性考虑之中，并使其学会一些分析工具和方法。60 人分组学习，有的侧重于政策，有的侧重于分析方法，有的侧重于商业行为，每天下午安排案例讨论。

（四）与税收政策有关的 3 门课程（1 年）。培训对象兼有发展中国家或发达国家的高、中级税务官员。课程科目：一是国际税收项目；二是法学；三是国际证书。教学方法：授课、小组讨论、小组练习、上机操作。今年新开短期课程：税收管理与政府收入。

（五）投资分析与管理（8 周）。旨在提高高、中级官员对投资政策的认识，并具备相应的管理技能。其特点是学员必须用计算机开发案例。每天上午安排讲座，下午到计算机室作小案例分析，从开班第 1 天开始就以 2—3 人为 1 组着手大案例，即可行性分析报告的论证。

（六）公共企业改革（6 周）。旨在使国有企业经理和政府监督官员了解怎样进行改革，前 4 周讲授各国的公共企业改革，内容包括：经济分析、财政管理、投资项目评估、外贸知识、谈判技巧、必需的计算机技能等：后 2 周讲授私有化理论，内容包括：私有化政策的实施后果、劳资关系、有关法律和制度等。教学方法：讲座、案例分析、上机操作，还让学员自编案例。

以上 10 项是根据 2 天访谈记录综合整理的，只反映出一些表面的印象。限于时间，在许多方面来不及展开提问，比较重要的如：HKSG 在培养目标和教学内容上怎样处理好务实与前瞻性的关系，公共行政与公共管理、2 年制 MPA 与 MPP 教育的异同，在职官员 1 年制 MPA 教育的灵活性及其实效，授课与案例教学怎样衔接及其优化应用效果，教师素质中 teacher 与 trainer 的角色关系等，均有待进一步深入。我们还带回 HKSG 和 HIID 赠送的 20 多份资料，还有待开发。

附件　哈佛大学代校长会见照片

方克定教育长在中英行政管理研讨会第 1 阶段的小结发言[①]

第 1 阶段围绕英国人事管理中的测评考核技术进行了 3 天的教学和研讨，现在告一段落。3 天里安排的课堂活动时间只有 15 个小时，十分紧促，也很饱满。

一、研讨会概况

第 1 阶段的中方参研人员大部分来自人力资源开发中心——6 所行政学院和人事部人才研究所，少部分来自测评中心——人事部人事考试中心和辽宁省、天津市、青岛市人才（考评）中心，小部分来自政府有关部门——人事部考试录用司、考核培训司和辽宁省、青岛市人事厅（局），共 40 人。英国伯明翰大学公共政策学院发展行政系研究员、华威克郡政府人力资源开发部主任伊塔·奥多诺万博士以合作项目英方负责人的身份担任第 1 阶段主讲人。

这 3 天的主要活动，一是伊塔博士用 6 个多小时，通过 16 张投影图，讲了 6 个专题：

（一）以伯明翰市为例介绍英国政府的人力资源管理；

（二）测评中心（assessment center）与开发中心（development center）；

（三）团队角色（team role）；

（四）英国高级文官的能力框架（competency framework of senior civil servants）；

（五）政府工作岗位分析（job analysis）；

---

① 作于 1996 年 6 月 21 日，由王诞庆整理。

（六）测评、考核技术，共 9 种。

二是参研人员分 4 个小组，用 5 个多小时作了 4 个练习：

（一）测评中心与开发中心问卷调查表；

（二）自我认知测试表；

（三）英国高级文官 9 项核心标准的可参照性；

（四）岗位分析的初步研究问卷。

三是有 2 个多小时用于答疑。

以上相当一部分活动内容以高级文官的测评、能力及其开发为重点，并涉及人员优化组合、组织机构与雇员的契约关系、组织诊断技术等，针对性、实用性都比较强。

二、主要收获

我问过 10 多位参研人员，大都反映有收获，有的收获较大。这里初步归纳为以下 3 个方面：

第一，对测评中心、开发中心在英国人力资源管理中的作用以及英国高级文官能力框架等有了初步了解。

基于不同的参研人员，这可以分 3 种情况：

（一）所讲的某些内容对多数参研人员属于新知。如英国高级文官的 9 项核心标准，我们在去年已有所了解，而更具体、详细的能力框架表还是第 1 次见到。已被世界上 5000 家以上组织广为使用的“评价中心技术”（assessment center techniques），即建立在情景模拟基础上的一套综合性、标准化的行为评价技术，对相当一部分人来说也是如此。

（二）传递了一些令人瞩目的新信息。例如：对英国文官制度进行新一轮全面评估的 1993 年奥顿委员会（Oughton Committee）报告，在对高级文官提出一整套评估方案的基础上，还要求他们具备专业管理能力，熟悉人事、预算及资源管理等。这可以说是自 1968 年《富尔顿报告》以来、历经 1/4 世纪以后对改革英国文官制度的一次再推动。又如：独立于政府的常设性审计（稽核）委员会（audit commission），不仅研制包括老百姓抱怨率等指标在内的政府服务质量标准，还对各地方政府按其服务好坏公布排名。这类包括对政府绩效测评在内的组织诊断与对人才的测评活动，在英国已发展成为一种新兴行业。这种演变趋势，同1991年出台的“市民宪章”（citizen’s charter），1992年出台的“市场检验”（market testing）运动是前呼后应的。

（三）有关测评中心和测评技术的一般介绍。这对中方参研人员中的一些专家、教授来说并不生疏，但他们从中察觉出测评组织体系的某种英国特色，还是有新意的。

伊塔博士留下一部分资料，为我们进一步学习、消化和吸收提供了方便。

第二，加深了对若干问题的认识或有新的启示。

（一）建立和开展人事测评工作的重要性。

人力资源管理或人事管理，以测评为基础。无论人员的选拔、录用、晋升、交流还是培训、开发，都离不开相对科学的测评资料依据。忽视这个基础，或因测评的效度（validity）、信度（reliability）差而致选人、用人不当，所付出的代价是沉重的。

基于这样的认识，二战后兴起的综合性人事测评技术，七八十年代在英国有较大的发展。除中央政府所属的测评中心，有100多个地方性的测评中心，还有许多私营测评中心。每个中心都是规模不等的专家班子。它们工作的好坏，在相当程度上决定着许多事业的成败。事实上，发达国家在发现人才、使用人才上是非常大胆的，在这方面有值得我们借鉴的地方。英国政府采用“评价中心技术”（ACT）从优秀大学毕业生中选拔梯队人才时对考生能力和素质有11条评判标准。这对国家行政学院正在筹办的青年干部培训班就有一定的参考价值。

（二）人事测评中心和开发中心的相互关系。

在英国，测评中心和开发中心有分有合。从第1个练习（测评中心与开发中心问卷调查表）所给出两类中心的25条基本要素看，有15条是共性的，即通行、两用的，有7条属于开发中心，有3条属于测评中心。可见大多数要素是相通而不是相斥的。它们都立足于测评这个基础，但有不同的服务方向或重点。主要用来选拔测评高级管理人员的“评价中心技术”（ACT），既是一种有效的测评工具，同时也是一种很好的培训手段。当然，两个中心即使在建制上合在一起，也是分开操作的。比较起来，测评中心更偏于专门性，而开发中心则有较强的兼容性。它们虽在某些高度竞争性的项目上发生冲突，但总的功能是相辅相成的。两类中心的链联模式（chain-link model）对我们而言也有启示。

对国家行政学院来说，一是为适应各类公务员培训项目的经常任务，我们必须掌握必要的开发性测评和考核性测评技术。在“测评中心与开发中心问卷调查”判分表所列的第 4 类，代表着这种情况。二是基于“向国家机关和有关单位推荐人才”的更高要求，还要考虑是否建立测评中心的问题。为此，应对英国文官学院的测评中心作专门考察和比较论证。如有建设性意向，就要着手物色“应用心理学”（心理测量）和“认知心理学”方面的专业人才。如时机不成熟，也可以从组织院内外协作的专题研究项目做起。

（三）英国高级文官的能力框架及其对培训（开发）的影响。

上面讲的主要是从末端（或结果）看培训（开发），是前视；这里反过来从前端（或需求）看培训（开发）的问题，是后视。

与组织目标相联系、以岗位分析和素质分析为基础的能力框架在人事管理中处于中心地位。英国文官的能力结构以技能为重点，技能结构以结果技能（result skill）为重点。这里对所谓“能力”和“技能”都要从广义上去理解，特别是高级文官的职业能力，主要是超越于基础性能力的高层次综合能力——综合判断能力、组织能力、人际协调能力、感染（或影响）能力、信息分析能力，这在相当程度上代表着对培训的需求，值得关注。

在英国，由于文官的行政职能比较独立，也由于专业化的业务部门与政府相对分离，这就使得英国文官的主要职能表现得更宏观、更综合，从而对“通才”仍有相当的需求。因此，支撑通才的“高级文官能力框架”尽管是通用、单一的，但在英国仍有其应用价值。3 年前英国提出的对专业能力的新要求并没有从根本上改变这样的格局就说明了这一点。值得注意的是，近

10 年来出于政府服务社会的需要，英国借鉴美国研究的成果，开始了更通用的（包括政府、企业及其他组织）建立“管理能力框架”的研究，希望由此找到英国文官体系的通才结构与专才结构之间的结合点，从而构筑通专结合的新的文官能力框架。这个新框架有可能从管理能力框架与专业能力框架的有机结合上衍生出来。

我国的政治制度、国情与文化不同于英国，不能把“英国文官能力框架”和“英国管理能力框架”照搬过来。我国政府的功能要求建立德（政治素质）、才（业务能力）、治（管理能力）相统一的复合型的公务员能力框架。为此，探索适合我国国情的“管理能力框架”，既是构筑“公务员能力框架”的先行步骤，也是其中的重要环节。由此可见，中英两国在公务员制度的共性背景下派生出各自的个性，而在诸多个性的基础上又包含着管理能力框架这个有共性意义的中间层次，是有一定的参考价值的。

（四）观念和行为俱重的教学方法。

主要有两点感受：

一是阐述思路、传播文化重于教给具体方法。原因可能是，一方面，人事测评作为一门实用技术，既有很强的操作性，又不能脱离大的人事环境。为掌握这门技术，一定要从理论、原则入手，弄清基本概念和方法论，在消化、吸收的基础上，结合各自的条件和特点进行开发、应用。那种图省事、“走捷径”、简单套用现成方法的想法是不切实际的，也行不通。另一方面，五六十年代由美国电话电报公司（AT&.T）推向成熟的“评价中心技术”模式后来并没有什么大的突破。掌握（不是精通）这些技术并不难，难在测评者是否具备公正、诚信的品格。

二是推行行动式和参与式方法。像测评中心和开发中心的要素和团队建设的角色组合这样的基本概念，都不用授课的方式逐条讲解，而让参研人员在“测评中心与开发中心问卷调查表”的小组练习中去掌握 25 条准则，或在填写“自我认知测试表”过程中形成对管理小组中 8 种角色的认识。这样留下的印象比被动地接受更深一些。

第三，从同行或隔行交流中获益。

研讨会时间虽短，但为测评中心、开发中心和有关政府部门之间的业务交流提供了一次机会。在住校的参研人员之间，通过晚上的自发交流，促进了信息沟通与经验共享。国家行政学院就改进任职培训班的学员考核、探索青年干部培训班的入学考试等问题，同人事部考试录用司、人事考试中心的专家们进行了有益的接触。天津行政学院的教师与天津市人才考评中心的研究人员在会议期间开始建立业务联系，双方都很满意。

这些收获的得来，一靠伊塔博士的辛勤劳动，她一人担起了两位教师的双份工作；二是全体参研人员的投入，几位组长认真负责；三是学院领导的重视以及英国驻华使馆的关注。

三、存在的问题和对下一步的期望

举办人事测评技术专题研讨会在我院还是第 1 次，工作中存在缺陷是很自然的。主要是：（一）开班前没有组织全员“热身”活动，一部分人思想和业务准备跟不上；（二）时间短了，对一些问题的理解和研讨不够深，有的小组练习做得不规范，有 3 个练习来不及做；（三）少部分人提高得不多。这有待今后工作中改进，有的要在各单位的“工作培训”中补课。去年出版的《现代人员素质测评》（萧鸣政著）、《企业人力资源管理》（付亚和、孙健敏著）等可作为自学读物。

研讨会结束后，我们将把第 1 阶段的专题资料翻译、整理、编印成册。希望大家在消化、吸收、开发（包括技术开发和课程开发）、应用上多下功夫，并把有关成果及时反馈过来，以利于共同受益、提高。

中英行政管理研讨会第 2 阶段情况综述[①]

第 2 阶段研讨的主题是地方政府体制改革。参研单位和人员包括：中国内地 21 个单位（其中政府部门 4 个）、38 人（实到 30 人左右）；英国 2 个单位（其中政府部门 1 个）、3 人；中国香港地区 1 个单位、1 人。单位和人员结构在一定程度上体现了理论与实际的结合。按传统的方式，先后在会上宣讲论文或作典型介绍的：英国 4 人次，中国香港地区 1 人，中国内地 5 人。在研讨中有 58 人作 84 次提问或发言。宣讲论文和研讨的时间各占 8 小时左右。

一、宣讲论文和随机研讨的主要内容

内容涉及历史和现实两个方面：

对于地方政府的历史演变，回溯英国从 1900 年起的 96 年。英国作为统一国家历经 9 个世纪，早有地方自治传统，16 世纪以后出现中央集权趋势，地方政府在政治、法律、财政和某些管理方面受到中央控制。1900—1930 年地方政府职能扩张，1930 年后职能萎缩，这个过程迄今仍在继续。二战后的前 30 年，中央和地方政府之间协商、合作较好，从 70 年代末期开始，出现“单边主义”的中央集权化。回溯我国从 1949 年起的 47 年，我国经过前 30 年的 3 次变革，80 年代以后逐步扩大地方政府自主权，既发挥了地方的积极性，也滋生了地方主义倾向。

研讨会立足于当代现实问题，特别关注 90 年代的新发展。对近代沿革的回顾未成为研讨热点。

关于英国地方政府体制的介绍，触及以下 8 个方面：

---

① 成文于 1996 年 6 月 26 日。

（一）地方政府与公民及公众团体的关系。公民的角色转换，在 80 年代开始从服务对象和受益者向顾客和消费者转变，90 年代又增添了向管理、决策参与者转变的新因素。公众自发组织早已有之，近几年出现了公民评审团的新机制。

（二）地方政府与市场和企业的关系。西方一些国家把本由政府包办的某些事务以合同形式出包给企业的试验，在英国进行得比较多，有的被强制性推行。按照不同的事由，既有外部市场，也有内部市场。在政府的某些部门之间、政府和社会之间展开竞争。在多元化服务的新格局中出现了公共部门和私营部门的合作模式。

（三）地方政府与地方议会的关系。历来以地方议会为权力中心，郡议会往往集立法、行政权力于一体，议长即郡行政长官。目前，由选举产生的地方议员具有合法地位，同地方政府职能逐步淡化、地方政府体系变得支离破碎发生矛盾，许多需要协调的社会问题难以解决。

（四）地方政府与所属文官的关系。随着政府局部地从“供方”转变为“买方”，一些文官也从“推销者”转变为“采购者”。注重对政府的组织绩效评估和对官员的个人绩效评估，加强了对地方官员的管理和监督。在文官制度改革中，对中、低级官员仍维持终身制（常任制），但掺进了可变因素。

（五）地方政府的区间关系。在职能调整中，某些相邻的地方政府具有联合管理公共交通、消防等服务职能。

（六）地方政府的层级关系。从 19 世纪末到 20 世纪 60 年代的两级政府结构演变到 90 年代，苏格兰、威尔士只有一级地方政府，属于单一型结构；英格兰从原来两级和一级并存的混合型结构，到 70 年代普遍建立两级政府，到八九十年代大部分为一级，少数保留两级，又回到混合型结构。

（七）地方政府与中央政府的关系。总体是相互依存关系，在财政、税收等问题上有矛盾。从今年 4 月起减少给地方政府的拨款，并要求裁员、减税，使地方政府处于矛盾的焦点。但与往年相比，中央、地方关系紧张状况有所缓解，地方官员的士气也有回升。

（八）地方政府与党派的关系。目前临近大选，保守党控制中央政府、工党控制地方政府的局面将发生有利于工党的变化，今后几年中央、地方的关系有可能进一步好转。

八九十年代的英国作为市场模式行政改革的代表国家，从中央到地方都受市场化的深刻影响，以上 8 个方面显示出地方政府多方位、系统化改革的大致轨迹。

中国香港地区介绍了港英政府的 5 条理财原则、90 年代吸收英国经验进行的 4 方面的行政改革。改革的进程和对改革的评价不一。

中国内地方面，略述以下 3 点：

（一）重点介绍了 1993—1996 年地方政府机构改革。目前，省（区、市）级和市（地）、州（盟）级改革已基本完成；县（市）级改革绝大部分实施；乡（镇）级改革正在展开，总共精减了 200 万人。有的论文分析了此项改革取得的 6 个重要进展：1. 简政放权，扩大地方自主权；2. 实行地方行政首长负责制；3. 推行市管县体制；4. 精简机构，裁减冗员；5. 加强地方政府法制建设；6. 渐进式的改革，避免了地方管理上大的混乱和动荡。同时产生了 4 方面的新问题：1. 导致了比较严重的地方主义和“诸侯经济”；2. 地方政府机构改革陷入了“精简—膨胀—再精简—再膨胀”的恶性循环当中；3. 地方政府的结构转换没有实质性的突破；4. 地方政府的法制建设滞后。

（二）探讨了市场经济发展与地方政府改革的 4 个新趋势：1. 根据市场化的需要，促使地方政府的科学化和高效化；2. 加强地方政府的民主化和法制化建设；3. 在维护中央权威的前提下，进一步扩大地方的自主权；4. 探索地方政府体制新模式。

（三）介绍了地方政府改革中的两个典型经验 —— 烟台市推行社会服务承诺制度，天津市和平区评选“十佳公仆”和组织社区志愿服务。

此外，还有几篇乡镇政府改革的论文，限于时间，未宣读。

二、中英地方政府改革的比较分析

研讨会结束前就此交换了一轮意见，时间不长，但发言踊跃，其中有些意见“开门见山”，有启发性。

中、英两国的地方政府体制的内涵，有相同点，也有不同点，两者有时错综交叉。总起来看，不同点比相同点多。初步归纳如下：

（一）相同点

1. 国家结构形式。中英两国都是单一制国家，中央政府的权力较大，地方政府的权力较小。英国奉行议会制君主立宪制，中国实行人民代表大会制，国家权力都集中于中央。在“议行合一”体制上，两国也有一些共性。

2. 各级政府间关系。都把中央、地方政府的权力均衡看作国家稳定和发展的重大问题，把实现中央总体控制、地方灵活高效作为政府改革的基本目标之一，而在集权、分权的程度上有所不同。

3. 地方政府的双重角色。地方政府在所管辖的范围内既是中央政令的执行者，又是地方事务的组织、管理者，既接受国家的宏观经济调控，又代表地方利益。中国的地方政府在计划经济体制下起着中央政府分支机构的作用，在经济体制转型期间，这种双重角色愈来愈明显。

4. 复合式的地方政府职能。英国单一型的地方政府，主要担负 5 类职能：（1）警察、消防、保护消费者利益等安全保障性职能；（2）土地规划、道路线网、环境卫生等基础设施性职能；（3）住房、社会福利、初等教育等公共服务性职能；（4）图书馆、博物馆、运动场、俱乐部等社会文化性职能；（5）市场秩序、交通运行等工商管理性职能。集中起来主要是公共事务，对经济活动和公共工程只搞一点间接管理。混合型地方政府中愈往下层职能愈少。中国的地方政府，除外交、国防、宏观经济调控外，其他管理职能几乎无所不包，被称为“全能政府”，其职能的多样化程度特别是管理经济的职能大大超过英国，在配置职能的法律依据、纵向分布以及管理方式上也有较大差别。

5. 地方政府的结构改革。英国的中央政府在六七十年代建大部，到 90 年代转为小型化，传统的金字塔形层级结构趋于扁平，按照决策和执行相分离的原则从政府部门中分流出上百个“执行机构”，这对地方政府结构有很大影响。地方政府本身也有许多结构调整，如 60 年代的赫伯特委员会报告和《伦敦政府法案》，还有伊塔博士 24 日下午介绍的地方政府外部结构、内部结构的许多种变化，都属于这个范围（地方议会中的小组委员会结构也发生了变化）。这些结构性改革，都发源于政府职能的分解和转移，说明英国政府把管理内涵的转换置于更优先的地位。中国地方政府的结构改革，比英国更为集中、突出，影响更大、更深。在八九十年代，两国地方政府改革的步子较大，但都采取符合本国情况的渐进式，并保持着一定的连续性。

6. 地方自主权和区域经济发展不平衡。英格兰、威尔士、苏格兰、北爱尔兰、大伦敦地区的自主程度和经济发展水平有差别。英格兰的6个都市区，结构化程度较高。中国资源条件和经济发展的不平衡性更加突出，改革、开放采取非均衡战略，赋予东南沿海一些省、市管理经济的自主权大于内地，5个经济特区和浦东新区尤甚。东、中、西部地域经济差距拉大的情况相当严重。

（二）不同点

1. 地方政府分级和规模。基于国土、人口、社会制度、经济发展程度、文化传统等基本国情上的差异，两国地方政府的层级和数量有很大不同。英国地方政府分两级或一级，全国不到400个地方政府管辖着5500万人口。中国的地方政府分四级（实际上，三级制、四级制或多级制并存，也是混合型结构），截至1995年底，全国有31个省（自治区、直辖市）、124个地区（自治州、盟）、1716个县（自治县、旗、自治旗等）、637个地级市（县级市），另外还有706个县级以上行政区以及乡镇等，以上各级政府为12亿人服务。

2. 地方自治。英国的地方自治传统，可上溯到中世纪，在单一制国家结构中属于分权程度较高的国家，19世纪末期的两次立法确立了地方政府自治权。英国议会以特许状或制定单项条例形式所规定的地方政府职能，包括人事管理和内设机构等权限，中央不加干预；社会治安和警察事务由各地方、城市管，没有全国统管机构；但在法律和财政上受制于中央，目前70%的资金由中央财政拨款（主要是“税收补助拨款”）。中国现阶段实行适当集中与适当分散相结合，实质上是中央集权制，除少数民族区域外，一般没有地方自治概念。地方政府的人事任免权在中央，而财政所受的制约较少。八九十年代，中央财政收入占国内生产总值的比重不断下降，90年代中期比英国低30%左右，是世界上这一比重最低的国家之一，对地方政府的宏观调控能力随之减弱。从近期发展趋势看，英国的地方分权在减少，而中国则在加大。另，中国实行“统一领导、分级管理”的体制，与英国中央、地方的分权制也不相同。

3. 在地方政府管理范畴引进市场机制。改革的方向相近，做法和程度有很大差别。英国是成熟的市场经济国家，以市场化为导向进行政府改革。打破政府包揽服务的局面，把政府机构推向市场，通过“市场检验”运动，把一部分政府职能对外强制性出包，通过合同制变政府的直接管理为间接管理。地方政府同时扮演着服务提供者和采购者两种角色，其成本意识、效率意识都有提高。在缩减政府职能的同时，也伴随着社会化程度的提高。这种为改进、完善公共管理和服务的改革，方向相对单一。中国还处在经济体制转型时期，正按政企分开的原则转变地方政府的经济管理职能，把原属于市场的职能还给市场，把属于企业的权利放给企业，并强化社会管理职能。在改革过程中，既要转变一部分职能，精简机构和人员，又要扩充一部分职能、发展服务，这是一种双向的改革。

4. 地方政府改革与其他方面的配套改革。两国都强调经济、政治、行政改革的配套和协调，实际进程有差别。英国地方政府的结构比较定型，在结构改革的同时比较注意同经济、社会改革的相互配套，把财政、法律、制度、管理、行政程序、个人权利等整合在一起，并注意到细部和尽可能地量化，正向着系统化的改革前进。中国地方政府改革重在调整结构，与其他方面改革的衔接和协调不够。受经济、政治体制改革和法制建设的制约也很明显。如在经济体制转型尚不充分的条件下，过快地向地方政府放权，这种行政性分权超前于经济性分权，既导致地方主义的抬头，又延缓市场化的进程。

5. 公务员制度建设与改革。随着社会经济、政治的发展，英国在 163 年前开始，历时 37 年正式建立现代文官制度，经历了一个较长时期的渐进过程。随着近十几年市场导向的政府改革，英国的文官制度又处于重大变革之中，封闭的文官系统转变为开放系统，高级文官的永业制转变为任期合同制，在高级文官对决策、咨询的垄断地位中掺进了社会咨询、评估的成分，通才治理、政治中立的概念也受到了冲击。在强调文官职业化的同时，整个文官制度的稳定性减弱，而对文官适应市场、面向公众的要求日渐提高。中国在 90 年代结合政府机构改革推行公务员制度是在统一计划下，确立目标，分步实施的。这大体上是美国 19 世纪 70—80 年代的做法，而不同于英国的自然过渡式。中国的公务员队伍是一个相对开放的体系，正致力于制度化、职业化、规范化建设。在实施公务员制度的初始阶段，先要完成新旧制度的转换，把公务员制度的基本运行机制建立起来，这将有一个逐步稳定、完善的过程。

6. 改进为公众的服务。英国政府通过“市民宪章”“为质量进行竞争”白皮书，强调政府的主要功能是服务，明确建立各类公共服务部门的工作程序和服务标准，各地推行直接面向公众的“社会服务计划”和为企业服务的、标榜“一个办公楼、一个牌子、一个电话号码”的“一站商店”，服务质量有新的起色。中国香港地区 68 个政府部门公开服务标准（但政府部门的承诺标准不如企业）。中国内地某些地方政府部门，如烟台市建设部门、上海市邮电部门推行社会服务承诺制度初见成效；面向公众的一些“窗口”机构也在转变服务方式、提高服务质量，但大面积的推广程度不够。

不同点还表现在行政环境、地方领导体制、地方组织立法、公民参与程度等方面，不一一列举。

三、有待进一步研讨的问题

这 3 天研讨总体还停留在一般的信息交流上，涉及深层次问题不多。以下几个问题，或可供进一步研究参考：

（一）中国（包括香港地区）这十几年的行政改革程度不如英国，但经济的持续发展超过英国。怎样评估行政改革在国家的总体改革和发展中的地位和作用？

（二）中国地方政府改革被视为“结构至上”或“结构主义的改革”，却没有实现真正的结构转换，这样的估计是否适当？如是，其原因是什么？如否，对这个前提应如何修正？

（三）当代英国的改革使政府像一个高度分权化的公司，这与议会制的中央集权国家的传统属性相矛盾，解决这个矛盾的出路在哪里？

（四）英国行政改革的国家传统以公民与政府对立、政治与行政在一定程度上分离、政治任命官员（部长）与职业文官不融合为特征，并深受“社会契约论”的影响。中国行政改革的国家传统有哪些特征？

对中英合作项目（1995—1997）的初步评估[①]

中国国家行政学院与英国国际开发部（DFID），原为海外开发署（ODA）的3年合作项目即将完结。本项目以提高对高、中级公务员的培训能力为近中期目标，在项目执行机构——中国国家行政学院国际合作交流部、英国伯明翰大学公共政策学院发展行政系、中国香港理工大学管理学系的共同努力下，合作取得了成果。

一、项目活动

（一）分年度召开了3次中英管理开发研讨会（其中第2次研讨会实际上是2个专题、2组人员参加的2次培训、研讨活动），共15天，与会135人；（二）中方2批赴英高级访问团，共4周，9人；（三）3批赴港考察团，共6周，22人；（四）4期个人赴英进修，每期4个月，共6人；（五）英方提供图书。

总计58个单位、198人次直接参与活动（不含英国以及香港地区接待单位和人次），其中女性占21%（未达到《项目备忘录》中议定的按男女比例7∶3的要求）；按批次计，共投入454个活动日。

二、活动的主要内容

（一）公共管理及改革

英方介绍了英国公共管理改革的总轮廓及分项改革、英国地方政府1900年以来8个方面的演变，中方2次赴英考察了解英国政府机构改革以及公共

① 1997年11月4、5日，海口市。本文原载《国家行政学院境外公务员培训参考资料》第1期。

机构改革的新进展；香港地区与会人员介绍了港英政府的理财原则和 90 年代吸收英国经验进行的 4 个方面的改革；中方介绍了中国在向市场经济体制转型期间的政府职能转变、地方政府改革（1993—1996 年的改革，市场经济发展与地方政府改革的新趋势，烟台市和天津市和平区的典型经验）和对中、英地方政府改革的比较分析。

（二）公务员制度建设及改革

英方介绍了英国的文官制度改革和近 5 年对高级文官提出的评估方案以及专业能力要求；中方 2 次赴英考察了解此项改革及其新进展，赴港考察港英政府的公务员架构，并向英方介绍了中国人事制度改革与推行公务员制度的情况。

（三）管理、领导能力与艺术

英方介绍了英国高级文官能力框架、战略领导能力和领导艺术，中方介绍了对高、中级公务员的管理、决策能力以及行政能力的研究。

（四）人事测评与管理绩效评估

英方主持了人事测评技术的 6 项专题培训，介绍了英国的管理绩效评估，中方赴英进修人员对英国人事测评技术的个别专项有所了解；中方几个党政工作部门展示了高、中级公务员实绩考核的研究成果。

（五）公务员培训及有关机构

英方介绍了英国的文官培训及机构，香港地区与会人员介绍了香港高级公务员培训研究情况，中方 2 次赴英考察了解文官培训包括课程设计、能力培训、短训班、培训者培训以及英国文官学院概况，3 次赴港考察公务员培训（包括培训组织、方式、课程、技术和相应设施）、职业训练、政府部门和行业的专业培训、高校管理技术等情况。

三、活动的几个特点

（一）本项目属于中期合作。合作期间，中、英两国都在进行深刻的经济、行政改革，中国恢复对香港行使主权，基本建立起国家公务员制度，国家行政学院召开成立大会、正式开学，对提高公务员培训能力有紧迫需求。

（二）复合式的活动内容。本项目活动以经济、行政改革和公务员制度建设为背景，以公务员培训为主线，往前向公务员的管理、领导能力和人员测评延伸，往后向管理绩效评估和培训评估延伸；理论联系实际，侧重于实际应用。

（三）多样化的活动方式。“请进来”，英方6人次、香港地区4人次来访；研讨会有以研讨为主的，也有以培训为主的；参与人员除本院教师、管理和领导人员外，还有外校、科研单位的教学、研究人员和政府官员。“走出去”，有团组的短期考察，也有中期的个人进修。

四、主要收获

有形产出60多件：3次研讨会40次专题讲演或发言，国家行政学院围绕本项目活动印发《学院简报》5期、《境外公务员培训参考资料》10期，译出伯明翰大学公共政策学院MPM（公共管理硕士）、MPEM（公共经济管理硕士）1995/1996课程手册，还有个人赴英进修报告等。此外，准备接受英方赠送价值2万英镑的英文图书700余种、港台中文图书100余种，可望扩大图书馆馆藏。

无形产出包括：

（一）在相互交流中拓宽、加深彼此了解。从2次研讨会上的3次小结，2次赴英、2次赴港考察获得18点体会与建议中可见一斑。特别是对英国公共部门近20年奉行管理主义的改革，在坚持个人绩效评估的同时，组织绩效评估也后来居上等给人们留下了较深的印象。

（二）增加知识、提高技能。在人事测评、绩效评估、用于培训的计算机技术和多媒体技术等新的知识和工作领域增长了见识，对参与式教学法有所体验，赴英进修人员的语言能力提高较快。

（三）有助于改进培训教学。在培训原则方面进一步印证了培训课程的实用性、管理培训的有效性、注重能力培训、以参训者为主体等要领。在教学内容方面，以英国为代表的新公共管理改革居于当代西方行政改革的前沿地位，对这个现象及其分析正逐步渗入有关课程、专题或讲座之中；伯明翰大学公共政策学院 MPM、MPEM 课程手册对我院青干班课程设计也有参考价值。在教学方法方面，行动式学习法是中方弱项，需要借鉴；英国政府选拔快升系列人员对考生能力和素质的 11 条评判标准为我院青干班招生提供了一个参照。在培训组织管理方面，赴港考察为我院改进香港公共机构北京课程增加了信息反馈。

（四）推动科研起步。几次管理开发研讨会从交流情况开始，逐步转向以研究为基础。在我院立项的“我国政府司局级公务员素质研究”课题设计从第 2 次中英研讨会吸取了营养；中国高、中级公务员管理能力研究，英国地方政府行政改革研究等也都是本项目活动的成果。

五、达标分析

《项目备忘录》3.1 关于“建立国家行政学院同英国项目执行机构双边合作关系”“为国家行政学院提供咨询和管理开发服务”的基本思路已付诸实施。鉴于 6.5 中提出的“中、英双方在政治、经济、社会方面存在的巨大差异”，3.1 规定“为国家行政学院提供培训高、中级公务员的战略管理课程”的总体目标缺乏可行性，而伯明翰大学公共政策学院承包本项目的《标书》，以帮助国家行政学院提高开展高质量战略管理培训能力为总的目标较为适当，本项目中方参加人员已从中受益。

《项目备忘条》1.1 列举合作计划中有关培训内容包括“政府管理方式、政府与高级公务员的关系、政府机构与结构、权力下放与协调、计划与审核制度、预算、财政管理与工资考核、管理信息及英语语言培训”等 10 个主题，在实施中大部分涉及。对“计划与审核制度、预算、财政管理、管理信息”等方面接触不多，而增设了人事测评、管理和领导能力等计划外内容。相比之下，对公共经济管理和管理信息等内容有所忽视。

本项目执行中的不足：《项目备忘录》7.1 要求“提高政府公务员在改革中管理经济的能力方面吸取英国和香港地区有益的经验”体现不够；中方对英国及香港地区提供信息资料的消化、分析不够，资源共享程度不高；对某些项目活动的选题、选点欠佳，在各项活动之间、上下年度活动之间的统筹、衔接上也有可改进处。

六、项目可延续性论证

继续双边合作的意义、可行性及具体建议从略。

附件　樊晏平 1995 年 6 月 8 日复信

方教育长：

关于香港几大法定组织和公营机构拟在贵院举办培训班事，得到您的大力支持，我们深表敬意与感谢。因为这不仅是对我们工作的支持与帮助，更是为九七香港顺利回归祖国做工作。

临离京前，您讲的两点意见我已转达给梁定邦先生，他们新的《课程草案》已转给贵院。看来采纳了您的意见。

今后，还要仰仗您的支持。预祝此班顺利开办。

香港有事尽管吩咐，我当效力。

顺祝

时安！

樊晏平

1995 年 6 月 8 日

《西方国家行政改革述评》序[①]

20世纪70年代末、80年代初以来，发源于欧美经济与合作发展组织某些国家、与市场化的经济改革相呼应的一股行政改革（也被称为行政现代化）之风席卷各大洲，开启了“行政改革的时代”。这股风还将吹向21世纪。

一

改革开放的中国需要了解世界，其中包括当代各国行政改革的情况。

1994年7月，筹建中的国家行政学院与美国锡拉丘兹大学马克斯维尔学院合办第1期夏季研讨班，重点介绍美国的行政改革和文官制度以及比较行政改革。P. 英格拉姆（马克斯维尔学院）、R. 桑德斯（联邦国防部）、G. 彼得斯（匹兹堡大学）教授担任主要授课人，《政府管理与公共服务的新思维》是彼得斯授课内容的一部分。翌年8月合办的第2期夏季研讨班，也有对美国、英国、新西兰行政改革比较的内容。1996年5月，彼得斯教授汇交了美国和加拿大的5篇论文。同年10月，法国国际行政学院研究与出版部M. 梅宁尔副主任给我来信，愿以《法兰西行政管理》杂志第75期关于欧洲国家行政管理现代化的9篇论文参与和促成此事。至此，文集的选编工作告一段落。英文、法文原稿的翻译工作由本院国际合作交流部、北京大学政治学与行政管理系分担。

以上是选编这本书集的缘起。可以说，本书的印行是中国、美国、法国5所院校共同努力的结果。

---

① 作于1998年2月。

二

关于本书的基本构架，已收编的 14 篇论文中，有 10 篇分别对欧洲、北美洲、大洋洲 11 个国家的行政改革进行了个案分析。其中，国别的重点在欧洲，主要是经济发达的西欧和饱受政治不稳定之苦的南欧国家，也有北欧福利国家的代表，而改革的激流则涌现在约占半数的论文中所称的“英美政治文化传统”或“具有盎格鲁-美利坚传统”或“继承了英国威斯敏斯特体制的原则”的几个国家。其中，被称为“改革摇篮”的英国、澳大利亚和新西兰占有显著位置，而彼得斯关于“政府管理与公共服务的新思维”主要来源于美国。在另 4 篇论文中，彼得斯和英格拉姆对世界各国，彼得斯、L. 鲁邦和 J. 齐耶对欧洲各国的行政改革作了综合论述或比较分析。前者的视点除上述 11 国外，还涉及欧洲、亚洲、非洲的另 13 国，其综合覆盖面几乎遍及世界各国。全书反映的国别资料大多起自 70 年代末、80 年代初，截至 90 年代中期，可以说体现了当代世界行政改革的新进展。

本书收编的大部分论文，其作者是各国的知名学者。这些论文不以公共选择理论、新公共管理理论以及新制度主义经济学等学术探讨为主要内容，而大都是对不同国家的行政改革作实证性剖析或经验性比较。它们主要从组织（结构）、管理（政府管理和公共管理）、决策（政策制定）和公共利益（低成本和可选择性）等几方面入手，论述改革的走向及其利弊得失，这似乎成为一种分析范式。此外，所论述的内容也有涉及财政、税收、预算制度和社会福利政策等更广泛的范围的，某些国家的改革有更浓厚的政治色彩。通过对 11 国改革实践的比较分析，向读者展示了当代世界 3 种类型的行政改革：一是地处北大西洋和南太平洋的英国、美国、加拿大、澳大利亚和新西兰在不同程度上推行的“新公共管理”（New Public Management）的改革。其中，英国、澳大利亚和新西兰堪称系统化的改革，美国属于渐进主义的改革，加拿大居于两者之间。二是欧洲大陆的法国、德国、荷兰、瑞典等实行连续或不连续性的渐进主义的改革，它们也都受到新公共管理的影响。其中，有合作主义传统的瑞典有时被列入第一类，而德国则具有最明显的渐进主义特征（一些亚洲国家，如日本80年代第二次临时行政调查委员会对改革的主要建议和中曾根政府制定的“新行政改革大纲”，也以渐进的方式推动着大体类同方向的改革）。三是南欧的半岛国家意大利、希腊为争取行政合法性或强调制度化的改革，西班牙似乎兼有二、三两类改革的特点。

鲁邦、齐耶提出，欧洲新的“行政理想在有些国家取代了韦伯模式，有些国家则是将它延展并使之适应当代条件”，所指的就是以上一、二两类情况。彼得斯关于政府管理替代模式中的市场模式（在北美还有参与模式等）和传统模式，英格拉姆基于不同理论渊源的两种改革传统——管理主义传统和国家统治传统，与此分脉相承。

3种类型的改革，有的代表着不同的价值取向，有的体现出在发展阶段上的差别。对各类改革的评介，还不免于作者所取的价值判断的影响。即使是成功的行政改革也不可能尽善尽美。认真的读者将被这些论文引入对90年代中期改革的评品、反思以及不同观点的论争和面临新的挑战的回应之中。这既使人耳目一新，又不乏某种借鉴意义。

三

对3种类型行政改革情况的分述：

本书对第1种改革模式集中描述了英国撒切尔和梅杰的保守党内阁、澳大利亚霍克和基廷的工党政府、新西兰克拉克和博尔格政府、加拿大马尔罗尼政府、美国从里根到克林顿（戈尔）政府的改革。这些属于盎格鲁-撒克逊文化圈的国家无不掀起了对韦伯的“科层制”（或“官僚制”，Bureaucracy）的质疑，卷入了从传统公共行政向“新公共管理”转变的潮流。它们改革的广度、深度、持续性及其影响面各不相同，但都涉及公共管理方式的根本性变革。改革的要领见于彼得斯第2篇论文中对管理主义的多维度分析、K. 斯帕努提出的“新公共管理”的8个特征、W. 基克特描述的“管理主义”或“新公共管理”等段落。其基本主张是借用私营部门管理技术来重塑政府，大力推进政府职能市场化。在改革中贯穿着目的性原则和经济节约原则。

英国、澳大利亚和新西兰作为这类激进改革的当然代表，受到举世瞩目。本书有些作者认定，“英国政府的文职机关正在经历一场与传统决裂的转型”，它“根本动摇了传统行政模式的某些重要特征”；在澳大利亚，“管理主义已经取代公共行政作为新框架的核心”，以至出现了管理者社会；新西兰“也抛弃了传统的做法（即‘行政’传统），用以‘管理’为基础的改革措施取而代之”。它们似乎以自己的行动在局部范围内应验了 W. 本尼斯 60 年代所作的将在以后 25—50 年里为科层制送终的预言。“行政现代化”在这里被看作“管理现代化”的同义语。

彼得斯在比较研究中肯定了“管理主义的成功”，但在本书中，这种成功除了在大洋洲特别是在新西兰得到明确印证外，正面临着不少学者的“挑剔”而陷于莫衷一是的状态。新西兰不到 10 年的多方位改革以政府运作的高透明度将管制的经济引向开放，达到了高于美国的经济增长率、低于德国和法国的通货膨胀率、低于荷兰的失业率。J. 哈里甘确认，新西兰“作为改革实验室和政策创新者”取得了多数改革的成功，“它对经济的管理、改革计划的激进性和内在一致性赢得了全世界的赞佩和关注”，但“新西兰模式的许多方面还有待评估”。澳大利亚和新西兰一样，“在所有推行行政改革的国家中名列前茅”，它在 80—90 年代的改革“实现了多数目标”，但也有人认为“澳大利亚的改革还很年轻，做结论为时过早”。对于“欧洲最激进的”英国改革，英格拉姆“初步的评价是积极的”，而在 W. 怀特“对英国的个案分析”中，这种积极因素被大大冲淡了。加拿大被邻国学者视为“传统模式迅速并成功瓦解的国家”，而在 T. 萨维看来，历经 10 年急风暴雨式改革（对这一点在本国似乎存在着不同见解）的加拿大政府仍保留着世界上最庞大的中央机构，充其量只起着“看门人”的角色。美国的情况既有相似性又更为复杂：一方面，在美国既有牢固的韦伯式传统，也有管理主义的社会基础及其在地方政府的丰富实践，彼得斯因而论证了“欧洲以北美方式进行改革”；两位法国作者也不隐晦地表达“欧洲组织技术的发展很大程度上受益于外大西洋的经验”。另一方面，美国的改革具有渐进性，英格拉姆注意到美国不仅有新目标和旧体制的兼容，而且有互不配套的几种改革措施的兼容；D. 奥斯本、T. 盖布勒合著《重塑政府》中提出的 10 条改革思路虽有新意，仍带有许多传统公共行政的印记；桑德斯认为美国近年在政府与市场的关系上“重塑政府”的实践只是一种改良，他要求在美国“建立一个更加基于绩效的管理模式，注重结果而不是规则”，并把它看作“超出了公务员制度范围”的“一次真正的转型”，实际上，被奉为管理理论和实践的“第三个里程碑”的“重塑管理”在美国一些州政府的试验已渐开始。

第 2 种改革模式以法国、德国、荷兰、瑞典为代表。读者可以从中了解到二战后德国公共部门的两次改革，即 1965—1975 年基督教民主联盟和社会民主党政府渐进的不连续的行政改革和 1990 年以来两德统一引起的重大变革；荷兰 1982—1989 年两届中右政府和 1989—1994 年中左政府的改革；瑞典 1982—1988 年社会民主工党政府和 1988—1995 年两派政府交替的改革。对法国 1986—1994 年两党联合执政时期穿插不同导向的改革只是一语带过。管理主义之风也吹到了这些有各自的行政文化又植根于科层制传统的国家，而它们“都反映了一种长期的现代化进程，不打乱各行政机构的运作而只是使它们服从更严格的管理监控”。

H. 班贝格称这种“德国的行政现代化”为“新瓶装旧酒”，而在德国已出现加快行政改革的新迹象。基克特对荷兰的行政改革得出了似乎是中性的结论，同时介绍了 1993—1994 年出现的“反自主化运动”。J. 皮埃尔肯定瑞典 80 年代“更新公共组织”运动在改善公共行政与市民社会的关系方面取得了成功，对 90 年代效率至上的改革可能有深远影响。希拉克为在法国建立一个强有力国家的全面改革刚刚拉开序幕。

意大利、西班牙、希腊的改革属于第 3 种情况。本书介绍了意大利继阿马托政府（1993）之后西亚皮政府的行政改革（1993—1994），西班牙 80—90 年代主要是工人社会党政府的几次改革，希腊 80 年代“泛希腊社会主义运动”巴索克政府的民主化改革（即“重建行政计划”）、1990—1993 年新民主党政府的“全面现代化”及其后对公职部门的机构改革。这些国家在危机四伏的境地中对原有的公共机构或者组织得不完善，或者刚刚脱离“前韦伯制”状态。行政合法性和制度化成为改革的当务之急。它们之中，有的零星引进了一些管理主义的改革措施，有的则把完善韦伯制作为更重要和现实的改革目标。本书的有关论文记录了这些改革的有限成功和更多的失败。

四

读者不难发现，在11个国家中不管采用哪一种改革模式，它们在与市场选择相对应的公共领域的选择中几无例外地都贯穿着韦伯式的传统公共行政与标志行政现代化的“新公共管理”这两种基本取向的比较和争论。

70年代末、80年代初的经济停滞，引起许多国家的政府更迭：在英国上台的保守党（1979）、加拿大的自由党（1979，中断9个月后重新执政）、美国的共和党（1980）、澳大利亚的工党（1983）和新西兰的工党（1984），都在以货币学派、供应学派为代表的新自由主义经济学、市场至上和新公共管理的影响下相继被卷入了小政府和企业家政府的洪流。如撒切尔首相之于公共选择理论和货币主义理论、里根总统之于供应学派理论、克拉克总理之于新制度经济学理论，都是明显的例子。代表这一股潮流全面推进行政改革的国家，在政体上，既有君主立宪制国家，也有民主共和制国家，既有单一制国家，也有联邦制国家；在政府制度上，既有内阁制政府，也有总统制政府；在市场经济体制上，既有利伯维尔场经济，也有政府导向型市场经济；高举改革旗帜的，既有右翼政党，也有左翼政党。这些处于当代行政改革前沿的国家原来都有浓厚的韦伯式传统。它们之所以改弦易张，除了政治、经济、社会演变的背景外，主要是因为：传统公共行政强调统一规制（如科层制的等级制等）和监控，抑制了公职机构和文官的创造力，已陷于形式化和僵化，并导致人际关系的冷漠；代表国家意志的政府管理和服务，忽视公共保障和服务的多样性，对市场信号和消费者需求的反应不灵敏；公共责任（或对公众负责）已成为当代某些政治领导人对文官体系的批评指向，也是部长们居功诿过的“避风港”；事务官政治中立和政府运作的连续性被文官职业化和永业制的副作用所抵消；功绩制的核心价值则淹没在复杂的评估系统之中。总起来看，与科层制官僚机构相伴生的行政权力和公共预算最大化倾向，导致大政府、大公共开支和高行政成本，已经走向反面。萨维把它看作“工业社会的政府组织模式”“19 世纪的行政技术”。桑德斯认为，美国“具有 100 年历史的文官体制已经过时”，“联邦政府已陷于官僚规则的泥潭而不能自拔”。

这场行政改革从广阔的领域——从政府职能和运行的市场化到一批执行机构的自主化，从削减国家预算到变革文官制度，从结构调整到以顾客为取向，对传统的科层制进行了强力冲击。尽管改革在不同国家的进度和成效不一，但 10 多年的改革实践作为 20 世纪末期的一次选择公共管理方式的大规模试验，无论对新公共管理模式的检验或发展，还是对韦伯模式的改造或完善，其意义都是不容忽视的。

新西兰和澳大利亚历经十三四年的锐意革新，已走在改革的最前列，但我们迄今所获的信息仍很有限。在已进入第 19 个改革年头的英国，撒切尔首相以紧缩、减税、放松管制和私有化政策扭转了经济衰退，从二战后的“英国病”中复苏。她大刀阔斧改革的基本思路不仅为梅杰所继承，也得到工党的认同，甚至使英国成为世人瞩目的试验场，但在这场试验中也暴露出许多问题。本书中提到这场试验给人的印象是：分权和增加管理的灵活性有利于提高效率，但也导致本位主义、分散主义、保护主义以及公共开支和行政成本的提高；半自治性的执行机构成为管理、服务水平的促进因素，但未达到减少检验、控制和协调的初衷，还出现了一系列失调和失控；私有化带来了一些活力，却损害公众参与，也妨碍政治导向，有些已被私有化的公共服务部门仍然运行得很差；新的管理技术有助于提高管理的科学性，但还要有一个与公共职能相结合的消化、吸收和改革的过程；把企业文化融入行政文化之中，给公共机构注入了创新性，也构成滋生腐败的温床。对这些运行中出现的问题尽管有不同的估计，都应当认真对待。

新公共管理体制同韦伯制一样，除了理想模式与现实之间的种种脱节，还存在着一些理念性的矛盾和冲突。例如：从“企业家政府”和“企业化的政府”引出的公共机构与私营企业之间的异同比较；小政府和缩小了的福利国家怎样满足公众日益增长的对公共服务的期望；作为改革对象的政府和文官体系怎样发挥出更大的创造力；在实行政党政治的前提下，怎样把打破政治与行政相分离同坚持政策制定与执行相分离这两个原则统一起来；不再中立的文官怎样有效地履行其自身的职责，并保持公共政策和管理的连续性；在政治家与高级文官签订业绩合同及其评估过程中，怎样避免政治和价值观的影响；以“三 E”——经济（Economy）、效率（Efficiency）、效益或有效性（Effectiveness）为政府绩效的评估标准，怎样协调这三者之间的内在矛盾；它比照以公平（Equitable，其内涵如扩大为代际公平，就与 Sustainability 兼容）替换经济的政策评估的“三 E”标准孰优孰劣；在崇尚自由至上主义（Libertarianism）的同时怎样与进步自由主义（Progressive liberalism）保持相对平衡。为阐明这些植根于实践又上升到理论高度的深层次问题，学者们已经作出了很大的努力，也存在着不小的分歧。

管理主义的改革论者把标志着管理和技术进步的新公共管理看作后科层制的行政发展阶段，它代表当今各国行政改革的主流。这是因为，“由相对独立的民族经济、线性关系、政府官员所熟悉的离散变量甚至常识等组成的世界，已经让位于一个全新的世界。新的秩序更富挑战性而更少顺从性”。因此，“思考适应未来需要的最佳组织方式十分重要”，彼得斯估计，“鉴于目前公务员的形象和信誉岌岌可危，如果没有政治上层持续和有力的支持，很难想象会回到官僚制度的伊甸园时代”，甚至在瑞典的概念框架中，“国家的角色似乎正从‘统治国家’向‘交易国家’转变。公共机构只是管理过程中的重要角色之一”。

非英美政治文化传统的一部分欧洲大陆学者持有局部相近的看法。如在采用管理主义的改革措施较多的荷兰，基克特认为：“为了达到政府工作更好而花费更少，接受商业部门管理技术和市场竞争等办法是值得的，但仅仅这点还不足以创造公共管理的新模式。”对于改革初见成效的瑞典，皮埃尔强调，“90 年代早期的瑞典行政似乎不是一个设计公共行政理想模式的问题”，将为缓解国家财政问题而探索公共服务供给模式置于更重要的地位。此外，也有与“主导行政现代化内容的管理主义”完全不同的观点。本书的德国作者认为：公共部门现代化乃是“承接对传统经济政策的重新思考，而不是管理主义思潮”。法国作者进一步提出：“人们不能简单地从英国的‘管理主义’理论的严格标准来评价欧洲的行政现代化进程。英国的例子并不是要所有欧洲国家都来仿效的样本。”

在行政传统和创新、渐进改革和激进改革并行的两大潮流中，都有一些出于现实主义和求同思维的兼容现象和观点。英格拉姆得出的一个重要结论是：“在许多情形下，统治传统和管理主义传统结合在一起，由于两者经常不一致，它们的结合导致了内部不协调以及相互冲突的改革。”斯帕努基于对希腊的个案分析，把行政现代化界定为“传统官僚制与新公共管理举措之间的新的平衡”，或者如班贝格所揭示“以折中主义的方式显示的一种后现代主义的风格”。这种调和观点甚至在认同或主张激进改革的学者当中也不乏其例。彼得斯在集中介绍政府管理的四种替代模式的同时，“也主张一种可能的模式，就是重新强调原有模式，让公务员发挥不那么明显的政治和政策作用”。萨维建议把公共活动分为项目管理和政策设计两大类：大规模常规公共服务可以由科层制组织承办，灵活项目和政策设计需要完全不同的组织模式和管理结构。桑德斯力主“美国需要一个新的公务员体制模式，它既能保证现行体制的核心价值，又不陷于官僚规则之中而降低公共服务效率”。这种现实和理念给人们的启示是，正像现代市场经济都以市场和计划两只手并用而具有混合经济的实质那样，今后在可预见的相当长时期内，即使是发达国家的“行政现代化”或许同样离不开科层制和后科层制这两只手，总体上也只能是混合式的。

新公共管理是同传统公共行政相比较而存在、相竞争而发展的。对于它们的优劣甚至兴废，我们还要从许多论文所指出的这场争论的核心问题即政治与行政的纠葛中去作进一步考察。

五

自20世纪初F. 古德诺发表《政治与行政》的著名论文、主张将政治与行政这两种政府职能分离以来，两者的关系连同政治家与（职业）文官的关系这个政府管理中的世纪性问题延绵不绝，迄今仍是传统公共行政与新公共管理相交织和更替的改革中的一个热点。从大趋势上看，20 世纪从始到终，政治与行政在错综纷乱的格局中经历了从分到合的过程。时至今日，这个被彼得斯称作“行政现代化的中心问题”的两者关系问题正朝着文官体系的政治化即强化文官决策、政策功能的方向演变。所谓政治和行政的“两分法”转为两者的交互关系，重归统一于政治过程，而专注于公共行政的政治方面的“治道”（Governance）研究正以独树一帜之势悄然兴起。

探讨这 10 多年来政府职能或文官体系的政治化倾向，似乎有两条轨迹可循：

一是从古德诺的定义，“政治与指导和影响的政策相关，而行政则与这一政策的执行相关”，到后行为主义政治学基于其核心概念“关联”将政策制定看作政治与实际相联系的结合部，政策制定都等同于政治而与行政相分离。新公共管理一方面接过了将两者分离的原则，意在使政府的政策制定、战略分析功能和日常管理、服务功能专一化而得到“双向加强”；另一方面又要求文官系统更多地参与决策、介入政策制定（在“参与式政府”模式中更加强调这一点，同时也有与此相反的理解），即文官功能的“双向加强”。后者在政治家与文官的权力再分配中显然倾向于文官固有的内在意向，但它即使改革目标复杂化，又增添了模糊性。

二是发起和领导当代行政改革的政治家在推进政策制定与政策执行分开的同时，更加关注文官对政治的响应性，即服从政治家的领导。这同他们倡导的新公共管理的改革方向背道而驰。英格拉姆称这种与文官有效履行自身职能不兼容的响应性为“政治的产物”，但成为两大改革传统的共同点。在欧洲许多国家，这种加强政治控制的浓墨重彩，已使原本清晰的党派分异黯然失色。

从这两条轨迹的重合中，我们看到了英格拉姆提出的“政治目标、政治日程与（政府）机构改革的现实之间常常相互脱节”的一种例证。彼得斯也很清楚“市场模式在思考公务员的政策职能时存在着根本的矛盾性”。鲁邦、齐耶对欧洲国家这种“现代性的‘管理’与政治化推动的形式结合在一起的反常现象”提出了一种解释，以法国为代表，其原因在于政府在“重新定义行政与政治之间的关系”时无力强调“政治优先权”。

新西兰和瑞典是沿着第1条轨迹前进的少有的代表，它们的改革既减少政治控制又取得了进展。但新西兰由部长负责结果、执行主管负责产出的角色分离还有待于全面评估。在瑞典还没有找到政治控制的理想模式。

多数国家的改革在并轨运行中加强了对文官的政治控制。英国重建政治权威，荷兰强调政治优先和民主控制，代表了这样的趋势。在德国、法国、西班牙、澳大利亚也都如此。评价政治化的后果颇为困难，但它的两重性是显而易见的。

过度政治控制使一些国家的改革深受其害。希腊历经两党“政治竞赛的灾难”，据称实质意义的行政已不复存在。在意大利，持续中的政治和行政危机还在加剧。

讨论政治家与文官的关系或者政策制定与执行的关系必然涉及它们的组织载体及其职能，也就是政府部门下放权力和执行机构自主化的问题，这也许是加强或者减少政治控制的焦点所在。

瑞典政府以其强大的自治机构或代理机构在中央和地方担负着广泛的公共供给和服务职能著称于世。它既有政治控制与机构自治相结合的传统，也面临着不同取向的改革压力。在80年代的改革中，瑞典各部获得目标自主权。推行新公共管理的英国在90年代吸取瑞典的经验，广泛建立相对独立的半自治性的执行机构。荷兰的部内自主化机构、丹麦的契约局或国有公司、法国的责任中心、加拿大的皇冠公司以及特别执行局、新西兰和澳大利亚的国家公司，也属于同类产物。从管理的轨迹着眼，它要求减少政治控制，而这恰恰同政治的轨迹大相径庭。因此，不能把执行机构及其执行性任务孤立起来，它实际上牵动着行政改革的许多环节：

一是荷兰通过3方面的重新思考弄清了如下问题：对执行机构的日常管理、服务职能与核心部的政策制定职能应当同步加强，执行机构的自主化与核心部的间接控制应同步加强，执行机构的自主化与核心部的间接控制也应当配套进行。从这里可以看到，管理主义的改革很快超出管理主义的范畴而涉及政治控制的核心问题。

二是英国改革过程中出现了一系列非预期后果——可以同吉登斯（A.Giddens）社会学中的“有意图的行动”的“非意图性后果”相类比，大都与执行机构的运作有关。为消除这些不良后果，必须进一步解决部长与执行主管的相互关系、决策与执行分开的具体界限以至于其合理性等更深层次的问题。加强或者减少对执行机构的政治控制之争还没有停止。

三是在瑞典 90 年代以提高行政效率为目标的结构性改革中，一方面促使执行机构摆脱政治影响，更加自主化；另一方面，许多执行机构因职能转移而被撤销或合并。这又提醒人们，执行机构还有一个自身改革的问题。

围绕这个“行政现代化的中心问题”，彼得斯作出了这样的总结：在改革中最大的受益者是政治家，处于不利地位的首先是高级文官。这势必掩盖着许多问题。即使在新西兰，“尽管管理实践和管理理论已经转变，但公共行政中的永恒问题（即文官与政治家的关系）依然存在”。行政改革不可能毕其功于一役。

六

通过本书打开的瞭望西方世界行政改革的小小窗口，我们看到的是：各国改革实践的异彩纷呈，成就和矛盾盘根错节，行政理论从相对贫乏变得活跃起来。

韦伯的科层制是在 20 世纪初期信奉国家力量和政府活动组织化的高潮中创立的。随着它的理性原则逐渐植根于各国政府，其固有的局限性和非理性的官僚病态的消极影响也与之俱来。二战后的经济、社会发展使西北欧的“福利国家”政策陷入困境，导致 70—80 年代减少政府干预经济的新古典主义抬头，继之也有 90 年代强化政府干预的经济思想的反弹；在政治学领域，既有 70—80 年代对过度组织化的“巨型国家”或“国家巨人症”的批判，也有随后“国家”范畴的复归；在国家-社会关系理论上，既出现了工具理性的“无国家政治系统”，也有因循科层制金字塔的“权力精英”论。与它们相应相分的韦伯模式在一些国家被认为缺乏灵活反应和自我更新的能力而过时，不再适应当今世界的需要；而在另一些国家，有人担心“行政现代化的推动者正在把小孩和洗澡水一起倒掉”。

从信奉市场力量和现代企业的“消费者导向”以及“企业再造”中汲取营养的新公共管理，在一些大规模实践中既显示出生机和活力，也积淀着新的问题。它适应并推进了政府活动的非组织化以及公共组织与私营机构的合流。没有人怀疑公共管理与私营企业管理具有相通性，即使韦伯早年也看到了这一点。他曾提出：“那种认为国家机关的活动与私人经济办公室的管理工作本质上有内在差别的观点，只是一种欧洲大陆的看法，并且从对比的角度看，与美国方式完全不相适应。”在他眼里，经过了彻底而且熟练的培训的专门化、现代化的办公室管理，在私营企业领导、雇员、国家官员身上所表现出来的完全相同。这是新公共管理赖以建立的认知基础。然而，事情还有另一面，如果看不到公共组织与私营机构之间的异质性，势必成为新公共管理的重大缺陷。

在世纪之交的这场跌宕起伏的行政改革中，新公共管理的风行究竟是一种时代的波澜还是只反映了国别的差异？它对于科层制来说是替换，或是并行，还是合流？这些问题尚有待于继续观察。毕竟在历史的长河中10多年行政改革的时间还不算长，揭示现代公共管理规律的认识还远远没有完结，从改革过程中引发的这些争论将同这场改革一起延伸到21世纪中去。可以预见的是，与信息革命和“数字化生存”相呼应的行政现代化将以比既往更快的速度向前发展。

本书各篇论文中的某些意见纷纭在一定程度上是90年代中期改革进程的反映。读者从中既可以获得信息，又必须独立判断。我们期待把这扇“窗口”开得再大一些，那样将带来更全面、深刻的认识。

附件　北京大学周志忍教授 1997 年 4 月 16 日复信

陆主任：

来函政悉，迟复为歉。

方教育长写的《序》已认真拜读，受益匪浅，本人校对和翻译有关论文时多用的是业余时间，断断续续，对总体并没有一个全面的把握。书稿收到后没有再阅读，加之已过了一段时间，一些内容有所遗忘。教育长的文章不仅使我回忆到不少内容，而且其中高屋建瓴的概括和总结分析将成为我以后阅读此书的指南。

《序》中的个别地方可能是打印错误，句子显得不很通顺，我已标明。此外，有两处我认为需要斟酌。第 1 处是第 3 页用黄笔圈起来的地方。我翻阅了原文，虽然有些东西很难理解得很透彻，但似乎现代化两个版本之间的根本区别是国家（即政府）的角色问题。换言之，管理现代化强调摆脱政府的束缚，社会现代化强调改革政府自身，用高效率的政府来指导和推动改革。这与新公共管理的全面改革和欧洲大陆的渐进改革不能一一对应起来——不能说管理现代化对应于第 1 种类型（即新公共管理）的改革，社会现代化对应于第 2 种类型（即渐进）的改革。从全书的内容来看，新公共管理的主要主张是借用私营部门的管理技术来重塑政府，这与管理现代化版本所提倡的摆脱政府束缚不是一回事。我个人的建议是删除这一段话，这不会影响到文章的结构和逻辑关系。

第 2 处需要斟酌的地方是第 4 页管理主义和新公共管理之间的关系问题，应该说，管理主义和新公共管理学派是一回事，是同一事物的两种不同叫法，《序》中“管理主义”和“新公共管理主义”的提法似乎让人感到两者不是一回事。我建议，“新公共管理主义”的提法一律改为“新公共管理”，两者同时出现时应是管理主义或（而不是和）新公共管理。这里涉及正式出版时的校对问题。我记得校对时曾把新公共管理主义改为新公共管理，但书稿中依然有“主义”两个字，以致引起读者的误解。

还有一个技术问题应考虑：《序》中有的地方引用原文标出了页码，有的地方则没有标出，建议统一起来。

方教育长的学习精神和严谨学风一直是我的楷模。可惜几次去行政学院都没能见他一面。在此请你代我向他问好。

愿你万事如意！代问克非好!

恭祝

安好!

周志忍

1997 年 4 月 16 日

泰国 NIDA 公共行政学校的 MPA 和 MPPM 教育[①]

今年 2 月 1、2 日和 23、24 日访问泰国国立发展行政学院（NIDA）下属的公共行政学校（SPA），与该校校长维匿特·森攀通副教授、DPDA 项目主任松巴通·塔蒙坦亚翁教授、MPPM 项目主任帕通姆·曼尼罗嘉副教授、国际交流部主任派讪·素里亚蒙空副教授等分别进行交谈。

一、学院概况

据介绍，二战前 40 年，泰国政府的官员培训沿袭法国传统，注重法律课程，主要培训地方政府官员。二战后与美国的交流增多，在 MPA 教育方面接受了美国的许多技术援助。与朱拉隆功大学同为泰国最著名高等学府的法政大学，素有学术自由、民主的传统，又是泰国历次学生运动的策源地。1955 年后，法政大学的行政管理教育转为美国模式，课程内容侧重于规划、资源配置、行为科学等领域，培养出来的人可以适应政府的各种岗位。当时法政大学的公共行政学院（IPA）接受外国一些基金会的资助，派许多教师出国进修，但其中大多数人回国后转岗从事其他工作。基金会鉴于教师流失严重，建议成立一所新校，把培训政府官员的事业稳定下来。1966 年以法政大学公共行政学院为基础新建了独立的以研究生教育为主的发展行政学院（NIDA）。

NIDA 下设能授予工商管理、发展经济、应用统计、社会发展等学位的二级学校和人力资源发展中心，在为政府和私营部门培养中级人才方面起了

---

① 1999 年 2 月赴泰探亲，顺访泰国发展行政学院（NIDA）。回国后整理了一份专题材料。原载《国家行政学院境外公务员培训参考资料》第 3 期（1999 年 3 月 15 日）。

重要的作用，公共行政学校（SPA）是其中最大的一个。院部连同8所地方分校现有在校生3000人（其中全日制学生600人，非全日制学生2400人）；大约40%的学生来自政府和公共部门，30%来自私营机构，另30%来自非政府组织。非全日制学生在夜校听课，NIDA入晚车流不息，灯火通明。学院主体作为一所行政研究生院，在人力资源管理上经历了从培训向教育的转化；60—70年代侧重于培训，旨在提高专业技能；80—90年代侧重于教育，注重知识、观念和思维的综合养成。据称，这是从“给鱼”到“给钓竿”的变化。同时，NIDA也有针对现职官员的短期培训项目，其内容和形式与泰国文官学院相近。

1994年和1997年，NIDA曾两次组团访问我院，并与广东行政学院有多次交往，另同陕西行政学院、四川行政学院、山东行政学院均有接触，但在双边交流合作上无实质性进展。

二、公共行政学校的MPA项目

60年代初法政大学的MPA教育是美国印第安纳大学援建的，沿用该校的课程设置，请了该校一批教授任教。60年代中期NIDA公共行政学校继承了这个模式，以后逐步转向多元化。

1966年建院时以大学毕业生为对象只招全日制硕士研究生，即“普通班”，每届60人，累计已毕业1000余人；1987年为有实际工作经验的管理人员开办了非全日制的研究生班，又称“经理班”。这两种班的学制都是两年半，都要修满45学分，其中包括核心课、方法论、专业课（选修）和专题研究。普通班每学期开4门课，多科并进，每个学分收费500铢；经理班则是单科独进，用几周时间集中上完1门课，再用几周时间学下1门课，每个学分收费2000铢。

其课程分3部分：

第1部分——基础课

公共行政英语阅读技巧（3学分）

英语补充阅读（3学分）

计算机入门（3 学分）

第 2 部分——必修课

公共行政理论（3 学分）

泰国社会和政治制度（3 学分）

公共行政研究方法 I（3 学分）

公共行政研究方法 II（3 学分）

泰国经济制度（3 学分）

组织理论和管理过程（3 学分）

人力资源管理（3 学分）

金融和财政管理（3 学分）

公共政策和计划（3 学分）

发展行政（3 学分）

第 3 部分——选修课

分“组织和管理”“人力资源管理”“金融和财政管理”“目标管理和政策”“地区和新城市管理”“司法行政”6 个专业，各设 6—9 门选修课，每门课 3 学分，此外，学位论文 9 学分。

以上课程名称与美国大学的同类项目相近，但注入了泰国的内容。案例也用泰国的，大都是单行材料。教材以选编为主。传统的 MPA 教育正处于结构性调整过程，主要是转向公共管理，并加大公共政策的分量。

公共行政学校有 20 多名专职教授和副教授，专业方向包括政治学、行为学、公共行政、发展行政、发展研究、工业经济学、城市和区域规划、区域和农业发展规划、人类学、人口学、犯罪学等，全部拥有博士学位（大部分出自美国的大学）。其中许多人在政府兼职或为政府承担政策咨询和评估，有的积极参加政党政治活动。还有 10 多位客座教授，大多来自美国大学，少部分是中国香港地区以及马来西亚和本国的教授或讲师，有的是国际组织或公司的高级管理人员，专业方向包括政治学、公共政策、社会学、经济学、市场学等。

NIDA 作为政府办的一所国家学院，许多培训项目已市场化。MPA 是营利项目，政府补贴所占的份额很小。它在泰国和东南亚国家都相当有吸引力，虽然在新加坡、菲律宾设有用英语授课的MPA项目，同NIDA都不能相比。派讪博士多次表示了愿与我院合办MPA项目或其他学术项目的意向。

三、公共行政学校的MPPM项目

60年代以来，泰国政府机构逐步缩减，私营机构愈来愈多。当时的一位总理认为，发展行政不能只着眼于公共部门，还要重视私营部门的人力资源发展。这就推动了MBA项目在NIDA的建立，它与MPA分开运行，而且比MPA发展得更为普遍。攻读MPA的学生中有许多来自私营部门，他们也要求学一些MBA课程。因此，公共与私营部门管理硕士（Master of Public and Private Management Program）作为一种新的学位项目应运而生，起初被称为MPPA，也叫作“小硕士”（MiniMaster）项目，到1995年，以公共和私营机构的主管或经理人员为对象，把公共管理和工商管理融合在一起的MPPM项目正式建立。

3年制的MPPM项目以MBA课程为基础，要求学员具有更宽的眼界，注意政治、经济、社会环境的变化，而在企业管理的某些具体内容上不如MBA专业化。

其课程分4部分：

第1部分——基础课

公共行政英语阅读技巧I（3学分）

公共行政英语阅读技巧II（3学分）

计算机信息系统入门（3学分）

第2部分——管理学

现代管理（3学分）

公共和商业部门管理（3学分）

现代组织（3学分）

人力资源管理（3学分）

财务管理（3学分）

管理会计（3 学分）

战略管理（3 学分）

市场管理（3 学分）

运行管理（3 学分）

公共和私营管理专题（3 学分）

指导下的研究（3 学分）

第 3 部分——行政环境和分析手段

管理研究（3 学分）

政治和社会制度（3 学分）

管理经济学（3 学分）

管理信息系统（3 学分）

管理法律基础（3 学分）

第 4 部分——论文（12 学分）

在最后 1 学期，学生按小组合写 1 篇学位论文。

以上，总的要求修满 45 学分，每个学分收费 3000 铢。获得学位后一般都有晋升的机会，在已毕业的学员中出了 1 名司法部长。现开设 3 个班，同时在校 200 人，而每年有 1000 人报名，市场前景乐观。它代表着 MPA 的新兴方向，近期还将发展成为国际项目。MPPM 项目不享受政府资助，还向政府交税。

对本项目的渊源关系有两种说法：维匿特校长和松巴通教授说是借鉴美国耶鲁大学的 MPPM 项目的创意开办的，但未进行双边交流；帕通姆博士说 NIDA 的 MPPM 项目是独自创立的，后来在网上获悉耶鲁大学的同类项目，至今未发现“第三者”。

四、公共行政学校的 DPDA 项目

1984 年，SPA 设立发展行政博士学位项目（Doctor of Philosophy Program in Development Administration），1992 年提升为用英语教学的国际博士学位项目，是 NIDA 的一个“橱窗”，已招收 6 届博士研究生，每届 10—30 人

不等。要求毕业生修满包括核心课、方法论、专业课在内的30学分，通过博士学位资格考试，完成学位论文（36学分）。现任项目负责人松巴通教授称：从这里培养出来的行政学博士，不仅具备广博的知识，而且要转变思维方式，即能进行理论思维，并有建构模型的能力。据估计，这是世界上最具规模的行政学博士项目，其学术水平不低于欧美大学的同类项目。在他主持下的DPDA项目的20门课程正在进行一轮改革，总的趋势是向管理学靠近。例如原来的“发展行政”课改为“发展的理论和概念”，原来的“行政发展”课改为“当代管理和组织”等，内容都有拓宽和更新，并起用一些新人授课，学生反映不错。

2月2日晚，旁听M.约翰斯通（客座）教授（美国哈佛大学公共政策博士、联合国亚太经社理事会老龄化问题和发展顾问，原澳大利亚卫生部第一助理部长）的一堂公共政策专题研讨课。这是按教学计划在6周内围绕行政发展、公共政策、论文设计3个主题举行5次小组研讨会中的一次。课前布置全组学员分别阅读题为《澳大利亚政府的医药价格战略》（1990）的学术论文，并指定两位学生作中心发言，其他学员和教师提问和补充。从教师归纳和讲解中得知：本论文以福利经济学理论为框架，还涉及新制度经济学的代理理论和合约理论、信息经济学的博弈论，在方法学上运用了回归分析、自然实验、需求和价格模型、国际比较等技术。最后列举公共政策博士论文的研究要素：

——确定领域

——限定范围

——寻觅指导教师

——提出研究重点

——把研究内容框架具体化

——对本项政策的质疑

——元分析（文献评述）

——可行性研究

——选择先导模型

——实质性研究

——自然实验

——回顾和反馈

——慎于用词，不说大话

——确认结论

——成果的泛比

在这一系列研讨会的基础上，每个学员完成“行政发展”“公共政策”两篇论文和一篇100页的论文框架设计，为最终的学位论文做准备。

23日晚，再到现场观摩乌泰教授的行政发展专题研讨课，因临时调课，未果。

松巴通教授介绍：在读的4名中国留学生勤奋好学，师生、同学之间相处不错，并表示愿意从中国再招博士生。

国外公务员培训实务及若干比较[①]

国外公务员培训作为成人教育和职业训练的一大类别，按自身性质的不同又分两类：一是狭义的培训，也被称作“行政官员的职业再教育”，一般包括少量的职前培训（Pre-Service Program，又称新录用人员培训或初任培训）、大量的多样化的职间培训（Mid-Career Program，又称在职培训）、后来居上的极少量的管理培训（Executive Program，属于高级公务员培训）。这些培训的内容要求与职务的联系紧密，实用性强，以短中期为主，按在岗与否分相对正规的离岗培训（OFFJT）和非正规的不离岗培训（OJT）[②]，也有两者分段穿插的中间形式。二是继续教育（Continued Education）或进修，主要是中长期的离岗或在岗学习、深造，以全面提高个人素质或技能，其中有相当一部分通过研究生教育获得学位。与公共行政或公共管理相联系的硕士学位教育以较强的应用性而成为公务员培训和教育之间的联结点，或因其与某些中长期职前培训的同构化而被纳入广义的培训概念中。

在公务员培训发源的西欧以及北欧、北美、东亚以至东南亚地区，都有培训产业发达的国家。它们实施的公务员培训和教育，有出于各自背景和传统而形成的不同模式和侧重点，各有相当的影响范围。我院从筹建迄今的 11 年间，对外考察和交流工作以欧、美少数几国和日本为重点，与 10 多个一流培训机构打交道，兼及其他 20 多个国家，积累了一批有价值的资料。就发展中国家来说，联合国开发计划署（UNDP）于 50 年代曾在东南亚（马来

---

① 成文于 1999 年 7 月。原载于《国外公务员培训实务及若干比较》第一章，综述之一，《国外著名行政院校概览》（国家行政学院出版社 1999 年版）。

② 离岗培训与岗位工作相结合，包括上司的教练（Coaching）、工作分配（Special Assignment）、岗位轮换（Job Rotation）等多种形式，本文侧重介绍离岗培训。

西亚)、中东(土耳其)、中南美(哥斯达黎加)建了3所地区性行政学院，我们同前两家偶有接触，与后者无往来。对有关国际组织，我院作为国际行政学会(IIAS)所属国际行政院校联合会(IASIA)、东部地区公共行政组织(EROPA)的团体会员，有较多相互交流。

现对11年来所接触到的外国公务员培训机构及培训实务概述如下：

一、培训机构及其网络

从20世纪初开始在一些国家陆续建立起一批培育公务员的专门学校，到二战后有更大发展。就全国性培训机构来说，它们按办学功能模式大体上可分3类：

(一)以短中期在职培训为主的独立培训机构

在国别上以英国和北欧诸国为代表。就面向全国或多国的院校来说，在功能上又分为相对单一的培训型和以培训–研究–咨询为主的多功能型。

前者主要对现职公务员进行非学分制的短期培训，如美国联邦高级公务员学院(FEI)、韩国中央公务员教育院(COTI)、日本中央公务员研修院等。在它们的培训课程中往往穿插进行管理、政策方面的研究、研讨活动，不搞独立的科研项目。

后者把培训与其他有关功能结合起来，如设在荷兰的欧洲公共行政学院(EIPA)为在公共管理方面支持欧洲一体化进程而担负着培训、应用研究、咨询、出版、信息储存等诸多功能；英国公务员学院(CSC)以培训与开发、研究与咨询、推广现代管理方式为主要职责；加拿大联邦管理发展中心(CCMD)以培训和科学研究为两项基本职能；新加坡公务员学院(CSC，又称民事学院)除设政策发展学院、公共行政管理学院外，还有一个公共服务咨询团(CSCG)，为政府部门提供咨询服务，促进人力资源开发。丹麦公共行政学院、奥地利联邦管理学院、意大利高等行政学院、葡萄牙国家行政学院等也属于多功能型。它们从事的科学研究大多是应用性的公共管理或公共政策研究，以其成果提供咨询服务；也有把成人教育理论和教学法列为研究方向的。其成果直接用于培训。

（二）以招录-职前培训为主的独立培训机构，以考评-任用一体化项目为主的独立培训机构

在国别上以法国为代表，就全国性培训机构来说首推法国国家行政学院（ENA）。它以培养后备高级公务员为使命，把预选-招录-中长期培训-考评-任用结合在一起，对新录用公务员在职前进行定向培育，每个环节都按公平、公开原则层层选拔，以保证人才质量。西班牙国家行政学院（INAC）、希腊公共行政中心、摩洛哥国家公共行政学院、巴西国家行政学院也都有这样的初任培训和考录、考评、任用一体化项目，但在学制和职类上不尽相同。

在上述第1类培训机构，也有同政府部门合作的以招录、考评、工作轮换、职务晋升、报酬分配与人力资源开发环环相扣的培训项目。如加拿大CCMD从5年制的“管理实习生”项目到2—3年制的“快捷晋升速成培养计划”，既体现了人力资源管理内部诸要素之间的整合，又是OTJ与OFFTJ的链接，与法国ENA的优选职前培训同属人力资源系统化管理（KISS）模式。英国CSC为政府从不同部门到面向欧洲的“快捷晋升人才培养计划”专设了3门入门课程和15门核心课程。

（三）以教育－培训－研究为主的大学（有关专业）研究生院

在建制上又分单科性研究生院（如美国KSG——哈佛大学的肯尼迪政府学院）、双科性研究生院（如美国SPEA——印第安纳大学的公共事务与环境管理学院）、社会科学多科性研究生院中的一个院、系（如美国Maxwell——锡拉丘兹大学马克斯维尔公民与公共事务学院的公共行政系）。作为德国联邦大学和科研机构联合组织成员的施派尔国家行政学院（HFV-Speyer）是独立的高级行政科学研究暨培训机构，也是一所单科性行政研究生院。独立建制的泰国国家发展行政学院（NIDA）则是一所多科性的研究生院。作为澳大利亚最大公共行政和管理学院的堪培拉高等教育学院的管理分院带有高等职业教育性质。

这些研究生院不仅开办全日制公共行政和公共管理（MPA）、公共政策（MPP）硕士研究生教育，每年为政府和公共机构培养出数以万计的后备管理人才，还为公职人员开设非全日制的硕士学位课程和各种非学分制的短期培训课程。美国 Maxwell、KSG 等都设了公务员培训部。德国 Speyer 设了公务员学院（SEC）。澳大利亚堪培拉高等教育学院管理分院所属管理与政策研究中心也是全澳最大的公、私机构雇员在职培训机构。韩国汉城大学行政研究生院为在职公务员专设国家政策、科技政策、信息通信技术政策等培训课程。

行政研究生院作为高学历教育与科学研究的结合点都把管理和政策研究放在重要地位，大多设立专门的研究所、研究中心，特别在一些研究型大学的行政研究生院有更加深厚的学术研究基础。

以上（二）种办学模式在各自的发展中大都呈现出从单一功能向多功能转变的趋势，在并行发展中也有局部的对接。俄罗斯国家公务学院①集第二学历教育、研究生教育、在职公务员短期培训和资格证书培训、科学研究于一体。土耳其和中东行政学院主要培训在职公务员，也为他们提供 MPA 教育。另如葡萄牙 INA 今年开设 2 年制的高级课程，荷兰 EIPA 今年与马斯特里赫特大学合办 EMPA 项目，法国 ENA 的优选职前培训项目亦同 MPA 教育接轨等就是与这几类学校之间的趋同现象。

公务员培训机构除功能分异外，在机构属性和运行机制上也有明显差别，分述如下：

（一）政府主导、财政支持的国家培训机构

法国有一个由 60 多个职业学校组成的多层次、多类别的公务员培训系统，除全国性的国家行政学院、部门性或专业性的国家税务学院、国家海关学院、国家产业管理学院等外，还有 5 所地方行政学院。其中，隶属于总理府、作为国家级公共机构的 ENA 处于顶尖地位，由政府提供大部分经费，为政府输送高层级的后备管理人才。德国主要由政府部委组织公务员培训，隶属于联邦内政部的德国联邦行政学院（BAKOEV 或 BAK）和联邦公共管理专科大学（FHBOEV 或 FHB），由政府提供全部或大部分经费，强调公

① 现名为俄联邦总统国家行政学院。

务员为国家服务。属于同类情况的还有隶属于人事院的日本中央公务员研修院、隶属于总理府总务部的韩国 COTI、隶属于内政部的比利时联邦行政培训学院和希腊公共行政中心、隶属于财政部的瑞士联邦公务员培训中心、隶属于公共管理部的西班牙 INAC、隶属于行政部的摩洛哥国家公共行政学院以及意大利高等行政学院、奥地利联邦管理学院、卢森堡公共行政学院等。隶属于总理办公室的加拿大 CCMD，议会拨款占其总费用的 2/3。以上有些机构在不同程度上也依托市场机制运行。

（二）政府导向、依托市场机制运作的国家培训机构

隶属于联邦人事总署的美国 FEI，以短期课程“培养优秀行政官员，保证联邦政府工作的行政效率”，并“致力于为公众服务”，其办学经费主要来源于学费收入。隶属于总统府的俄罗斯国家公务学院，经费的 30% 靠政府拨款，70% 靠学费收入，据称两者结合的形式很好。直属总理办公厅的葡萄牙 INA，办学经费的一半靠财政拨款，一半从培训市场获得，它定期公布 460 多门课程“菜单”，延揽客户。

（三）市场导向的国家培训机构

这类国家培训机构已民营化，以可能的参训对象群为买方市场，与私营培训、咨询机构一起在市场上竞争。如隶属于内阁公共服务办公室的英国 CSC，1989 年改为自主性的执行机构（Executive Agencies）后，不再据有官方的垄断地位，到 1996 年不再接受政府的财政补助，以企业经营方式按市场机制招徕学员，由他们自选课程，付费入学，达到自负盈亏。在英国，公共培训机构和私营培训机构各占一半左右。其中，CSC 仍是全英最大的公务员培训机构，为在市场上取胜，该院奉行“顾客至上”准则，以 500 门短期课程为“商品”（其中，政府颁布的《培训与发展》白皮书规定的 109 门课程居于首要位置），每年举办 2500 项培训、研讨活动，参训 3 万人次（其中高级公务员、高级管理人员在 1/10 以上）。直属总理公署的新加坡 CSC 以 220 门课程、每人 120 新币 / 日的学费在培训市场上吸引着全国 75% 的公务员参训。爱尔兰公共行政学院、丹麦公共行政学院、芬兰管理学院等也都走上了民营化道路。

这些学校对公职人员的培训以短期为主，开设多门类的专题性课程，灵活性、可选性强，培训活动以学员培训日（或小时）、人次 / 日的费用成本为效率指标。

（四）公职人员培训市场化，不设国家培训机构

这在北欧国家比较普遍。瑞典、荷兰不再设置国家级公务员培训机构。澳大利亚也没有全国统一的公务员培训机构，公务员培训大都分散在各部门进行。美国虽有 FEI，但其机构和培训规模都不大。按美国总统办事机构公报（OMB A-76）中的“政府不得与民间竞争”的规定，“美国的政策是，任何时候如有可能，均须依靠民间提供产品和服务”，公职人员培训市场是向社会开放的。90 年代以来，大学公共行政学院、系在其中占有相当大的市场份额。美国的 FEI、加拿大的 CCMD 作为联邦政府最高层次的培训机构都不同包括大学在内的民间机构竞争。

（五）国际公务员培训机构

欧洲 EIPA 是在荷兰王国南荷兰省登记注册、具有独立法人地位的跨国的非政府机构，又是以欧洲事务为基础的自治性机构，旨在以改革公共管理促进欧洲一体化进程。其经费的 30% 由荷兰政府、欧盟其他成员国政府、欧盟委员会预算的专项资金提供，70% 由市场赢得。以短期为主的培训、研讨活动范围遍及欧洲内部市场，并向南美洲拓展。与 EIPA 同类性质的学校还有培养欧洲事务研究硕士的比利时布鲁兹大学和培养欧洲事务研究博士的意大利佛罗伦萨大学学院。

50 年代初期由联合国出资建立的土耳其与中东行政学院，原是面向中东各国的地区性行政学院，后来变成了土耳其的国家行政学院，由首相办公厅拨付经费。它兼有短期培训、学位教育、科学研究、书刊出版等多种功能，与荷兰 EIPA 同属介于政府的公共机构与大学之间的中间类型。

培训网络，并不是指国际行政院校联合会（IASIA）、欧洲行政院校联合会（EASIA）、全美公共事务与公共行政院校联合会（NASPAA）等大型学术社团组织，而是以某个公务员培训机构为核心或起主导作用的分支网络组织。它们依网络功能和组织程度分为以下几种情况：

（一）一体（化）型

如俄罗斯国家公务学院领导15所地方公务学院，自成一个独立系统，并成立了院长协会，不受教育部门控制。另如德国BAK除哥德斯堡的院部外还有柏林、波柏纳德2所分院和汉诺威等4个培训点；德国FHB设在北莱茵——威斯特法伦州（布吕尔）的总校领导分散在各州的10所学校（专业系），分校同时接受主管部委的监控与指导；希腊公共行政中心在4个大区设有公务员培训中心；泰国NIDA的公共行政学校对所属的8所地方分校也起领导作用。

（二）紧密型

如号称“网中之网”的荷兰EIPA，其实体机构除马斯特里赫特总部外还有卢森堡分院（欧洲法官与律师中心）、巴塞罗那分院（欧洲地区事务研究中心）；其决策机构是由欧盟成员国人事管理官员组成的董事会，每年开两次会；还有由欧盟成员国行政学院（不含荷兰）院长以及瑞士、挪威、塞浦路斯等少数非欧盟成员国代表组成的学术委员会，两年开一次会；欧盟各成员国分别向EIPA选派教师；EIPA每年的大部分培训、研讨活动分散安排在各成员国进行。EIPA不同各成员国的国家行政学院竞争，也不构成指导关系，而是相互独立的协作关系。

（三）松散型

如法国ENA与里尔、梅斯、南锡、里昂、南特等5所地方行政学院同为独立的办学实体，在培训功能上有明确分工：ENA培训A职类公务员，地方行政学院分区域培训B职类公务员，业务不交叉，相互之间保持平行的松散联系；西班牙INAC与国内17所地方行政学院（培训中心）之间、美国FEI与联邦人事总署设在科罗拉多州（丹佛）、纽约州（长岛）、田纳西州（奥克雷德）的中级公务员培训中心之间也没有直接联系。

二、培训对象和培训项目

在政府机构精简、公共机构相对扩展的背景下，对政府公务员的培训范围已拓宽到众多公共机构的管理人员而成为公职人员培训。在职短期培训机构、职前中长期培训机构、大学（公共行政）研究生院这 3 类学校在公职人员培育对象的选择上有不同定位，有的也有交叉。

（一）在职短期培训为主的学校

以在职短期培训为主的学校所培训公务员的层级大多为高、中级公务员，兼及以下层级人员。加拿大公务员培训分基层管理者、中层管理者、高层管理者、助理副部长和副部长 4 个层级，CCMD 主要培训高层管理者及以上人员；德国 BAK 以高级、上级公务员为主要培训对象；韩国 COTI 主要培训 5 级以上公务员，也培训 6—9 级公务员和临退休公务员；葡萄牙 INA、奥地利联邦管理学院等也都如此。

从参训公职人员的供职机关看，有为中央政府培训公务员的，如德国 BAK、韩国 COTI 等；有兼顾中央和地方政府公务员培训的，如美国 FEI（来自联邦政府和地方政府的公务员各占一半）、西班牙 INAC、爱尔兰公共行政学院、丹麦公共行政学院、芬兰管理学院等；有为地方政府培训公务员的，如日本自治大学校，是全国唯一的地方公务员的中央培训基地，主要培训地方政府中级以上公务员。

从参训人员的职业范围看，除了培训公务员或公职人员，还有同时培训私营机构雇员的，如英国 CSC 既培训政府的高级（1—5 级）公务员和公、私机构的高级管理人员，也面向公、私机构的中层和一线管理人员。主要培训公职人员的葡萄牙 INA、荷兰行政学院等都为私营机构雇员提供所需的培训。

（二）职前中、长期培训为主的学校

以职前中、长期培训为主的学校仍以法国 ENA 为例，其 2 年以上学制的职前培训项目在本国招录 3 种学员：一是 28 岁以下的大学毕业生（学士或硕士），约占招生总数的 45%；二是 47 岁以下、有 5 年以上实际工作经验的在职公务员，约占 45%；三是 40 岁以下、有 8 年以上实际工作经验的非政府工作人员，约占 10%。按戴高乐的指令，ENA 超越部门界限培养多用人才，其目标定位在 A 职类公务员。仿效 ENA 模式的希腊国家公共行政中心则把目标定位在 B 职类公务员。3 年制的德国 FHB 以委托培训方式为联邦各部对口培养专业行政人才，其目标定位在上级公务员。

（三）大学有关专业研究生院

大学（有关专业）研究生院大都面向社会，公开招录学员。美国的MPP专业一般招录年轻的大学毕业生，MPA专业在为年轻并有一定实践经验的大学毕业生开设全日制课程的同时也为在职攻读硕士学位的公职人员开设非全日制课程，如KSG的2年制MPA项目招录25岁左右的各科优秀大学毕业生，1年制MPA项目招录40岁左右、有10年以上工作经验的公职人员。英国伯明翰大学公共政策学院、德国Speyer等都从有实际工作经验的公职人员中招生。美国Maxwell、KSG，德国Speyer等致力于培养的未来的高级公务员，也都是复合式的专业化人才。

它们为公职人员开设的短期培训课程，对随机性的需求导向反应灵敏，学员结构不拘一格，有相对固定的初任培训、专业培训和管理培训课程，也有为满足不同需求临时设计的培训课程。到美国KSG接受短期培训的，除联邦、州、地方政府公务员外，还有国会议员、司法人员、军官和军队的后勤、文职人员，也有私营企业雇员。韩国到汉城大学行政研究生院学习国家政策课程的除3级以上公务员外，还有国会议员、将军、政府投资机构负责人、企业高级管理人员、驻外大使等。

应各方面需求而建立的培训项目（或称班次）作为公务员培训活动（包括OFFJT和OJT）运行的基本单元，也是常规的组织形式，在长期的发展中呈现多样化、系列化趋势：

（一）大学MPA学位项目

20世纪30—50年代处于一般意义上的美国公共行政硕士学位教育，基于对政府管理实践及其理论研究的深化，在60—70年代逐渐分解为相对具体、深入的两个方面：一是公共管理，它既研究政府自身的管理，即公共行政（在美国以Maxwell为代表），又研究公共事务管理（以普林斯顿大学的Wilson、得克萨斯大学的Johnson为代表）；二是公共政策研究和政府决策过程（以卡内基·梅隆大学的Heinz和哈佛大学的KSG为代表）。这项学位教育因而形成公共管理硕士（大多沿用MPA，少数也有用MPM的）和公共政策硕士（MPP）两个主要方向。

目前，以MPA、MPP冠名的应用性学位教育已构成培养政府公务员的代表性专业。德国、比利时、荷兰和英国的EMPA，德国Speyer的MAS等均可纳入MPA教育体系。

随着当代行政体制改革向深层次发展，在一些国家还出现了一种MBA（工商管理硕士）与MPA相融合的中间型硕士学位教育形式。如英国CSC与曼彻斯特商学院、克伦菲尔德管理学院为高级公务员合作举办公共服务工商管理硕士（MBAPS）学位教育，其第1部分课程是MBA必修课，第2部分是公共服务选修课，这项学历证书有助于现职公务员向高级职位晋升；在英国伯明翰大学也有MBAPS；美国耶鲁大学商学院和泰国国立发展行政学院有MPPM，同属此类。

这些项目因学员条件又分全日制教育和非全日制教育两种形式，前者是为年轻大学毕业生设置的既有职业导向性、也有自选余地的学位项目，后者是为公职人员在职深造的学位项目，在某些发达国家已呈大众教育之势。

（二）初任公务员培训项目

这属于职业性（录用后、上岗前）综合培训，也是源头培训，备受各国重视。按层次的不同，分初、中、高级公务员初任培训。对初、中级以短期培训为主，高级则以中、长期培训为主（如韩国COTI为培训5级以下的初任管理者提供的培训，每期3周；为培训5级以上的初任公务员提供的培训，每期7个月）。其中，离职或不离职的高级公务员初任培训成为整个公务员培训的热点或“重中之重”项目。例如：法国ENA的长学制职前培训、美国联邦政府的“总统管理实习生计划”、英国政府的“快捷晋升人才培养计划”、加拿大联邦枢密院的“管理实习生——快捷晋升速成培养计划”等，都是颇见成效并有很高声誉的培训项目。日本中央公务员研修院则对通过高级公务员考试录用的中央政府公务员提供6个月的初任培训后，其还要接受科员级行政培训（4天）—主任科员级行政培训（4周）—副课长级行政培训（2周）—课长级管理研讨（1周），离职培训与不离职培训穿插，循序渐进地升任局长职位，为他们开辟一条通向高级公务员之路；对主任科员及以下的年轻优秀公务员准备的“派遣培训”项目，每年选送 80 人到国内外 30 来所著名大学攻读硕士学位，选送 50 人到国内外企业、政府或国际机构实习、进修，这与美、欧的 MPA 或“管理实习生”项目殊途同归。韩国、新加坡在“持续培训”和“派遣培训”上也采取类似做法。

初任培训作为公务员培训的先行科目，不仅立项较早，而且带动着整个培训发展。近年来，澳大利亚政府从重视初任公务员培训扩大到各级公务员培训，就是如此。

（三）在职公务员培训项目

这类培训量大面广，形式多样，以短、中期居多。主要有：

综合培训，包括：1. 较普遍的更新知识、技能培训，如美国 FEI 的领导艺术项目（4 周）、英国 CSC 为新进入高级公务员序列人员的入门培训（3 天）、日本自治大学校的行政类综合培训（3 周—6 个月）、韩国 COTI 的高级政策项目（1 年）等。2. 少量的任职资格培训，除德国、瑞士有同晋升挂钩的培训项目外，以非刚性项目居多，培训期从 2.5 年（分段式，德国 Speyer 为地方政府 A 15 级公务员的资格培训）、6 个月（德国 BAK 为联邦政府上级公务员的资格培训）、9—11 周（加拿大 CCMD 为中级公务员和副部长的晋升培训）、2 周（韩国 COTI 的局长候选人培训）到 3 周（英国 CSC 为 3—7 级公务员的高级任职培训）不等。其中有些项目的资格性、规范性不是很清晰。3. 系列化的持续培训，除日本中央公务员研修院分 5 级的循序培训系列外，还有新加坡 CSC 重在开发潜能的入门培训—基础培训—高级培训—拓展培训—延伸培训系列，德国 BAK 第 4 教学部负责初级公务员的基础培训—处长的管理培训—处长挂职锻炼—司长的专题研讨会的进修系列等，是回归式的素质培训项目。

专业培训，包括：1. 更新知识、技能的专题培训，作为常设项目，其类别和参训人次更多，可谓全员培训。德国 BAK 分管专题培训的第 2 教学部承担着最大量的培训任务，其重要科目有：人事管理，领导和协调（包括部门间人员调配），工作方法与技巧，计划与决策，信息技术、财政、金融与税收，国民经济，企业经济，管理与经营，方法论与教学论等。英国 CSC

为关键岗位的骨干人员提供专业培训，占到总培训量的1/3。日本自治大学校有3—6个月的税收、会计人员培训和外事人员培训。2. 资格证书培训，如英国CSC开设专业职称等级证书培训，有助于学员通过相应的考试，取得各类“国家职业培训资格”（NVQS）。以培训者培训为例，就有培训证书项目（20天）、培训岗位资格证书项目（按政府制定的任职标准进行）、与剑桥大学合办的“培训与开发”高级文凭项目（80学分）3种。新加坡CSC也有为期1年的“培训与开发”证书项目。

高级管理培训，这是为高级公务员专设的后起项目，为数不多，十分灵活。

除韩国COTI为1—3级公务员设有10天1期的通用培训外，大都是更短期的专门培训。如英国CSC为1—3级公务员专设的123处，每年开办专题性的系列研讨会，1—5天不等。法国ENA也有高层次研讨会、研究日活动。

加拿大CCMD除为副部长、大企业总裁1周的高级培训外，分段式2—4周的综合性基础培训（或称“领导艺术”）项目，带有高级公务员轮训性质。

（四）国际培训项目

大学MPA项目大多招收外国留学生。俄罗斯国家公务学院招收德国、韩国、越南、独联体国家自费留学生。面向在职公务员培训的独立培训机构也有各种国际培训：一方面为国际组织和跨国组织培训本国工作人员，如德国BAK负责国际合作培训的第3教学部主要从事此项工作，英国CSC也有这类项目；另一方面也有为外国公务员的国际培训，如法国ENA开设18个月的国际长期培训、9个月的国际短期培训以及多种形式的国际合作培训；英国CSC以对欧、亚、非洲国家的短期培训、咨询活动居多；德国BAK侧重对东欧国家公务员的合作培训；葡萄牙INA已为5个葡语非洲国家培训1000多名管理人才；韩国COTI为亚洲发展中国家公务员开设2—3个月的培训项目。

三、培训课程和培训方法

培训课程被视为公务员培训项目的核心。几大类培训项目各有不同的课程体系。

（一）MPA 教育项目

MPA 与 MPP 教育按全美统一的 3 项规范要求由管理、政策、方法 3 方面内容组成各自的核心课程，2 者之间既有框架上的共性，也有结构性的区别（参见表 1，MPA 课程将政策细分为政策与经济 2 部分）。

表 1　美国 MPA 与 MPP 的核心课程设置

<table>
<tr><th></th><th>MPA 课程</th><th>MPP 课程</th></tr>
<tr><td>管理</td><td>公共事务探讨
机构与管理
政府管理与法
人力资源管理
领导艺术</td><td>决策与反馈</td></tr>
<tr><td>经济</td><td>公共财政与预算
政府经济学</td><td rowspan="2">公共经济学与公共政策
政策分析与评估
特定的课程（保险、福利住房、老龄问题等）</td></tr>
<tr><td>政策</td><td>政策分析</td></tr>
<tr><td>方法</td><td>定量分析方法</td><td>成本与效益分析
定量分析方法</td></tr>
</table>

如表 1 所列，MPA 课程重在政府管理和政策执行，旨在政府的完善和行政效率的提高，也被称作制度-管理性的公共行政，其基本倾向是亲政府的；MPP 课程把经济学、统计学方法应用到政策的制定和执行上来，着眼于经济分析和公共选择，也被称为分析性的公共行政，基本倾向是亲市场的。从 KSG 的 2 年制 MPA 和 MPP 课程设置可以看出这 2 种倾向性。而 Maxwell 的 MPA 所设的公共管理、定量分析、经济分析、预算和公共财政 4 类核心课程则体现了两者的融合。欧洲国家与 MPA 同类或相近的课程以德国的行政科学硕士（MAS）和英国的公共服务工商管理硕士（MBAPS）① 学位项目作比较说明（参见表 2）。

① 以中央和地方政府从事公共服务管理的公务员为培养对象。

表 2　德国 MAS 与英国两种 PSMBA 课程设置

德国 Speyer 学院 MAS 课程	英国伯明翰大学公共政策学院的 MBAPS 课程 *	CSC 与曼彻斯特商学院、克伦菲尔德管理学院合办的 MBAPS 课程
行政管理 国际关系 经济管理与州 预算与财政政策 人事管理 组织机构 行政信息技术 计划与决策	公共服务管理 财政管理 人力资源管理 机构分析 信息管理 市场学	政府的政策管理 财政、经济管理 公共服务的运行管理 社会政策的制定 政府组织法与行政法 欧洲与国际关系

* 伯明翰大学还设有 MPM、MPEM 等 5 个硕士专业方向。

表 1、2 对比，德国 Speyer 以管理为中心的 MAS 课程可视同 MPA 系列；英国伯明翰大学以管理为主的 MBAPS 课程接近于 MPA，CSC 与曼彻斯特商学院、克伦菲尔德管理学院联合开设的管理与政策并重的 MBAPS 课程介于 MPA 与 MPP 之间而偏于 MPP。

MPA 和 MPP 课程涉及政治、经济、社会、法律、管理、国际关系、信息、方法论等学科领域。在课程设置上，有学科性的，如经济学、统计学，也有专题性的，如 Maxwell 的计算机辅助决策、州和地方政府预算和财政管理、领导艺术（非独立课程），KSG 的经验性分析、公共行为的责任、怎样管理公共组织等，英国 MBAPS 课程的专题性更强。

以上有限的核心课程或必修课程，门类相对固定，内容经常更新，而门类繁多的选修课程有的成百上千，大有选择余地。

（二）初任培训项目

最具代表性的法国 ENA 的长学制职前培训，其 10 门大班公共课以管理为主，包括政策、方法，突出国际事务，分组和研讨会以政策为主，个人自学课程有一定可选性。这种课程结构与美国的 MPA 相近，有共同的学术背景，学员学历相当，但 ENA 已纳入职业教育体系，加上精英教育和培养通才的理念，其课程舍弃学科的系统性，而应用性、通用性和跨学科的专题性比美国的 MPA 更强，可以说是介于美、英、加培养高级公务员以 OJT 为主的快升系列与 MPA 教育之间的一种过渡形式。

与法国 ENA 同属职业教育范畴而在培养目标和层级上有别的德国 FHB，其行政管理专业的 6 门基础课程（相当于学士学位课程）基本上按学科设置，但注意到专业对口的工作，适应委托培训部门的需求。摩洛哥国家公共行政学院既有仿 ENA 的 2 年制高级班，又有 4 年制的普通班，课程设置与德国 FHB 的层级相当。

（三）在职培训项目

对在职公务员的综合培训课程，同样以管理、政策、方法等方面为主，兼及其他领域；专业培训课程涉及的范围更广。从地区上看，欧、美国家的在职培训课程大多侧重于管理，[①] 如英国通行的 3 类课程——宏观管理、专业管理、管理技术，可见一斑；日本、韩国的同类课程更侧重于政策，或“以政策为中心”。培训期以短中期课程为主，除各类职业资格证书培训项目外，长期课程很少。其主要特点：

一是以更新知识、提高技能为主要目的。这类课程的覆盖面带有全员性和全程性，在培训班次和人次上均居公务员培训的主体地位。至于带资格性的任职培训或晋升培训，其立项不规范，范围有限，课程设置的弹性也大。

二是更新知识、以专题授课或讲座为主要形式。除国家职业资格证书项目相对正规、系统外，大多在职培训课程都是专题性的。较长期的如韩国 COTI 1 年制的高级政策培训（122 次授课）；短中期的如日本自治大学校从 6 个月到几周的行政类综合培训或专业培训；短期的如日本中央公务员研修院为培养高级公务员的系列培训项目，不只是主题政策讲演，所有课程由专家授课，美国 FEI 常设的领导艺术培训项目不只是 30 多门专题课程，另 30 门正规课程也都是专题性的。技能培训则以参与式、互动式活动为主要形式。

三是“菜单式”选课和“模块式”组课，英国 CSC 备有 500 门课程，

① 美国在注重提高技术能力、管理能力的同时也加大了政策能力的比例。

葡萄牙 INA 备有 460 门课程，新加坡 CSC 备有 220 门课程，由用户自选。英国 CSC 的课程分割成模块，必要时以“鸡尾酒式”的组合应市；加拿大 CCMD 分个人素质、知识结构、工作技能 3 个模块，各有 5 类、十几门到几十门课程，按项目搭配运行。

四是对需求变化的反应灵敏，更新快。英国 CSC 针对高级公务员基本能力框架的系列课程、有关政策和政府机制的系列课程，都是随行政改革的步骤和要求设置的，每个培训项目中新开发的单元课程占到 45%；葡萄牙 INA 每年应政策部门的特定需求新设的课程约占 30%。应用性培训课程的变动幅度大、不易程式化，是重大变革（Crucial Change）而非一般变革（Routine Change）时期的必然反映。

培训课程是各种知识、能力、观念的载体，要借助适当的手段、方法才能把这些内涵释放、传输给参训人员，达到资源共享，即所谓“教学有法”。现代通行的常规培训方法主要有：

（一）与政府管理有关的知识传授

MPA 项目和职业资格证书项目有较系统的应用知识传授。在职培训项目不论综合培训还是专业培训都以非系统性的知识更新为主。传输形式以课堂授课、专题讲演、课外阅读为主。传输的有效性要求精选内容，分段式，启发式。传输手段除了口授还有计算机投影、演示。

（二）以有关知识为基础的经验学习

不可传输的经验、能力只能在行动、演练中习得，参与式的经验学习成为公务员培训的主要方法，可分解为：

岗位训练。指在上司“传、帮、带”下的不离职培训和轮岗培训。在美国总统、英国政府、加拿大枢密院的“管理实习生”项目和“快捷晋升速成培训计划”项目中占重要地位。法国 ENA 主体班不仅第 1 年实习，而且第 2 年在校学习期间也有相当多时间在现场参训。英国 CSC 的公职人员短期培训和伯明翰大学的 MBAPS 教育都很注重“在干中学”（Learning by Doing）的“行动学习”（Action Learning），也有许多活动是在现场进行的。

模拟教学。包括案例分析（Case Study）、角色扮演（Role-Play）、情景模拟（Situation Simulation）、管理游戏（Management Games）、文件筐练习（In-tray Exercise）和某些政策练习（Policy Exercise）等。用于课堂教学的案例分历史性案例、现实性案例、未来性案例3类。法国ENA主要采用现实性案例；美国KSG对历史性案例和现实性案例并用；日本中央公务员研修院主要采用行政政策史案例，而把“个别政策研究”作为现实性案例分析，都有成效。美国开发多媒体案例也取得了进展。

（三）介于知识传授和经验学习之间的问题研究

立足于知识的处理和运用，包括久已沿用的习明纳尔（Siminar）和现代的“行动学习”，都是参与式或交互式的。日本中央公务员研修院和韩国COTI要求学员带着研究课题来参加个别政策研究和局长候选人培训，既属于“问题研究”，也是一种“经验学习”。“行动学习”设计者认为“学习”由掌握程式化的已有知识（P）和深入透彻地提出问题（Q）两个要素组成，主张以p + Q的学、问方式取代P + q的传统学习。从学习结构的调整上看，“行动学习”可视为“问题研究”式的；从联系实际上看，它又是一种特殊形式的岗位训练。

（四）心理调适

在心理专家主持下，通过心理测评，在小组互动中加深自我认知，据以制订个人发展计划，求得自我完善。英国CSC、美国FEI、新加坡CSC都有这类专门课程。

（五）计算机网络空间教学

创造计算机中介学习环境，供应成套的培训软件包，既扩大教学空间，也提高培训效果。

各国成功的培训项目大都把参与式方法放在主位，传授式方法放在次位，但对以上几种方法各有不同的选择和组合，体现了“教无定法”。如美、英、加的管理实习生项目和快升系列项目以及法国ENA的精英教育项目把岗位训练放到主位，其他方法放在次位；美国KSG更偏好案例教学，其MPA学员必须独立分析200多个管理、政策案例（包括成功的和失败的），据称是从该校法学院学过来的，而法学院又是从医学院学过来的。实际上，用以培训公务员的这些教学方法大都来源于培养医生的成功经验。医学院通用的做法主要是从生理学、胚胎学、解剖学等医科知识的系统传输，到内、外、妇、儿科的临床实习，MPA 的授课和某些职前培训项目的岗位训练与此一脉相承；而医生对患者疑难病例的会诊则是案例分析的由来，两者都有赖于知识特别是经验的积累与参照。培训公务员与培养医务人员之所以可类比，其原因在于：这两种职业都带有经验性，不是单凭书本知识所能胜任的；加以它们所共有的社会责任感，医生以救死扶伤为己任，公务员同样负有诊疗社会疾病的天职。非常规培训方法还有很多，这里不单独介绍。

四、教师和培训者

教师和培训者（师）是设计、运作培训项目的基本资源。大学（公共行政）研究生院的教师（teacher，professor）和独立培训机构的培训者（trainer）或指导者（instructor）是有不同功能并出于不同经历背景的两种指导角色。前者在为研究生授课、释疑、引导自学、组织研讨、指导论文写作中起主导作用，要有相当的学术背景和一定的管理实践。后者面对有实际工作经验的成人学员，主要起组织、引导、协调、辅导作用，并具有管理项目、教授研究班课程（seminar）、主持专题讨论会（workshop）的能力，要有丰富的阅历和公职经验。美国 FEI 的专职教师包括大学教授和高级公务员，不仅授课，而且主持研讨活动。荷兰 EIPA 的专职教授不仅授课，而且兼顾培训组织管理工作。印度夏斯特里行政学院的专职教师大都由从政 14—15 年的高级公务员聘任，每 4—5 年轮换 1 次。日本中央公务员研修院的 5 名指导教官，都有 5 年以上的政府工作经验，他们经常跟班组织教学、引导讨论、总结评估。日本自治大学校的 3 名专职教师，每 1—3 年轮换 1 次。

大学研究生院和独立培训机构，由于培训项目的类别、数量比例和在更高层次上的总体功能差异，所拥有的师资力量和结构常有很大区别。在机构规模有限、资源不足的条件下，从政府和社会批量聘用兼职教师和培训者已成为通行办法，也是提高培训课程实用性的有效措施。

按专、兼职教师的数量比例关系，公务员培训机构分为 3 类：

（一）以专职教师为主，不聘或只聘少量兼职教师

大学研究生院大都是这样。其中，美国 KSG 的专职教师近百人，并有一批学术造诣、实践经验两全的优秀教师；Maxwell 建立了以专职、全兼职、半兼职 3 结合的复式师资结构。以专职教师为主的独立培训机构有意大利高等行政学院等。拥有 280 多名教授、副教授的俄罗斯国家公务学院作为一所多功能的综合性高校也属于这一类。

（二）以兼职教师为主，没有或只有少量专职教师

法国 ENA、德国 BAK 没有专职教师，全部课程都由兼职教师承担。西班牙 INAC、葡萄牙 INA、奥地利联邦管理学院、日本中央公务员研修院和自治大学校、泰国公务员学院等虽有少量专职教师，各项培训活动仍以兼职教师为主。

（三）专、兼职教师并用

专、兼职教师比例从 1∶2（美国 FEI）、1∶3（英国 CSC）、1∶3.5（德国 Speyer）、1∶9（荷兰 EIPA）到 1∶15（新加坡 CSC）不等。其中，英国 CSC 的专职教师多达 100 人，德国 FHB 有 70 人，荷兰 EIPA 有 45 人。此外，英国伯明翰大学公共政策学院、澳大利亚堪培拉高等教育学院管理分院、印度夏斯特里行政学院、土耳其与中东行政学院等也属于这一类。从专、兼职教师的互补性出发，搞好两者之间的平衡，是这类机构管理的紧要课题。

在这个分类基础上再加上专职教师占全校教职员工总数的比例，据此可以把 3 类培训机构依次称作学院型、社会（化）型和中间型。

（一）学院型

专职教师数量多，管理、服务人员数量少，两者一般成正比关系。[①] 从总体功能上看，大多是研究生教育、在职公务员培训、科学研究并进的多功能型。

---

① 也有特殊情况，如美国 KSG 的教师与管理人员之比为 1∶1.5。

（二）社会（化）型

专职教师不仅绝对数量少，而且相对少于管理人员。靠经常、有效的组织、联络工作来维系庞大的兼职教师队伍，要求管理人员素质高、管理工作起枢纽作用。法国 ENA、德国 BAK 都是这样的代表。而各校的管理人员数量相差幅度很大：多的 200 来人（葡萄牙 INA）、130 人（法国 ENA），中等的 50 人（德国 BAK），少的 20 多人（美国 FEI）或 10 多人（日本中央公务员研修院、自治大学校）。这同办学功能、培训规模、学制等因素有关。

（三）中间型

专职教师在全校教职员工总数中既有占比多的，如荷兰 EIPA，也有占比少的，如英国 CSC、德国 FHB、韩国 COTI、新加坡 CSC、土耳其与中东行政学院等。该类机构在总体功能上有偏于学院型的，如德国 Speyer、英国伯明翰大学公共政策学院、土耳其与中东行政学院；有偏于社会（化）型的，如新加坡 CSC 等；也有兼揽两者之长的，如英国 CSC、荷兰 EIPA 等。

在师资力量及其内部结构上保持教师和培训者之间的平衡也至关重要，特别对社会（化）型、中间型院校尤其是这样。法国 ENA、德因 BAK、英国 CSC、荷兰 EIPA 把这个问题处理得比较好，走出了各自的路子。

3 类学校的办学成本也不一样，从专职教工与学生的比例上看：法国 ENA 为 1∶2，英国 CSC 为 1∶5，美国 KSG 为 1∶7，澳大利亚堪培拉高等教育学院管理分院为 1∶20。对此还有待于进一步比较分析。

五、培训改革和发展的几个动向

80—90 年代遍及全球范围的经济体制市场化和再市场化、行政体制的激进改革和渐进改革、在发达国家掀起的信息及通信技术革新与推广、终身教育和可持续发展理念逐步付诸实施等，都对公职人员教育和培训提出了挑战，也推动着公共管理教育与培训在市场化、产业化过程中的变革和发展。

（一）全员培训和持续培训

政府功能扩张、行政事务复杂化和分权化、行政组织扁平化要求全组织培训和全员培训，并提高参训人员的综合素质。这样的培训目标不可能一次完成，要靠培训“持续化”“全程化”才能逐步做到。1996 年作为“欧洲终身教育与培训年”，标志着终身教育思潮的广泛和纵深发展。持续培训是指公务员职前培训和职间培训的回归式链接，如日本的公务员从初任到退休要接受 5—6 次培训，新加坡为“加强公务员的长期受雇力”，而实行“持续培训”“重训”“再训”，并制度化。全过程培训指 OJT 和 OFFJT 的闭路式链接，即“在工作中接受培训，在（离岗）培训中结合工作”，使两者之间的界线模糊化，也就是构筑“立体化的培训”。这就要把各级政府逐步建成“学习型组织”，并要求各类培训机构贴近政府。法国 ENA 坚持“实地学习国家管理”；英国 CSC 的培训、研讨活动在院内进行的占 60%，在院外进行的占 40%；加拿大 CCMD 从知识教学转向实践教学；还有日本的“人事异动”制度、美国的“工作循环项目”培训等，最终把公务员的全部职业生涯融入学习化社会。

（二）能力本位教育和培训

50—60 年代在美、日等国复兴的“能力本位教育和培训”（Capability Standard Education & Training），于 80—90 年代随行政体制改革大潮而流行于经济发达国家，并且在其中一些国家成为深化公务员制度改革的核心内容之一。

与传统培训不同，能力本位培训重在提高学员把知识应用于新的环境和情景的职业操作能力。在培训内容上，要从“教育取向”转变为“方法取向”和“行为取向”，也就是从“应知”主位转向“应会”主位；① 在培训方式上，要从教师讲授的课堂方式向“问题研究”的研讨会方式倾斜；在培训绩效上，要从关注过程（培训投入）向关注结果（培训产出）倾斜，这种结果因其与参训者的职位要求相联系而成为可以预期的；在培训管理上，要

---

① 在一些亚洲国家，同时出现了培训与教育融合的相反相成趋势。

从单项式管理转变为按培训周期（培训需求调查—课程和专题模块组合—分段实施—评估反馈）的系统化管理；在方法论上，要从传统的工作分析、职位分析转变为新一轮的综合评估，把职位分类中的工作评价因素和品位分类中的人事评价因素结合起来，以改进和提高组织绩效。在“数字化生存”（Being Digital）时代，对“能力标准”的开发愈来愈倚重掌握、运用各种经济与管理测评指标、统计数据和量化技术的能力。

（三）参训者“角色模式转换”

在英国、澳大利亚、新西兰等国，与大规模的新公共管理改革相适应，要求通过公务员（特别是高级公务员）培训促进学员的“角色模式变革”（Role Model Transformation），即不仅更新知识、提高技能，而要从能力、动机和态度等方面作全面的转换。

新公共管理改革的核心是用合同制管理（Contract Management）取代官僚制（Bureaucracy）管理。在宏观改革方面，要重新调整管理环境（包括法律框架和管理绩效文化）；在微观改革方面，要实现管理行为变革。对公务员教育、培训来说，要把管理的着重点转向需求管理。在全面改革时期，公务员培训需求主要不在知识方面而在组织方面，要拓宽视域，了解全局，增强宏观意识和系统观念，在顺应改革潮流中提出有助于改革的思路和建议。这就要求参训者从态度、观念、经验、行为到能力、知识的综合素质的提高。在目标管理上要确立具体化、可操作、可检验的培训目标，参训者在改革驱动下重新设计个人的培训和发展要求。公务员教育、培训机构也要作相应的变革。

新公共管理改革与“角色模式变革”互为因果关系。“角色模式变革”反映了新公共管理改革的内在需求，而在公务员培训中能否彻底完成这项变革又成为决定新公共管理改革能否深入下去的关键。

（四）培训信息化、网络化

在新技术革命来势迅猛的背景下，虽然10多年前预测将出现在许多OECD成员国的“课堂革命”并未发生，但信息技术（IT）渗入教育、培训领域的巨大势能已不可逆转。世界各国有2/3的政府功能与信息管理相连接。电子政务、政府上网对公务员教育、培训提出的要求日渐紧迫。美国联邦政府根据克林顿1995年初要求“通过提高培训和学习技术含量，以完善现行联邦政府培训和学习”的执行备忘录，成立了“总统联邦政府培训技术特别任务组”，制定了建立高技术远程学习系统框架的工作计划，营造面向终身学习的远程学习技术市场。法国去年制定了《使法国准备进入信息社会》的政府行动计划，其中包括大力发展以多媒体技术为基础的教育、培训。公务员教育、培训在信息化过程中必将趋向网络化、数据库化，并从集中型培训转向分散型培训。从发达国家的先行轨迹看，其成功要诀在于“三分技术、七分协调和管理”。

（五）培训国际化

在地区和全球经济一体化浪潮中，各大洲相继建立起地区性国家联盟组织，超越民族国家范围的某些政府管理事务正在出现。这使公务员教育、培训领域的国际合作交流日趋活跃，信息、通信技术进步也支撑着跨国、越洋的远程教学（Distant Learning）的实现。经济发达国家的公务员培训机构不仅配置覆盖面很广的国际关系课程和时事专题，而且为外国公务员专设各类国际培训项目。在欧洲不仅建立了公务员的国际培训机构，而且某些国家培训机构之间互派学员的对等交流、参训也很普遍。在亚洲，东部地区公共行政组织（EROPA）设在韩国COTI的管理发展中心、设在日本自治大学校的地方政府中心都为亚太地区各国公务员开设有关的培训课程。值得注意的是，在跨国、跨文化交往和培训中，相互尊重各自的国情特点和本土文化传统渐成共识。

六、几所名校一瞥

如同多元化的公务员教育、培训一样，基于不同文化和办学传统建成的名校也各有自己的风格。美国行政学奠基人W. 威尔逊作为普林斯顿大学校长在哈佛大学的一次讲演中说过：“普林斯顿不像哈佛，也不希望成为哈佛；反之，也不希望哈佛变成普林斯顿。我们相信民主的活力在于多样化，在于各种思想的相互补充、相互竞争。”现居美国MPA教育第1、2、3位的锡拉丘兹大学马克斯维尔学院（Maxwell）、哈佛大学肯尼迪学院、印第安纳大学公共事务与环境管理学院、普林斯顿大学威尔逊学院就是既有共性又各具特点的。限于篇幅，只能择其一二略加说明。

锡拉丘兹大学马克斯维尔学院于 1924 年与纽约市政府 1911 年创办的公共服务培训学校合并建院，是全美最早的公共行政学院。后来演变成有 9 个系、150 名专职教师的多科性的公民与公共事务研究生院。为属于交叉学科的现代公共行政构筑了良好的发展空间。其中，公共行政系的 MPA 教育作为传统公共行政专业的代表，后来兼收并蓄公共管理、公共政策等新的专业内容而不断充实、提高。在全美公共事务与公共行政院联合会（NASPAA）的综合评估中常居榜首，1998 年又以平均 4—5 分排名第 1。

为政府和公共服务领域培养了领导人才。Maxwell 竞争入学的学员起点高，在累计 6000 多名毕业生中出了一批高级文官、知名学者和各界人士，特别是供职于联邦、州、地方政府的毕业学生表现出较强劲的实力。

注重实用性，与政府的联系紧密。Maxwell 学风务实，坚持所学为政府所用。通过承担政府的研究和咨询课题、聘用有政府和公职经验的客座教授、充分利用历届毕业生资源等途径与政府声息相通。

少而精、复合式的师资结构。Maxwell 礼聘了一批知名教授，其中包括新公共行政学派立论人 D. 沃尔多教授、曾任联邦人事管理署署长的坎贝尔教授，还有几位美国公共行政科学学院院士。P. 艾泼比的《民主政府的行政与伦理》（1952）、D. 罗森布隆姆的《公共行政》（1989）、D. 沃尔多的《公共行政的变革》（1992）、P. 英格拉姆的《价值基础：美国民主的公共服务》（1995）等都是公共行政和管理的传世之作。除专职学术型教师外，还有一些全职和非全职的兼职教师，大多是在政府任职或退休的高级官员。3 种教师的互补性强。该院采取高技术化教学。全院 1500 名师生员工现有 1000 多台计算机，还有四间连通外部世界的多媒体教室。教师利用计算机演示授课，学生借助软盘参与研讨，师生之间通过 E-mail 问答、对话并开展远程教学。

哈佛大学肯尼迪政府学院（KSG）的前身是 30 年代中期建立的 Litauer

公共行政中心（后来成为研究生院），60 年代改用现名。它立足于公共管理，覆盖面宽于公共行政。二战后又在统计分析、政策评估、决策研究基础上建立起公共政策专业。1998 年以平均 4.4 分排名第 2。

依托大而全的研究型大学拓展教育的职能。20 世纪初从威斯康辛大学发端的大学“第三职能”（在教学、科研的基础上开展物化知识的社会服务）已进入哈佛校园。KSG 不仅传授知识，它“在教育上的活力和令人兴奋之处”是与其“创造知识和相互学习的方式方法”相联系的。这种创造力和相伴而来的自信心，是来源于它以往培育出罗斯福、肯尼迪，现在仍然培养着国会议员、高级官员和领袖人才的内在底蕴。

理论和实际结合。以案例教学著称的 KSG 拥有世界上最大的公共行政和政策案例库，并注意把案例的实证、实用性功能同相应的作为“概念框架”的理论背景联系起来。这得益于既有深厚学术造诣又有丰富管理经验、以公共政策专家为主的强大教师阵容，围绕核心课程编写、出版的《公共选择与政策变革》（1991）、《没有简单答案的领导》（1994）、《创造公共价值观》（1995）等都是本院教授揭示不同学科领域“概念框架”的经典性教材。

在专业化基础上拓宽知识面。与英、法等国一些名校培养通才的传统不同，KSG 首先是培养专才，所开的 4 大类课程（公共政策和公共行政、宏观经济和微观经济、外交和国际关系、法律）都从重大问题切入，专门性强，讲求深度，再结构化地融通各科知识，综合提高学员的能力和素质。

全球化触角。该院的 MPP、MCRP、MPA 专业都招收外国留学生，还有专门培训发展中国家公务员的梅森项目（E. S. Mason Program）。其政治学研究所作为连接大学和外部政治世界的桥梁和纽带，每周都请国内外知名政要来院讲演，国际化氛围浓郁。

以 Maxwell、KSG 为代表的美国的大学公共行政研究生院，其主要贡献表现在：出人才（优秀毕业生和优秀教师），出知识（教学、科研成果），也出政策思想（结业论文）。

1881 年建立的宾夕法尼亚大学沃顿（Wharton）商学院是美国最老的商学院，素以综合性见长。其教学特点是：发扬首创精神，追求学术深度与广度，拓展全球性视野，注重领导艺术与人际关系技能，培养处理问题的创新技能。近年来，它在全美工商管理院校联合会（AACSB）评估中排名第1，是MBA教育领域的顶尖名校。Wharton商学院也有MPA专业，规模不大。不能与其MBA革新的领导和强大的学术力量相提并论。

法国国立行政学院（ENA）1945年10月由戴高乐总统倡议创立，山德勃雷总理直接设计和领导。它以学会适应政府管理特点的思维方法、工作语言、工作方法和决策能力，从而保持连贯性、统一性和创造性为目标，在半个多世纪里为本国培养了5000多名长学制毕业生，除因其半数以上成为A职类公务员而被誉为“法国高级公务员的摇篮”外，还有学员分布在工商、金融、文化、学术各界，其中包括总统、总理、议长、议员等在内的名人辈出，为世所侧目。出人才，是ENA的最大成就和特色。

极富应用性、通用性的职业教育。ENA在法国高等教育中属于职业性的大学校系列。按照由servir（服务）、travailler（工作）、apprendre（学习）、gérer（管理）、évaluer（评估）、savoir（了解）组成的“stages”目标，入学第1年就是实习年，第2年不论大班的公共专题讲座还是小组课程或者研讨会都结合实际，以研讨为主。

高度竞争性、超前性的精英教育。ENA作为小型超尖子学校对学员质量的要求十分严格。入学考试前先经预备中心1—2年的培训和筛选，新生通过外部、内部“双重”考试竞争入学，毕业生按公职部当年公布的政府职位空缺和个人学业名次竞争择岗，在公务员“入口”和“出口”都体现了学用挂钩的竞争、激励机制，着眼于毕业生上岗5—10年就起重要作用。

管理有序的社会化办学。ENA没有专职教师，没有固定教材，除分散在本土和海外的实习外，在校学习的许多课程也常在政府有关部门进行。500名兼职教师（包括实习指导教师，大部分是本校毕业生），为此提供了可靠的资源保证。

“严格、开放、面向世界”。开设国际长期培训班、短期培训班和高层次的国际合作班，对外合作、交流活跃。

欧洲公共行政学院（EIPA）是随欧洲共同体的建设和发展于1981年成

立的一所以英语、法语为正式语言的国际培训机构，比上述几所名校年轻得多。建院的目标是“为欧洲范围内的公务员和其他利益团体提供有关欧盟公共管理的培训课程，收集、发展与欧盟公共管理相关的知识”。18 年来，它在实施欧洲单一市场策略、履行“欧洲联盟条约”、支持欧盟东扩、落实区域共同体政策等诸多方面起了明显作用，日益成为欧洲事务领域的重要参谋咨询机构。现正致力于“欧洲宪法”、欧盟决策行为的多数原则、欧盟机构（包括欧盟委员会和欧洲议会）和各成员国机构改革、提高公共管理透明度等一系列重大课题研究。它因肩负着推进欧洲一体化进程的历史使命而居于特殊地位并得以快速成长。

限于建院时间和培训期短，EIPA 没有像上述几所名校那样培养出成批高官显要，但在实践中已逐步形成出欧洲政策、出管理经验的特色。

欧洲特色和管理创新。“大欧洲”“新欧洲”处于当今世界地区一体化体制的最前沿。在这里不能按照传统培训方式传授既有的管理知识和技能，而要以创造新的管理方式、解决新的问题、积累新的管理经验来回应一个又一个新的挑战，舍此别无现成结论可循。为此，EIPA 每年围绕欧洲治理和政策过程（包括公共管理、法制、经济、税收、工业、农业、外交、安全、难民、环保、地区发展等）组织成百项多学科的应用研究和多国别的比较研究，并以这些研究为中心把培训、传播和咨询、顾问活动联结起来。研究成果以《当今欧洲问题》的连续出版物发布。

在实践中拓展培训的功能。每年组织资深学者与各成员国公务员共同研讨各项政策制定和实施过程中的情况和问题，提出对策建议。为欧盟轮值主席每年召开两次成员国人力资源管理官员会议准备分析报告和备忘录，起“智力秘书处”的作用。适应管理创新的要求，大量采用行动学习、官员国际交流、案例分析等新型培训方式。

较强的自主性。EIPA 作为自治性非公共机构介于自主性强的大学和自主性弱的成人培训机构之间被赋予较大的自主性。

网中之网。通过董事会与欧盟及其成员国政府联网，通过学术委员会与各成员国行政学院联网，还将牵头建立由各成员国行政学院组成的公共行政培训与研究联合体。

附件　夏书章教授同年7月3日复信[①]

克定同志：

承不弃，又以大稿见示。粗读之余，深感对有关发展战略及大计决策极有参考价值。素仰阁下乃创办学院难得之有的人，亦知这一课程内容丰富，许多项目尚未展开，仍不揣谫陋、冒昧，遵嘱略陈浅见。

一、页1段1行8："二是继续教育……"建议改作"二是广义的培训，主要是继续教育……是……"文字上稍作调整，以期与"一是"作对应，较明确。不改亦可，段末已点出也。

二、同上倒4—3行："通过研究生教育获得学位。与公共行政或公共管理相联系的硕士学位教育……"在美国，学位有一般和专业之分，具体要求和课程设置、教学方法等均有所不同。前者为MA，后者如MBA、MPA等。前者课程和论文或研究报告也可能与某一特定学科相联系，但仍然授予的是专业学位。

三、全稿关于"公共行政""公共管理"的译名有待斟酌。英文Public Administration过去几乎已定译为行政学或公共行政学，近已有称公共管理学的。特别值得注意的是国务院学位委员会对研究生专业目录的修订，已明定公共管理为一级学科而列行政管理为二级学科。此举并非偶然。

四、页3行2："KSG——哈佛大学的肯尼迪政府学院"，又是一个多义词的汉译问题。G是Government的缩写，除"政府"外，还有"政治""政治学"等意思。如Department of Government即政治学系，不译政府学系。类似情况甚多，再如总统与大学校长，英文同为President，而汉语则有区

① 笔者注：该信作者精通这方面的情况，"十条"极具针对性，第十条承前启后，统领全篇。另如哈佛大学的肯尼迪政府学院"KSG"，存在多义词的汉译问题，在此予以破解，对初学者和饱学者均有帮助。

别等。

五、页3倒11行："进行MPA教育"，前面似未出现过，此处首次出现，宜加说明。与之相联系的如随后提到的INA、EIPA、EMPA项目等。

六、页6二，行2，"已拓宽到众多公共机构的管理人员"符合公共管理本来涵义，即原非仅指政府管理之公共行政。如后在页7提及的到KSG受短训者除政府公务员外，有议员、司法人员、军官等。

七、页8段3行1："在一些国家还出现了一种MBA……与MPA相融合的中间型硕士学位教育形式"，除英之PSMBA、美之MPPM等外，美国曾有MBPA学位之试验，可谓MBA与MPA相融合之典型。

八、页15关专、兼职教师问题已有专题研究，也很值得研究。如美国FEI即与附近的一所大学合作，英、德、荷、新等国情况，亦反映这方面的现实。看来，从实际出发，办出自己的特色，仍须深入探讨。

九、页20段3关于KSG：40年代中期鄙人在Littauer待过。"立足于公共管理，覆盖面宽于公共行政"非常中肯。联想到前已述及的国务院学位委员会研究生专业目录修订的事，于此可得启发。

十、在对国外有关情况作若干比较之余，问题是如何以我为主，我们怎么办。总结、研究十分必要。我正注视即将成为热门前沿领域的知识管理的兴起。

问好！

夏书章

1999年7月3日

角野幸三郎谈日本公务员制度的沿革和特点①

两年前我曾应国家行政学院邀请，给大家介绍了日本公务员制度的沿革和特点，也涉及公务员培训方面的情况。这次主要围绕日本公务员制度和人员素质回答一些问题。方克定先生有关日本公务员制度和队伍现状以及跨世纪的发展变化问题提得好，提到了要害处。这原本是日本政府、政治家的事，我主要介绍日本人事行政部门的想法，同个人见解糅合在一起，总体上是讲制度改革，公务员队伍本身也存在一些问题。

一、日本公务员的数量和质量

公务员工作效率高，所花的成本就低，成本主要反映在工资总额上。简单地说，日本公务员总的数量在减少，而质量却同时在降低。政府减少干预，有些事放手让民间自我管理，也就是方先生提到的“缓和规制”，是公务员数量减少的一个很重要的原因，但是不仅政府减员，在经济不景气时民间企业也在减人。一旦经济好转，又会增加人员。因此公务员的数量不是简单的增减问题，而是同经济发展的背景相关的。

在一个较长的时期内，青年人从20岁进入公务员序列干到60岁退休，有40年的职业生涯。如每个公务员都干40年，公务员平均年龄就会不断上升，形成令人担忧的问题。在日本，减少公务员的数量不是让他们中途离岗，而是从入口上减少录用，因此这支队伍的年龄和知识都在不断

① 原载于国家行政学院《境外公务员培训参考资料》第14期（1999年11月23日）。成文于1999年10月27日，由奚长兴根据谈话记录整理。角野幸三郎，时任日本人事院事务次官，被誉为“日本公务员之父”，著有《日中公务员制度及人力资源开发共同研究》（高千穗商科大学综合研究所1996年版），1997年5月6—7日在国家行政学院发表演讲，并与部分教师进行学术交流。

老化。回想二战后到50年代，我们这一代从学校毕业进入行政部门时，公务员平均年龄不过30岁，现在的平均年龄达到40岁。这已到了年龄结构的分界线，过了这个平均线，就是老化的队伍，从而引发公务员制度上的新问题。

政府和民间机构都要控制人员数量，使其保持在合理的水平上。民间机构可以延长人员退休年龄，政府机构也在注意发挥高龄人员的作用。但两者在人员组织形式、录用方式上有很多不同，民间组织按市场化的方式随时录用人员，而政府按非市场方式，不中途录用公务员，在内部调整上也比较困难。这与美国有很大不同，美国政府和企业都按市场化方式随时雇用和辞退人员。日本政府对公务员是终身雇用的，近年来虽有变化，但不明显，改变传统的做法不容易。

以上讲的是公务员数量与年龄的关系，下面讲公务员数量与质量的关系。日本公务员的素质问题，从表面上看，总体的国民教育学历在上升，但学力在降低。学历与学力本应成正比关系，学历高学力也强，但实际上，我发现年轻一代通过学历教育真正掌握的东西在减少。我在二战前入学，是旧教育制度培养出来的。二战结束后按美国模式建立了新教育制度，经过这50多年，正好可以作比较。我认为后来毕业的学生在知识的掌握和运用方面不如我们当年的一代。我从大学毕业参加工作以来，看着每年新录用的大学毕业生一届不如一届。大学毕业生走上工作岗位后，积累工作经验有快有慢，总起来看，战后陆续毕业的不如我们那时成长快。

二、日本新教育制度对公务员素质的影响

公务员的素质与教育制度关系太密切了。我认为战后日本引进美国的教育制度是不成功的。从战前说，在日本旧教育制度下每个人根据自己的特点选择求学道路，有做研究的，有做管理的，还有动手实干的，分几条线。原来日本有各种专科学校，即职业教育很发达，比较注重能力的培养，高一、高二、高三毕业生分别升入不同的学校，形成能力的台阶。后来，教育改革把专科学校全都并到大学，成为学历教育，那是美国的一套，学生从小学一

直上到高中，然后都上大学。这样，求学的道路只剩下一条，大家在同一条路上为通过考试提高学历而奋斗，在分数上争高低，实际上是“应试教育”，影响了能力的提高。

战前在日本也有高学历的教育，学生高中毕业后上大学，被看作一种能力的象征，并不作为身份的象征。引进美国教育制度后，把学历作为身份的象征，社会上形成这种看法是很麻烦的。现在看学历，确实比过去高了很多。但不像过去那样注重实际能力了。按日本旧的教育制度，学校与学校不一样，有普通学校和名校的区别。美国占领军总部认为这是封建的一套，要讲“平等”，结果把名校取消了。实际上，人的能力有强有弱，不可能是平均的，取消名校后把能力强的和弱的混在一起，教育向大多数看齐，大家受同样的教育，这就使总体教育水平降低了。社会上男女要讲平等，对个人的尊严也不应有差别，但对人的能力要承认差别，用绝对平均的办法评价是不行的，这不利于真正发挥人的才能。

当然，日本正在进行教育改革。改革的方向是设计多种求学道路，为学生提供多样的选择，对能力强的学生要不断提供机会，能力特别强的要给他们更多的机会进一步提高。现在的教育搞得过分公平，本来存在的差别变成了“无差别的差别”，该有的差别也没有了。改变观念要花很长时间，教育制度改革要过很长时间才能见效。现在有的学生为了上大学，不再上高中，而去上大学办的预科学校。由于人口减少，孩子也少，许多学校为保证生源自行减少一些考试科目。数学、语文必考，而其他课程如英语可以免考，自然降低了学员质量。这种教育制度培养出来的人当上公务员，素质不可能高。

现在的大学毕业生为进入工作岗位，都要拼命应付各种竞争性的就职考试。大家面对着一条路，大学刚毕业又是一轮激烈的职业考试竞争。一些大学毕业生被有名的大企业录用，不是因为他们的职业能力强，而是应试能力强，一旦上岗并不适应工作。所以人们得出结论，还是要培养精英，为能力强的学生提供优质教育，不要因为教育普及了而抹杀精英教育。像我们这一代，虽是在日本战败后进入公务员队伍的，但在占领军管制下决心在行政管理方面不能劣于美国，要与他们争强，这是我们这代人的心声，所以我们对工作都全力以赴。

三、日本行政伦理立法和教育制度评价

以前，日本没有为公务员立伦理法，但新教育制度培养出来的大学生，有的进入政府高层官员序列后出了很多问题，不能不通过行政伦理立法来解决。伦理道德是最基本观念形态的东西，我们那一代人从未考虑过要把伦理和法律结合起来，那时候根本不需要立什么伦理法。

日本国会今年 8 月 13 日通过了公务员伦理法。各省厅在此以前制定了很多具体规定。尽管有这些规定，还是不解决问题。这些伦理道德方面的东西，本来在青年时代受教育时就得解决，但由于教育的失败，不得不通过建章立法来弥补这一失败的结果。所以，公务员数量在减少，平均年龄在上升，而素质在降低，这已成为日本公务员制度方面的一个大问题。

现在日本已进入反省阶段，整个国民对日本教育都在反省，政府就教育问题，包括小学、中学、大学、职业学校的问题，成立了许多审议会。我退休后，参加教师资格审议会，参与拟定制度，保证教师的质量，已工作了 9 年。公务员界对教育制度非常关心和敏感。我在这方面的感受很深，当年大学毕业参加工作时，美国新潮流涌过来，而我从那时起坚信，在别国很成功的东西，在本国不一定适用。别人的一项制度拿过来，要在风土民俗、传统文化和历史进程这 3 方面相通才能适用，否则就不适用。所以我们在建立公务员制度时，经常与美国人吵架，美国人很蛮横，但我们仍坚持自己的一套。许多人早就意识到日本教育的失败，文部省则是刚刚认识到这一点。由于文部省大部分人是美国留学生，大多亲美。当然文部省要搞改革也很难，因为日本的教育工会非常强大，也很顽固，不能触犯他们的利益，这个现状很难改变。

国民教育为日本公务员培养了后备力量，他们被录用为公务员后，通过工作岗位上的学习和到各类公务员培训机构参加研修，可以弥补知识和能力的不足。但人的精神是很难通过培训、进修来培养的，只能从小学、中学到

大学教育来养成。日本人事院第2届总裁佐藤达夫（1955—1965年任职），曾在1960年访问法国国家行政学院（ENA）。1970年逝世后其亲属送给我的纪念册上印了他的回忆录，从中看到，佐藤总裁原来也想在日本搞像法国ENA那样的较长期的公务员职前培训。ENA是搞精英教育的，但当时的ENA院长感叹地说："教学生学问容易，教学生精神却难呀！"佐藤与法国ENA院长有同感，回日本后没有再搞法国ENA那样的公务员教育。佐藤曾任内阁法制局局长，此人很厉害，参加了许多重要法律的制定工作，地位很重要。那时他很清楚把伦理道德放进法律中是不可思议的，伦理问题不能靠法律来调整，不能立伦理法，佐藤是搞法律的，很明白这一点。这次公务员伦理法不是政府而是议员、国会提出来的。伦理反映了人的信念和理想，主要靠个人修养，体现了东方文化特色，是从中国传到日本来的，这些东西渐渐丢掉了，才造成目前的困境。老一代日本人的教育深受中国传统文化的影响，能较好地对待金钱和物质享受等问题。到新一代就不行了，结果要诉诸立法，其实伦理与法律结合在一起是一个大矛盾。伦理问题本应在青少年受教育阶段就得到解决。

四、日本公务员的知识和技能培训

日本公务员的知识和技能培训主要有两个方面：一是在工作岗位上学习，日本通常采取团体工作方式，被录用为公务员后上司和同事都会告诉你工作该怎么干；二是离岗一段时间到培训机构学习，这能够解决一些问题，但有些问题解决不了。以上两种场合所采取的学习方式不同：在工作岗位是从事单项工作，主要是提高实际工作能力，也就是实践能力，包括文字能力、谈判能力等；在培训机构是团体式的学习，不同单位的人在一起，学的更多是进入脑子的与普遍经验和理论有关的东西，对今后工作起指导作用。

比较起来，能使人在日本公务员职业生涯中学到东西最多的方法是在岗位上向比较年长的并有相当成就的上司学习，也就是"一级带一级"的言传身教。公务员回想个人成长过程一般都会想到某位上司对自己帮助最大，并把这位上司视为“恩师”，没有他的帮助就很难成长起来，而在学校或培训机构的学习收获往往达不到这个程度。从经验规律上看，一个人参加工作后的能力发展不是一条平稳的斜线，而是不规则的曲线，有时接受恩师点拨，在一段时间里会有超常性的发挥，一下子提高很多。这种提高肯定是与工作结合在一起的。所以当上司的对部下一定要有耐心，要作指导，要看到有的人平时变化不大，但到一定的火候可能会有突发式的进步。我参加工作后的成长得益于佐藤总裁，在他的指导下进步非常快，他讲的一些话对我影响极深，对这位恩师我一辈子也忘不了。搞技术的和搞社会科学的的确不同，搞技术主要靠熟练，但搞社会科学和管理就不一样，参加管理培训很难有重大收获。在工作岗位上的上司，最最重要的是要像学校老师一样对部下尽到教育、训练并使其提高的责任。

五、日本公务员制度改革

日本的行政改革在继续推进，要进一步缩小政府机构，内阁下设机构由16个减少到12个。很难说这样的改革会不会成功，但面向新世纪各方面都要进行改革，现在正是行政改革的很好的时机。

日本90年代经济衰退，涉及公务员管理方面的症结主要是制度上的问题，由于公务员素质、结构的变化，制度也要作相应改革，人事院以公正为出发点的工作理念没有变化，每年都有一些具体的改革措施。今年8月通过国家公务员伦理法，由人事院负责实施，这给人事院加上很重的工作任务。这个法没有让内阁负责实施，是因为考虑到人事院相对独立，更有利于执法。这是跨世纪的一项工作量很大又很重要的新工作。

把行政组织机构、人事管理和公务员制度结合起来看也存在着缺陷。日本的行政伦理立法，主要是针对事务次官（相当于常务副部长）的。现在次长、局长这一层出问题多，其原因不仅仅是教育的失败，这些人通过高级考试被录用进来，在成长过程中，慢慢形成了一种特权意识。在封闭式的人事管理系统中，所有部下都由行政长官一手提拔起来，上下级关系很亲密，没有横向交流，也没有人提什么意见。还有政治家与行政长官串通一气是很容易犯错误的，日本现行政务官和事务官在分开的体制下，双方本应互相制约，现在却勾结在一起，出现了行政官、事务官的政治化，成为严重问题。为此，正考虑在省、厅增设政务次官的问题。

人事院每年都要提出对公务员工资增减的劝告（建议）。这种做法已形成制度，内阁和国会都最大限度地接受人事院的劝告。今年的劝告是在8月份提出的，其内容与过去有很大的不同，过去的劝告都是增资（5%—10%），今年却是减资，不是减基本工资，而是减少一个月的奖金。由于经济不景气，大家没有多少意见。人事院每年组织官民工资比较调查提出的数据很有信度和权威性，民间中小企业也以此为标准调资。

附件一　角野幸三郎讲演“日本公务员制度和公务员素质”的10个要点[①]

一、研究方法。不照搬外国的成功经验，继承体现日本化的“和魂洋才”（对其内涵的认识有差异）口号；不仅看决策的结果，还要看决策前的选择过程。

二、总体评价。日本这50年的公务员制度很成功。在日本，重视人的素质已成为传统，员工培训、进修之风在世界上领先。

三、成功的原因：一是19世纪70—80年代的“国民皆教育”背景；二是二战后接受了一些外来的影响（兼有正、负面效应）；三是自主的发展和创造。

四、公务员培训制度的演变，从19世纪80年代行政官吏任职前的“见习”“训练”，到20世纪40年代的“教育训练”（侧重于训练），到50年代的“研修”（更接近于教育），进一步增强研修员的主体意识。

五、受劳动力市场、社会保障制度的约束和经济长周期的影响，实行封

① 角野幸三郎演讲，1997年5月6日，由笔者整理。原载《国家行政学院境外公务员培训参考资料》（第14期）。

闭式、批量式录用应届大学毕业生，以内部育成方式进行培养。

六、立足于人才分流机制，对公务员取长期继续型、批量性雇用方式，辅以长期型的工资制度和长期继续型培训。

七、提倡团体共事，人际交流、理解、协作、互补，不惜岗位职责模糊。注重团体性培训。

八、在松散型的人职关系中确立以人为中心，全面培养人、塑造人。这也有利于定期、高频率、成批量的轮岗交流。

九、因长期继续型、团体性雇用和培训方式而注重在岗培训，推进工作、学习一体化；也很重视离岗培训和轮岗培训。

十、面临信息化、国际化的挑战，继续以人为中心，着力提高人的素质，知识与能力并重，发扬创造性。

附件二　1999年来访前学院国际合作与交流部要求准备的座谈提纲①

向角野幸三郎阁下请教几个问题：

一、现代日本以小政府、高效率、公务员总量少、领导职数少、年度行政编制负增长、组织层次相对简化著称于世。展望21世纪的日本公务员制度和公共人力资源发展，预计会有哪些新的变化和进步？

二、日本作为相对后起的工业化国家，政府主导经济发展模式及相应的国家公务员体系，发挥了至为重要的作用。而90年代日本的经济衰退也引起了对这一模式和体系的质疑和关切，其中涉及公务员制度的症结问题在哪里？

三、小渊首相在战后日本经济最严重衰退的1998年受命组阁，不得不放弃前任桥本内阁的“改革优先”理念，转向“景气优先”对策，包括行政改革、财政改革在内的6大改革均被搁置。世纪之交的日本人事院怎样适应

① 由笔者整理于1999年10月20日。

这样的变化？

四、与自民党联合组阁的自由党总裁小泽一郎提出“小政府，大社会”“强政治，弱行政”“普通国家论”等内外政策主张，在国内似成共识。这对日本的行政改革和公务员制度创新会有什么影响？

五、80—90 年代在发达国家推行不规制（或称缓和规制）政策，已覆盖众多产业，在美国并用于联邦政府人事管理领域。日本人事院对此持何态度？

六、以人为本的终身雇用和年功序列制在增进组织凝聚力和员工归属感方面起稳定作用，同时也导致组织在人员交流上与外界隔绝。据日本经济企划厅去年 4 月公布的“日本式经营体系再探讨”调查结果，现在实行年功序列制的企业占 57%，今后 5 年将有 91% 的企业采用“能力主义”，终身雇用制也要被修正，将同个人能力结合起来。在日本公务员雇用和工资制度上有无同样的变化趋势？

七、日本《国家公务员法》（1947）规定人事权具有相对独立性。1948 年设立的人事院属于部外制，构成政府系统松散型人职关系的体制背景。而从后来的发展情况看，正从部外制转变为一部分人事权与行政权相结合的折中制。这是否意味着日本官厅在人职关系上将向相对紧密型转化？

八、在法国、西班牙等欧洲大陆国家，把公务员培训当作公务员制度的组成部分，实行公务员考试录取、离岗培训、考核评定和任用一体化。在日本备受重视的公务员在岗培训，也是工作、学习一体化的；而公务员离岗培训（受美国的影响）则与公务员管理相分离。这种公务员管理与培训相互关系的“二元结构”是否将持续下去？

九、在以人为本、人情与法治相结合、富于弹性的日本公务员管理中，怎样使“勤务评定”（在中国称“考核”）得以严格执行，达到预期目的？采用现代人事测评技术是否见效？

十、1993 年在日本推出“曼陀罗计划”，兴建“信息研究及流通新干线网”，到 2015 年将把光纤铺到每个企业、每个家庭。经济企划厅最近又提出贯穿日本列岛的网络体系的补充预算方案。网络互联可以弥补行政功能的不足，而分布式的网络又将冲击中央控制格局。日本公务员制度和公务员培训如何应对信息化的挑战?

附件三　致角野顾问的信（1999 年 10 月 27 日）

角野顾问阁下:

您前天就日本公务员制度和队伍现状所作的直言不讳的深刻剖析给我们留下了难忘的印象。其中，您谈到日本公务员总量在减少，但年龄结构在老化，整体素质在降低；公务员学历在提高，但学力（学习能力）在下降，其原因在于战后日本教育的失败。这一点很出乎我的意料。

回想到您前年 5 月 6 日在我院讲演中对日本这 50 年日本公务员制度的总体评价，是“很成功。在日本，重视人的素质已成为传统，员工培训、进修之风在世界上领先”。这同“战后教育制度的失败”联系起来，可否理解为：日本公务员队伍以内部育成方式进行长期继续型培训，特别是以一级带一级的言传身教、同事间的互助和互补为主的在岗培训确很成功，但成人培训并不能弥补青年时期在学校接受人生观教育不足的大缺陷？这是否足以说明公务员制度除了搞好自身建设，还要有相应的外部条件和配套措施才能臻于完善?

经济发达国家重视行政伦理立法始于 20 世纪 70 年代，如美国《政府伦理法案》（1978）、《公共部门雇员伦理行为准则》（1993）等。

感谢您给我们带来日本国会今年 8 月通过的《国家公务员伦理法概要》。我国今年 3 月召开了九届全国人大二次会议，被确定为该会议“一号提案”的就是建议制定国家“反腐败法”的议案。由此可见两国当前在教育和法制建设上面临着共同的课题。

遥祝

康泰

方克定

10 月 27 日

附件四　角野幸三郎贺年片（2000 年 1 月 1 日）

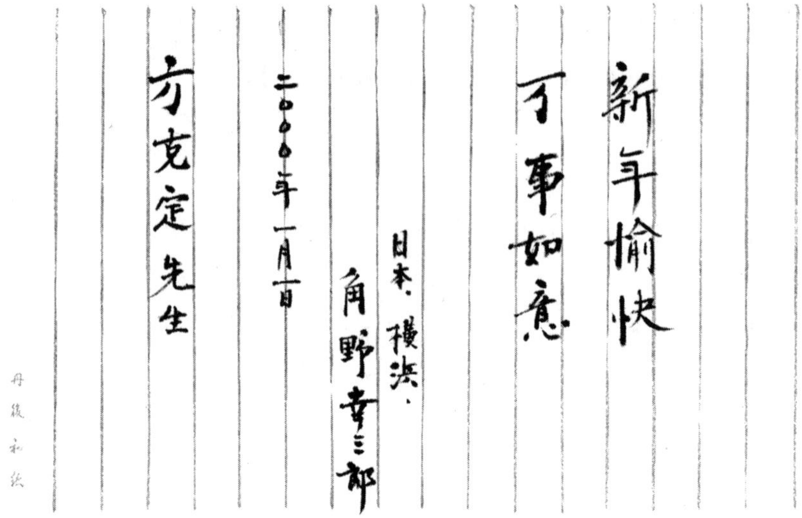

新年愉快

万事如意

日本、横浜、

角野幸三郎

二〇〇〇年一月一日

方克定先生

丹後和紙

其他资料

中国行管学会第 2 届代表大会有关公务员培训的信息[①]

5 月 17 日—21 日参加中国行政管理学会第 2 届代表大会期间，通过学术研讨会和个别活动，围绕国家公务员培训了解到一些情况和意见。分 3 方面概述如下：

一、研讨会论文

本届大会汇编研讨会论文目录 82 篇，实收论文 62 篇。其中，围绕 90 年代的中国行政管理的有 11 篇，围绕行政管理体制改革与社会主义市场经济的有 20 篇，围绕政府职能转变与机构改革的有 35 篇，围绕政策科学、行政文化及其他的有 16 篇。论文内容涉及公务员培训的有以下 3 类：

（一）有关行政管理和改革的论文对政府工作人员素质的分析

如秦瑞杰（山西省体改委）的《试论地方政府经济决策程序的科学化》，提出建立科学的经济决策程序方面收效甚微的两个原因之一是工作人员素质不适应。

王维桓（中国机构与编制杂志社）的《影响政府职能转变的几个重要因素》所列举 6 个因素之一是人员素质对政府转变职能的影响。

林河（内蒙古自治区编委办公室）的《对我区机构改革的重点和特点的认识》反映该区干部素质较低，一方面，人才知识结构单调，学农牧的、学医的、学财会的较多，学综合管理的、学现代行政管理的、学法律的、学信息的少；另一方面，老一点的经济管理干部又比较适应产品经济的按实物管理方式，不适应用经济的、法律的和行政手段相结合的间接管理方式。

---

① 本文由笔者整理，成文于 1993 年 5 月 25 日。

任钢建（贵州省公务员办公室）的《地方政府实行国家公务员制度若干问题刍议》反映该省党政机关干部18万人，有6万人是初中以下学历，占干部总数的1/3。低学历干部绝大多数是县以下基层政府工作人员。

（二）在19日召开学术研讨会的15个大会发言中，有半数以上的发言讲到了公务员培训问题

如刘怡昌（中国行政管理学会）的《论90年代中国行政管理的发展趋势》提出8个趋势之一是，提高行政人员素质将是90年代优化行政管理的中心环节。其中的一个重大课题将是通过培训及各种渠道提高行政人事素质，这不只是提高业务能力，还应特别关注提高道德素质的问题。

王沪宁（复旦大学国际政治系）的《论年代中国的行政发展：动力与方向》把中国过去10年行政系统的发展趋势归纳为以下10点。

1. 从政治式的行政走向社会式的行政。
2. 从集中式的行政走向分权式的行政。
3. 从直接式的行政走向间接式的行政。
4. 从微观式的行政走向宏观式的行政。
5. 从垂直式的行政走向横向式的行政。
6. 从维持式的行政走向发展式的行政。
7. 从规范式的行政走向应变式的行政。
8. 从管制式的行政走向信息式的行政。
9. 从内向式的行政走向外向式的行政。
10. 从权威式的行政走向信息式的行政。

这10大方向仍将是行政发展的走向，是客观的过程……现代社会的发展需要行政系统增加能量。90年代行政系统的发展重点不在机构扩大，而在能量增加。这些论点对国家公务员培训的导向意义是不言而喻的。

朱庆芳（人事部人事与人才所）的《90年代中国人事制度改革趋势探讨》提出，改革的6个具体发展目标趋势之一是人才问题将成为改革的中心问题。其中，重视人才队伍现代化文化科学素质的培养将引起各方面的关注。另一个目标是在管理技术上有一个较大的进步，其中包括人员测评技术和人员培训技术。

马敬仁（吉林大学政治学系）的《行政科学：90年代的挑战》提出，中国行政改革面临全方位的挑战。在迎接挑战的对策分析中认为，提高行政效率和行政管理水平必须从行政管理方式的改革入手，变革行政管理方式要从提高行政人员的基本素质做起。

田穗生（湖北省社科院）的《90年代中国的行政改革与行政学研究》认为，当前及今后一个时期，要在行政人员和行政机关进一步推广行政、行政管理的理论和知识，树立行政学是行政人员专业知识的观念。只有这样才有可能提高行政人员素质。

任晓（复旦大学国际政治系）的《走向21世纪的中国行政管理及其变革》提出中国正处于追赶型现代化阶段，将持续到下个世纪。在这一阶段结束之前，政府主导的色彩将非常强烈。中国行政改革的根本任务，就在于不断改革和优化行政管理体制，建立高素质、高效率的善于灵活应变的官员队伍，在加速确立社会主义市场经济体制的同时强化政府指导和促进经济发展的能力。

张成福（中国人民大学）的《面向2000年的中国政府行政》描绘体制的创新与行政发展新图式的八个方面之一是行政管理的职业化，即专业化和技术化。其中要求行政人员的现代化（包括管理观念的理性化、管理人员的知识化和专业化）、管理技术的电子计算机化与自动化、职业道德的确立。另一方面是行政文化的世俗化，其主要取向是：现实主义、理性主义、相对主义、创新主义、非人情主义、功绩主义。

陶学荣（南昌大学）的《建设与市场经济相适应的行政体制的思考》要求，各级领导干部和政府工作人员在知识结构上由单一型向综合型转变。

（三）以公务员培训和教育为主题的学术论文很少

仅见的两篇是：

赵胜勤（甘肃省政府）的《人才为本，培养跨世纪的人》强调，中国在走向“教育—人才—经济”的良性循环过程中，要培养坚毅、创新的领导人。

尤京文（黑龙江省行管学会）的《略论建立具有中国特色的行政管理学

教学体系的方法论问题》分析了行政管理学教学体系的3个层次和用于公务员培训的行政管理学教材的3个层次，着重提出各级行政学院和干部院校对国家公务员的培训教育应遵循“非程序教学体系”或“个别化的教学体系”，摆脱“程序教学体系”的机械性。

二、地方行政学院的与会代表座谈

20日下午约请江再杰（青海）、唐代望（广东）、张勋（深圳）、陈兆德（江苏）、汪志友（四川）、张春光（辽宁）、丁乃今和阎树泉（黑龙江）、李广东（山东）、达蕃钦（甘肃）、史策（福建）、汪克仁（浙江）等同志座谈，夏书章教授出席指导。座谈会上比较集中地谈到了以下几个问题：

（一）怎样处理政府机关干部培训和学历教育的关系

许多同志主张，行政学院办学要实行干部培训和学历教育并举，“两条腿走路”，或者说，以干部培训为重点，以学历教育为基础。四川行政财贸管理干部学院实行多层次、多形式办学。多层次包括本科、专科、专业证书、岗位培训和短期轮训；多形式包括全脱产、半脱产、函授、自学考试和助读等。去年对720名毕业学员跟踪调查，有34%已提升到各级领导岗位。山东省现有30万干部不具备大专学历，省委组织部要求大面积提高政府工作人员素质，由山东行政学院牵头，组织12所院校投入，实行学历教育业余化、基础课程规范化、教材选编科学化、教学管理制度化，今年招收15000名在职干部，3年取得大专学历。全部“地方粮票”，不要国家学历，不统一分配工作，不搞农转非。还准备在行政学院办60人规模的研究生班。在江苏，近5年办行政学函授教育，培养了中专、大专、本科生2万人。据未办学历教育的几所行政学院反映，在教学安排和经济来源上困难多。对行政学院办不办学历教育的问题，意见不完全一致，还需要进一步研究。

（二）对政府机关工作人员培训现状怎样估计

一种意见认为：地方行政学院对机关干部的培训与党校有明显区别，现在基本上沿用普通高校的办学模式，按干部培训需求探索新路子才刚刚开始。

与此相似的看法是：机关干部培训与普通高校有关专业在课程、教材上有共性，在培养目标、教育属性上有根本区别，但我们对这种区别的认识还不够清晰，这是由行政学院的教学改革尚处于过渡阶段所决定的。另一种意见认为：地方行政学院在教学和教学组织、课程设置、教材选编上对普通高校的模式已有所突破。此外，还有一种认识：行政学院不必过分强调与普通高校的区别，对高校传统教育行之有效的合理成分应当吸收、融合，并不一概扬弃。

（三）各地方行政学院在办学上有哪些地方特色

深圳行政学院的培训对象中，政府工作人员占87%以上。深圳市是全国公务员制度改革的试点城市之一，将用5年时间走完全国需用20年完成的改革历程。按《深圳市公务员暂行条例》（尚未出台）规定，公务员不经正规培训，不能上岗。这为深圳行政学院组织机关干部的全员培训准备了立法依据。该院还开设了几门有地方特色的课程——特区经济、公务员制度改革试点、深港公务员制度比较研究等。四川行政财贸管理干部学院按照省委、省府办公厅的要求，分别举办了2—3期党委和政府秘书长、办公室主任的岗位培训班，还出版了一本实用化、操作化的《机关后勤管理学》教材。苏南的《乡镇综合管理》，也是有地方特色的培训成果。

辽宁省建立了与普通高校、党校并列的行政学院教师职称系列，其高级职称评审委员会设在辽宁行政学院。该院去年还成立了行政管理科学研究所（对外称辽宁省行政管理科学研究所），这对完善行政管理教学、科研相结合的体制有积极作用。

辽宁省有9所地、市行政院校，黑龙江省有14所地、市行政院校。由2所省行政学院牵头，都建立了全省行政院校网络，每年开一次教学研讨会。

（四）对国家行政学院的期望总的呼声：早挂牌子，早当“龙头”，早起指导作用和示范作用

具体要求有：

1. 抓住机遇。凭借《国家公务员暂行条例》出台的有利形势，在公务员培训上造大声势，形成一股小气候。国务院经贸办去年在企业管理干部培训上就掀起了这样一个小高潮。要因势利导，抓紧办几件有影响的实事。特别要硬化公务员培训要求，打破参训不参训一个样、学多学少一个样、认真学不认真学一个样的沉闷局面。像制定《企业职工教育条例》《加强经济干部学院（中心）管理的若干意见》那样，组织起草《国家公务员培训条例》《行政学院工作条例》。

2. 大力培训师资。搞好机关干部培训的关键在于提高师资水平，要多办、常办各类师资培训班或教学研讨会。当务之急是办好推行公务员制度的师资培训班。

3. 树立样板。按照公务员知识规范—课程设置—主干课程的教学大纲—主干课程的教材—教学方法的顺序逐项突破。教材不能上下一般粗，可以不搞统一教材（也有相反的主张），但要有系统性、权威性的必修课教学大纲，首先是行政管理学的教学大纲。还要抓好行政案例，有中国特色的行政管理学在很大程度上是由中国的典型案例支撑起来的。

规划、组织科研工作。要组织力量，积极参与、承担行政学研究项目。科学研究是行政学院的“火车头”，没有它，“保持领先地位”就是一句空话。公务员培训方法的改革、公务员培训效果的评估等，也可以列为行政学院的研究课题。

加强与地方行政学院的联系。参照中央党校与地方党校的联系方式，办一个公开或内部发行的刊物（中央党校现有《党校论坛》《社会科学动态》《中央党校工作通讯》等七八种刊物和小报），不定期发行电教资料片，每年开一次地方行政学院院长座谈会。在密切纵向联系的同时，促进地方行政学院之间的横向联系。

组织地方行政学院参与国际交流和合作。举办几次国际性会议。

三、个别访谈

17—22日，先后访问夏书章（中山大学）、张勋（深圳行政学院）、陶学荣（南昌大学）、雷忠勤（山西省社科院）、刘熙瑞（郑州大学）、刁田丁（中南财经大学）、严家栋（上海行政学院）、张书庭（黑龙江省社科院）、田穗生（湖北省社科院）、尚文化（辽宁省行管学会）、王松（华东师范大学）、汪克仁（浙江行政学院）、史策（福建经济干部学院）等同志，征求对我院办学的意见。除与座谈会相重复的意见和刘熙瑞、田穗生同志另有书面资料外，对所谈意见作简要整理。

推行国家公务员制度要搞好 3 个衔接。一是现有政府机关工作人员逐步向国家公务员过渡，注意两者如何衔接。二是 1982 年曾宣布 3 年完成机构改革后全面实行岗位责任制（后来下文通知岗位责任制暂不推广），今年宣布继政府机构改革后推行公务员制度，注意这项制度与原来的岗位责任制如何衔接。三是政府机构改革中转变职能与公务员制度的职位分类衔接。

在人事制度改革中要解决好动力、激励机制问题。资本主义国家提倡个人主义，同时还有一套自我调节机制。作为社会主义国家，要把国家、集体、个人结合的机制建立和完善起来。马克思讲按劳分配，就是把奉献和索取结合起来的。一个国家如果解决不好这个问题，最终总会垮台。这个问题不解决，也必然影响培训的效果。

国家行政学院要发挥多功能。一是训练高层次的现职或后备公务员，如果只训练低层次公务员，意义不大。上海行政学院威信比较高，关键在于培训对象的层次高，培训内容是复合型的（包括政治、经济、管理、国际关系、外语、演讲、文艺修养等）。二是为政府体制、机构改革和人事制度改革出思路、出对策，这要把教师的理论优势和学员的实践优势结合好，提高针对性和命中率。三是在对外开放中起带头、牵头作用。四是对地方行政学院起业务指导作用。

公务员培训要把“换脑筋”放在第一位。中国正处在大变革时期，从系统论出发，从一种状态过渡到另一种状态要有一个转变的过程。现有政府工作人员过渡为公务员，要有新的知识结构、新的思维方式、新的工作方法，而相当一部分干部还跟不上建设有中国特色的社会主义的新形势，组织机关干部培训的首要任务是引导学员“换脑筋”。离开了这一条，其他都无从谈起。

公务员培训要从中层干部抓起。我国各部、委的副部长参与政治活动多，与西方国家政府中的政务官没有多大差别，而业务能力显得薄弱。日本政府各省、厅的政策文件都从课一级开始酝酿，课长的知识面相当宽，同相关的学术界、企业界来往密切。相比之下，我国政府部门的处长往往等上面、靠上面多，独立发挥少。中层干部要有“栋梁意识”，还要从中选好苗子，着力培养一批跨世纪的行政领导人才。

坚定不移地推行学分制。按公共必修课、专业基础课和选修课3套课程建立学分制。按学历教育、岗位培训和短期轮训确定学分制的不同档次。同时，也要看到学分制给教学管理带来的负担很重，必须采用计算机管理。把学制弄清楚了，才谈得上课程、教师和教材建设等问题。

不应忽视理论知识的传授和基础理论的研究。从地方政府的现状看，公务员培训不能局限于案例分析，对权力关系、人事制度等深层次的问题有必要作深入一步的研讨。提高理论知识水平，对公务员长期培训或短期培训来说，都应列为重要的目标之一。

处理好教学活动中的人机关系。既要通过电脑管理推进办公自动化，又要防止“电脑炎”的滋生。有的地方，计算机用得多了，人变懒了，文山会海更多了。这种现象，值得研究。

参加人事部培训司座谈会的情况反映[①]

今天上午赴人事部高培中心参加成银生司长召开的座谈会，讨论培训司起草、修改“国家公务员培训暂行规定”“国家公务员培训工作实施意见”“推行公务员制度骨干培训计划”中的有关问题。成银生司长、培训处崔德华处长、院校处王永杰处长均有发言，其中一些内容同我们现正拟订4种类型的公务员培训方案、设计2个培训班的教学计划有直接关系，要点如下：

一、国家公务员培训工作的目标

目标有3个：

（一）建立严格、有序的公务员培训制度；（二）形成以行政学院为主体，包括各类培训机构在内的培训体系；（三）建立一支廉洁奉公、忠于职守的公务员队伍，以适应我国建立有中国特色的社会主义和社会主义市场经济体制的需要。

二、4种类型培训

《国家公务员暂行条例》（以下简称《暂行条例》）第10章第52条规定的4种类型培训是基本的，其时间低限的初步安排为：新录用人员培训，即初任培训——3个月；任职培训，即资格培训——2个月；专门业务培训——不定期限；更新知识培训——每个公务员3年内累计不少于1个月。

① 本文由笔者与王毅整理，成文于1993年9月18日。

三、其他类型的培训

除以上 4 类培训外，还有其他类型的培训，如《暂行条例》第 11 章第 57 条规定的转任培训，还有事实上存在的复合式外向型培训等。

四、国家行政学院以任职培训，即资格培训为重点，要集中力量抓好这类培训的试验

新录用人员培训和专门业务培训，主要由各部委的管理干部学院和各地方行政学院承担，不是国家行政学院的主要任务。更新知识培训也不是国家行政学院的重点，国家行政学院决不能办成一般的培训中心。

任职资格培训，是借鉴法国 ENA 的经验设立的培训类型，但结合中国的情况，现在有许多问题还说不清楚。如果干部管理权限问题不解决、职位说明书不定稿，任职资格培训难以入轨。中组部和人事部去年联合发过一个《关于加强国家行政机关工作人员晋升行政职务管理工作的通知》。① 我们寄希望于国家行政学院组织试验，摸索经验。前两年，国家行政学院办的第 16 期（处级干部）培训班，请邹干印教授为协调员，办得有成绩，也有经验。第 17 期（局、处级干部）培训班，原来打算继续进行晋升资格培训试验，结果不理想，失败了。

五、推行公务员制度骨干培训，这三四个月就抓起来

一是国务院各部、委人事司长研讨班，由人事部政策法规司和培训司直接组织，国庆节后开始，学员不住校，不收费，不讲理论，用 4—5 个半天弄清《暂行条例》的精神实质和实施要求。二是各部、委主管公务员制度改革的领导干部的研讨班。初步设想两种办班方案。（一）集中培训 1 周，由国家行政学院主办；（二）组织 2—3 次讲座，由人事部主办。三是国家行政学院、高培中心有什么打算，可纳入总体培训计划。四是地方的骨干培训，稍后安排。

---

① 笔者注：据秘书处查，我院未收到此文。

这次座谈会是预备性的，过几天还要开会正式布置。这将是我院制订第4季度培训工作计划的重要依据。

围绕《暂行条例》有关章节和当前培训工作部署，我们在讨论中提出了几个需要弄清楚的问题。

（一）第52条规定4种培训的来由。

（二）每种培训的目标、内涵、重点、范围、分系列和分层级要求以及各类培训之间的关系。

（三）设计各类培训时间低限的准则和依据。

（四）除第52、57条规定的5种培训外，还有领导交办的临时培训任务，是纳入5种培训系列还是自成一类?

（五）公务员培训总体实施步骤（准备、实施和完善）与公务员制度“三年入轨”怎样衔接?

（六）在保持现行干部管理权限的前提下，怎样组织任职资格培训的试验?

（七）推行公务员制度骨干培训计划安排中对“骨干”的范围和类别怎样界定?

（八）设计推行公务员制度几种骨干培训班的前提和依据。

（九）除以人事管理干部（含领导干部）为对象的骨干培训属于专门业务培训外，推行公务员制度还有没有其他类型的培训?

这些问题，已约请成银生司长在下周深谈一次。

出席中国行政管理学常务理事会的情况反映①

本月21日出席中国行政管理学会常务理事会。在围绕学会1994年工作计划的讨论中，听到一些信息，现将与我院工作有关的部分摘报如下：

刘海藩（中央党校教育长）：今年到香港考察市场经济运行情况，在那里待了8个月。香港的行政效率很高，1997年以后的行政管理与内地如何接轨，是当地普遍关心的问题之一。

香港不论公务员还是其他从业人员，敬业精神特别强。这同他们拉开档次的分配制度有关。普通工人月薪5000—8000港币，警察7000港币，大学毕业生13000港币，助教（与科长相当）2万港币，讲师3万港币，高级讲师（与处长相当）4万—5万港币，普通教授8万港币，讲座教授10万港币（另加15%的补贴工资）。律政、财政、行政三大署的高级公务员，月薪30倍于普通工人。对于兼课教授一般不付报酬，因为教授有10万—15万港币的月薪，可以请50个保姆，讲一次课拿千把港币的讲课费没有意义。

香港的科研经费很充裕，一项研究课题可以有几百万港元。一个硕士生每月有9500港币的研究费。建议学会同香港有关方面多搞一些合作研究。中央党校准备在那里安排长期研究项目，今年已派了一些研究生到香港去研究。

张尚族（中国法学会常务理事）：加快与市场经济相适应的行政法制建设很重要。社会主义市场经济是法制经济，这不单指经济法，还有一大块是行政法。全国人大常委准备在今后5年立150个法，其中大部分是行政法。执法机关不单是公检法部门，许多政府部门也是执法部门。

① 成文于1993年12月23日。

杨洪（中国企协副理事长）：行政管理学研究同当前实际相隔很远，还是要面向实际，如翻牌公司，确定翻牌、不翻牌的依据是什么。希望多听听企业家的呼声，征求他们对行政管理的意见。

（对此，张文寿同志认为：政府转变职能严重滞后。钱其智同志认为：对于现实热点问题的研究不痛不痒）

张国庆（北京大学政治与行政管理系副主任）：借鉴外国行政管理经验，零敲碎打不行，要系统借鉴。最近听日本法政大学一位教授介绍，日本战后借鉴美国的管理经验，把美国有关的资料全部翻译过来，大家一起研究，看看人家成功在哪里，失败在哪里，哪些符合日本的情况，哪些不符合。这样把美国的做法摸透了，而不是停留在片言只语上，以后逐渐形成有日本特色的东西。

美国所有大学（含理工科）都开“美国政府”课，这是必修课。在英国，“英国行政管理”课也是普遍开设的。

1993 年工作小结[①]

年初到任后，在处理教学方面日常工作的同时，以主要精力用于：一、教学准备工作，参与了一部分教学（含教保）调研和 5 个专题的研讨活动，接待了一批地方行政学院的同志来访。二、短期培训，参与组织“教学方案研讨班”“行政学师资培训班”以及“实施公务员制度骨干研讨班”。三、出席有关会议，奉派参加了中国行政管理学会第 2 届代表大会、第 5 届全国行政院校教育研讨会等。四、与教学有关的涉外活动，陪同或独立接待了一批外宾，奉派参加了国际行政院校联合会 1993 年年会，还有台湾海峡两岸人事管理学术研讨会。五、在以教学为中心从事以上活动外，还参加了农业、环保、海洋等方面的少量社会活动。总的来说，目前仍处于入门、研习阶段。

工作中的点滴收获和体会：到新单位，对业务和人事情况不熟悉，一切从头学起，在初步工作中对公务员培训和行政学院建设的必要性和重要性有进一步的认识；抓紧可能的机会，积极开展京内外的调研工作，充实感性认识，积累资料，并逐步提高到理性上来；全身心投入两次办班实践，蹲班跟课，在提高参与程度中逐步体验培训规律；服从组织，遵守纪律，尊重领导，团结同志，注意吸收各方面的合理意见和建议；办事公开，严于律己，自觉接受领导和群众的监督。

存在的问题：对公务员培训以及相应前期工作的复杂性、艰巨性认识不足；对新单位的组织环境和工作方式还不完全适应；无论学习还是调查、研究，在广度、深度上都很不够，许多方面还没有从盲目性、局限性、封闭性中解脱出来；对周围同志的关心和帮助也不够，与非教学部门的同志接触少。

---

① 笔者作于 1993 年 12 月 26 日，由瓮斌整理。

从个人愿望上是想把工作做好的，所做的一点点工作都是围绕教学这个中心展开的。由于缺乏经验，水平低，工作比较吃力，效果不理想，教学滞后的局面没有多大变化。衷心希望得到领导和同志们的批评、教育和帮助，把工作提高一步。

附：今年完成的一些工作或成果。其中，有的有文稿或提纲，有的有录音，有的散在参与者的记录中。

2月2—11日，受农业部委托率团出访日本农林水产省。3月形成“中国农业机构考察团赴日考察报告”。

2月22日，在教学调研组全体会议上谈90年代中期我院教学工作目标的初步设想（谈话稿刊《教学调研资料》第27期）。经3月26日院办公会议讨论、修改后，摘要刊《国家行政学院（筹）简报》第3期。

夏书章教授3月16日、周世述教授4月8日来信，均有肯定性评价。

3月30日，草成《有关我院办学方向的几个问题探讨》，周世述教授5月20日来信，黎加厚博士写了读后感，均有肯定性评价。成银生副司长8月13日在第5届全国行政院校教育研讨会上的讲话第3部分吸收了文中若干见解和提法。

4月13—16日，出席中国环境与发展国际合作委员会“监测、信息收集和污染控制国际合作研究”工作组中外专家全体会议和监测、信息专家工作组第1次会议，有发言。

4月18日，草成《对我院办学特色的初步分析》（提纲）。

张镜源同志5月22日批示：“可内部研究，先不外发、外传。有些提法再斟酌。”

4月25日，草成《一些国家、地区行政学和行政学院的若干情况》。

成银生副司长在第5届全国行政院校教育研讨会上的讲话第3部分中援引部分情况，认为有参考价值。

4月25—29日，出席“中国生物多样性保护行动计划”项目第3次研讨会，未发言。

5月2日，改写《我院1993年培训计划的修订意见》（内部讨论稿）。

5月10日，在教学办公室全体会议上谈1—4月的教学调研、教学准备工作概况和对教学调研5个专题以及教保调研专题成果的分项要求。

5月13、26日，与盛树正等同志谈我院建筑设计思想几个问题的探讨、两个设计模型的比较分析和对基建工作的几点具体建议。

5月17—21日，参加中国行政管理学会第2届代表大会。25日整理形成“中国行管学会二大有关公务员培训的信息”资料。

夏书章教授6月来信：从这个材料又一次看出，你是个“有心人”。

5月30日，起草“向中国国际经济技术交流中心和联合国开发计划署的立项建议”（提纲）。

6月3日、8日，向赵东宛同志汇报对1988—1992年所办17期培训班的几点基本估计和办班经验，对今年上半年开展教学调研工作的基本估计和思想收获，对下一步调研和办班的思路探讨。

6月6日，根据赵东宛同志的布置，起草《国外行政学院情况片段参阅材料》。附：国外行政院校概况表。

夏书章教授7月31日来信：“材料”可以看出已作了不小的努力，不易。分析中肯，结论性的意见尤值得深思。

6月9—12日，赴长沙出席中国大洋矿产资源研究开发协会第1届理事会第4次全体会议，有发言。

6月14—19日，赴江西行政学院调查。27日提交《对江西行政学院的初步调查》报告。

6月29日，参加广播电视部《省级电台、电视台人员编制标准》鉴定会，有发言。

7月2日，参加国家海洋局《全国海洋开发规划》评审会，有发言。

7月16—28日，赴墨西哥参加国际行政院校联合会1993年年会。行前有个“为参加国际行政院校联合会1993年年会准备的发言提纲”，未作发言。

8月2—10日，参加本院教学方案研讨班，在3日开班式上作了补充发言，在9日结业式上作了综合汇报。

张镜源同志提出：这个综合发言是用了功的，又是很初步的，事前没有经过研究。

8月13—20日，赴石家庄参加第5届全国行政院校教育研讨会。16日在全体会议上作了“参加国际行政院校联合会1993年年会的情况汇报”。

“研讨会纪要”认为：“使与会代表开阔了眼界，拓宽了思路，增长了见识。”

8月26日，在台湾“人事管理学术交流访问团”来访座谈会上即席发言。访问团成员反响热烈。

9月16日，“高山峡谷带自然保护区抽样研究”项目经国家环境保护局批准立项。暂搁置。

9月19日，提出《参加国际行政院校联合会1993年年会的工作报告》（与韩德昌、焦健合作）。

9月29日，参观北京行政学院过程中，在非正式座谈会上即席发言。该院办公室整理成《国家行政学院教育长方克定同志关于党校兼办行政学院等问题的谈话》。张镜源同志圈阅。

10月8—30日，参加本院行政学师资培训班。9日在教学预备会上发言，21日向学员交流“参加第1单元学习的几点收获和体会”。28日在结束式上作培训班总结。张镜源同志表示，完全同意所讲的内容。

11月4—6日，参加国家级自然保护区评审委员会第2届全体会议。受托主审山东省马山自然保护区申报书。6日投票，以24票同意、4票反对获得通过。

11月7日，提出《对制订几类国家公务员培训方案的工作安排意见》（草稿）。张镜源同志圈阅。

11月12日，向院办公会议汇报今、明年14个月教学准备工作计划思路。未被采纳。

11月21—27日，赴荷兰出席中国环境与发展国际合作委员会监测、信息收集专家工作组第2次会议，有发言。

12月9—11日，参与人事部与本院实施国家公务员制度骨干研讨班，主持10日上午的大课。

12月24日，在教学办公室报告一年工作。

1994年述职报告[①]

去年述职，没说清楚。今年要好一些，但有的也说不清楚。本着“学习学习再学习，探索探索再探索”的精神，回想过去，掂量现状，向大家交心。

概括去年的教学工作，主要有6个方面：

一、教学调研。内容包括：（一）办学模式调研；（二）培训需求调研；（三）课程调研；（四）师资调研；（五）教材调砑；（六）教保调研；（七）组织机构调研；（八）第4季度围绕几个重点培训项目的调研。其中，（一）（四）（五）（八）做得稍多一些。（二）很重要，但没有去年做得多，全国公务人员基本统计资料、政府机关的职位说明、需求问卷设计这3个难点尚未突破，成效仍不明显。

二、教学方案设计。已投入运行的有：（一）公务员任职培训试验班方案；（二）综合性更新知识试验班（含民族地区干部班）方案；（三）专题性更新知识试验班方案；（四）国家公务员制度骨干培训（专业培训）班方案；（五）案例教学法师资培训班方案；（六）中美公共行政讲习班方案。未投入运行的有：（七）公务员初任培训试验班方案；（八）计划生育高级研修班方案。其中，（一）（二）（三）（七）曾提交教学方案研讨会征求意见。为1995—1996年作准备的有：

（一）利用外资高级研究班方案；（二）推行公务员制度高级培训班方案；（三）公共行政硕士学位教育方案（暂定名）；（四）社会主义市场经济轮训班方案（第2轮）；（五）公务员任职培训试验班方案（第2轮）。此外，

---

① 笔者作于1995年1月3日，由瓮斌整理。

还有一批师资、教材、教保和外事方面的专项方案或规划。

三、办培训班。共办10期，虽然没有完成全年计划，但比我院历史最高年份（1990、1991年）翻了一番，占全院累计总班次的1/3。培训工作日312天，超过以往最高年份。培训学员394人，超过最高年份的1990年，占总人数的28%。培训类型达到5类，其中，专题性更新知识班和以块块为主的地方学员班（民族地区干部班）都是第1次试办。

四、教学业务建设。在全年办班任务较重、人员结构不合理的条件下，取得有限进展。整理出2期短训班的讲稿已经付印（另1期欠账），3本资料性教材建设也已起步。列入“八五”哲学社会科学规划的两项研究课题正在个人手头进行。新进图书近万册。还配合基建办公室做了一些应急的工作。

五、教学队伍建设。院领导抓得很紧，先后听了5次师资工作汇报，并有具体指示。到去年年底，教务办公室在册34人，比前年同期翻了一番多，占全院员工总数的比例从23%提高到29%；其中，教师占全办公室员工总数的比例从20%提高到26%。大家团结共事，工作是辛苦的。

六、涉外活动。与美国合办讲习班1期，请外籍教师授课的3期。参与接待台、港地区，美、英、法、加、土、韩等国家以及世行等国际机构的来访人员，参加了两次全院组织的出访活动。

以上各项，是全体教学、外事人员和一部分行政、后勤管理人员在院领导的部署、指挥下，共同努力完成的。汪浩同志在二线，树正、本渊同志在一线做了大量的工作，我的担子比较轻。30来人不算多，但没有完全组织好，没有摆脱“打乱仗”状态，一些同志的积极性没有充分发挥出来，一些工作的效果不理想，这由我负主要责任。过去工作中的不足和漏洞多，表明今后改进的余地很大，今年会干得更好。

对于全年教学工作的评估，从年度上不容易看清楚，下面把1988—1994年所办的30期培训班串起来作一点扫描。其中，我全程蹲班的有5期，班后作详细了解的有1期，加起来只占1/5，掌握情况不全面，分析也不一定得当。

在边筹建、边培训阶段，6年半共办了30期培训班，平均每年办4期半。总培训日1023天，平均每期34天；参训总人数1388人，平均每期46人；累计授课500多次，平均每期17—18次。在30期中，公务人员培训20期或21期（1004人），师资培训9期或10期（347人）。所培训的公务人员中，司局级（583人）多于处级（421人）；以来自部委的学员为主的（11或12期）多于来自地方为主的（8或9期）。

这30期培训班总起来看，似乎展现出一种初期的办学模式，其特征是：

一、学制以短期为主。培训期在2周以内的有15期，3周以内的有21期。另9期中，1—1.5个月的4期，3个月的3期，6个月的2期。可以说，全部是短期培训。

二、公务人员培训类型以更新知识培训和专业培训为主。更新知识培训班10期，培训日363天；专业培训班8期，培训日107天。另办任职培训班2期，培训日268天；复合培训班1期，培训日180天。前两类班次占总班次的85%以上。

三、比较集中地办了两类主体班。一是综合性更新知识班，办了9期（短的12天，长的3个月），加上培训内容大同小异的2期任职培训班，共是11期。总计培训公务人员323人，占学员总数的1/3；培训日583天，接近总培训日的2/3。二是公务员制度骨干培训班，办了6期，加上内容相近的师资班接近10期。所培训的公务人员和教师309人，占学员总数的1/3，培训日63天，只占总培训日的6%。两类主体班共占总班次的2/3，在一定程度上自觉或不自觉地带有轮训的雏形，也可以说具有相对的规模性和稳定性。

四、培训内容以政治、经济、法律、行政管理、（以公务员制度为主体的）公共人事管理为主。这5门相对固定的常设课程（或专题）构成2类主体班的基本骨架。常设课程的基本形式，一是知识课（传授知识），二是报告课（宣讲政策）。这也是理论联系实际的基本形式。

五、教学方法以讲授为主。除少数班次外，授课占总课时的比重大大超过自学和研讨、交流。

通过办班实践，摸索出以下几条经验，可能具有本质意义：

一、邀聘兼职教师办一般性短期培训。先后组织500多人次授课，其中，绝大部分是兼职教师，专题教师任课不过3%。在兼职教师中，无论政府官员还是专家、教授，都有一些受学员欢迎的授课。

二、依靠学员自我管理。把有实际工作或教学经验的成人学员按班、组组织起来，可以承担相当一部分课堂、生活、校外活动管理和相应的思想工作，总的效果不错。在学制较长的班上涌现出一些学得好的优秀学员。

三、与对口部门联合办培训班。这样的班次有14期，其中绝大部分专业培训班和一部分更新知识班都是同有关部门合着办的。

四、面向社会，开放办学。近3年办的40天以上的6个班，都组织了1—2周的社会考察，有些短班安排了京内的参观、见习活动，也受到学员的欢迎。

五、在教学活动中进行小改小革。第13期处长培训班的自编行政决策分析案例和计算机入门培训，第17期局处长培训班的“领导艺术”情景模拟和角色扮演，第24、27期师资培训班的案例讨论和小组设计，第29、30期司局长培训班的学员串讲等，都初步地体现了教学改革的精神，得到多数的认同。

六、引进国（境）外智力资源。与外国培训院校联合办班2期，请外籍教师授课的7期，为我们带来了新的培训观念、内容和方法以及新的学术信息，很有好处。

在总体缺乏培训经验的背景下，大家在试运行中体会到这些初步经验，尽管还不完善，也是难能可贵的。同时，又要看到我们工作中的不足：

一、对公务员的培训需求不甚明了。首先是没有从总体上把握宏观需求。如在4类培训中本应居于第1位的任职培训，在实际运行中却退到了第3位，除了难度大以外，一个重要原因是对任职培训任务量的估计不足，担心我院以任职培训为重点将会“吃不饱”。实际上，仅1993年一年，在中央和地方政府晋升正副省部长及相当职务者有223人，晋升正副厅局长及相当职务者有3094人，晋升正副县处长及相当职务者有34605人，“九五”期间分层级组织任职培训，不是“吃不饱”，而是“吃不了”。由于不同层次的需求不清对培训质量和效果的影响更不待言。

二、培训班及其分类不规范。总计30期中，有16期培训班（含讲习班）、14期研讨班，这两类班次从层次上、讲授和研讨的比例安排上都看不出实质性的区别，研讨班和研讨会之间的界限也没有完全分清。其结果，既有“以训代会”（如1993年8月办的教学方案研讨班实际上是一次研讨会，1994年6月开的教学方案研讨会是它的继续），又有“以会代训”（如1993年末、1994年初的两期公务员制度骨干研讨班，办成了工作会议）。任职培训和更新知识培训在《国家公务员暂行条例》中原是两类，而我们历年所办的任职培训班和综合性更新知识培训班的目标和内容框架都大同小异，实际上以同构化代替了分类培训。

三、培训能力“半拉子”。30期培训班显示了我们初步具备短期培训能力，未显示长期培训（或教育）能力；初步具备中级公务人员培训能力，未显示高级公务人员培训能力；初步具备知识性培训能力，缺乏技能性培训能力；初步具备组织授课的能力，缺少组织自学、研讨及其他课堂活动的能力（换句话说，初步具备发挥教师主导作用的能力，缺少发挥学员主体作用的能力）；初步具备起用兼职教师任课的能力，欠缺发挥专职教师应有作用的能力；初步具备扩大班次规模和学员数量的能力，欠缺有效地提高办学质量的能力；培训内容从表面上求大求全的能力也胜过求精求深的能力。

四、培训重点不清晰。在公务员培训班次的分类取向上，以更新知识培训和专业培训占压倒优势，任职培训班只占1/ 10。在培训内容的总体设计上，大多从知识、学科体系出发，而不是从实际问题出发。在办学主线的选择上总的是以“小行政管理”而不是“大行政管理”为主线，对这个问题还需要进一步研究。

五、培训目标不够明确、具体。《中共中央关于新形势下加强党校工作的意见》（中发〔1994〕5号）文件要求“每一次研讨班和轮训班，都要有针对性地切实解决几个问题”。这就要对培训目标进行分解，力求具体一些。如社会主义市场经济培训班，在加深理解十四届三中全会《决定》精神、弄清基本概念和理论知识、掌握规律和职能、提高领导和宏观管理能力的目标下，是从市场经济 A B C 打基础，还是从理论上较系统地提高一步，是立足于这个《决定》的框架，还是深入到实施《决定》过程中的热点、难点问题，都会引出不同的培训效果。另如民族地区干部班的培训目标，“提高少数民族地区地、州级行政领导干部贯彻执行党的路线、方针、政策的自觉性，提高行政管理和宏观经济管理的理论水平和能力”，为讲求实效，恐怕要从发展地域经济和扶贫开发上进一步分解、细化目标，才能满足最紧迫的客观需求。

六、对教学质量、培训效果缺乏科学评估。一方面，从培养目标到班后跟踪这两头都不封闭；另一方面，在培训班运行中和结业时的评估手段也不过关，这不能不影响到评估的准则和信度。解决这个问题，恐怕要有一个学习和试验的过程。

回顾建院之初，总的培训开局不错，办学思路也比较开阔。以后几年来，国家经济建设和改革开放的发展很快，学员的年轻化、知识化程度也在逐步提高，而我们的培训项目还没有完全跟上。有位同志 5 年前曾以合作人员身份参与第 4 期专业培训班的组织管理，去年又成为第 29 期任职培训班的学员，前后相比，感到课程框架的改进不大，教学内容的新意不多。这向我们提出了一个公务员培训实践中创业和守成的关系问题，值得玩味。这几年我们固然有一些办得较好的班次，但从总趋势上看，教学质量并不是全面稳定上升的。面对这种起伏现象，又有一个怎样实事求是地总结和积累经验的问题。在国内从横向上对中央党校、国防大学、国防科技大学、中组部干训中心、建设部市长培训中心等不同的培训模式，也应当从比较分析中拓宽思路。这是我们创造新的办学模式所需要的。

在新的一年里，教学方面的困难仍然很多，但会有几台“好戏”出场。以此为契机，让我们的观念再新一点，工作标准再高一点，方法再活一点，竞争性再强一点，学风再实一点。只要是有利于提高教学质量，有利于提高学员的素质和能力，有利于跨世纪行政人才成长的事，就大胆地、不折不挠地去做。说这一番心余力绌的话，同大家共勉。

1995 年述职报告[①]

1995 年，教务办公室分解为教务部、培训部、教保部和 3 个教研部。第 3 季度迁入新校舍办公、办班。与教学直接相关的 6 个部门年末在册人数 46 人，占全院职工总数的 28%。与 1994 年末相比，净增职工 2 人，占全院职工总数的比例下降了 1 个百分点。全年的主要工作分 3 大块：一是教学准备，包括有关软件和硬件的建设；二是办了 13 期培训班，共培训 389 人次（占 8 年培训总人数的 22%），略低于 1994 年，投入培训工作日 393 天（占 8 年培训总天数的 38%），比 1994 年超出 25%；三是配合其他部门做了一些辅助性工作，包括 12 人次参加 5 批出访（约占全院出访人数的 30%）。

一

个人延续在职一年，在学院的领导和大家支持下，主要做了以下几件事：

（一）参与中美教学研讨会（1 月）、中英管理开发研讨班（4 月）、第 2 期市场经济培训班（6—7 月）、中美夏季研讨班（8 月）、任职培训试验班和财政代培班（9—12 月）的组织管理。其中，全院投入最多、探索的范围较广、最值得深入研究的是任职培训试验班（总结工作还在进行中）。另，为澳门班授课一次。

（二）参与研究拟订研究生教育方案。申请新增硕士学位点无结果，与中国人民大学联合申报行政学博士点未成。

（三）参与研究教学准备和管理有关事项，如培训需求调研、培训模式

---

① 笔者作于 1996 年 1 月 4 日，由郭晓来整理。

分析、新进教师考评、专业职称评议、图书馆建设规划等，进展不一。

（四）参与起草我院“九五”计划纲要草案，待修改定稿。

（五）与有关政府部门、院校、学术团体保持一般联系，扩大信息和咨询渠道。

（六）对外交流、合作，5月访美（已汇编报告集），10月出席中国政府对行政改革国际研讨会（有专题发言），参加10多次日常接待活动。

此外，应邀为国家环保局2个培训班授课（8—9月）。

未完成事项：（一）教学工作管理4个暂行规定，只出台了2个；（二）欠交中英班和2期中美班的教学资料；（三）牵头组织编写《外国行政管理》教材，未落实；（四）与中央编委办公室协调合作编写行政管理案例，后被搁置；（五）推辞外界邀请的社会活动10多次。

限于个人能力和精力，总体做工作不多，与岗位职责要求相去仍远。

二

1995年是我院教学工作取得重要进展的一年。这个进展不仅表现在工作实绩上，也反映在从实践和集思广益中来的加深认识上。

（一）公务员培训类型

按《国家公务员暂行条例》分为4类，按《国家公务员培训暂行规定》（征求意见稿）把专门业务培训并入更新知识培训，减为3类。去年7月我院与人事部合办的推行公务员制度高研班作为一期成功的专门业务培训班，突破了过去把这类培训界定为人口普查、财税大检查等技能性、操作性培训的狭义理解，而赋予它以新的空间和内涵，从而增强了专门业务培训的独立地位。另两期经济工作高研班如果也算作专门业务培训类型，它在广度、深度上的突破性更大，给这类培训注入的生命力更强；如果不算作专门业务培训类型，而另立为“专题研究”类型，就要在原设4类培训的框架上新增1类（第5类），这也是一种新突破。

市场经济班办了4期，经研究改进还打算再办下去。我们这一套做法属于以课堂教学为主的培训模式。从欧洲公共行政学院近两年为我国三部委办的两期市场经济培训班（参见《教学调研资料》第8期）看，其实践性和针对性更强，则是另一种以开放办学为主的培训模式，两者是不是可以互相参照？

明确任职培训类型在我院的主体地位，是1995年认识上的一个重要收获。它在公务员培训资格上的刚性、在任务要求上的规范性、在教学内容上的综合性都高于其他几类培训。把我们的工作基点放在任职培训类型上，对探索、形成自己的办学特色将有重要作用。

（二）培训需求

如果把“需求层次论”延伸到公务员培训领域，应该说培训需求也是分层次的。综合这几年培训需求调研的初步成果，可以把它扼要地归结为政府整体能力、某级职位的核心能力（或共性需求）、基于个人素质差异所需补足的内容这3个层次。其中，以居于顶层、在宏观上起控制作用的政府整体能力为最重要。究其内涵，一是王绍光、胡鞍钢的“国家能力”，分解为汲取能力、调控能力、合法化能力、强制能力4项；二是张金马的“政府能力”，分解为合法化能力、合理性能力、环境适应能力、资源汲取与使用的能力、经济宏观调控能力、社会控制能力6项，两者大同小异，后者对培训更实用一些。不同类型的公务员培训（特别是高、中级公务员培训）都可以从中找到自己的覆盖面和侧重点。

（三）培养目标

高、中级公务员培训作为整体性人力资源开发的重要组成部分，要着眼于提高学员的综合素质或基本素质。其内容参见《国家行政学院“九五”计划纲要草案》稿所表述的5个要素，正在论证中。基于公务员培训的实用性，又要加大能力培训的分量，这正是我们的薄弱环节之一。对提高5个方面素质的覆盖范围和要求程度，因不同培训类型和学制而有所区别。

（四）教学内容安排

以培训需求为先导，以培养目标为“龙头”。更新知识培训、专门业务（或专题研究）培训的选题，任职培训的专题（或单元）设置，都应从培训需求出发，尽可能地贴近培养目标。任职培训注重整体性、综合性，对于政府管理，要兼顾管理经济、管理社会和自身管理3个方面；专门业务培训体现局部性、专业性，更新知识培训介于两者之间或偏于专门性。

立足于现实问题，通过政策分析、开发研究，提高到理论上来。去年设计各班的教学方案试图这样做，起势尚可，但在处理理论和实际的关系上还要再全面、深入一些。一个培训项目如此，一次授课也如此。如田江海所长讲“投资性能及对经济运行的影响”这一课，从现实存在的诸多问题出发，讲投资含义、固定资产投资的5种属性及效用、围绕投资在经济发展中的地位和作用的3派观点、在投资领域要实现的4个基本目标等，虽然没有回答所有热点问题，但为探索、解决这些问题指出方向和思路，又有针对性地介绍了一些近期研究成果和参考数据，就把教学和研究、实际工作和应用理论结合得比较好。

把握大角度。短期培训不能面面俱到，也不能舍本求末。少而精，要牵牛鼻子，在大角度上求精。如讲中特理论，抓住社会主义本质；讲领导，抓住决策和政策；讲决策，抓住决策选择和决策效应；讲国际情势，不能丢掉世界经济、政治新格局；讲社会主义市场经济，不能丢掉精神文明建设；讲当前经济体制几大改革，不能丢掉最为重要的财政体制改革等。

提倡多层面的交叉、渗透、融合。一般地说，行政学院在理论教育上不如党校，在学科体系上不如对口高校，在专门业务上不如各行各业的管理干部院校。我们只有在交叉、渗透、融合上找特色，下功夫，创优势，才能适应短期培训的任务要求。这种融合，既有理论和实际的融合（包括知识和经验的融合），也有知识和能力的融合（案例教学就是其中之一），既有多学科知识的融合（包括文、理科的渗透），也有观察、分析实际问题的多视角的融合。融合意味着浓缩、提炼和贯通。可以这样说，有了大角度加上融合，少而精就可望可即了。

（五）教学方法组合

把启发式贯穿于培训的全过程。短期培训重在提升学员的经验，开发他们的潜能。落实培养目标的几个要素，最终要靠学员自己的悟性解决问题。

我们为培训班安排授课、自学、研讨等各种教学活动都要以对学员的启发性为着力点。旁听法庭判案，不仅有助于加深法律知识，也在启动普法积极性和依法行政的自觉性上有很大作用。有些小组的社会考察，使学员解决了课堂学习中没有解决好的认识问题，也提高了培训效果。

学员参与也是全程序的。如果把培训者或培训组织者的启发式看作教学手段或动因，学员的参与式则兼有教学目的和手段的两重性。在具备参与式教学的学员条件的基础上，要强调参与式学习是行动式学习，提倡学员以切身体验和潜在才思参与；还要强调参与式学习是竞争性学习，使我们的培训班真正成为优秀人才脱颖而出的场所。构筑视听式的课堂。把现阶段能够普及的低技术先用起来，再创造条件向高技术发展。

（六）教师和学员结构

建立复合式的教师结构。一个培训项目的任课教师宜多元化，不求纯。在兼职教师和专职教师之间，兼职教师中的官员和学者之间，官员中的高级官员和中级官员之间，都要保持适当的比例。这对提高教学质量、落实培养目标，利多弊少。

促成复合式的学员结构。一般班次的学员来源，以条条、块块相结合，沿海和内地相结合；以公务员为主，加上少数企业和社会中介组织的管理人员，于经验分享和互补有利。专门业务培训或专题研究班次，也可以按行业（含相关行业）编班。

认识上的进展还可以举出一些，另议。

三

面对繁重的教学准备工作和培训任务，大家努力干活，蹲班加点，精神风貌是好的，但是，教学管理仍处于忙乱状态，原教务办一分为六，机构增多，扯皮也多。这个问题，值得研究。

（一）现行管理体制

与教学直接相关的6个部门分属3位副院长领导；对大部分培训班实行

有关部门的职能管理与临时工作小组的项目管理相结合的“矩阵式”管理（基本上落实），对几本重点教材的建设和管理也是如此（基本上不落实）；教学部门与非教学部门之间还缺少正规、有效的联系渠道。

（二）责任制

有关部门职责、分工的暂行规则尚未出台，出现矛盾只能临时协商解决；教务部作为全院教学工作的综合部门，其综合职能没有完全到位；对某些培训项目的总体教学质量，没有明确的责任人；对某些教学环节的质量保证问题，也没有研究清楚。

（三）工作标准

在各部门、各环节参差不齐，因人而异，总体工作标准不高。如接受财政部委托代培，一开始把关不严，在实际运行中留下许多后遗症。一些计划、规定之所以“朝令夕改”，其原因大多出在这里。在办班过程中面临的几个管理难题，如怎样促使兼职教师贴近教学方案要求备课和授课，怎样满足少数“尖子”学员提高一步的学习要求，任职班怎样组织好社会考察和结业考核等，按部门职责和分工组织研究改进也很不够。

（四）工作程序

确定一个培训项目，应在两个月（至迟不能少于一个月）前发出招生通知；教学方案和授课人名单应在开班一个月前报院长办公会议审定，诸如此类，弄晚了不仅工作被动，也影响总体效果。此外，对某些只能走非常规程序的事，按常规办法就搞不成。

（五）机构编制

有的机构设置与工作任务脱节，如涉外培训任务很重，却没有专职机构；有的人员配备与工作任务脱节，如教务部的综合计划处，现在只能应付年度计划，许多该综合的没有综合起来。

（六）工作方法

各部门都有一些调查研究，但不能适应整个工作要求。办班期间深入到学员中去是接触实际的很好机会，总体也做得不够。机构分得愈多，愈要强调沟通、协作，除了开部门碰头会，还要有促成共识的更多办法。

（七）工作作风

在向正规化过渡时期，有关部门之间和工作人员之间要顾大局，讲团结，分工不分家，补台不拆台。这是起码的守则。多数同志是这样做的，也有一些不良现象，值得自我检点。

教学管理工作薄弱，有我一份责任，很愿意听取大家的批评。

四

对今年的教学工作已有一个初步计划。临时想到在若干工作环节上提几点具体建议：

（一）对去年 13 期班大约 160 次授课分类进行粗线条评析，从中探索符合我院要求的授课质量标准，逐步达成共识。这对今后如何选准授课人将有指导作用。

（二）把案例教学的功夫下大一些：一是各教研部有组织地编写几个适用案例，并逐步从微型向小型、中型发展；二是清理一下我院积存多年的 600 多个哈佛案例和锡拉丘兹案例，有选择地开发一小部分用于教学；三是在适当时机召开一次行政院校案例教学经验交流会（或研讨班）。

（三）从我院已办 40 多期或近 20 多期培训班的学员结业论文、考察报告和学习心得中择优编印一个集子。这对总结办学经验、探索培训规律、激励学员和教师都有好处。

（四）在我院基本规章制度建设规划所列 70 个教学科研管理规章制度中，以部门工作职责和培训班学员管理为第 1 批建制重点，第 1 季度拿出初稿，第 2 季度提请院长办公会议审定试行，如果能够加快一点更好。

1996年述职报告[①]

“九五”第一年，江总书记七一讲话、中发10号文件、中央六中全会决定，形成了全国公务员培训的大气候。我院正式开学、国发38号文件、教务部调整，是小气候。学院和教务部面貌有很大变化。个人的末班车赶上了新起点，是意外中事。全年参与了9个班的活动（其中，参加高研班工作是第一次，有新鲜感），也还是“蜻蜓点水”，没有取得主动权。

季明明同志刚才讲了全院培训工作的成绩和不足，我各作一点补充。

一是去年的培训班次在计划和运行中有新的发展。

（一）新班次。96届青干班试办启动，97届青干班招生工作也在进行中。

（二）主体班次的新类型。以增加知识为主的第5期高研班（金融班），学员很有收获；通专结合型的第6期任职班（安全班），初步摸到了通专搭配比例的新路子。

（三）参训学员的新因素。第3期澳门班是清一色的土生葡人公务员；第7期市场班来自地方的学员及其优秀论文数都占总数的37%，高于往届。

（四）试用的新办法。第7期市场班带中央团校第8期团地市委书记研究班，可以说是拖车式的；第6期任职班试行离岗集中学习与个人回岗总结相结合；第3期澳门班是分段累进式的；法学研修班既有单班独进，也有跨班运行，还有班、会结合。

在综合各方面情况和意见的基础上，对培训班的计划安排和管理运用得当，是教务部的重要职责。一年来新的实践为探索较为规范的主体班次系列

---

① 笔者作于1997年1月9日。同年第1季度末“半退”，这是最后一次述职报告。由奚长兴整理。

增添了一些感性依据。

两年多的试运行也逐步体现出某些班次在功能和操作上的不同特点。如高研班的教学、研究、咨询三结合，市场班（和金融班）的“轮训”色彩，任职班的专题教学以及软性培训，港澳班批量聘请年轻官员授课带来的新变化等，这里不去细说。

二是我们对全院培训工作现状的动态分析做得不够。

（一）培训模式。“以学员为主体、以教师为主导和启发式教学的培训模式”是目标模式。从培训现状看，“主导”重于“主体”，由“启发式”诱发出来的“参与式”还很不够，学员总体上还处于“辅体”地位，即使在参与程度较高的高研班，真正发挥主体作用的还是一部分学员。培训模式的转换将是一个相当长时期的过程。

（二）培训班的过程管理。从全过程看，前期抓方案设计比较紧，需求调查松一些，入学教育有进步；后期抓结业成绩考核（第 7 期市场班、任职班）有进步，成果管理、经验总结松一些。在教学环节上，抓授课比较紧，学员自学、研讨松一些。

（三）教学业务和管理的组织分工。一是按学科分设教研部同按教研部分包（非学科或跨学科的）专题教学任务有脱节。只靠“铁路警察各管一段”这一手，没有像医院临床诊治那样有分有合的另一手，就难以扭转某些教学专题学科化、单一化的倾向。二是教务部与培训部既按职责分工（条条式或分段式），又按项目切块（全能式，一竿子到底），有交叉；对培训和教育的管理也有交叉。

（四）工作状态。既有常规运行，也有负债运行。一个时期的一般负债运行是不可避免的，过度负债运行时间长了就有问题。有些该做的工作做不了、做不好，有些管理粗放或质量滑坡，在一定程度上确受人手少的制约，同时也影响到人员素质的提高。

（五）工作着重点。一是既有以教学为中心，也有以自我职能为中心；二是还存在着以高业务含量的教学为中心与低业务含量的教学为中心的差别。

（六）内外关系。一要实践，二要借鉴。中央党校的教务部、科研部都很强、很活，我们学习得不够。同人民银行的合作也还要加强。

这样看对不对？待研究。对这类问题的分析不够，从主观上讲，是有畏难情绪；从客观上讲，还要创造有利于研究软件建设的软环境。

下面讲这一年工作中的几点体会，也都是需要进一步研究的问题。

一、在“两个根本性转变”时期的适应性培训，要把转换观念作为提高公务员素质的重要方面

去年办金融班，以增加金融知识、强化金融意识为要旨。这个班的最大收获在于从“思想不统一，没有找到共同语言”转换到“有了共同语言”。通过学习，增强了“三个意识”。第2组提出的“三个一样”，集中体现了地方政府领导对待金融工作的观念或态度问题。第3组学员马凯（国家计委）上万字的论文《对当前企业困难及金融对策的几点思考》，坚持用市场经济的观点去观察，并放在一个较长的历史过程中去把握企业困难，指出“国有企业不能全救”“放松银根救不了国有企业”，立论鲜明，较有说服力。第2组学员武捷思（深圳市）《关于解决国有商业银行不良债权问题的思考》，逐一剖析了弊多利少的4种办法：（一）停息挂账；（二）豁免本息；（三）债权变股权；（四）出卖债权。其针对性很强。但有近10位学员在结业论文中仍建议用这些办法解决企业的问题（在小组发言中更多），有的认为“应当扩大挂账停息的范围，这是当前（多数国有企业）联合兼并能否突破的关键”。这是不是说明，对总的经济形势、金融形势的认识相对统一了，而在具体的政策观念上并不尽统一，强化金融意识的培训还是一个较长期的任务？

法学研修班学员刘丹（湖南行政学院）在结业座谈时说：过去不敢讲“司法独立”，这次更新了观念，是一大收获。第7期任职班学员石成梁（电力部）在结业式上说：电力系统是生产电力的，同时也生产了导致温室效应的废气和酸雨，回去要多方呼吁，引起重视。这是树立可持续发展观念的思想收获。

钱学森先生最近提出：“现在管理落后的问题还不是一个科学技术问题，

而是一个思想认识问题。”这里讲的管理包括政府管理，所讲的思想认识问题也可以说是观念问题。38号文件第5条把培训目标分解为4个重点，其中每个都包含着观念问题。解决观念问题，是知识、政策、经验的综合集成和认识能力的提高，又是萌发政策建议的先导，它对各类主体班次具有普遍意义。一个短期培训班要着重解决哪些基本观念问题，也是教学内容取舍、编排的重要依据之一。

二、进一步探索培训内容骨架和培训热点、难点问题

这是一个大题目。下面围绕“以政府工作为主题”谈两点粗浅理解：

一是以对经济、社会的宏观管理为培训内容的骨架。

八届全国人大四次会议去年3月批准的《国民经济和社会发展“九五”计划和2010年远景目标纲要》，除序言以外的11章，有7章主要讲经济（或经济、社会），有2章主要讲社会，另2章主要讲政治、法律。组织实施这个宏伟计划目标，政府责无旁贷，也是公务员的中心工作。

《1996年—2000年全国干部教育培训规划》把“学习中央的各项方针政策，学习发展社会主义市场经济的相关知识”等列为“干部专业理论知识与技能的培训”的基本任务。

李鹏总理在我院开学典礼上讲第1课中所说的10个方面的依据，大部分是经济（或经济、社会）问题，有的以经济问题为归宿。其中第9个方面“妥善解决发展道路上的难点问题”，5个全是经济问题。此外，从提高政府工作的政策、业务水平出发列举的10个教学重点，也全是经济问题。

我院1994年下半年以来办了19个主体班次，其中经济类约占班次总数的60%（在高研班中占到80%，列入今年计划的3期高研班全部是经济类的），已着手搭起了这样的骨架。对社会管理的教学专题亟须加强。

二是在培训的热点、难点问题上加大力度。

公务员培训的热点、难点问题很多，其中带较大普遍性的有：

（一）用中特理论武装头脑

这不仅是公务员培训中领先的问题，而且是贯穿培训全过程“画龙点

睛”的问题。要从深层次触及和解决人的思想、观念问题，包括硬化社会主义精神文明建设，难度极大。

（二）提高国有企业效益问题

我曾跟班的第3期市场班，就有一部分学员没有解决对国有企业改革的信心问题。航空工业总公司的一位学员说：国有企业是一艘动力不足的巨轮，航空工业系统中20%的企业创造占总量70%的社会财富，80%的企业不创造财富。辽宁省计委的一位学员说：县营工业已“全军覆没”，要着力发展乡镇企业、三资企业、私营企业作为新的经济增长点。据第7期市场班统计，对国有企业仍无信心的占42%。金融班90%以上的论文评述或涉及这个问题，其中一位副省长认为：绝大多数国有企业已失去了自力更生走出困境的能力，因此，必须要制订一套援助计划才行。问题相当尖锐。当然，深化微观经济基础的认识要落脚到强化宏观经济管理上来。

（三）国民收入分配和社会保障体系问题

在金融班集中指出，企业、财政、银行面临困难的深层次症结是：居民收入上升，财政收入下降；国有企业资产负债率上升，国家银行资产质量下降；全社会固定资产投资不断上升，投资效益仍然较低。由此派生出的诸多社会问题引人注目。不少学员建议“中央要像1993年下半年抓整顿金融秩序那样抓一下分配问题”。这在市场班和任职班的经济专题中也都是学员的关心焦点之一。

（四）政企关系、条块关系和政府职能转变问题

既是行政体制改革也是政府管理中的突出问题，矛盾复杂交错，众说纷纭。这些问题，在历届任职班有相对解决得好一点的，也有解决不好的。

（五）领导和决策问题

据第7期任职班学员需求问卷调查，列第1位的专题是领导方法，列第1位的能力是决策能力。（还有一些班次的资料待综合）

（六）依法行政问题

这既是全新的课题，也是一大难点。廉政和反腐败，说到底也是依法办事问题。第7期任职班“法制建设与依法行政”开卷测试反映出学员的基本法律知识不足是带普遍性的。

此外，还有一些覆盖面稍窄一点的热门课题，不一一列举。

短期培训班专题多、课时紧的矛盾很突出。授课和研讨内容的安排再向培训热点、难点问题倾斜一些，或许是一种可供试验的办法。

三、按照“专业基础知识—基本政策、措施—共同讨论总结”三大模块合理配置培训资源

公务员培训作为应用性培训，阐述政策、联系实际的内容要多一些，同时也要防止经验主义的束缚，把理性和感性的认识结合起来。因此，对理论和政策、知识和经验的比重要掌握适度。历届市场班都有“理论含量不足”的反映。任职班一部分学员类似的呼声趋高。以增加知识为主的金融班，从结业论文中可以看出，确有一部分学员因吸收专业知识受益，但在有的论文中仍有知识性的错误，看来知识性内容相对于情况介绍性内容还可以再多一些。至于师资班对相关知识的需求更多、更高，则是教师的职业特点决定的，同公务员培训不能等量齐观。

与此对应的师资结构，要专兼结合，官学互补，不搞“清一色”。在兼职教师中请官员多一点，还是学者多一点？这要同专业基础理论和基本政策、措施的分量比例相匹配。

共同讨论总结，是许多培训班的薄弱环节，也是长期性的难点。对此，一是要有专职教师精心投入，二是提高学员管理水平，三是注意汇集历届学员的学习经验。从“工作的总结和水平的提高”着眼，初步归纳某些主体班学员“学用结合”的4类情况：（一）学好基本理论，在较大范围内联系实际。如第3期市场班的冯宗苏（国家旅游局）、第5期高研班的马凯（国家计委）等，这样的人数较少。（二）运用所学理论，联系本部门或本地区实际。这样的人数较多，前者如：综合性更新知识班的李世俊（冶金部）、第2期市场班的张崇合（轻工总会）、第3期市场班的张莉（纺织总会）等；后者如：第5期高研班的汪啸风（海南省）、李盛霖（天津市），第7期市场班的陈国平（浙江省）等。（三）跨行业考察，或学习外地区的经验。前

者如：第 4 期任职班的陆玮（税务总局）、第 7 期任职班的刘占山（国家教委）等；后者如第 5 期任职班（财政班）的傅思福（重庆市）等。（四）双向发展，即（一）（二）兼容。如第 4 期任职班的陈建国（国家计生委）、第 7 期任职班的孙平（地矿部）等，这样的人数很少。以上只是一个累积——抽样式的胚型框架，接下去还有大量工作要做。

四、从不同班情出发，向教学、科研、咨询三位一体的办学模式靠拢

“三位一体”，以教学为本。我们已办过的大部分培训班都把教学功能放在第 1 位，研究、咨询作用主要体现在某几期高研班上。5 期高研班形成了 4 份上报国务院的建议报告或讨论纪要。在同国务院领导同志座谈中的少数学员建议，有的已被采纳。这在树立学院声誉上影响很大。

在参与金融班的局部实践中感到，咨询建议面是不是可以放宽一些，不停留在“一头沉”上？对口合作部门应当是学员咨询建议的最大需方。在金融班的学员论文中，一是像周禹鹏（上海市）在 11 条学习心得中分别对金融组织体系、金融市场体系、企业制度改革提出了建设性意见那样，虽未吸收到《情况报告》中去，或可提供总行研究；二是周时昌（湖南省）《关于当前信贷工作的几点思考》、叶天捷（厦门市）《国有企业改革需要银行理解和支持》等，所反映的情况和问题对银行系统不无针对性；三是姜永涛（农业部）关于建立健全农业发展“两金”的建议、倪小庭（国家体改委）《对加快我国保险业和保险市场的几点建议》等，对农发行、保险（集团）公司也许有参考价值。

第 7 期任职班赴浙江临安县考察小组，在该县两级干部会上提出了促进县域经济可持续发展的 7 条意见，受到县委欢迎，这是发挥科研、咨询作用的另一形式，也是对社会考察基地建设的一种探索。

法学研修班第 3 阶段，组织全班研讨我院任职班法律专题教学大纲和《国家公务员法学读本》教学大纲，则是吸纳各校法学教师的教学经验和研究、咨询意见为我所用。

今年市场班改制，发挥研究、咨询作用的问题也将提上议事日程。

立足于各班班情，从多方位、多层次开展研究、咨询活动，“三位一体”就可以从点到面扩大开来，逐步走向模式化。

五、发挥学员主体作用，先从少部分优等学员做起

参加前7期任职班和市场班的学员，班际素质不齐，人际高低悬殊。第7期市场班摸底（常识题、简答题）测验结果，最高96分，最低12分。从金融班40篇学员论文看，有体会很深的学员，也有体会很浅的学员。在分管金融的领导干部中，有比较懂行的，也有不如不分管金融的。在参差不齐的普遍格局中，学员的主体作用首先从一部分优等学员中体现出来。他们参与和发挥得如何？这对一期培训班总体水平的影响很大。我们对培训班的管理现状，要从全员上做到“人尽其才”还有困难，如果把有限的注意力相对集中在少部分优等学员上，做到“才现其华”，就可以起很好的带动作用。他们对培训的需求和对教学质量的评估意见如能单列出来，导向性也会大一些。抓好这一部分学员，主要是让他们适时适度地多释放一点能量，并注意开发他们的学习经验。对主体作用、研究咨询作用发挥得好的优秀学员，要跟踪寻访他们的思想火花是怎样迸发出来的，知识和经验是怎样融合在一起的，得益于什么样的学习环境，还需要创造什么条件，回岗后又有什么新的思绪和创意。对某些高素质的学员（包括博士、博士后、博士生导师等）参训收获不明显的，除其自身因素外，也要从培训组织管理上找一找原因。

对“研讨式”“参与式”以及学员的优秀程度都要从总体上看。金融班第2组发言较多的5位学员，写结业心得也比较好；第3组反过来，比较积极参与研讨的几位，学习心得平平，另几位如张启榈（浙江省）、叶天捷（厦门市）等发言次数不多，但较系统，心得体会较深。第7期任职班学员常枋（煤炭部）等也属于这一类。怎样掌握学员的特点，发挥他们的长处，做到积极而不垄断、沉稳而不失时机，是培训班管理中常抓常新的无尽课题。

从这个题目中可以引出一个怎样处理培训班的投入、产出和结果的结构性问题，另述。

六、从学员资源综合开发上升到培训班功能开发

我跟班参加金融班第3组的研讨，感到许多学员不是就金融或经济谈金融，而从金融或经济工作中折射出政治、社会、法律、行政管理等方方面面的实际情况：

从政治、经济的结合上着眼，许多人把国有企业改革的成败看作事关社会主义前途的重大政治问题。有的认为国有商业银行应把支持和帮助国有企业的改革和发展作为银行行员“讲政治”的衡量标准；有的在进出口管理问题上认为国内市场“洋货打国货，国货滞销，冲击国内生产”不仅是经济问题，也是一个政治问题。

在经济、社会的结合上，从垄断性行业和竞争性行业的收入分配不均到调整国民收入分配结构，从商业保险到社会保险制度，都是经常性的话题。

在中央、地方关系上，条条块块矛盾被归结为银行的三大矛盾之一。河北省人行行长在1993年被撤职，改任省政府副秘书长的人事管理案例，就是条块矛盾的直接表现。湖南学员提出“总行点贷，省、地（市）行直贷，县行不能贷”影响了县域经济发展，批评分支银行“吃地方粮，喝地方水，揽地方存款，却不为地方出力”，这在地方学员中是较有普遍性的。

在转变政府职能上，有的认为，要求地方政府领导人立企业扭亏责任状，给特困职工解困，是新形式的政企不分；有的批评政府对股票市场的干预过多、介入过深，带来不良后果等，究竟怎么样？都需要进一步研究。

另如，从以领导任期内上项目多少考核干部中派生出来的“政绩工程”“表现工程”，反映出人事管理上的一种倾向性问题。

还有学员介绍了江总书记去年6月视察的中州铝厂，以及重庆铝合金厂、湖北省国际信托投资公司等发展规划失误事例，有的探讨了投资决策中的成本否决权问题，属于领导、决策问题。

河北学员反映银行有“三怕”：一怕现场办公会，二怕经济技术洽谈会，三怕资金协调会。有的解决不了多年积累下来的难题，有的拍了板落实不了资金，有的勉强落实了效益不好，造成不良资产。黑龙江学员分析企业资产负债率上升的循环过程：省政府领导年初带队到企业现场办公，定下“一厂

一策”，到下半年新注入资金滞死，亏损停产，第 2 年开始新的一轮。这是领导方法、工作方法问题。

在学习中，对适度从紧的货币政策、政策性银行与商业性银行分离，有了更多的共识。而对商业性银行的政策性贷款与商业性贷款分离，其间还有“准政策”性金融业务，以及保险公司的政策性保险与商业性保险逐步分离等，还要从银行业务与公共政策的结合上进行探讨。

地方政府管理金融，不管是失职，乱管就违法。在对地方金融的领导、协调、服务、监督过程中，都有一个正确理解和把握“领导”内涵的问题，也贯穿着知法、懂法和依法行政的问题。至于现行法规对贷方和借方不具备同等约束力以及全社会契约观念淡薄，既是经济体制转型期间必须面对的具体国情，也是深化立法研究中的紧迫课题。

我们所办的 5 期高研班都是专题性的，这是短期条件下的一种培训形式。而这类班大部分学员的底蕴比较深厚，他们以不同的视角和方式切入专题，又相随注入了相当广泛、综合的思想内容。这可以说是专题研究班的一种附加资源，也是我院联系政府实际（不同于高成本的“走出去”，而是低成本的“请进来”的实际）的重要源泉之一。综合开发这类学员资源，同时也是对培训班的一种功能开发。有投入必有产出，否则就流失了。

七、统筹考虑历届培训班资源的接替和发展

近 9 年来，我院已办过 60 期培训班，这是一笔资源存量。今后新开培训项目即资源增量都将立足于往届项目（存量）的基础和经验，不再是白手起家。按青出于蓝的一般规律，增量优于存量。而由于具体条件的差异，增量未必尽优、最优，更未必全优。这就要求承上启下，处理好培训班资源增量与存量的关系。

一是蓄积存量，总结经验，优化增量。首先是从宏观上合理设定各类班次配比，其次是使单班运行中的一些成功做法流传下来。做到这两点都不很容易。

二是正确评价存量，筛选其中的可继承性资源用于同类增量。这有助于

提高选聘教师、选编教材的针对性和准确性，也包括往届学员中的积极因素，如第 3 期任职班学员孙大光（国家体委）所介绍的“网络技术应用”经验对后续任职班就有较大的实用性和通用性。

三是在合理评估的基础上，有选择地搞好存量对增量的跨类嫁接。除去年为市场班学员播放朱镕基副总理在金融班座谈会上的讲话录音外，还可以考虑把该班学员马凯（国家计委）的结业论文《对当前企业困难及金融对策的几点思考》列为今年市场班的参阅材料。同理，第 7 期市场班学员陈国平的结业论文《浙江的市场取向改革与社会主义市场经济》对第 7 期任职班赴临安县考察小组也有参考价值。

四是用增量审视存量，修正其中的某些片面认识。如第 4 期任职班学员陈玉祥（机械部）从美国 3 大支柱产业（钢铁、汽车、建筑业）讲我国的汽车产业作为支柱产业的重要作用，要言不烦，给听众留下较深印象。经参加金融班的学习，回想那篇发言对于支柱产业与带动经济发展的消费热点之间的界限，有模糊感，这是不足之处。像这样在积累渐进中提高一步的例子不在少数。

五是发扬存量的认识精华，通过增量延伸递进。如第 5 期高研班学员迟建福（黑龙江）认为：仅有项目法人责任制不够，还必须建立起地方政府主要领导责任制，否则就会出现地方政府与企业一起搞“上有政策、下有对策”；第 7 期市场班学员齐焕印（陕西省计委）提出了“风险约束机制没有形成”“投资领域尚未形成规范化、法制化的市场体系”问题，如果深入下去，有可能成为往届项目“接力棒”的线索。

以上几方面只是点了题目，作文章要靠大家来。其中许多问题说不清楚，也暴露出教学管理中的种种不足，我是难辞其咎的。

参加西安行政学院成立大会情况汇报[①]

9月8日抵西安，与市委副秘书长兼市委党校和市行政学院常务副校（院）长屈增民同志简短交谈后即赴陕西省行政学院。程涛院长召集各副院长、书记、有关部门负责人一起座谈，并就《行政学院工作试行条例》（框架建议稿）交换了意见。从9日晚到10日全天参加西安市委党校50周年暨市行政学院成立庆典活动以及沈广杰副校（院）长主持的《行政学院工作试行条例》（框架建议稿）征求意见会。

一、西安市行政学院成立。市行政学院与市委党校合署办学，行政学院党委除增加一名市人事局的兼职副院长外与党校校委是一套班子，市委副书记施启文兼任党校校长和行政学院院长。10日上午，市委书记崔林涛、市长冯煦初为市行政学院揭牌，市5大班子主要负责人参加了党校50周年和行政学院成立大会。崔林涛、才玮辉（市委副书记、常务副市长）、施启文都讲了话。我在会上宣读了院办公厅的贺信并应会议组织者的要求致辞。

二、两位市长参加我院金融班培训均有收获。市长冯煦初、常务副市长才玮辉于今年4月、6月先后参加金融轮训班。他们原毕业于工科大学，曾做过一段银行工作。冯说：一个市就是一个大基层，当市长的就像生产队长，终日忙碌，没有大礼拜和休息日，中央、国务院文件每份必看，但难以细心研读和深入理解。到国家行政学院集中学习3周，摆脱了日常事务，能坐下来听课、读书和思考，是很难得的机会。过去认为金融是银行的事，总想地方银行为本地经济发展多出一点力，缺乏金融风险意识，参加轮训增加了金融知识，加深了对货币政策的理解，特别是加强了地方政府对金融监管

① 作于1999年9月12日。

的责任感。建议行政学院围绕中央、国务院事关全局的重大决策能及时组织专门培训，时间可以短一些。才也说参训的收获大。收获主要来自听课，有的课好一些，对大家关心、平时不了解的问题讲得比较清楚，但因时间所限，有些问题如证券市场的运行机制、金融危机的成因、索罗斯在国际上是怎样炒作的等还是没弄明白。学员研讨大多是相互之间的情况交流，像王岐山介绍广东粤海公司那样系统的发言很少。

三、省、市领导重视干部教育培训工作。从天津市调任陕西省委书记的李建国兼任省委党校校长，他针对内陆省份干部思想观念滞后的现状指示省委组织部选拔符合条件的优秀年轻干部出国进修。经几轮考选和4个月外语强化培训，在省直、地县机关和企业中选出16名40岁以下的处级干部组成“高级管理人员赴美经济管理研究班”于1998年9月到1999年2月赴加州进修，据领队、省行政学院暨经济管理干部学院副院长张宝文介绍，前3个月在加州大学集中学习经济学、管理学课程，其教学水平与国内大学相近，收获一般；后2个月在加州橙郡（相当于我国行署一级的地方政府）分散实习，普遍感到收获很大。从回国半年的工作表现看，这些人在思想观念、工作能力上都有长进。

市委书记崔林涛于1998年3月参加中组部培训中心运用现代培训技术在西安举办的高层领导干部培训后指示市委党校移植这一成功做法。党校经济管理教研室在校委的支持下借鉴、开发了以“领导者创新思维训练”为代表的模块，用于校内外17个培训班，受到学员的普遍欢迎。这套两天的培训课程，包括“系统思考与拓宽新视野”“心智模式与观念革新训练”“个人决策与团体智慧拓展”“挑战与超越”等4部分内容，教研室在继续总结、完善的基础上拟向干部廉政训练、经营战略动态模拟训练等方面拓展。

四、陕西省行政学院面临重重困难。陕西省行政学院是与省财贸管理干部学院合办10多年的老校。1998年3月省政府决定撤销省财干院，与省经济管理干部学院合并。现有教职员工540人（其中教师209人），正、副书记和院长7人（其中只有1人是教学业务工作出身），直属省政府办公厅社会处，由常务副省长贾治邦分管。并院后，原设想公务员培训和工商管理培训（经干院强项）与相关学历教育之比为 1 : 1。同年 6 月，程安东省长率有关厅局负责人到学院现场办公，决定取消学历教育。1 年多来，全院 80% 的教师没有教学工作量，队伍不稳。院领导班子内部特别是主要领导干部不团结已表面化。今年 5 月，省委组织部工作组驻院考察干部，与 90 多名副处、副教授以上干部谈了话，历时 7 周，至今未正式任命院级领导成员。行政学院与原财干院所在的北院（73 亩），建筑布局零乱，规划重建困难；原经干院所在的南院（40 亩，邻近大雁塔），布局规整，被移交省经贸学院。本月 5 日，省审计署向省人大公布对一批单位的审计情况，省行政学院违规资金（主要是北院这一块基建费）980 万元，排名第 1。该院被列入省内第 3 批“三讲”，将在 12 月中旬开始，看来待解决的难题很多。

五、省、市行政学院对《行政学院工作试行条例》（框架建议稿）的修改意见，另有专题材料。

代结语

大国培训：尖端培训与多元化发展

——纪念建院 20 周年[①]

本书以此终篇，始末 1993—2014 年共 21 年。

1993—1999 年我在 4 届班子领导下参与学院筹建和初创工作，筚路蓝缕，试启心扉。站完最后一班岗，对自己也是一场迟来的启蒙。从纵向上看，退下来 15 年，院领导换了 6 届，行进如常。2009 年把学院的英文名称改为"Chinese Academy of Governance"，既切中要义更富于前瞻性，落下了学院成长、矢志和承担公务员培训的"画龙点睛"之笔。2013 年院容翻新，培训班次和人次均比 1999 年增加了约 10 倍，无论培训理念、类型、师资、学制、与教育接轨，还是针对性、包容性、开放性和社会影响力，均非昔比，当年的"培训梦"断续化为现实；而横向上比，中欧国际工商学院这 20 年也有起伏，总体达到了"中国深度、世界广度"，同属管理学院，我们就有差距。

中国作为公务员大国要分层级办大培训，大培训涵盖全员培训、短期轮训、组织培训，也包括市场化、网络化培训。在建立统一、开放、竞争、有序的市场体系中，按照 2020 年中国教育基本实现现代化、基本形成学习型社会、进入人力资源强国和创新型国家行列的目标，如期基本实现公务员培训

① 作于 2014 年 5 月 25 日。

现代化、基本形成学习型政府（我院建成终身学习型组织）、进入公务员强国序列或是题中应有之义。治理是公共事务或公共管理之魂，以国家治理能力现代化为中心、提高参训者的行政管理素质和能力是大培训应尽的职责。

一、与培训连锁互动的基础教育模式变革

公务员培训作为成人教育与学历教育纵横联锁、相互促进。我国的基础教育体系庞大，在传授知识上有跻于上乘和相对成功的一面，但应试教育传统根深蒂固，结构性矛盾也很突出。在人本思想引领下，全国围绕基础教育改革形成了“生命·实践教育学派”等 8 个流派，各具特色和活力。总的趋势是突出学生、突出学习、弘扬个性，注重学习过程，符合从认知学习论转向人本学习论和建构学习论的现代教育潮流。这将推进素质教育做大做强，也倒逼成人教育转型。

高等教育改革的一个重要突破是在“钱学森之问”提出 5 年后，教育部推出“基础学科拔尖人才培养试验计划”（2010）。已安排 20 多所高水平、研究型大学试点，主要是配备一流教师，选拔优秀学生，以培养发明创造人才为目标创新培养模式。北京大学“元培学院”（2007），在培养宗旨上尊重学生的兴趣、志愿和个体化差异，自由选择专业（课程组合），自主建构知识体系，成长为复合型人才；清华大学“清华学堂”人才培养计划（2011），树立优势转化理念和“领跑者”理念，新设 6 个实验班（2000 年美国“图灵奖”获得者姚期智教授发起的“软件科学实验班”从 2006 年就已开始）；南开大学“伯苓班”和“省身班”造就理科拔尖学生成为具有国际竞争力的优秀人才；南京大学匡亚明学院实行通识教育、专业教育、多元教育“三三制”和学科导师、生涯导师“双导师制”，等等。总方向是优选精育，以减为加，以少胜多，到 2020 年涌现一批青年英才。试验区从“严入口”到全过程素质教育以至学成后继续深造都贯穿着创新能力的竞争。我国在校大学生人数居世界第一位，按学生总数的 2%—5% 计，有高天赋大学生 50 万—125 万人（其中一小部分毕业后进入公务员队伍），“试验计划”的培养总数虽只占低线的 1%，但其辐射场和示范效应对未来第一资源潜力的释放和引

领作用不可低估，对后期的继续教育也将产生深远影响。

另从学科类别看，综合性大学的政府管理学院（北京大学、南开大学、南京大学、北京师范大学、西北大学等），公共管理学院（清华大学、中国人民大学、浙江大学、厦门大学、四川大学等），政治与公共事务学院（中山大学、武汉大学、复旦大学、中国政法大学等），社会发展与公共政策学院（复旦大学、北京师范大学等），各有政治学、公共管理、应用经济学、社会学、民族学、教育学、心理学、管理科学与工程、图书情报与档案管理等两三个到四五个一级学科，通过不同的学科组合体现学院特色，开设跨学科课程的资源条件优越，为我院急需而不能及，要竞争更要合作。研究生院应与其宽口径对接，并组织、夯实我院的学科建设基础，使之成为培训软实力的泉源。

在"乔布斯之问"翌年，美国哈佛大学和麻省理工学院联合推出非营利性大规模在线开放课程平台（edx，2012），北京大学、清华大学、香港大学、香港科技大学随即加盟该全球项目（2013）。促进优质院校资源共享的网络教育新潮流将挑战一般实体性院校，引发人才培养模式和学习方式的颠覆性变革，并波及成人教育以至活化培训的时空边界，应未雨绸缪。

我院以短期为主的公务员培训与长学制的公共管理学位教育相结合。高效、精练的大培训前沿以学位教育为专业后方，立足于其学科、师资、教材和网络等基础，以长济短，也以短映长。根深才能叶茂，要促进两者互补、共荣。

二、我院现行的"大培训"及其多元结构

我院的高、中级公务员计划调训作为科层"金字塔"尖端和上层的培训，加上宽领域、广覆盖面（包括"通塔"以至"塔外"）的市场化培训，两者同属公务员培训的主渠道，合起来就是以短期集训为主的"大培训"的缩影。柳传志认为"打造一个有创新能力的企业，绝不仅仅靠一两个天才的突发奇想，而是靠整个企业团队的总体创新来实现"，这是组织培训的需求。政府更是这样，提高公务员群体的整体素质正是大培训的真谛所在。我院大培训

的多元结构表现：一是计划和市场两种体制的双轨运行，跨卖、买方市场，规模相当，现阶段利弊并存；二是培训课堂中授课与研讨两类方式对开，还有情景模拟等多种方式穿插；三是集中培训过程的个人学习与团队学习交织，都随网络化、数字化演进；四是离职培训过程的学习提高与结业后回岗应用有选择的反馈交流，以前实、后虚而有脱节；五是科层“金字塔”弊端显露（我院前10届领导班子平均任期2.5年、更迭过频就是一例），而权力结构转换的“倒金字塔”等未见端倪，非一院可及，但瞄到了方向。由此在培训功能、智能开发、生源和师资等方面也有一系列复式结构，长短互见。总体上可不可以说，大培训的尖端求精、基座盘活、塔外补充，把少而精与多元化结合起来，与数俱进，向“强培训”转变。

以下就我了解到的培训教学的发展变化归结几点粗浅认识：

（一）贴近政府的培训和贴近市场的培训及其混交形式

我院以培训高中级公务员为主阵地。这些处于“金字塔”尖端和上层的学员具备较多的知识、能力和经验基础，其显能发挥得较好，比照麦克利兰的“素质冰山模型”（1973）既显山露水，潜能所占的比重也较高，但未感知、开发的潜能更大。知显能易、知潜能难，行显能易、行潜能（更）难。怎样识别、开发学员潜能或心力仍是培训的普遍性难点和重任，这对培训课程建设提出了核心要求。1988—2013年我院办了76期省部班，培训4300人次，平均每人轮上一次多；226期厅局班，培训12700人次，轮上的只占1/4；还有国企班期数与人次与省部班大体相当。尖端和上层培训虽属计划体制，但在服务政府的办学方向上，以高、中层专题研究班为载体，围绕政府治理这个中心，举全院教学、科研、咨询之力，办成以省部班（重在改革方向和公共政策研讨）引领厅局班（重在执行力）跟进的“短平快”培训链。因研讨选题聚焦社会热点和政府当前工作、专题授课与本院教学实力相适应，近10年逐步形成分项改革风口浪尖上集思广益、配套渐进的新平台，为政府所用；又是我院计划与委托体制、中央与地方学员联动的主体班次，在各类培训中后来居上。结业后依托权力资源直接推动改革，立竿见影。创造品牌，享誉社会，参训者也经受了现实胜任力的考验（中央党校今年组织开展政法领导干部专题培训与此类似，规模更大）。对专题研究班系列似应汇总研究，也可选作培训案例。另如常规的厅局班、国企班都在生源上“掐了尖儿”，也值得关注。

后发的市场化培训对象包括公务员、企管人员、行政院校师资和港澳地区学员、外国学员，对培训有多元需求。在适当盈利的条件下，比计划调训的范围更广，种类更多，班期更短，也更灵活、公平。它以满足委培单位的整体需求为质量标准，“量体裁衣”，方法实用，流程规范，组织到位，总体不逊于计划调训项目。基于买方市场信誉的培训规模在竞争中逐年扩大。同时，它因相对自主和贴近用户而加大培训改革的先行先试频率，享有较多新生的市场利益，反过来又强化改革意识、普及现代培训理念而提高了职业素养和培训水准，前景看好。

转型期的双轨并行，一指前述的计划调训与市场化培训并行，二含分轨运作与双轨混交并行；属于尖端培训的省部班，其研究专题均以市场机制为核心；我院率先引入行动式学习法和团队学习获得成功，而居于培训现代化拐点的“澳门特区高级公务员公共决策研修班”（2007—2010）是市场化培训的典范。

以上各类培训的发展趋势：一是从分散到集中、聚敛，实行短期化、小班化、专题化、类别化。以解决问题为中心。二是着眼于组织发展的放大、提高，从集中的课堂向分散的职场迁移，两者相反相成。公务员以职场“一级带一级”的实践和提高为主通道，穿插短期离职培训以一两个月 / 次为上限，只占个人 40 年工龄的 2‰—4‰，与职前 10 多年的基础教育相比，不过是岗外稍停的“驿站”；与职业生涯的长途跋涉相比，可喻为间隙性的“过桥”，参训者未必视同常规的学历“母校”。但这样的“站”“桥”，既是加油站、充电站、补给站，又是知行对接、显能与潜能对接、左脑与右脑对接、垂直思维与水平思维对接、智商与情商对接，或学习迁移与训练迁移的立交桥，内融外通，有助于参训者价值观和思维方式的转换，就是培训的目的所在。个人的生命有限，而心理潜能无限，桥梁跨距有限，而学习迁移无限。作为开启心智的精神节点，这些路际“站”“桥”贵交会和流畅，忌

“短路”和“断桥”，其实质是多维度、多接口、高通量的全要素培训。参训者下“路”上“桥”，又要倚“桥”望“路”；回顾、反思走过来的多样化之“路”以求挖潜，展望未来披荆斩棘的治理之“路”，也是个人超越之“路”并作准备。

（二）在教学互动中激励学员发挥潜能

培训代次的更替频繁，其教学双方角色永存，缺一不可。教是启发、点拨，从深层次上看，“教是为了不教”，而学无止境。双向式的培训课堂要在教学互动中诱导、激励学员发挥潜能或释放心力。这对培训是知难而进又不容移易的核心要求。

教师的积极性以发扬学员的积极性为前提。学员的积极性应全员化，在步骤上可从优秀学员的评估做起。培训评估虽是“短板”，但在各类短期班上都有少数带着问题来、其学习和管理能力高出一般的相对优秀学员，成为提高培训项目和团队学习质量、创建学习资源体系的骨干力量。据往年积累和近来抽样了解，这些学员粗线条地可分为：

1. 综合领导开拓型，如卫生部赵同刚（1995）、冶金部王晓齐（1995）、地矿部孙平（1996）、国家审计署董大胜（1997）、商务部朱咏（2010—2011）、华能集团孙智勇（2011）、武汉市李述永（2013）等；

2. 专业或通识知识型，如浙江省陈国平（1995）、深圳市武捷思（1995）、劳动社保部邱小平（1999）、中国气象局于新文（2005）、成都市刘家强（2010）、中核集团潘启龙（2010）、浙江省胡关夫（2011）、人力社保部王振麒（2014）、中国科协王晓彬（2014）等；

3. 研究创新型，如中组部王 ××（1995，中英班）、冶金部李世俊（1996）、国投集团李冰（2010）、农业银行刘桂平（2012）、航天科技集团龚波（2012）、九江市赵伟（2013）等；

4. 行政执行型，如工商总局刘俊臣（2000）、王守义（2006），外交部李惠来（2014）等；

5. 地方（基层）领导型，如开封市吉炳伟（2004）、四川阿坝州余开勇（2010—2011）、西宁市韩向晖（2010—2011）、洛阳市史秉锐（2011）、江苏赣榆县雷恩民（2012）、四川雅江县赵景红（2013）等；

6. 社会实践（创业）型，如内贸部蔡桂茹（1995）、厦门市叶天捷（1995）、教育部姜沛民（2002）、中关村科技园葛敬（2013）等。

另，长学制的青干班相对优秀学员，如辽宁省发改委朱祥霖（1996）、人社部张芸（1997）、国办秘书局余路（1997）、民航总局陈丽娟（1998）、商务部万锴（1998）、驻澳联络办浦海龙（1999）等。

研究生院相对优秀学员，如团中央汪鸿雁（2003）、全国政协杨小波（2003）、北京市魏成林（2004）、湖南省黄兰香（2004）、江西古安市左继生（2005）、内蒙古自治区翟琇（2005）、交通运输部郑东兵（2006）、河南平顶山市王丽（2007）、云南丽江市李国武（2008）、北京密云县王海臣（2008）、卫生计生委常继乐（2009）、商务部陈桂生（2010）等。

他们参训的心力溢出明显，在挂一漏万中试举短期班的两例：一是学院开学之初，我在司局级更新知识培训班上听过冶金工业部科技司副司长李世俊（1996）联系部门实际的结业发言，感受到其与众不同的厚积薄发及其流畅性、变通性、独到性的创造性思维特征，留下了难忘的印象（可惜没拿到发言稿）。今年辗转寻访到他作为中国钢铁工业协会常务副秘书长兼首席分析师的专题报告《中国钢铁市场的需求展望和对策建议》（2012）、《关注当前钢铁工业三大主题》（2013）。以 2005 年为拐点，展望我国钢铁工业的数量和升级，涉及面很广，其核心是“充分调动各要素（特别是人）的潜能，营造‘全员创新’的氛围”，根子是“在岗队伍建设、建立学习型企业”，在业内影响很大，也折射出与我们办离岗培训的殊途同归。他对年产量近世界之半的中国钢铁工业这个复杂性问题条分缕析，鞭辟入里，读来如饮甘露，如遇故人。由此回想起他 18 年前那篇稍纵即逝的“桥上心语”，欲求“路”“桥”的茬口而不可得，更追悔莫及。二据国企班主任介绍，中核集团政研体改部主任潘启龙（2010）可算是“读书族”或“网络阅读时代的‘压舱石’”的代表。2013 年他在统筹设计公司改制、扭亏事务的满负荷下读了 55 本书（11.5 倍于同年全国成年国民人均纸质图书的阅读量），从深阅读中推荐国内著作《他改变了中国：陈云全传》《心胜》《中国改革：做对的和没做的》，国外著作《幸福的方法》《大数据时代》《旧制度与大革命》等。对于中国改革，按“三个阶段”体会到其“基本战略的方向正确、妥协前进”的渐进性，“并不存在固定或普遍共识的模式”，“成功推进的奥秘就在转化和发展”。潘“很喜欢作者（华生）的文笔。他的用词也反映了他的实用改良思想，即认识、适应、调整。他分析、思考、看待问题的角度和态度，让人受益”；对“托克维尔之问”也有自己的心得。从“藕断丝连”中感知他们在“桥”、在“路”兼优，心力溢出有连贯性和迁移性，在尖端、上层培训中更多荐举和发扬其学、用其所长，将一举几得。

就大国来说，公务员金字塔登顶的概率极低，可略去不计，而在尖端、上层和基座纵横驰骋、激扬“筑梦”的时空条件俱在，各行各业无不渴求通专结合、广谋深算的分析师、设计师和治理人才，期望在大培训中、后间断涌现出“学而优则治（理）”“学而优则创（新）”“学而优则（超）越”的先驱人物，个人可以一搏，也是组织培训的终极目标体现。大培训在催化人才成熟和超越的同时，又源源不断地生成、升华学习资源。重视相对优秀学员的心力溢出，做到“过桥留痕”：一要建立一套采撷、储存、整理、利用的办法，其中，学用结合得好的专业性对策建议已开通《呈阅件》《决策与咨询》等上传渠道，对思维、行为训练中悟性较高的认知收获也应及时精选交流，这是注重学习过程和路径所需要的；二要以他们为榜样，鼓励参训者人人刻苦学习、奋进争先；三是从中返聘一批富有亲缘性的兼职教师，共建国际一流行政学院；四为加大改革力度，能不能请领导人员考试测评研究中心就培训考核问题立专项研究？

公务员职业生涯漫长，为克服短期离职培训的时空局限性，厅局班、国企班的相对优秀学员以参训为基期，宜向前看10年（扫描个人智能发展的“成长期”）、向后看10年或更长一些（跟踪个人智能发展的“成熟期”特别是“超越期”），青干班和研究生院学员向后看20年，从中寻求继续教育及其后继行动间的内在联系和迁移形式。这有助于：1. 精心发现各类人才；2. 对培训长效的跟踪检验；3. 充实学习资源体系；4. 提升后续培训质量。只见“桥”、不问“路”，就陷于片段无绪。设想从一部分有条件的班挑选少数优秀学员，保持培训后双向联系，依“桥”串“路”，结成延伸型培训“学用链”，摸索从课堂向职场的迁移，或有可为，能不能从学院的“试验区”做起？

（三）公务员集训以个人学习为基础、以团队学习为主导

参训者包括个人和群体（或团队），各有不同需求。个人学习与在此基础上的团队学习属于两种学习模式。前者重在自我研习和修炼，达到个人提高和成长，历来起基础作用，也是公务员从政“路”上工学一体的常规形式；后者重在“站”“桥”开放性集体学习的互信互动、群策群力，构建经验和智慧交流的平台，满足组织培训的需求。离职培训从分散到集中，重视和发挥团队学习的混交优势，成为“学学相长”之源。它倚重培训“立交桥”从多方面优化项目的整体质量，获取博采众长的集成目标，其主导性、包容性显而易见。

我院“澳门特区高级公务员公共决策研修班”（2007—2010）基于《澳门特区政府公共行政改革路线图》中选出的21个紧迫课题，经陈伟兰副院长策划，将行动学习法（连同团队学习模式和结构化研讨方式）贯穿于8期班次的始终，165位学员全面完成的课题成果（其中政府发言人机制、公共建筑承包商中央资料库、食品危机信息发布、土地和物业信息交流、高峰期关闸人流控制等优秀成果广受赞誉），兑现了特区政府“问政于民、问需于民、问计于民”的初衷，并为其所用。前承后继的历届参训团队凝聚共识，提高了公共决策能力，总体上获得澳方代表的很高评价。这种“真刀真枪”接力的大型实战演练罕见，在委托方要求下可复制和推广。

20世纪90年代，我对团队学习尚无所知。近来从培训中心初步摸到团队学习较好、以训促变明显的培训项目线索：航天科技集团领导干部任职培训班（2011）、江苏赣榆县党政干部执政能力建设培训班（2012）、中船集团国企制度与领导体制培训班（2012）、新疆行政学院师资培训班（2013）、水利部厅局级领导干部培训班（2013）、四川甘孜州生态文明建设研讨班（2013）、农业现代化研讨班（2013）、中关村科技园“全球化”战略研讨班（2013）、第20期厅局级公务员进修班（2014）等，参训主体、生源、级别和团队建制不一，培训专题各异，从不同层面上还有可挖掘的资源潜力。

另从培训中心自觉倡导团队学习的几十个培训项目看，其受障碍程度同参训者与科层制的亲缘性直接相关，由此可见创新培训方式与创新运行机制密不可分。改革进入深水区，总体还要“摸着石头过河”。

（四）知行合一的学中启悟和学以致用

参训一心向学。学习不仅是动机、态度和方法，又是一种资源。它兼有显、隐性的特点，是人才之所以成为第一资源的内核和要素。参训有得，意味着内在学习资源的存量重组、增量扩容和变量调适，必定知行合一。“行是知之始，知是行之成。”行而无知、原地踏步，知而不行、无始无终，都是培训之大忌。

短期参训的过程与目标：一是学中启悟，包括顿悟、渐悟和点滴、朦胧之悟。作为无形的价值观解构或智能释放，它寓于、侧重培训过程，兼为阶段性目标：大多虽是一闪念的“火花”，其顺向迁移和积累效应的正能量不可磨灭，贵在及时抓住、点亮，借以悟化行动、提升能力、产生新的价值；二是学以致用，作为培训的基本目标，产自培训过程的集体或个人作业只占一小部分，更多着眼于参训后的分岗位应用及其质量、效益提升和问题解决，“行动学习法”的反演式就是学到行动中去，它以可用于政府、企业管理的有形成果出现，对培训绩效是最终的检验，却因我们掌握不及而“虚影化”，成为末端反馈的“短路”。两类不同形态、属性和功能的学习资源，知行交叉，形影接替，循环往复，互为因果：1. 以悟促变（个人的转变，进而促成组织的转变）；2. 以悟促用（如个人的认知结构变量影响应用）；3. 积悟促创（如学习的重组性迁移）；4. 悟以致用，包括深入基层的彻悟实用（如自下而上的学习垂直迁移）和通晓全局、足谋一城的宏悟微用（如自上而下的学习垂直迁移）；5. 悟用交集（如经验类化）；6. 用而后知（如实践出真知）等。它们润物无声，可探索的空间大而既有积累少，要寻求知、行接茬的节点，继续琢磨。

三、终身向学，唯学为用

培训课堂除授课（穿插互动，但不均衡）与多种形式的研讨和情景模拟活动（互动为主）外，正渗入数字化、移动化的变革。现行培训的成熟度与学员群体互动的频率、活力和深度正相关，长江商学院后来居上，就是一个实证。基础教育的“生本”教育学派以“教少学多”为改革方向，主张“小立课程、大做功夫”；继续教育的“教学记忆金字塔”更要夯实底座，固化基础，引导学员在“说”“问”“写”“做”上多下功夫，以臻于熟练自如。寄望培训的教、学、评各方达成几点共识：

（一）重教不唯教。重教理所当然，到2013年，“传统的讲授式教学依然在我院培训中发挥着主力军作用，整体质量较好”，这就要发挥“教”“授”的主导作用，每个培训项目的教学方案必先“布教”。而重教又是相对的：一是培训多功能中教学、科研、咨询“三位一体”虽以教学为中心或龙头，毕竟权重有所分化；教学中的改变认知、启迪心智、开发潜能等有许多教不出来，是练出来的。二是短期培训要求尽量多开设跨学科的模块式以至碎片化课程，学院独行力所不逮。三是培训教学多元结构的教法不同，同一讲台下的学员，学习效果也有差别。四是离职培训难觅在岗全方位的言传身教。五是培训多源泉润泽、多情景熏染，现有硬件和软件资源、校园文化、院风院训等都是无形的活性教材。因此，重教不宜绝对化，重教不唯教。

（二）尊师不唯师。“教”“授”的主导作用通过教师传输（当前大多数学员的满意度尚高），学习正迁移有赖于教师的直接指导，启发学员的职业兴趣、挖掘心理潜能、引领职业生涯，也有教师匠心和魅力的运化因素；北京名师荟萃，本院优秀教师也占一席之地，这都值得敬重。而培训教学的多元式结构要求复合式、多能级、多姿彩的师资队伍，即使算上兼职教师，也是我们现在达不到的；2010年建立专职班主任制度是一着好棋，但未形成完整的师资体系，催化师职能未尽到位；按现代培训的要求，许多教师还有一个角色转换问题，进入信息和网络技术时代尤其如此；涉外培训覆盖147个国家，但适应国际化培训的师资不足。可见尊师有普适性，但不唯师。

（三）勤学要唯学。变化寓于无尽时空之中，以不变应万变的唯有学习；学、习一体，不可分割，勤于学习才能上进；人的学习动机与生俱来，与生命周期、职业周期相因应的学习周期起伏波折，逢顺、逆境皆嗜学而不弃学，学贯终身；基于反思（批判）和致用（创造）的成人学习，自觉性、自主性更强，学习和训练迁移频率更高，学思、学议、学研、学用结合更紧密，集训中群学重于自学；学习具有累积效应，创新的核心就在于学习能力的长期积累；在政府、市场、社会三元治理中，政府是“掌舵”的，把握治理的方向，公务员应是高强度学习者（从郭晓来2013年“参加美国高级行政管理研究项目的思考”看，哈佛大学肯尼迪政府学院的短期培训强度远超过我院）；即使教、授有方，诲人不倦，也要靠学员内省体验、消化吸收，所以要唯学。唯学不变，而学习内容、方法有变（如网络教育的微学习、移动学习等）自是常理。随着信息化进入大数据时代，势必引发培训课程、教学方法和教材教具等的革命性变迁，未来舍坚持创新别无出路。

就学院成建制来说，唯学是全方位的：师、生唯学有相通性，学院理应成为学习型组织也要唯学；教师和培训项目管理者劝学、启学、导学、督学无不系于唯学。唯学意识化，才能落地生根。

谨此追思20年间离世的王志浩（1995）、贾履让（1998）、徐理明（2000）、桂世镛（2003）等同志，怀念中途离院的王大东（1993）、陈精（1994）、康莉萍（1995）、季明明（2001）、叶中华（2001）、秦明（2003）、吴江（2005）等同志。

2014年8月10日